À LA RECHERCHE DU FILS PERDU

BRETT FORREST

À LA RECHERCHE DU FILS PERDU

UNE FAMILLE AMÉRICAINE AU COEUR DES GUERRES CLANDESTINES DU FBI

Traduit de l'anglais (US) par Guillaume Marlière

DARK SIDE

Pour mon frère

SOMMAIRE

SOMMAIRE

CARTES

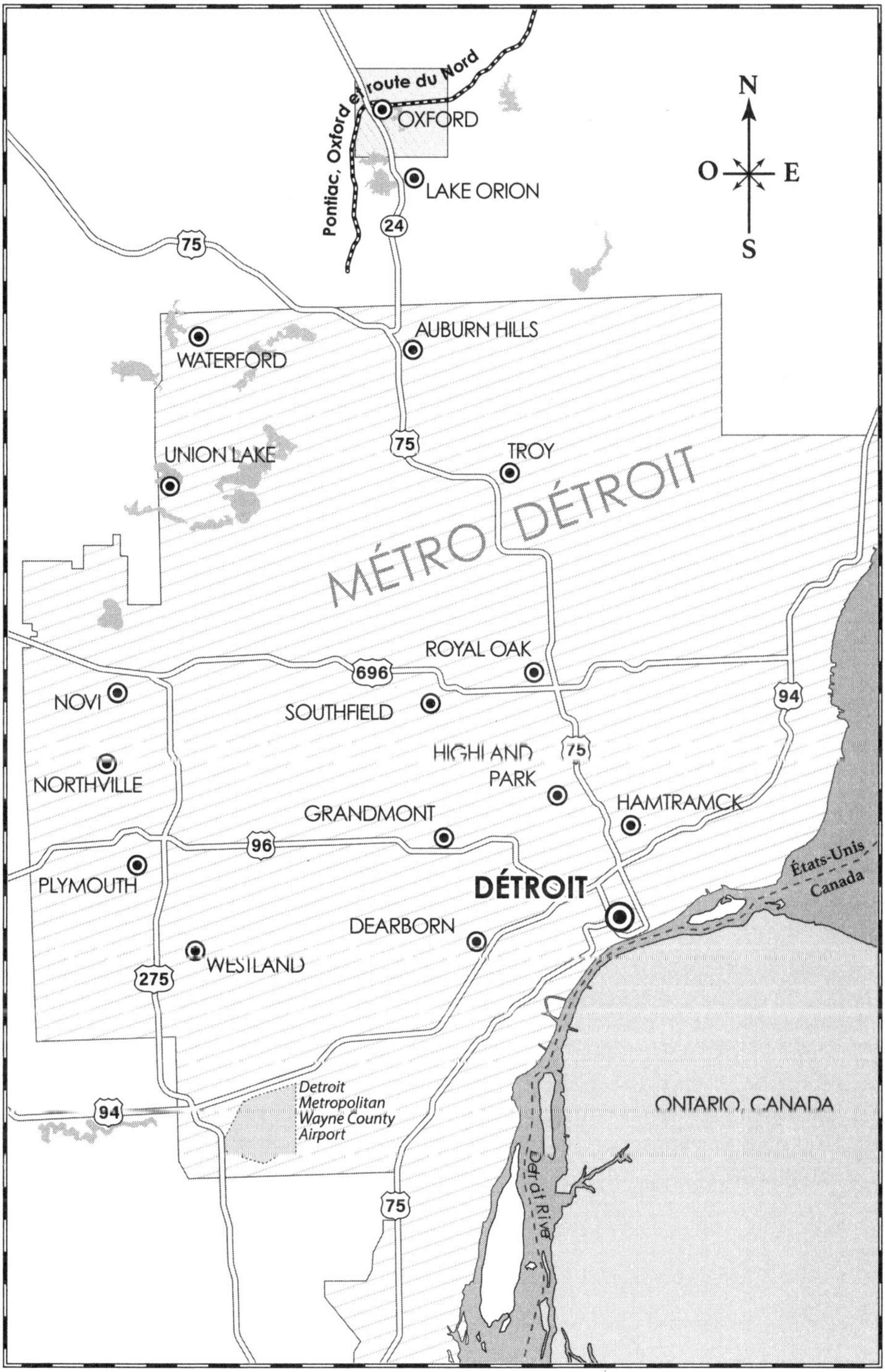

N
O
E
S
Pontiac, Oxford et route du Nord
OXFORD
LAKE ORION
24
75
AUBURN HILLS
WATERFORD
UNION LAKE
75
TROY
MÉTRO DÉTROIT
ROYAL OAK
696
NOVI
SOUTHFIELD
94
NORTHVILLE
HIGHLAND PARK
75
HAMTRAMCK
GRANDMONT
96
PLYMOUTH
DÉTROIT
États-Unis
Canada
DEARBORN
WESTLAND
275
ONTARIO, CANADA
94
Detroit Metropolitan Wayne County Airport
75
Detroit River

FINLANDE
N
O
E
S
Golfe de Finlande
SAINT-PÉTERSBOURG
Estonie
LETTONIE
IAROSLAVL
Volga
KAZAN
MOSCOU
OULIANOVSK
LITUANIE
RUSSIE
BÉLARUS
Don
SARATOV
Kiev
KHARKIV
VESHENSKAYA
UKRAINE
LOUGANSK
Severski Donets
KAZAKHSTAN
VOLGOGRAD
MOLDAVIE
Dniepr
SEVERSKI DONETS
BOKOVSKAÏA
ODESSA
ROSTOV-SUR-LEDON
Roumanie
Mer d'Azov
ELISTA
SÉBASTOPOL
Crimée
Mer Noire
BULGARIE
GEORGIE
Mer Caspienne
AZERBAÏDJAN
ARMÉNIE
TURQUIE
IRAN
IRAQ

N
O
E
S
RUSSIE
M4
UKRAINE
Severski Donets
République populaire
de Lougansk
DONBASS
M4
République
populaire
de Donetsk
LOUGANSK
KAMENSK-
CHAKHTINSKI
Severski Donets
CHAKHTARSK
DONETSK
ILOVAÏSK
DARIVKA
M4
DIBRIVKA
KRASNY SOULINE
Rivière Don
ROSTOV-SUR-LEDON
NOVOTCHERKASSK
NOVOAZOVSK
M4
Mer d'Azov

NOTE DE L'AUTEUR

Été 2019, à l'aéroport de Rostov-sur-le-Don, j'attends dans la file pour le contrôle des passeports, lorsqu'un homme me demande de le suivre. Pendant mon séjour en Russie, je n'ai fait qu'exercer mon métier de journaliste.

Je suis enlisé dans une affaire qui n'a rien à voir avec mes enquêtes précédentes. Elle implique le FBI, le renseignement militaire russe et les services de sécurité intérieurs, des terroristes et des espions, le 11-Septembre, la guerre en Ukraine et une disparition que des agences rivales tentent de dissimuler.

L'homme porte des vêtements civils et non l'uniforme d'un policier, ce qui me donne à penser qu'il émarge au renseignement russe. Je lui emboîte le pas vers la boutique hors taxe.

Il s'approche d'un mur affichant une publicité pour un parfum, agite un badge et déverrouille l'entrée de la partie de l'aéroport réservée à l'administration. Je le suis le long d'un couloir interminable qui s'ouvre sur de multiples portes, puis à l'intérieur d'une pièce. Il s'assied derrière un bureau, en face de moi, et feuillette mon passeport.

J'ai vécu en Russie et j'y ai travaillé de nombreuses années. Rien dans ce pays ne m'est suffisamment inconnu pour que je le craigne. On entend souvent parler de drames et de machinations, mais les confrontations officielles de ce genre s'avèrent la plupart du temps d'un ennui confondant. Alors que mes amis russes, en plaisantant, me traitent d'espion, les professionnels, eux, savent bien qu'ils perdent leur temps avec moi.

Pourtant, à cet instant, je perçois le danger. J'ai appris que l'enquête que je mène implique les gouvernements russe et américain. J'ignore jusqu'à quel niveau. En outre, les autorités russes viennent d'interpeller deux Américains sous des accusations fallacieuses et les retiennent, afin, je le pense, de pouvoir les échanger contre deux Russes détenus aux États-Unis. J'ai soudain l'impression que je risque plus que de rater mon avion.

L'homme lève la tête de mon passeport et me demande ce que je fais en Russie.

Dans l'exercice de mes fonctions, mieux vaut ne pas tourner autour du pot et au contraire jouer très vite franc-jeu. En règle générale, l'interlocuteur apprécie la sincérité et peut même parfois se rendre utile.

D'ailleurs, toute aide sur cette enquête serait la bienvenue. Car j'ai abattu un travail énorme, mais ne trouve pas de conclusion. Alors je raconte ce que je sais à l'officier russe.

Je lui parle d'un jeune homme nommé Billy Reilly qui vivait au nord de Détroit. Les attentats du 11-Septembre l'avaient profondément affecté tout en éveillant sa curiosité à l'égard des femmes et des hommes qui, quelle que soit la cause, se battent dans le monde entier. Le FBI avait soudain surgi dans la vie de Billy. Plus tard, en 2014, après l'annexion de la Crimée par la Russie et le déclenchement de la guerre dans l'est de l'Ukraine, Billy s'était personnellement impliqué. J'explique à l'officier russe que je travaille pour le *Wall Street Journal* et que je cherche Billy.

Son histoire illustre comment le 11-Septembre a engendré l'évolution du FBI et pourquoi le changement n'est pas toujours positif. Elle montre aussi comment les médias sociaux imposent des questions internationales aux citoyens ordinaires dans les petites villes américaines, de façon à la fois très personnelle et surprenante. Grâce à Billy, j'ai appris avec quelle facilité un amateur peut pénétrer le monde du renseignement à notre époque où les menaces se multiplient.

Après avoir eu vent de cette affaire en 2017, j'ai pris conscience que, dans le cadre de la transformation de l'appareil du renseignement américain, l'accomplissement personnel de Billy, qui empruntait la voie de la technologie et de l'aventure, constituait la trame d'une fable moderne. Cette histoire a commencé comme une proposition d'enquête. Elle a pris vie sous la forme d'un article paru dans le *Journal*. Mais elle exigeait du temps, du travail et une narration plus complexe. Ce livre est le résultat de cette réflexion approfondie.

NOTE DE L'AUTEUR

Pour cet ouvrage, j'ai interrogé plus d'une centaine de sources : des responsables passés et présents du FBI, du département d'État, de la CIA, et des administrations Obama, Trump et Biden ; les autorités russes et ukrainiennes, ainsi que des militants de chaque camp, des spécialistes de l'antiterrorisme, des hackers, des espions, des détectives privés, ainsi que la famille et les amis de Billy Reilly. J'ai lu des centaines de documents émanant du FBI, de la CIA, du département de la Justice, et j'ai examiné des milliers de pages de rapports et de dossiers d'instruction russes, ukrainiens et américains. J'ai passé au peigne fin des milliers de commentaires et de messages postés sur les réseaux sociaux en plusieurs langues.

Le livre se compose de deux parties. La première raconte l'histoire de Billy Reilly et de sa famille, ainsi que l'évolution de l'appareil de la sécurité nationale qui allait finir par les engloutir. La seconde évoque mon implication dans ce dossier. Elle relate ma quête de Billy aux États-Unis et en Russie, et explore les dangers et les pièges qui guettent celui qui se rapproche de secrets bien gardés.

L'histoire de Billy m'accompagne depuis cinq ans maintenant. Je ne me suis jamais autant engagé dans la résolution d'un mystère. Je ne me suis jamais autant donné, autant exposé.

Je repense parfois à cet interrogatoire dans l'aéroport de Rostov-sur-le-Don. J'avais raconté à l'officier du renseignement ce que j'avais découvert au sujet de Billy et il avait essayé de reconstituer le puzzle. J'ai vite vu qu'il ne ferait pas mieux que moi.

À défaut, il s'efforçait de trouver un élément auquel il pouvait se raccrocher. Billy est de Détroit ? Alors nous avons parlé des Russes qui ont joué pour l'équipe de hockey des Red Wings.

Il m'a ensuite raccompagné devant le contrôle des passeports et a même facilité mon passage en m'adressant un sourire. Le fait qu'il me relâche si vite a encore ajouté une couche de mystère à l'enquête sur Billy. Qui, dans la coulisse, tirait les ficelles de cette histoire ?

Dans les pages suivantes, je me suis efforcé d'apporter des réponses. Puisse le lecteur en trouver d'autres.

Phnom Penh, décembre 2022

LIVRE UN

CHAPITRE 1

LA GARE

Mai 2015

Depuis un an qu'elle se rend dans l'est de l'Ukraine pour prendre des photos, Elena Gorbatcheva pense avoir croisé sur sa route toutes les espèces possibles de baroudeurs qui partent à la guerre. Ils plastronnent devant l'objectif de la photojournaliste et se retrouvent un peu plus tard dans des publications russes. Ils viennent de Russie, ou d'ailleurs, et rejoignent les brigades d'irréguliers qui poursuivent la politique du Kremlin dans cette guerre déclenchée en 2014 en Ukraine. Certains répondent à l'appel de l'histoire, au défi de l'aventure, d'autres à la possibilité de tuer sans encourir les foudres de la justice des hommes. Parfois, ils préfèrent la guerre aux femmes. Ils sont nombreux en Russie à vouloir risquer leur vie. Tant que l'expérience se montre divertissante.

Gorbatcheva fait la navette entre Moscou, où elle vit, et le conflit dans le Donbass, région située dans l'est de l'Ukraine. 25 ans, mince et blonde, elle traverse d'ailleurs la capitale russe en hâte ce jour-là, pour se rendre à un rendez-vous. Son contact l'a conviée à rencontrer un homme qui vient d'arriver en Russie pour prendre les armes. Un Américain. Ce que Gorbatcheva trouve à la fois fascinant et absurde, consciente des problèmes que sa nationalité ne manquera pas de lui poser.

Gorbatcheva, comme tout le monde, comprend les mobiles de ces combattants volontaires qui entreprennent de franchir la frontière vers l'Ukraine pour rallier les milices. Ils font la guerre à l'armée de Kiev et à ses supplétifs, mais, en réalité, ils voudraient en découdre avec les États-Unis[1].

Les États-Unis, l'ennemi juré de l'Union soviétique. Au début des années 1990, sa disparition a permis aux Américains de prendre pied en Europe de l'Est et de jouer les trouble-fête entre la Russie et ses voisins. Sans ingérence américaine, Moscou et Kiev auraient pu régler leur contentieux et il n'y aurait pas eu de conflit en Ukraine. Car l'Ukraine n'existerait pas. Il n'y aurait que la Russie, comme avant. C'est le credo de ces volontaires, et peut-être n'ont-ils pas entièrement tort. En réalité, ils rejouent la guerre froide en s'efforçant de lui donner une autre issue[2].

Gorbatcheva sait qu'un Américain fera probablement face à de sérieux ennuis parmi ces miliciens belliqueux et brutaux. Des hommes violents et paranoïaques, de gros buveurs aux idées sombres. Des soupçons pèseront tout de suite sur lui. Mais elle imagine déjà ce qui le sauvera.

Car ces aventuriers, vétérans de sales guerres, traumatisés au point de ne pouvoir revenir à la banalité de leur ancienne vie, ne prospèrent pas uniquement en Russie. Peut-être l'Américain appartient-il à cette catégorie ? Peut-être les réminiscences de batailles passées le hantent-elles ? Alors l'envie d'oublier et de se battre l'a amené ici, au cœur des intrigues et du chaos moscovites.

Si l'on considère le cadran qui décrit le centre de Moscou, la place Komsomolskaïa se trouve à une heure. Trois des neuf gares de la capitale s'y dressent. Elles portent chacune le nom de leur destination principale : gare de Kazan, de Leningrad (Saint-Pétersbourg), d'Iaroslav. Pendant un siècle, celle de Kazan a connu des extensions dans le style néo-russe pour devenir l'une des plus importantes de Moscou. Son hall supporte une tour à six gradins élancée, surmontée d'un dragon ailé doré. Ses multiples influences, discordantes, en font la beauté singulière. À l'instar, peut-être, du pays qui l'a bâtie[3].

L'intérieur de la gare, à l'avenant, expose une décoration fascinante. Des fresques représentant dirigeables et pylônes électriques recouvrent le plafond bleu aux incrustations de feuilles d'or. Des ampoules colorées pendent au-dessus des kiosques qui proposent cigarettes, chips, carnets de croquis dont la couverture s'orne du visage de Vladimir Lénine en médaillon et autres articles composant le nécessaire de base pour un voyage à travers la Russie. Des porteurs manœuvrent leurs chariots d'acier aux angles aigus avec peu de considération pour ceux qui auraient le malheur de croiser leur chemin. Ils fendent la foule des voyageurs blottis sur les bancs qui bizarrement dans ce lieu de passage ne semblent ni partir ni revenir. Avec le jour qui s'estompe, des rais d'un soleil moribond filtrent à travers la suie qui macule les fenêtres de la gare. Le contact de Gorbatcheva, Mikhaïl Polinkov, lui aussi russe, l'attend[4].

Polinkov est un recruteur. Il fait venir les volontaires de Russie, notamment, et les emmène vers un camp de transit de Rostov-sur-le-Don, dans le Sud. De là, Polinkov et ses bras droits les aident à traverser la frontière ukrainienne pour qu'ils rejoignent les brigades combattantes[5]. Dans la gare de Kazan, il apparaît vêtu en paramilitaire, comme à son accoutumée, casquette aux couleurs passées et veste d'infanterie fatiguée. Gorbatcheva a l'habitude de ce genre d'hommes. Mais, mue par son instinct de photographe, c'est l'autre qu'elle dévisage avec curiosité.

À peine plus d'un mètre soixante-dix, lunettes, environ 30 ans, il porte des baskets noires, un jean délavé et un gilet en polaire noire dont la fermeture Éclair est entrouverte. Un ventre replet gonfle son T-shirt gris. Sa coupe de cheveux classique ne livre aucun indice sur sa personnalité. Une barbe brune irrégulière peine à couvrir un visage pâle qui ne doit pas souvent voir la lumière naturelle. Il tire une valise noire à roulettes, massive, qui lui arrive à la taille. Il pourrait sans doute se cacher à l'intérieur[6]. Gorbatcheva, un peu déçue, affiche un air perplexe. C'est lui, l'Américain ? Rien en lui n'évoque le mépris du danger ou le fatalisme résigné des volontaires qu'elle photographie d'habitude. Il n'incarne rien de romantique. En fait, il ressemble à un touriste. Gorbatcheva imagine alors un champ de bataille du Donbass, corps inertes, éparpillés, chars en feu, les tirs d'artillerie cruellement précis qui tombent de plus en plus près. Et l'Américain qui avance en traînant sa valise au milieu du chaos.

La conversation s'avère compliquée. L'Américain utilise un prénom russe, Vassili. Ce qui embrouille Gorbatcheva, tandis qu'il bafouille en s'efforçant d'employer le russe qui n'est, bien sûr, pas sa langue maternelle. Il la pratique, certes, mais il ne paraît pas capable de tenir une véritable conversation.

La discussion glisse vers l'anglais et Gorbatcheva fait de son mieux pour servir d'interprète à Polinkov, qui s'exprime moins bien qu'elle dans cette langue. Le dialogue s'oriente alors vers la guerre dans le Donbass.

« Tu es sûr de vouloir y aller ? demande Polinkov à Vassili.

— Oui, certain, répond Vassili. Je veux vraiment y aller.

— Tu sais que c'est très dangereux ?

— Je suis prêt[7]. »

Vassili ne mentionne aucune expérience du combat. Il n'arbore aucun écusson militaire cousu sur ses vêtements. Il ne porte ni cicatrice ni tatouage visible qui auraient pu témoigner de son passé de soldat. Gorbatcheva pensait avoir rencontré toute la palette des hommes qui partent la fleur au fusil, mais lui en représente un nouveau : celui qui n'a strictement rien à faire là.

Les haut-parleurs de la gare grésillent et l'Américain suit Polinkov et Gorbatcheva vers l'entrée des quais goudronnés. Une dizaine de longs convois imposants se massent sous le plafond élevé. Le panneau des départs annonce la voie du train en direction de Rostov-sur-le-Don, à plus de mille kilomètres au sud, et le petit groupe avance à l'air libre.

La locomotive rouge et gris des chemins de fer russes affiche le matricule 19/20. Ils comptent les wagons et arrivent devant celui dont le numéro apparaît sur le billet de Vassili. Le train porte un nom, « Le Don paisible », évoquant à la fois le roman et le fleuve qui traverse le sud-ouest de cette région cosaque[8].

Ils s'arrêtent et le silence se fait pesant. Vassili se tourne vers la portière du train.

Gorbatcheva le suit. Elle lève son appareil photo. Et le braque sur lui.

Vassili se trouve devant le wagon, la destination écrite sur un panonceau posé contre la vitre. Gorbatcheva, l'œil collé à l'objectif, s'efforce de rester concentrée sur son sujet, car Vassili n'affiche aucune expression. Elle appuie plusieurs fois sur le déclencheur.

Vassili hisse sa lourde valise dans la voiture. Les contrôleurs lancent un dernier appel avant de fermer les portières. Le train s'ébranle. L'Américain disparaît à l'intérieur du wagon, passe devant les fenêtres occultées par des rideaux, pareil à une ombre qui part à la guerre.

Juin 2015

Une berline sort de Détroit et se dirige vers le nord. Elle traverse les banlieues déboisées qui rayonnent autour du centre, Highland Park, Royal Oak, plus loin Troy, des parcelles défrichées un siècle plus tôt par Ford et Dodge pour y installer leurs usines automobiles et ceux qui allaient y trimer[9]. À la périphérie nord de la métropole de Détroit – Metro Detroit –, la voiture accélère en passant par Auburn Hills. Le Palace, jadis un stade ultramoderne, se dresse, désormais délabré, dans l'obscurité, voué à la démolition.

Le véhicule quitte l'autoroute et pénètre dans un monde bien plus humble. Sur la carte, la nationale 24, réduite à deux voies, serpente dans le bleu de la région des lacs. Apparaissent alors un parking, une salle de sport, quelques enseignes de restauration rapide, l'avant-poste d'une petite ville : Oxford, Michigan.

Pour les citadins de Détroit, Oxford, c'est le « nord ». Soixante-cinq kilomètres ne représentent pourtant pas une distance infranchissable dans un État tellement attaché à la voiture et à la liberté de déplacement qu'elle procure. Non, si Oxford paraît éloigné, c'est pour d'autres raisons. Les fortunes de Metro Detroit dépendaient de l'industrie automobile, alors qu'Oxford est toujours resté fidèle à la terre. Ses habitants connaissent l'agriculture, la pêche, la mine et la navigation de plaisance. Lacs et forêts s'étendent encore sur le carré parfait d'un peu plus de neuf kilomètres de côté dans lequel s'inscrit Oxford. Des chevaux occupent son quadrant nord-est. L'ambiance en ville est plutôt conservatrice. Ici, on n'aspire pas au changement[10].

La berline se dirige vers le centre-ville bâti en brique, son American Grill et son vieux cinéma. Elle quitte la nationale 24 pour une petite route en direction de l'ouest, puis emprunte une piste recouverte de gravier qui descend vers le niveau de la mer. Elle s'approche d'une succession de lacs oblongs qui scintillent dans la lumière de l'été. Vues d'avion, les terres qui émergent de cette chaîne de lacs filiformes forment l'empreinte d'une main dont les doigts s'enfonceraient dans les eaux bleu cobalt.

Le long de l'un de ces doigts déliés, la route passe devant une dizaine de maisons blotties les unes contre les autres. Les branches touffues d'un chêne immense oscillent dans la brise qui souffle du lac en ombrageant un pavillon marron au toit pointu. Des haies délimitent la propriété et des buissons cachent une clôture au niveau du chemin. Là, au sommet d'un poteau, une boîte à lettres bleue attend la livraison de *The Oakland County Press*. La berline se gare.

Dans la maison, la perspective d'avoir enfin des nouvelles bouleverse Theresa Reilly. Elle regarde par la fenêtre qui donne sur l'arrière du pavillon, observe le lac à la recherche d'un signe surnaturel, une solution au dilemme qui la ronge.

Theresa, 61 ans, arbore de grosses lunettes et ses cheveux grisonnants lui arrivent aux épaules. Catholique, de souche polonaise, elle a toujours habité le Michigan. Elle a grandi à Détroit, dans un cercle d'Américains d'origine polonaise. Ses parents, ouvriers dans l'industrie automobile, n'étaient guère présents durant son enfance, ce qui l'a profondément marquée, comme un événement fondateur de sa future vie. Theresa a essayé la fac, divers boulots, mais, au lieu d'embrasser une carrière, elle a choisi de s'occuper de ses deux enfants. Ils sont adultes, maintenant[11].

Theresa préfère qu'on l'appelle Terry. Elle porte un jean et un T-shirt ample, n'aime pas les manières et fait montre d'un esprit mordant. Terry adore les fast-foods et les rediffusions de *Seinfeld*, une sitcom des années 1990 dont elle apprécie le comique loufoque.

Le mari de Terry, Bill Reilly, ancien chauffeur routier, a pris sa retraite depuis un certain temps ; il touche une pension d'invalidité. Plus jeune que Terry de huit mois, Bill répond encore au surnom de *Curly* (« le Frisé »), alors qu'il réunit désormais ses cheveux blancs clairsemés en une queue de cheval. Il arbore une barbe de la même couleur et affiche une sérénité à toute épreuve. Il donne toujours l'impression de partir à un festival de musique folk.

Bill, aux origines norvégiennes et irlandaises, a lui aussi grandi dans la région de Détroit. Ce hippie, fils de militaire, n'a jamais réussi à satisfaire un père très exigeant.

Terry et Bill se sont rencontrés assez jeunes. Jusque-là, ils se contentaient de vivoter. Après leur mariage, âgés d'une vingtaine d'années, ils ont déménagé en 1980 dans la région des lacs. Ils fuyaient les problèmes économiques et sociaux qui criblaient Détroit après les émeutes raciales des années 1970. Ils avaient également envie de se retirer dans le Nord pour y mener une vie recluse, une sorte de retraite où ils apprécieraient uniquement leur propre compagnie.

Bill et Terry souhaitaient élever leurs enfants au milieu des eaux tranquilles d'Oxford en leur offrant la compréhension et les encouragements dont ils avaient été privés. Pourtant, alors que Terry quitte des yeux la sérénité du lac pour observer le smartphone qu'elle tient à la main, elle se rend compte que personne dans notre monde moderne n'est à l'abri ni de la tentation ni du danger.

Leur aîné est le huitième William Reilly du nom. Il a brusquement bifurqué du long fleuve tranquille de la vie familiale. Adolescent, Billy, comme l'appellent Terry et Bill, a conçu une fascination pour les conflits internationaux. Grâce aux réseaux sociaux, qui prenaient à l'époque leur essor, il est parvenu à approcher certains de leurs protagonistes. Ses parents ont du mal à le comprendre, mais ne l'en aiment pas moins.

Le second enfant des Reilly, Catie, une fille, se destinait quant à elle à la médecine. Elle partageait souvent les opinions et les centres d'intérêt iconoclastes de son frère et elle ferait des choix semblables aux siens. Ce qui l'éloignerait de ses parents, qui s'attacheraient d'autant plus à leur fils[12].

Comme toutes les familles, les Reilly cultivent rancœurs et contradictions, mais, en juin 2015, ils les mettent soudain de côté. Car Billy, leur fils, a des ennuis. En mai, cette année-là, il s'est embarqué dans un ambitieux voyage international dont ses parents ne saisissent pas les implications. Or maintenant, à plus de huit mille kilomètres de la maison, Billy a brusquement rompu la communication

Terry a mal dormi la nuit précédente et s'est retournée dans son lit sans trouver de réconfort auprès de l'écran allumé de son portable. Aucun message de son fils. Aucun appel manqué. « Ne t'inquiète pas », lui avait dit Billy à l'aéroport de Détroit avant de s'envoler. « Ne t'inquiète pas. Tout ira bien. » Il avait promis de lui téléphoner ou de lui envoyer un SMS tous les jours. Ce qu'il a fait pendant six semaines en partageant les détails de son voyage. Puis, sans avertissement, plus rien.

Désespérés, Bill et Terry entendent soudain la berline qui se gare devant la maison. Puis un coup frappé à la porte.

Ils reçoivent peu et l'angoisse monte d'un cran, car ils ne peuvent s'empêcher de penser à Billy. Ils ne se sentent pas prêts à accueillir des visiteurs et se crispent. Mais ils leur ouvrent. Devant eux se dressent deux hommes en costume sombre. Le plus grand, il mesure près d'un mètre quatre-vingt-dix, leur tend une carte de visite. Dans l'angle supérieur gauche, imprimé en relief, ils remarquent le sceau du *Federal Bureau of Investigation*, le FBI.

L'agent se présente, Tim Reintjes. Terry Reilly étouffe un cri de surprise. Il baisse la tête et avance dans l'étroite entrée. Les Reilly entretiennent une longue relation avec le FBI, mais ils n'ont jamais rencontré Reintjes et son collègue, et leur visite, si tôt après la disparition de Billy, les remplit de terreur. Un petit terrier jappe au pied de l'inconnu avant de décamper vers un coin du séjour pour se cacher sous le secrétaire, qui accueille un ordinateur.

Reintjes et son collègue prennent place sur un canapé dans le salon chaleureux. Au-dessus, accroché au mur, le moulage en plâtre du marlin que Billy a pêché à Hawaï évoque le bon temps, avant que sa vie prenne ce tour fatidique.

Assis en face de Reintjes, Terry et Bill le jaugent. Il correspond trait pour trait à l'image qu'ils se font d'un agent du FBI. La mâchoire carrée, il se tient droit, un peu guindé. Il a l'air cultivé. Les cheveux bruns, coupés court, mais pas en brosse. Il en impose.

L'agent Reintjes travaille pour la division de l'antiterrorisme du FBI. Ce département, le plus respecté du Bureau, est responsable de la prévention des attentats à la fois aux États-Unis et contre les ressortissants ainsi que les biens américains à l'étranger. Il se charge également des enquêtes afférentes. En raison de la nature de leur mission, les agents de l'antiterrorisme du FBI, pugnaces et secrets, sont liés par de nombreux protocoles et règlements qu'ils appliquent avec un sérieux inébranlable.

Les Reilly sont persuadés que Reintjes est venu chez eux pour leur donner des nouvelles de Billy. Étant donné le moment où elle survient, ils n'imaginent pas d'autres raisons à cette visite. Or, s'ils doivent se fier aux films et aux séries qu'ils ont déjà vus, les agents du FBI ne se déplacent pas pour rassurer des parents angoissés. Au contraire. Bill et Terry redoutent ce qu'il va leur apprendre.

Mais la question qu'il leur pose les déstabilise. « Je voudrais savoir si Billy est à la maison. »

Terry et Bill échangent un regard interrogatif.

« Non, répond Bill.

— Mais *vous*, vous savez où il se trouve ? s'enquiert alors Terry en le fixant.

— Je ne comprends pas ce que vous voulez dire, réplique Reintjes.

— Vous avez de ses nouvelles ? renchérit Terry.

— Pourquoi, il est allé quelque part ? »

Bill et sa femme s'entreregardent de nouveau, confus. Le FBI possède certainement des informations sur la localisation de Billy. Sinon, pourquoi Reintjes se serait-il déplacé ? Ils l'ont sans doute mal compris. Ou bien peut-être Reintjes a-t-il une raison de jouer ainsi avec eux. C'est le moment de tirer les choses au clair.

« Oui, répond Bill à l'agent du FBI. Il est en Russie. »

Reintjes paraît surpris. Ses yeux se posent sur Bill, puis sur Terry, comme s'il tentait de les percer à jour. « En Russie ? reprend-il. Et qu'est-ce qu'il fait en Russie ? »

Au tour des Reilly d'afficher leur perplexité. « Mais on n'en sait rien, réplique Terry. On pensait que *vous*, vous étiez au courant.

— Non, j'ignore tout de ce voyage, rétorque Reintjes en secouant la tête. Nous essayons de le joindre. » Il sort alors un stylo et un carnet de sa veste de costume et leur demande s'ils sont en contact avec lui. Ils lui expliquent qu'il ne répond plus à leurs messages.

Ils éveillent manifestement son intérêt et il se met à leur poser une série de questions. Qui l'accompagne en Russie ? Quelles villes a-t-il visitées ? Que comptait-il y faire ?

Les Reilly ont l'impression d'assister au début d'une enquête.

Le cœur de Terry bat à tout rompre. Elle croyait que les agents du FBI étaient venus lui annoncer que son fils avait été arrêté en Russie. Ou qu'il avait eu un accident. Ou pire. Le manque d'informations en possession de Reintjes la déconcerte.

Le regard de Terry se perd sur le manteau de cheminée où trône une photo de Billy encadrée. Il a 10 ans, il porte sa petite tenue de baseball, la batte appuyée contre l'épaule. Il sourit. Images et émotions de cette époque, indélébiles, la submergent. Elle n'a jamais eu si peur qu'à cet instant.

« Pourquoi Billy est-il allé en Russie ?

– Pour le convoi humanitaire », se contente de répondre Terry.

Les parents de Billy partagent ensuite avec Reintjes ce qu'ils ont appris des déplacements de leur fils, c'est-à-dire ce qu'il a bien voulu leur confier. Au fur et à mesure, ils se rendent compte d'ailleurs qu'il ne leur a pas raconté grand-chose. Du reste, ils ne comprennent pas vraiment les raisons qu'il a invoquées pour se rendre en Russie. Et ils regrettent maintenant de ne pas lui avoir posé davantage de questions.

Reintjes les rassure. Il va faire le maximum. En arrivant près de la porte, il s'immobilise. « Une dernière petite question… D'après vous, dans quel camp se trouve Billy[13] ? »

CHAPITRE 2
AU JOUR LE JOUR

Bill et Terry Reilly ont été élevés dans le Détroit des années 1950, avec ses boulangeries, tavernes et églises qu'on fréquentait pour échapper à la monotonie du travail sur les chaînes de montage des usines automobiles. À l'époque, les entreprises de ce secteur garantissaient le mode de vie des habitants de Détroit. Si elles exigeaient beaucoup de leurs salariés, elles offraient en contrepartie une bonne paie et une retraite confortable. Noirs, Irlandais, Italiens, Polonais, bref tous ceux qui n'appartenaient pas à la bourgeoisie, vivaient ainsi de leur labeur.

Les grands-parents maternels de Terry Reilly, partis chacun de leur côté de Pologne, avaient émigré aux États-Unis en 1913. Ils s'étaient rencontrés après leur installation à Détroit. Ils faisaient partie de cette vague migratoire venue d'Europe et attirée par l'industrie automobile du Michigan et la paie quotidienne de 5 dollars consentie par Henry Ford.

Les parents de Terry, Marvin et Irene O'Kray, avaient quant à eux fait connaissance dans un bowling de Détroit au milieu des années 1940. Ils avaient eu cinq enfants, dont l'un mort à la naissance. Terry est l'avant-dernière. Les O'Kray vivaient Southfield Road, dans le quartier Grandmont. Grands-parents, parents, oncles et jeunes s'entassaient à une dizaine dans un pavillon en brique d'un peu plus de cent mètres carrés. Un deuxième séjour occupait le sous-sol.

En raison d'une telle promiscuité, il était facile de négliger un enfant et c'est ce qui était arrivé à Terry. Ses parents ne les avaient pas poussés à étudier et ne les brusquaient pas non plus au quotidien. En réalité, Marvin et Irene, qui travaillaient beaucoup, n'étaient guère présents. Après-guerre, la mère de Terry pointait de longues heures pour fabriquer des segments de piston à l'usine Ford de River Rouge. Marvin, quant à lui, cumulait deux emplois. Il triait le courrier à la poste tout en travaillant pour la petite entreprise de recyclage d'huile usagée qu'il avait montée avec son beau-frère.

La grand-mère polonaise de Terry préparait la gamelle des enfants pour l'école et les gardait à la maison. Exemple concret des sacrifices et des bénéfices de l'immigration. Elle partageait avec eux la sagesse et les superstitions de son pays natal. Elle avait quitté la Pologne à 16 ans. Au fil du temps, elle avait appris l'anglais et le mode de vie américain. Elle s'était assimilée[14].

Dans les années 1940 et 1950, Détroit attirait encore des travailleurs du monde entier, notamment européens. Après la Seconde Guerre mondiale, ils avaient fui un continent dévasté afin de trimer pour une industrie américaine en pleine expansion et l'immigration européenne avait flambé. Plus de deux cent mille Polonais étaient ainsi arrivés aux États-Unis et, parmi eux, trente-huit mille s'étaient installés dans le Michigan. Parents immigrés et enfants de la première génération s'accrochaient à leur identité ethnique.

Une communauté polonaise s'était établie à l'est de Détroit. Malgré la modestie de leur logement, les habitants tiraient une grande fierté de son entretien. Et lorsque les beaux jours arrivaient, il n'était pas rare de voir les ménagères dans leur allée qui ratissaient feuilles et branchages. L'hiver, si un résident négligeait d'enlever la neige du petit chemin menant à son garage, un voisin s'en chargeait, lui apprenant ainsi par l'exemple ce qu'on attendait de lui[15]. Le samedi, les hommes se retrouvaient chez le barbier et regardaient le base-ball ou la boxe sur une télévision en noir et blanc. Le dimanche, tous les habitants des quartiers polonais, irlandais et italiens, ou presque, se réunissaient à l'église catholique de la paroisse pour assister à la messe dominicale.

Mais l'époque troublée, la récession du secteur automobile américain et les bouleversements sociaux qui bouillonnaient ont mis un terme à ces relations harmonieuses. En 1967, des émeutes raciales ont éclaté et, les années suivantes, une profonde crise économique a touché Détroit. Les Blancs ont fui, bientôt remplacés par une population afro-américaine, et la démographie de la ville s'est modifiée[16].

En 1973, les O'Kray ont déménagé au nord-ouest de Metro Detroit dans un village nommé Union Lake. En cela, ils ont imité la plupart des Polonais de Détroit qui ont essaimé en banlieue.

De ce tissu communautaire en lambeaux est née Terry O'Kray. Comme elle n'avait pas envie de travailler avec sa mère dans l'usine de River Rouge, elle s'est essayée aux études supérieures, à l'université d'Eastern Michigan, puis à celle d'Oakland. Elle ne s'y est pas tenue très longtemps. Elle a fini par s'occuper de la comptabilité dans la société de son père.

Bill Reilly a grandi à Northville dans Metro Detroit, puis à Battle Creek, encore plus à l'ouest, à environ cent soixante kilomètres, baigné par l'odeur des céréales de petit déjeuner qui sortaient des cheminées des usines Post and Kellogg's. « Dans le coin, on avait l'impression de vivre dans une boîte de cornflakes », m'a-t-il un jour confié.

Le père de Bill manifestait une véritable soif de réussite, ainsi qu'un appétit pour les défis. Pilote de l'aéronavale dans le Pacifique au cours de la Seconde Guerre mondiale, il était devenu assureur et avait fini par décrocher un diplôme de droit à la quarantaine. Il se montrait très exigeant avec son fils unique. En vain. Durant cette période marquée par la guerre du Vietnam, Bill, lui, préférait la scène musicale et la contre-culture. Il a laissé pousser ses cheveux et une longue barbe. Son père ne perdait jamais l'occasion de souligner les différences qui le distinguaient de ce fils si décevant[17].

Les origines de la mère de Bill se trouvaient en Norvège, mais s'il est parti à la dérive, croit-il savoir, c'est plutôt en raison de son pedigree de *Traveller* irlandais. L'un de ses grands-pères, qui appartenait à ce peuple nomade, avait ainsi écumé l'île pour vendre ses élixirs. Bill a fini par décrocher un emploi de caissier dans une épicerie et s'est lié d'amitié avec les livreurs.

En 1979, une amie a accompagné Terry à une soirée chez Bill. Terry connaissait sa réputation et son surnom, *Riled*, « l'Agité », qui collait bien à sa nature excessive. Mais quand elle l'a vu avec sa barbe, ses cheveux longs et bouclés, elle n'a pu s'empêcher de penser qu'il était trop petit pour elle. Elle a quitté la fête, bien décidée à l'oublier.

Au contraire de Bill. Il s'est mis à appeler tous les O'Kray de Metro Detroit. Terry avait un petit ami, mais Bill, au volant de sa voiture garée devant son appartement de Westland, la guettait et Terry a fini par s'intéresser à lui. Personne ne lui avait jamais accordé autant d'attention. La cour de Bill s'est déroulée dans Metro Detroit, encore divisé en enclaves ethniques, puis dans un salon de tatouage : un papillon pour elle et pour lui une étoile filante.

Bill a trouvé une petite amie et, dans le même élan, il s'est offert une Cadillac, une Eldorado bleue de 1975 au toit ouvrant blanc. « Je vivais plutôt au jour le jour à l'époque », s'est-il souvenu plus tard. Un véritable mode de vie pour lui. En 1979, il a accompagné les O'Kray pour un voyage en famille à Las Vegas. Mais en arrivant, il a enlevé Terry. Et lorsqu'ils ont retrouvé ses parents ce soir-là, au Riviera casino pour un récital de Tony Orlando et Pia Zadora, Terry et Bill leur ont annoncé qu'ils s'étaient mariés au palais de justice de Las Vegas.

Les O'Kray ne voyaient pas d'un bon œil cette union et les perspectives médiocres qu'elle laissait deviner. De retour dans le Michigan, Bill et Terry ont exploré la région pour chercher un endroit où vivre. Ils souhaitaient se rapprocher de l'eau[18].

⋆

L'année où le président Andrew Jackson a signé la loi instituant le Michigan en tant que vingt-sixième État de l'Union, en 1837, un groupe de pionniers s'est assemblé au nord de Détroit. Un fermier, Thompson, leur a suggéré d'appeler leur colonie « Oxford ». Une archive de cette réunion mentionne qu'« un patriote yankee s'est vivement opposé à l'adoption d'un nom tellement évocateur des us et coutumes britanniques ». Notons que Thompson ne s'est pas inspiré de la ville universitaire anglaise, mais bien du bœuf (*ox*, en anglais) dont le labeur rendait la vie possible sur la frontière.

Le canal Érié a attiré les colons des États de l'est vers les terrains de chasse des premières nations. Les pionniers exploitaient forêts de chêne, de pin et de thuya occidental. Ils avançaient difficilement dans les marais qu'ils drainaient afin de les cultiver. Ils traquaient l'ours brun et touchaient une prime de 3 dollars par scalp de loup. Sur des parcelles de quarante hectares et plus, ils ont planté des vergers, entre autres cultures. Les maladies les décimaient. Et les générations ont passé. À Oxford, les cabanes de rondins au toit en écorce de bouleau ont cédé la place aux fermes et à leurs porches. Une usine de vinaigre a ouvert en ville. Puis un fabricant de chariots, une tonnellerie et une bibliothèque proposant cent soixante-quinze volumes. En 1859, l'Église baptiste a lancé une école du dimanche*[19].

Une ligne de chemin de fer, la P.O & N. (Pontiac, Oxford, and Northern), traversait les forêts de la partie inférieure du Michigan. Les habitants l'appelaient Polly Ann et elle transportait farine, betterave à sucre et rutabaga, ce légume qui donnera à Oxford son surnom à l'aube du XXe siècle : Bagatown.

Un certain Smith a alors découvert une production plus lucrative. Au cours de la dernière ère glaciaire, dans la région, les glaciers avaient effrité la roche mère en laissant une masse éparse de granite. Les fermiers qui en trouvaient sur leurs terres ont fait appel à Smith pour les en débarrasser. Ainsi, dans les années 1920, cinq millions de tonnes de gravier quittaient Oxford chaque année, ce qui en faisait le plus gros producteur au monde. Le Gravel Extra parcourait deux fois par jour la ligne Polly Ann vers Détroit[20].

Ce gravier formait le matériau de base des routes quadrillant le pays. Elles permettaient aux véhicules qui sortaient des chaînes de l'usine Ford de River Rouge et des autres fabriques de Metro Detroit de circuler. L'industrie automobile prospérait. Des villes nouvelles ont poussé et se sont développées. Quant à Oxford, sa population n'a jamais dépassé quatre mille habitants. La vie évolue par palier.

La plupart des mines de gravier épuisées ont fermé et la Gravel Extra a cessé de circuler le long de la Polly Ann. Les mineurs avaient foré jusqu'à la nappe phréatique et les eaux, en s'infiltrant, ont formé de nouveaux lacs. Puis des maisons se sont construites autour de ces retenues.

Oxford n'a jamais connu la gloire et il n'y avait plus rien à exploiter. Tandis que les années 1970 touchaient à leur fin, Oxford restait loin de tout. On pouvait y venir de Détroit avec sa canne à pêche ou pour rendre visite à la famille, mais jamais pour y faire des affaires.

* Enseignement religieux chez les protestants et les évangéliques. (*N.d.T.*)

Terry et Bill se sont immiscés dans cette quiétude au cours des années Carter. Ils ont déniché un petit terrain rectangulaire d'environ mille mètres carrés, bordé par l'eau sur deux côtés. Au milieu, un chalet composé d'une unique pièce d'une vingtaine de mètres carrés. Un chalet… plutôt une cabane, qui servait à se changer avant de plonger dans le lac, pas vraiment à bâtir la vie dont les Reilly rêvaient. Toutefois, cette modeste propriété se trouvait encore hors de portée d'un jeune couple sans économies qui ne possédait qu'un seul bien de valeur, l'Eldorado de Bill. Il l'a vendue et a utilisé la somme en apport.

Dans leur cabane d'Oxford, Bill et Terry ont vécu sans véhicule, comme les pionniers au temps du président Jackson. Bill a installé un poêle Franklin* et, pendant deux hivers, la chaleur qu'il prodiguait et les murs peu épais du chalet les protégeaient des vents qui gémissaient depuis le lac. La vie n'avait rien de plus moderne dans les autres bâtisses le long de cette langue de terre, surnommée *Hillbilly row*, l'allée des bouseux, par Terry. Mais ils ne se plaignaient pas. À Oxford, jamais on ne se précipitait et la vie se montrait à la fois simple et séduisante. En 1982, avec leur épargne en liquide et les prêts qu'ils avaient pu contracter, ils ont fait construire une maison sur leur terrain.

Ils avaient l'impression d'être dans leur petit nid douillet, désormais, et ils ont voulu le peupler d'enfants. Ils ont essayé pendant quatre ou cinq ans et y ont consacré beaucoup d'efforts, car Terry a dû recourir aux fécondations in vitro, encore expérimentales à l'époque. Elles sont restées infructueuses[21].

Leur légèreté convenait à cette ère marquée par le déclin. Au même moment, des constructeurs étrangers ont pris leurs homologues américains au dépourvu. L'industrie automobile de Détroit, mal gérée, s'est effondrée. Les trois plus grands constructeurs ont licencié à tour de bras et fermé les usines. Les banques ont saisi les maisons des ouvriers qui ne touchaient plus de salaire. Certains ont bénéficié des aides sociales, d'autres ont basculé dans la délinquance. La nature a repris ses droits sur la terre[22].

---

* Poêle à bois encastrable inventé par Benjamin Franklin. (*N.d.T.*)

Bill et Terry, qui assistaient à l'écroulement du monde si stable qui les environnait, ont enfin eu la nouvelle qu'ils n'attendaient plus : une grossesse naturelle. L'épicerie de Bill avait succombé à la récession économique qui s'étendait désormais à tous les secteurs, privant la famille de son assurance médicale, alors que Terry donnait naissance à Billy en 1986. La trentaine, jeunes parents, criblés de factures médicales, les Reilly se sont promis de trouver un moyen de les rembourser. Deux étés plus tard, Catherine, dite Catie, leur fille, est née.

À ce moment-là, grâce à ses amis routiers rencontrés à l'épicerie, Bill l'est devenu à son tour, pour Coca-Cola. Quand il n'était pas assis derrière son volant pendant de longues heures, il déchargeait de lourdes palettes. Ses parcours de livraison l'emmenaient dans les endroits qu'il avait fréquentés, ce qui faisait naître chez lui une certaine nostalgie. Les vieux repaires, les vieux copains, la bamboche et les souvenirs qu'il en avait. Mais, depuis, des changements s'étaient produits[23].

Les quartiers de Détroit et des environs majoritairement peuplés d'Européens avaient disparu, évanouis dans l'assimilation, les mariages mixtes et les déménagements en banlieue. Les petits-enfants des premiers immigrants étaient tous devenus des *Michiganders*, des habitants du Michigan, maintenant. Ils avaient perdu leurs racines européennes.

Dans les années 1980 et 1990, une autre sorte de communauté de migrants s'est rassemblée. La plupart fuyaient la guerre civile libanaise des années 1980, d'autres la première guerre du Golfe, menée par les États-Unis en Irak. Arabes et musulmans, ils ne venaient pas vraiment par choix, mais plutôt poussés par le désespoir, sans grande éducation ou véritable envie de réussite, mais suspicieux à l'égard des tentations immorales de l'Amérique. Ils veillaient à leur identité, leur religion et leurs rites[24].

Au sud d'Oxford, près de Dearborn, à l'ouest du centre-ville, fleurissaient des enseignes écrites dans un alphabet que de nombreuses familles habitant Détroit depuis des générations ne comprenaient pas. Des mosquées poussaient à la place des églises chrétiennes dont les fidèles avaient déménagé. Dearborn, où Henry Ford avait négocié avec sa main-d'œuvre pour la faire travailler dans une usine-ville, le cœur battant de l'industrie automobile et de l'économie américaines, était devenue une enclave arabe.

De nombreux habitants de Metro Detroit trouvaient étranges, voire agaçantes, leur origine et leur langue moyen-orientales, la coutume leur commandant de revêtir robes et couvre-chefs ou de porter des barbes touffues. Cette nouvelle vague d'immigrants faisait manifestement peu d'efforts pour se mêler aux autres, pour s'intégrer. Et les anciens résidents se demandaient ce qu'ils étaient venus faire aux États-Unis.

Toutefois, il existait un précédent. En effet, à l'aube du XXe siècle, à Détroit et dans sa région, de nombreuses familles originaires de Pologne avaient également résisté à l'assimilation, refusant d'envoyer leurs enfants dans les écoles publiques anglophones qui n'évoquaient pas la culture et l'histoire polonaises et n'enseignaient pas leur langue natale[25]. Même dans la seconde moitié du XXe siècle, il était possible de manger dans un bistro polonais à Hamtramck sans entendre un seul mot d'anglais[26]. « Quelle que soit ta nationalité, tu savais que quelque part, il y avait toujours un endroit où on parlait ta langue, comme au pays », m'a confié Terry. Mais le temps a eu raison de cette résistance à l'assimilation et l'a rendue mélancolique. « Tous ces coins ont disparu, maintenant. Plus de quartier irlandais. Plus de quartier polonais. Plus de quartier allemand. » À leur place, des quartiers arabes ont fleuri.

De nombreux habitants de Détroit idéalisaient ce phénomène communautaire, voire clanique, tout en refusant ce même privilège à ceux arrivés aux États-Unis dont ils n'étaient distincts que par le continent d'origine. Les Arabes musulmans qui s'accrochaient à leur mode de vie dans les environs de Dearborn semblaient remettre en cause l'assimilation à laquelle les descendants d'immigrants européens avaient fini par céder. Certains habitants avaient l'impression que ces influences extérieures les menaçaient.

Malgré leurs différences notables, les changements qui ont affecté Dearborn et divers secteurs de Metro Detroit dans les années 1990 symbolisaient un autre monde pour les Reilly. Mais Oxford restait une enclave. Bill et Terry semblaient résolus à éloigner leurs enfants de ses influences pernicieuses pour les guider vers une vie des plus classiques.

CHAPITRE 3
DÉSAMOUR

Au cours des années suivantes, le fils Reilly, Billy, va aller à l'école, à l'église et au sport, impossible à distinguer des autres enfants de son âge à Oxford. Mais, avec le temps, il allait créer son propre chemin vers un objectif différent, faire des choix qui bouleverseraient et attristeraient Terry et Bill. À sa façon, Billy refuserait de s'assimiler à la vie que ses parents avaient envisagée pour lui.

D'abord, il connaît le rejet. Au début des années 1990, Terry et Bill ont voulu l'inscrire dans une école élémentaire. Mais les enseignants de l'établissement catholique Saint-Joseph ne l'ont pas admis en raison d'un retard de langage. En réalité, une simple paire de lunettes a clarifié le monde autour de lui et, par ricochet, lui a permis de mieux s'exprimer. Avec ses nouvelles lunettes, il voyait ce qui était écrit au tableau et pouvait suivre la balle de base-ball des yeux pour la frapper.

Billy était vif, mais calme, et très protecteur envers sa petite sœur. Catie était grande pour son âge et les voisins les prenaient souvent pour des jumeaux en raison de leur ressemblance et de leur complicité. Billy avait des camarades. Un été, en colonie de vacances, il a appris à pêcher, une activité qui deviendrait l'un de ses passe-temps préférés. Il faisait aussi partie d'une troupe de louveteaux.

Billy était très proche de son grand-père Marvin, le père de Terry et vétéran de la Seconde Guerre mondiale. Marvin O'Kray avait été déployé dans la réserve du 116e régiment d'infanterie, deux semaines après le débarquement en Normandie[27]. Toutefois, Marvin, au lieu de parler de la guerre, préférait discuter de l'équipe des Detroit Tigers avec son petit-fils, des statistiques de jeu et des mystères du base-ball, pour lesquels Billy montrait d'ailleurs une excellente mémoire.

Billy suivait le parcours classique du petit Américain. Les promesses de l'avenir flottaient derrière les crèmes glacées et les programmes télévisés vers un horizon qui, pour ses parents, ne semblait pas avoir de limites. À l'époque, la série *Sacrée famille*, qui mettait en scène un enfant précoce affublé d'un costume et d'une mallette, connaissait un certain succès. Bill et Terry ne rataient pas un épisode. Ils s'amusaient de la ressemblance de ce personnage avec leur fils. Ils en faisaient même un modèle, car ils imaginaient que Billy lui aussi porterait une mallette et un costume pour aller au bureau ou dans un amphithéâtre. Peut-être serait-il professeur à l'université ? Voire mieux. Encouragés par ses résultats scolaires et comprenant combien son intelligence le distinguait des autres enfants, ils anticipaient pour lui un avenir radieux[28].

Ces illusions, toutefois, n'ont pas tardé à s'évanouir. Au milieu de sa scolarité à St-Joe, Billy s'est mis à exprimer l'envie de rester à la maison. Terry a cru qu'il s'était disputé avec un camarade. Mais Billy lui a raconté un incident qui s'était produit des années plus tôt, peut-être en deuxième année de primaire. Un prêtre de St-Joe l'avait convoqué avec un autre garçonnet. Petit pour son âge, Billy portait des lunettes. Très calme, il évitait soigneusement les ennuis. Bref, un élève qui n'avait pas l'habitude de se faire remarquer par le directeur ou par les enseignants. Pourtant, il avait attiré le regard de ce responsable religieux. Une fois Billy et son camarade entrés dans son bureau, l'homme a fermé la porte à clé, s'est tourné vers les enfants et s'est exhibé[29].

La société américaine n'avait pas encore pris conscience de la complicité criminelle de l'Église avec ces prêtres prédateurs sexuels. Comment l'accepter pour des familles chez qui le clergé jouait le rôle de boussole spirituelle ? St-Joe, comme de nombreuses églises et écoles paroissiales, avait connu des problèmes et s'était déjà séparé d'un prêtre pédophile. Terry s'était portée volontaire en tant qu'assistante éducative dans l'établissement, mais n'avait appris l'incident que des années plus tard, une fois que Billy avait été suffisamment en confiance pour l'évoquer.

Le dimanche matin, Billy s'énervait contre Terry lorsqu'elle lui demandait de bien s'habiller pour la messe[30]. Catie affirme d'ailleurs que son frère « ne voulait plus rien avoir affaire avec l'Église catholique ». Il a fini par ne plus y aller. Quand la famille s'y rendait en voiture, Billy restait à la maison.

Tous les étés, à la fin de l'école, les Reilly prenaient la route pour de longs trajets à bord d'un camping-car. Ils partaient deux semaines en vacances. Avec Bill au volant, ils ralliaient la Nouvelle-Angleterre, la Californie ou la Floride. Ils emmenaient leurs enfants à travers les quarante-huit États contigus des États-Unis pour des voyages étouffants, oppressants. Catie n'aimait pas cette promiscuité. Elle s'est mise à dénigrer ces moments privilégiés qui, selon elle, n'en étaient pas. Une opinion qui annonçait peut-être les futurs conflits et son besoin d'indépendance. Billy et Catie présentaient un front commun tout au long de ces interminables routes poussiéreuses[31].

Les activités prisées par les autres enfants, nager dans un lac ou dans la piscine d'un hôtel, dévaler les montagnes russes aux fêtes foraines, n'intéressaient pas Billy. Il ne jouait plus au base-ball et n'aimait pas la foule. Il n'aimait pas les soirées. Pour lui, demeurer seul ne posait pas de problème. Pendant les vacances, quand ses parents et Catie allaient jouer au minigolf, il restait dans la chambre de motel et regardait les informations à la télé[32].

Mais il s'échappait parfois dans la solitude qu'il recherchait en trouvant une place à bord d'un bateau pour pêcher sur un lac, en rivière, ou dans la mer. « La beauté et la complexité de la nature m'ont toujours émerveillé et fasciné », écrira Billy plus tard dans une lettre de candidature pour l'université. « Enfant, déjà, j'adorais me documenter sur le monde qui m'environne[33]. »

Une fois de retour à l'école et à Oxford, il se sentait enfermé. Billy a voulu quitter St-Joe en 1999. Ses parents s'y sont résignés.

Billy et Catie ont alors intégré le collège public d'Oxford. Fini l'uniforme de l'école catholique, fini l'embrigadement et l'instruction religieuse. Oxford High offrait un environnement plus souple. Terry et Bill espéraient qu'il permettrait à Billy de se faire de nouveaux amis et de cultiver de nouveaux centres d'intérêt. Ils ont bientôt découvert que le développement harmonieux de Billy n'avait été contrarié ni par St-Joe ni par sa structure rigide, mais plus certainement par l'agression dont il avait été victime. Dans l'atmosphère permissive de l'école publique, Billy s'est entouré d'une bande d'élèves peu sérieux. Un jour, un enseignant l'a surpris en train de fumer de l'herbe dans les toilettes. Billy a écopé d'une exclusion temporaire[34].

Terry et Bill désespéraient. Ils connaissaient l'intelligence de leur fils et se devaient d'interrompre cette dégringolade. Oubliés, les grands diplômes et les beaux rêves. Ils se contentaient d'attendre sa majorité. Ils ont de nouveau songé à l'école catholique et découvert l'école paroissiale Our Lady of the Lakes (Notre-Dame-des-Lacs) à Waterford, au sud d'Oxford, à vingt-cinq kilomètres au sud.

Quand un élève débarque au lycée au milieu de l'année, il y a souvent une bonne raison. Billy est entré en janvier 2001 à Our Lady of the Lakes, en classe de troisième*, les cheveux teints en orange. Une forme d'expression inadmissible dans une institution qui réclame de ses élèves qu'ils assistent à la messe et portent un uniforme. Le proviseur lui a alors suggéré de passer chez le coiffeur. La tête tondue, Billy n'a pas profité de cette remise à zéro. Malgré l'arrivée concomitante de Catie, il s'est aussitôt dressé contre les enseignants et le personnel administratif. Un professeur m'a confié plus tard que Billy était arrivé dans sa nouvelle école à « son corps défendant[35] ».

Billy avait du mal à s'intégrer, surtout à « Lakes » (comme les élèves appellent l'établissement). L'institution propose des classes de la maternelle à la terminale, et de nombreux lycéens se connaissent depuis qu'ils ont appris à lire. Dans ce système social clos débarquait soudain un étudiant qui ne jouait d'aucun instrument de musique, n'aimait pas le sport et faisait peu d'efforts pour s'assimiler. Dans chaque classe de lycée, il y a un Billy Reilly, brillant, mais amorphe ; amical, mais isolé ; sensible, et pourtant si renfermé qu'il est impossible de savoir s'il éprouve réellement des sentiments.

Au premier semestre de son année de seconde à Lakes, sa troisième école en trois ans, Billy ne se fixait toujours pas, incapable de tisser des liens. Il venait d'avoir 15 ans et se cherchait. À l'intérieur de lui, d'une façon imperceptible, son énergie et sa sagacité se concentraient et

---

* Le lycée américain compte quatre années, de la troisième à la terminale. (*N.d.T.*)

n'attendaient que de découvrir un objet de fascination pour jaillir avec force. Si seulement il le découvrait.

Un matin du premier semestre 2001, il assistait à la messe avec sa classe dans la petite chapelle nichée dans le bâtiment principal de Lakes. Billy, qui détestait ce genre d'obligation religieuse, n'avait d'autre choix, cependant, que de la supporter. Au milieu du service, une assistante d'éducation est arrivée en courant dans l'église, agitée, pour faire une annonce aux élèves. Un avion venait de percuter le World Trade Center, à New York[36].

CHAPITRE 4
CATACLYSME

Juste après les attentats du 11 septembre 2001, une question taraudait toute la nation : qui dirigeait les dix-neuf terroristes ? Morts, ils ne pouvaient plus répondre de leur crime. Une fois la réponse apportée aux citoyens américains, ils ont exigé de savoir où se cachait Oussama Ben Laden et son organisation terroriste islamiste fondamentaliste, Al-Qaïda[37]. Bientôt, le peuple tout entier s'est focalisé sur sa revanche, au moment où les troupes américaines investissaient l'Afghanistan[38]. La guerre mondiale contre le terrorisme venait de commencer.

La plupart des Américains allaient désormais éviter Manhattan, son principal champ de bataille dévasté. Quant aux Reilly, comme tout un chacun après le 11-Septembre, ils s'efforçaient de comprendre ce qui venait de se produire. En janvier 2002, ils ont fait monter les enfants dans le camping-car pour un voyage d'une demi-journée par la I-80 et le Holland Tunnel. « Nous voulions voir par nous-mêmes », m'expliquera Terry.

À Ground Zero, Billy a vu de ses propres yeux les conséquences de l'attentat. À travers la clôture entourant la masse de décombres qui s'élevait à l'endroit où naguère les tours du World Trade Center obscurcissaient le ciel, Billy a examiné le site, inconscient du rôle qu'il jouerait plus tard dans cette histoire qui avait changé la face du monde[39].

Billy n'avait pas trouvé de motivation à Oxford ou à Lake. À Manhattan, cependant, à la lisière de l'épicentre de l'attaque, il s'est senti engagé.

Mais il ne formulait pas les mêmes questions que la plupart de ses concitoyens. Il ne voulait pas découvrir qui étaient les responsables de ces attentats ni où ils se cachaient. La vengeance ne l'intéressait pas. En observant les ruines du 11-Septembre, Billy ne pistait pas les coupables. Ni leur planque. Il se demandait simplement *pourquoi*. Pourquoi toutes ces personnes devaient-elles mourir ? « Il cherchait à comprendre ce qui pouvait pousser à bout quelqu'un au point de commettre un tel acte », me racontera plus tard Catie, sa sœur[40].

« Qui ? » et « où ? » sont les questions que l'on se pose tout de suite. Mais « pourquoi ? » revêt une importance cruciale, car, en y répondant, on peut esquisser l'ébauche d'un mobile. Donc ouvrir la voie à une certaine forme de compréhension. Et, dès lors, commencer à expliquer pourquoi certains pays se comportent comme ils le font. Ou comment des organisations politiques ou religieuses émergent et perpètrent des actes d'une telle sauvagerie. Trouver du sens à des agissements qui paraissent insensés, y compris le 11-Septembre. « Pourquoi ? » est une question rationnelle, mais celle dont la réponse est la plus difficile à fournir. Guidé par ce « pourquoi », Billy s'est alors mis à enquêter sur tout ce qui avait un rapport avec le 11-Septembre et les événements qui en découlaient. Sa quête de sens adolescente venait de découvrir un nouvel objet.

De retour dans le Michigan, les télévisions, les enseignants et les élèves de Lakes, ses parents, même, pointaient du doigt un coupable tout désigné. Selon eux, l'islam était responsable du 11-Septembre. Les Arabes étaient responsables. Mais Billy jugeait ces analyses convenues. D'après Catie, il « refusait de croire ce qu'on racontait à la télé sur l'islam ».

Aux yeux de Billy, personne ne paraissait tenir compte des errements de la politique étrangère américaine pour brosser un tableau plus complet des attentats. Billy connaissait peu l'histoire de l'engagement américain au Moyen-Orient, mais pensait qu'il y avait matière à enquêter. Dans sa quête, Billy a pris conscience qu'il avait un outil formidable à portée de main. Sur le secrétaire, dans le séjour des Reilly, trônait l'écran massif de l'ordinateur qu'ils avaient acheté quelques années auparavant.

La famille employait la vieille tour pour envoyer et recevoir des e-mails ainsi que pour écumer Internet. Billy et Catie s'en servaient parfois pour leurs devoirs. Comme un chien ou une voiture, l'ordinateur avait pris sa place dans la vie des Reilly ; il était à la fois utile et procurait un certain confort. Ce bloc de plastique gris disgracieux qui détonnait avec l'élégant secrétaire ancien allait devenir le véhicule qui permettrait à Billy de comprendre le monde au-delà des frontières d'Oxford.

Comme Billy, Internet était adolescent. Les bips et les stridences du modem retentissaient avant qu'il puisse faire défiler des pages à l'esthétique rudimentaire. Amazon vendait encore principalement des livres. L'expression « réseaux sociaux » n'existait pas.

Le 11-Septembre préfigurait une nouvelle étape dans le développement de la société numérique. L'attentat, en outre, donnait une véritable raison d'être aux blogueurs qui cherchaient à se démarquer des médias traditionnels. Internet permettait à n'importe qui de publier n'importe quoi. Il n'y avait soudain plus aucun filtre, plus aucun standard professionnel requis. Ce qui offrait à tout un chacun la possibilité de contourner les vieux chiens de garde des médias traditionnels. Certains dénichaient des scoops et diffusaient des informations vérifiées. Ils exerçaient d'ailleurs une pression salutaire sur la presse institutionnelle pour qu'elle continue à suivre leur rythme. D'autres, toutefois, à l'éthique discutable, semaient le doute et la confusion avec leur prose enlevée, volontiers provocatrice. Les théories sur le 11-Septembre proliféraient en apportant plus de questions que de réponses. Certaines prétendaient qu'il s'agissait d'un complot intérieur. Internet fournissait beaucoup plus d'informations, sans validation, et mêlait souvent les faits aux fantasmes.

Billy a découvert quant à lui une alternative à l'uniformité des conclusions qu'il entendait autour de lui.

« Certains pensent que la naissance d'un frère ou d'une sœur, le premier jour d'école ou des vacances originales constituent leurs souvenirs d'enfance les plus mémorables, écrira-t-il plus tard dans un devoir. Quant à moi, je me rappellerai toujours le premier ordinateur acheté par mes parents. Cet ordinateur a apporté le monde dans notre salon[41]. »

*

À Lakes, les clans sont devenus plus perméables. Le 11-Septembre a uni les lycéens qui tentaient de comprendre les attentats et les bouleversements qu'ils engendraient. Dans l'onde de choc, Billy partageait désormais quelque chose de rare et de précieux avec les autres adolescents.

Au lycée, un joueur de l'équipe de football s'est lié à Billy, dont il appréciait l'humour pince-sans-rire. Il passait du temps avec lui et dans son sillage. Sont alors arrivés d'autres amis. Billy les a rejoints pour fumer avant les cours, cachés à la vue des enseignants. Un des membres de ce groupe me confiera plus tard : « Tout à coup, les je-sais-tout dans son genre nous ont paru dignes d'intérêt[42]. » Avachis au dernier rang, Billy et sa nouvelle bande faisaient le strict minimum.

Certes, il se fondait dans la masse, mais Billy exprimait tout de même des opinions qui le mettaient à part. Ses amis n'utilisaient pas Internet pour se plonger dans le terrorisme et les attentats en s'interrogeant sur leurs causes. Ils concevaient le 11-Septembre comme un point de départ, un événement unique, qui n'avait pas eu d'antécédents. Plusieurs camarades de classe lui parlaient de leur volonté de s'engager dans l'armée pour aller combattre Al-Qaïda.

Billy leur a demandé de s'intéresser davantage aux tenants et aux aboutissants de la « guerre contre le terrorisme » avant d'y consacrer leur vie. Il n'hésitait pas à leur dire que les États-Unis, en raison de leur politique étrangère stupide, l'avaient bien cherché. « Nous ne savions pas où il dénichait ses informations, me dira plus tard l'un de ses camarades de classe, mais, en tout cas, ça n'avait rien à voir avec nos sources[43]. »

Au lycée, les garçons courent après les filles ou les bonnes notes, d'autres se trouvent dans le sport, la musique ou la drogue, ou, au contraire, s'y perdent. Billy, quant à lui, rentrait directement après les cours et trouvait refuge auprès de son ordinateur. Il s'absorbait en ligne et s'intéressait à la politique internationale, mourant d'envie de comprendre ce monde postapocalyptique. Il lisait, pour stimuler son esprit, le *Manifeste du parti communiste*, *Mein Kampf*, ou le Coran, ouvrages qu'il choisissait dans la longue liste de l'apprenti provocateur. Internet lui permettait de suivre ses propres cours. Billy découvrait en ligne un sentiment de réalité et d'immédiateté qui contrastait avec les leçons compassées de Lakes.

Il se rendait compte également de l'insularité de son lycée. À Lakes, on n'est pas réputé pour son ouverture d'esprit. Islam ? Antiaméricain. Arabe ? Idem. Or la plus grande communauté arabe des États-Unis prospérait à moins de cinquante kilomètres au sud, à

Dearborn. Billy se demandait combien d'élèves de Lakes s'y étaient rendus. Comment se permettaient-ils maintenant de juger tout un peuple ? Du reste, combien d'entre eux avaient déjà rencontré un Arabe, un musulman ? Billy avait l'impression d'être le seul à faire preuve de curiosité dans son école.

Pourtant, lui-même devait admettre qu'il ignorait presque tout de cette religion[44]. La différence entre Billy et ses camarades résidait dans sa volonté d'apprendre. Afin de réfuter les allégations contre l'islam ou de les confirmer, il voulait l'étudier. Dans le nouvel âge d'Internet, ils sont légion, ceux qui ont pris l'habitude de croire et de répéter les affirmations spécieuses trouvées au petit bonheur la chance. Billy ne brillait pas particulièrement à l'école, mais il allait désormais se distinguer par sa capacité d'apprentissage en ligne.

Nul ne pouvait lui indiquer le chemin, ni professeur ni imam. Billy n'a jamais pensé s'aventurer à Dearborn ou visiter une mosquée. Il n'avait qu'Internet et, au début, il n'avait pas besoin de plus pour découvrir l'univers foisonnant de l'islam. Il s'est documenté sur ses origines, au VIIe siècle, ses coutumes et ses règles, ses observances. À partir de la naissance divine de Mohammed, quand l'archange Djibril chuchote à son oreille, l'islam a pris forme à travers ses prêches à La Mecque. L'islam du Moyen Âge est passé d'une croyance à un mode de vie, puis à une structure politique, le système du califat qui s'est développé au sein de l'Empire ottoman[45]. Une religion presque inconnue de Billy avant le 11-Septembre retenait maintenant toute son attention. Lorsqu'il comparait l'islam à la religion dans laquelle il avait été élevé, il ne pouvait se satisfaire de la foi qu'on lui avait inculquée. L'Église l'avait trahi.

Billy ne s'attendait pas à ce que son enquête en ligne l'entraîne vers des conclusions aussi personnelles. Un jour de l'automne 2002, un an après les attentats, dans la cafétéria de Lakes, un camarade de classe lui a demandé pourquoi son assiette était vide. Billy lui a répondu qu'il observait le ramadan, commémoration musulmane de la révélation divine du Coran à Mohammed, consacrée par un mois de jeûne. Billy n'a pas reçu d'instruction religieuse et n'a pas connu de cérémonie officielle. Mais, auprès de quelques amis sélectionnés, il affirmait s'être converti à l'islam et se déclarait musulman[46].

CHAPITRE 5
CONVERSION

La conversion de Billy était-elle réelle ? Pour un jeune élevé dans la foi catholique et si tôt après le 11-Septembre, l'islam s'imposait comme le véhicule tout désigné d'une rébellion adolescente. Embrasser l'islam, ou du moins le clamer, permettait à Billy de se distinguer de ses pairs à l'école catholique. Il a fait un choix caractéristique de son âge, audacieux et sans égard pour les conséquences. Une révolution solitaire.

Vers la fin de l'année 2002, tandis que les bâtiments de Lakes disparaissaient sous les décorations de Noël, un ami commun a appris à Catie que son frère s'était converti à l'islam. « J'ai paniqué », avouera-t-elle plus tard. Billy a deux ans de plus que Catie, mais ses connaissances ésotériques lui permettaient d'exercer une forme de magistère fraternel sur l'adolescente. Elle marchait sur les traces de son frère et, comme lui, sa curiosité intellectuelle s'est focalisée sur le 11-Septembre.

Billy s'est de plus en plus immergé dans l'islam, tout en cultivant d'autres intérêts iconoclastes. Quant à Catie, elle étudiait minutieusement les livres qu'il lui passait. Marx, Nietzsche ou des érudits musulmans inconnus des adolescents de Lakes. Avide de connaissances et attirée par les idées que Billy défrichait pour elle, Catie s'est plongée avec lui dans les questions politiques[47].

En 2004, Catie et Billy, avec leurs parents, ont assisté à une réunion publique en présence du président George W. Bush au Silverdome de Pontiac[48]. L'année précédente, les États-Unis avaient envahi l'Irak au prétexte spécieux que Saddam Hussein aurait détenu des armes de destruction massive. Bush cherchait en réalité à renverser l'autocrate irakien et à faire du pays un allié régional, proaméricain et démocratique. Cette invasion, en violation grossière du droit international, avait mal évalué à la fois les capacités américaines et les mœurs locales[49]. Billy et Catie savaient que l'opération irakienne n'était qu'une mystification, un coup monté. De l'opportunisme. Lorsque Bush est arrivé sur scène au Silverdome, Billy a jailli de son siège. « *Heil Hitler !* », a-t-il hurlé, s'attirant les reproches de l'un de ses voisins. Les deux ont commencé à se bousculer avant que Billy prenne son élan pour le frapper au visage. Dans la bagarre, les lunettes de l'homme ont volé dans la travée[50].

Après avoir découvert un sujet qui le passionnait, Billy s'est éloigné de plus en plus du travail scolaire. Il jugeait l'école ennuyeuse et peu adaptée. Pour lui, il s'agissait uniquement d'un endroit où la société lui enjoignait de se rendre. En classe, au lieu d'écouter les cours, il lisait le Coran caché sous son bureau. Il n'assistait pas aux matchs de football, aux bals ou aux soirées, imperméable à leur attrait. Ses camarades le voyaient rentrer chez lui à la fin de chaque journée et se demandaient pourquoi il n'acceptait jamais leurs invitations. Mais un unique sujet le passionnait : le monde par-delà le Michigan[51].

En ligne, Billy trouvait davantage que des informations. Il rencontrait d'autres passionnés. Sur les forums, il découvrait des gens qui lui ressemblent, des outsiders en décalage avec le reste de la planète, qui poursuivaient leurs chimères politiques dans des régions en ébullition. Au cœur du Michigan, Billy commençait à comprendre que sa vie pourrait s'écouler sans qu'il affronte une véritable épreuve, sans qu'il fasse quelque chose qui compte. Ses sympathies se portaient vers tous ceux qu'on a privés de leurs droits. Au mur de sa chambre, il a accroché le drapeau de la Tchétchénie, turbulente région musulmane du Caucase russe, et de la Palestine, nation qui se bat contre le joug israélien[52].

Terry et Bill Reilly ignoraient comment réagir aux opinions tranchées de Billy. Comment l'auraient-ils pu, alors qu'ils ne connaissaient pas les drapeaux palestinien ou tchétchène ? Le 11-Septembre et Internet l'avaient orienté vers des centres d'intérêt qui dépassaient l'entendement de ses parents.

Bill et Terry espéraient que les influences insolites cultivées par Billy lui passeraient sans laisser de traces. Mais Billy les impressionnait par son étonnante capacité à absorber de nouvelles informations.

Lorsqu'il discourait sur des pays lointains, ils avaient l'impression d'entendre un expert ou un professeur, la vocation qu'ils envisageaient naguère pour lui. Ils concevaient une véritable fierté à l'égard de la personne fascinante qu'il devenait. Malgré son entêtement. Et même s'ils ne partageaient ni ne comprenaient ses centres d'intérêt, ils les encourageaient.

En 2003, le père de Bill s'est éteint en laissant un modeste héritage aux Reilly. Terry et Bill ont suggéré que la famille emploie une partie de cette rentrée d'argent imprévue pour financer des vacances. Cette fois, ils souhaitaient aller plus loin que ne le leur permettait un camping-car. Ils ont opté pour une croisière sur la Baltique. Quand le paquebot a jeté l'ancre à Saint-Pétersbourg, pendant l'été 2004, c'était la première fois que les Reilly voyaient la Russie.

La ville qui s'étendait devant eux ne ressemblait en rien à ce qu'ils connaissaient. Musée à ciel ouvert, ses nombreux palais au style italien venaient d'être repeints en rose ou couleur pistache à l'occasion du 300e anniversaire de sa fondation, dans les marais de l'estuaire de la Neva. Point d'entrée maritime de la Russie dans la Baltique, quatrième plus grande ville d'Europe, Saint-Pétersbourg se dresse telle une relique de la Russie impériale. Loin d'Oxford, Billy a saisi sa chance. À un coin de rue, il a entamé une conversation avec un homme plus âgé, intrigué par la langue. En achetant des journaux, il tentait de déchiffrer l'alphabet cyrillique comme s'il s'agissait d'un code[53].

De retour à Oxford, Billy, de nouveau en ligne, s'est passionné pour l'alphabet russe et a assimilé des mots, puis des phrases. Il a continué de s'appliquer et a bientôt appris à lire et à comprendre la langue. Mais il ne voulait pas s'arrêter là. Il s'est intéressé à l'histoire russe et soviétique. À l'Ukraine. À la Seconde Guerre mondiale, au pacte germano-soviétique, qui avait dépecé la Pologne, à la bataille de Stalingrad. Il a contacté des locuteurs russes pour mettre à l'épreuve ses capacités.

Encouragé par ses résultats, Billy a imaginé en apprendre une autre, l'arabe, qui coïncidait avec son intérêt pour l'islam. Son cerveau s'est de nouveau montré enthousiaste. En un bref laps de temps, Billy, l'élève moyen de Lakes[54], a progressé dans ses connaissances de deux langues étrangères exigeantes.

Billy a alors employé ses talents récemment acquis pour obtenir d'autres informations en explorant des recoins plus subversifs d'Internet. Un jour, il a raconté à ses parents qu'il venait de recevoir le mot de passe d'un forum en ligne où des sympathisants de la cause terroriste islamiste se réunissaient. Billy a expliqué à sa mère qu'il avait l'impression de jouer à un jeu vidéo dont l'objectif serait de franchir des niveaux de plus en plus exigeants[55]. Terry lui a répondu qu'elle le trouvait bien naïf et lui a recommandé de ne pas parler de terrorisme en ligne. « Si tu continues, l'a-t-elle sermonné, le FBI va débarquer à la maison. »

En 2004, Billy a obtenu son diplôme de l'enseignement secondaire en se classant trente-neuvième sur cinquante[56]. Au cours de l'automne, à l'université d'Oakland, sur le campus voisin d'Auburn Hills, Billy officialisait son apprentissage de l'arabe et se rendait compte qu'il était parvenu à l'assimiler seul correctement. Les notes excellentes qu'il a obtenues dans quatre modules de langue lui ont non seulement permis de se considérer véritablement comme un étudiant, mais également d'augmenter sa moyenne générale, sanctionnée par un B. Le soir, à la maison, Terry observait Billy qui recopiait ses lettres arabes dans un carnet et secouait la tête incrédule en contemplant le chemin bizarre qu'empruntait son fils[57].

L'année suivante, les Reilly ont encore pris des vacances à l'étranger. Cette fois, ses parents ont suggéré à Billy de choisir la destination. Ils lui montraient ainsi leur soutien. Renonçant au cocon protecteur du paquebot de croisière, ils ont décidé de partir à l'aventure, guidés par Billy dans un monde qui le fascinait. La Syrie.

Les Reilly ont visité des marchés à Damas. Traversé le désert pour aller à la découverte des ruines romaines de Palmyre. Apprécié l'hospitalité des habitants et dégusté la nourriture locale avant que la guerre civile ne déchire la Syrie et n'ouvre la voie à un nouveau groupe terroriste, l'État islamique. La Syrie était encore une nation, cernée par les déserts et la Méditerranée, autrefois *Al-Cham* pour les arabophones, le berceau de l'islam du VIIe siècle. Les touristes s'y sentaient bien accueillis.

Terry et Bill se sont surpris eux-mêmes à adorer ce voyage. Ils avaient dénigré les changements apportés à Metro Detroit par l'immigration arabe et musulmane. Mais la dynamique familiale évoluait et ils ont fini par s'identifier à ceux dont les manières leur paraissaient si étranges.

Après une crevaison, un passant les a aidés à changer la roue. Pour Terry et Bill, ce simple geste a démystifié le monde arabe. L'homme, plus généreux encore, leur a proposé de dormir chez lui en leur offrant son propre lit. Terry et Bill, lors de cette aventure improbable qui les a vus manger du maïs grillé dans une rue d'Alep, se sont aperçus que leur esprit s'ouvrait.

Billy espérait rester en Syrie après le départ de sa famille. Toujours guidé par sa soif de connaissances, il voulait y étudier la langue et la religion. Il a même rencontré un professeur afin d'intégrer l'université de Damas. Il finira par renoncer à ce saut ambitieux dans l'inconnu, à travers lequel il voulait manifester le besoin de concrétiser les centres d'intérêt qu'il cultivait sur Internet[58].

De retour dans le Michigan, lors des réunions de l'association des étudiants musulmans de l'université d'Oakland, Billy a demandé à ses membres de l'appeler Bilal[59]. Il commençait à développer une double identité au moment même où une nouvelle vague d'innovation touchait Internet sous la forme des réseaux sociaux. Ces plates-formes allaient autoriser toutes les sortes de dissimulation.

Facebook, Instagram, Twitter, YouTube et l'iPhone sont apparus pendant les études de Billy et ont transformé sa façon de se connecter au monde. Il s'est créé de nombreux comptes et, par leur biais, a formé un nouveau cercle de relations qu'il ne rencontrera jamais. Des personnes qui connaissaient le Coran. Des aspirants révolutionnaires. D'autres qui justifiaient le terrorisme. Rebelles, égarés ou militants mourant d'envie de trouver un sens à leur vie.

Qui sait si ces profils sur les réseaux sociaux, y compris celui de Billy, sont bien ce qu'ils semblent être ? Ces nouvelles technologies encouragent le port de masques. Les réseaux sociaux, avec la fiction d'interaction qu'ils engendrent, offraient la possibilité à Billy d'endosser n'importe quelle identité. Il évoquait des idées dangereuses avec des individus dangereux, prenait des risques sans péril. Il disait ce qu'il voulait sans avoir à prouver ses dires. Il n'avait même pas besoin de regarder quelqu'un dans les yeux.

*

Terry et Bill refusaient de croire que Billy s'était vraiment converti à l'islam. Il finirait bien par se rendre à la raison. L'intérêt qu'il portait à la religion passerait quand il mûrirait. Ils évitaient le problème en niant son existence. Mais ils ne jouissaient pas de ce luxe avec leur fille.

En 2005, Catie, en classe de première à Lakes, se sentait en décalage chez elle. Elle avait l'impression de ne rien partager avec ses parents et jugeait qu'ils cajolaient son frère et la reléguaient au second plan. Catie excellait à l'école, mais ne recevait pas les louanges qu'elle escomptait. Elle souhaitait partir. Elle étudiait la religion avec Billy, tout en l'appréciant à sa manière. Notamment parce que ses parents ne la comprenaient pas. En 2005, Catie s'est convertie[60].

Sa conversion les a bouleversés. Contrairement à Billy, qui, en tant qu'homme, n'avait pas changé d'apparence après avoir embrassé l'islam, Catie s'est voilée. Bill et Terry, en le constatant, ont alors dû reconnaître la réalité de sa conversion. En Syrie, ils s'étaient découverts tolérants. Mais accepter l'aide d'un homme musulman sur une route près de Damas n'a rien à voir avec la conversion de leur fille, qui rejoint une communauté à laquelle, selon eux, elle n'appartient pas. Ils en sont venus à considérer le choix de Catie en tant que rejet de leurs enseignements, de leur affection. Elle continuera d'habiter sous leur toit pendant plusieurs années, mais rien ne sera plus comme avant[61].

Alors que Catie approchait de la fin du lycée, elle prévoyait de s'inscrire dans une école d'infirmière. Mais Billy a réussi à la convaincre qu'avec ses notes excellentes elle pourrait devenir médecin. Encouragée par son frère, elle s'est inscrite à l'université Wayne State de Détroit avec pour objectif d'intégrer la faculté de médecine.

Au cours du premier semestre, en 2009, Catie a accepté de travailler bénévolement dans une clinique de Détroit où elle se rendait en voiture à partir d'Oxford. L'établissement accueille des patients musulmans. Catie jouissait d'un aperçu sans fard sur leur vie[62].

Elle venait à peine de commencer que la clinique résonnait des conversations au sujet de la tragédie qui avait frappé Dearborn. Dans le cadre d'une plainte fédérale déposée en octobre 2009, un agent du FBI avait affirmé que le dénommé Luqman Abdullah se préparait pour le djihad. Le FBI présentait des preuves qu'Abdullah et ses fidèles se livraient à des vols et des escroqueries tout en réunissant un arsenal destiné à leur lutte contre les agents fédéraux. Un matin du mois d'octobre 2009,

Abdullah et plusieurs de ses associés déchargeaient des caisses dans un entrepôt de Dearborn lorsqu'une vingtaine de policiers armés, casqués, ont pénétré dans le hangar. Les hommes se sont toisés et une confrontation, enregistrée par les caméras du FBI, s'est ensuivie. Un maître-chien a lâché son animal. Abdullah a sorti une arme. Des coups de feu ont éclaté. À la fin de la fusillade, quatre agents du FBI avaient tiré à vingt reprises sur Abdullah. Le chien du FBI avait également été touché par une balle. Les agents l'avaient fait transférer à l'hôpital en hélicoptère. Quant à Abdullah, il était mort sur place[63].

La tragédie a bouleversé les musulmans de Détroit. Un bénévole de la clinique où travaillait Catie, particulièrement disert, partageait volontiers son avis sur l'attitude du Bureau et du gouvernement envers les musulmans américains après le 11-Septembre.

Mohammed Cherri, d'origine libanaise, mais naturalisé américain, avait obtenu une licence de l'université du Michigan, campus de Dearborn. Il avait vécu au Moyen-Orient et aux États-Unis et comprenait parfaitement ces deux environnements. L'arabe était sa langue maternelle, mais il parlait l'anglais comme un Américain. Ses parents et ses frères et sœurs étaient tous diplômés de l'enseignement supérieur. Son père avait d'ailleurs été professeur de génie électrique au Koweït. Quant à Mohammed, il avait intégré la faculté de médecine et publiait un blog consacré aux questions arabo-américaines.

Catie n'avait jamais rencontré quelqu'un comme lui. En appréciant son vocabulaire riche, elle s'est rendu compte que, pendant des années à Oxford et à Lakes, elle avait volontairement simplifié sa propre expression de crainte de paraître suffisante. Elle se savait intelligente, mais avait appris à ne pas le montrer. Parler avec Mohammed stimulait son intuition et son esprit tout en la gratifiant.

Un après-midi de cet automne 2009, Catie a accompagné Mohammed de la clinique au campus de Wayne State. Lors du dîner, dans un fast-food moyen-oriental, ils ont admis tous deux qu'une étincelle venait de naître[64].

Mohammed habitait à Dearborn et Catie venait lui rendre visite. Pour Bill et Terry, Dearborn incarnait le refus de l'*American way of life*. Pour Catie, au contraire, dans le désert de son environnement, elle représentait une oasis où résidaient des personnes qui parlent plusieurs langues et comprennent le monde, parce qu'elles en ont vu une grande partie. Catie s'y est fait des relations intéressées par la politique nationale et étrangère ou la religion, et qui cultivaient des opinions iconoclastes. Elle s'est mise à passer plus de temps avec Mohammed qu'avec ses parents. Elle avait enfin trouvé quelqu'un qui la comprenait[65].

Noël 2009. Les conflits qui couvaient chez les Reilly n'allaient pas tarder à éclater. Catie ne sortait avec Mohammed que depuis quelques mois, mais ils étaient déjà très proches. Naturellement, elle a voulu l'intégrer davantage dans sa vie. Elle a souhaité l'inviter aux fêtes de fin d'année chez elle et, en particulier, à Noël.

Terry et Bill se sont cabrés devant la suggestion et ont prétexté qu'ils n'invitaient que la famille. Seuls les proches, la sœur de Terry, Kathie, et son frère Jim, ainsi que Grandpa Marvin, se sont réunis. Catie enrageait, mais n'y pouvait rien.

Toutes les familles cultivent le déni et les Reilly n'échappent pas à la règle. L'islam, le 11-Septembre, Internet, les centres d'intérêt qui accaparaient Billy et la conversion de Catie : Terry et Bill espéraient que ces obstacles qui se dressaient face à leurs petites habitudes allaient simplement s'évanouir. Les vieux quartiers leur manquaient, comme leurs certitudes. Ils se battaient contre les changements en les ignorant. À Oxford, ils pensaient pouvoir se cadenasser pour les tenir à l'écart et rejeter cette profonde évolution du monde. Mais cet univers en pleine mutation allait frapper à leur porte.

Le printemps suivant, un agent du FBI allait leur rendre visite.

CHAPITRE 6

SIÈGE

Un homme, la vingtaine, nigérian, entre dans les toilettes de la classe économique d'un vol qui a décollé d'Amsterdam. Il s'asperge le visage d'eau dans le petit lave-mains, se brosse les dents et se parfume. Il retourne à sa place, pose une couverture sur ses jambes et se détend. Umar Abdulmutallab se prépare à mourir en ce jour de Noël 2009.

L'avion se dirige vers Détroit, mais Abdulmutallab a conçu un plan pour s'assurer qu'il n'y atterrira pas. Il a cousu une seringue dans ses sous-vêtements. En appuyant sur le piston, il relâche un liquide dans une poche fixée également sur son slip. À l'intérieur de la poche se trouve un mélange de tétranitrate de pentaérythritol et de tripe-roxyde de triacétone, de puissants explosifs en poudre. Assis à côté de lui, un voisin entend ce qui ressemble au bruit d'un pétard mouillé. D'autres sentent de la fumée. L'entrejambe d'Abdulmutallab s'embrase et quelqu'un se met à hurler : « Au feu, au feu ! » D'une autre rangée de sièges, un homme plonge sur Abdulmutallab et le maîtrise. L'attentat vient d'échouer[66].

À Southfield, dans la banlieue de Détroit, le même jour, trois fillettes ouvraient leurs cadeaux. Puis leur père a déposé les emballages sur le trottoir lorsque son portable a sonné. Andy Arena a l'habitude de ce genre d'interruptions, y compris le matin de Noël. Elles font partie du travail d'agent spécial, chef du principal bureau de Détroit du FBI[67].

Au téléphone, l'un de ses collègues lui a décrit la tentative d'attentat. Arena s'est précipité à Ann Arbor, puis s'est garé devant l'hôpital qui se dresse sur le campus nord de l'université du Michigan. Les médecins y traitaient Abdulmutallab pour ses brûlures. Le directeur des opérations, placé sous les ordres d'Arena, Timothy Waters, s'y trouvait déjà. Andrew McCabe, un haut responsable du FBI, dirigeait le dispositif à partir du quartier général, situé à Washington. Il deviendrait plus tard directeur par intérim du Bureau et s'opposerait frontalement au président Donald Trump en 2017, ce qui lui vaudrait une certaine notoriété[68].

En 2009, McCabe chapeautait le High-Value Detainee Interrogation Group du FBI, direction chargée des interrogatoires des détenus prioritaires. Il s'agissait d'une nouvelle section créée en réponse aux révélations ayant trait à l'usage de la torture par la CIA. Dans le sillage des attentats du 11-Septembre, des agents l'avaient régulièrement pratiquée sur des présumés terroristes et djihadistes à l'intérieur de prisons secrètes américaines réparties dans le monde entier. La CIA employait le *waterboarding*, ou simulacre de noyade, méthode qui consiste à verser de l'eau sur un tissu posé sur le nez et la bouche de la victime, induisant chez elle la sensation de se noyer. Non seulement cette méthode est une torture inhumaine en tant que telle, mais elle produit de faux aveux et donc de fausses informations. Les personnes qui la subissent racontent n'importe quoi afin d'y échapper[69].

Face au tollé provoqué par la divulgation des techniques de la CIA et avec l'élection de Barack Obama, qui succédait à George W. Bush à la Maison-Blanche, le FBI avait créé le High-Value Detainee Interrogation Group, qui défendait la pratique des interrogatoires plutôt que celle de la torture. Umar Abdulmutallab, dit « *Underwear Bomber* », le terroriste aux sous-vêtements, serait le premier détenu soumis à cette approche inédite. Arena, Waters et leurs collègues parviendront d'ailleurs à le faire parler[70].

Huit ans s'étaient écoulés depuis le 11-Septembre, mais la menace terroriste restait omniprésente. En raison de l'occupation américaine en Afghanistan et en Irak, les groupes et les bases terroristes se relocalisaient, se transformaient, voire s'étendaient. Les États-Unis déployaient des efforts tous azimuts pour cartographier ces mouvements et repérer leurs nouveaux chefs, inspirés par Ben Laden, qui reprenaient le flambeau de la lutte contre les Américains.

Dans le Michigan, Abdulmutallab a raconté au FBI qu'il avait passé la plus grande partie de l'année précédente dans des camps d'entraînement au Yémen avec Anwar al-Awlaqi, l'un des responsables d'Al-Qaïda dans la péninsule Arabique, une branche de l'organisation de Ben Laden. Al-Awlaqi, titulaire d'un passeport américain, présentait une importance et un intérêt très particuliers. Il connaissait trois des terroristes du 11-Septembre et avait inspiré des attentats en Grande-Bretagne, au Canada et aux États-Unis[71]. Les États-Unis cherchaient à le localiser et à l'éliminer.

Abdulmutallab, l'*Underwear Bomber*, a fourni au FBI une esquisse de l'organigramme d'Al-Qaïda dans la péninsule Arabique et un plan des camps yéménites qu'il avait fréquentés. Des éléments précieux pour le contre-terrorisme qui offraient à Obama et au FBI la possibilité de tourner la page honteuse du programme de *waterboarding* de la CIA en prouvant qu'il n'est pas nécessaire de torturer des suspects pour obtenir des informations pertinentes[72]. En 2011, Obama a autorisé une attaque contre Al-Awlaki au Yémen qui ferait de lui le premier citoyen américain tué par la frappe d'un drone américain.

Malgré la collecte de données effectuée par le FBI, l'attentat raté d'Abdulmutallab a créé un traumatisme et fait les gros titres. S'il avait réussi à mener à bien son opération, ce vol transportant des centaines d'Américains se serait désintégré en dispersant ses débris sur le Michigan. Cette attaque conduite à partir d'un avion aurait tragiquement rappelé les événements du 11-Septembre et réveillé l'hystérie collective que de nombreux Américains avaient encore du mal à oublier. La tentative, bien qu'avortée, prouvait que la menace contre les États-Unis existait toujours et que le FBI devait rester vigilant.

Le Bureau avait en effet la responsabilité de prévenir les attentats contre les Américains. À ce sujet, il travaillait de concert avec la CIA, le Department of Homeland Security, c'est-à-dire les services de sécurité intérieure, et des centaines d'agences de renseignement et d'investigation à la fois locales et fédérales. C'est le FBI qui chapeautait l'ensemble des enquêtes et des opérations intérieures[73]. Or, le 11-Septembre avait révélé de façon spectaculaire son incapacité à accomplir cette mission existentielle. Dans le sillage de ces événements, le Congrès avait même menacé de le supprimer. Ce qui avait conduit le Bureau au cours des années suivantes à évoluer d'un organisme centré sur le travail de police à une agence internationale capable de recueillir des données afin de lancer des opérations allant au-delà du simple cadre judiciaire. Depuis le 11-Septembre, le FBI opérait de plus en plus à la fois sur le territoire national et à l'étranger. Il employait ses ressources pour pénétrer les groupes terroristes et recueillir du renseignement, dans l'optique de court-circuiter les attentats avant qu'ils ne se produisent.

Abdulmutallab avait mis au jour l'échec du FBI. Seules son incompétence et son incapacité à actionner la bombe avaient sauvé la vie des passagers du vol pour Détroit. Cependant, exception faite de cette maladresse, il avait réussi à déjouer les défenses du FBI et à échapper aux milliards de dollars et aux innombrables hommes et femmes qui se dévouaient à la traque et à la neutralisation des terroristes islamistes. L'*Underwear Bomber* rappelait tragiquement le 11-Septembre, huit ans après les faits, et révélait que le FBI échouait parfois à infiltrer les cellules terroristes pour contrecarrer les projets d'attentats. Si le FBI avait connu son plan, l'*Underwear Bomber* n'aurait probablement jamais embarqué à bord de ce vol pour Détroit.

L'une des missions des agents du Bureau consiste à rapporter des informations et donc à s'aventurer hors des murs de l'agence pour les recueillir. À cette fin, ils ont recours à des informateurs[74].

Il en existe deux types au FBI. Le premier, les « témoins coopérants », membres par exemple d'une organisation criminelle, acceptent de travailler avec le FBI afin de le renseigner sur les activités de ladite entreprise en échange de la réduction des charges pesant contre eux ou des peines encourues.

Cette variété d'informateurs a généralement été déjà reconnue coupable ou du moins mise en examen. Vulnérable aux pressions judiciaires et souhaitant échapper à la prison ou diminuer sa condamnation, l'individu en question se laisse parfois approcher par un agent du FBI. Ce dernier, associé à un procureur, offre de s'entretenir avec un juge au nom du criminel afin de conclure un marché qui lui évite, par exemple, l'incarcération. Le témoin coopérant travaille dès lors pour le FBI, partage des informations sur les crimes perpétrés ou rencontre des criminels en portant des enregistreurs pour leur soutirer des preuves. Les enregistrements, susceptibles d'être produits devant un tribunal, servent à mettre en cause les responsables de l'organisation. Évidemment, on méprise ces « balances » qui troquent la liberté de leurs associés contre la leur. La police prospecte les pénitenciers à la recherche de ce genre d'individus qui sévit depuis des temps immémoriaux[75].

Le second type d'indicateur, l'informateur anonyme, ne dort pas en prison. Il ne se trouve pas entre les mains de la justice. Il n'est pas non plus membre d'une entreprise criminelle, mais accepte d'infiltrer une telle organisation pour le compte du FBI, souvent contre rémunération. Un informateur anonyme connaît parfois une personne associée à l'organisation ; il peut également revendiquer une origine ethnique, sociale ou géographique qui lui en facilite l'accès. Il n'est pas motivé par la crainte de la prison, mais plutôt par l'appât du gain, par le patriotisme, son ego ou l'excitation du travail sous couverture.

Coopérateurs et informateurs font partie du Bureau depuis que le président Theodore Roosevelt a contourné le Congrès, en 1908, afin de créer le FBI, un regroupement d'agents désignés sous le nom de « spéciaux », car ils ne répondent qu'au procureur général des États-Unis*[76]. J. Edgar Hoover, directeur du FBI, a employé des coopérateurs et des informateurs dès 1919, à l'époque de la première « Peur rouge », aux États-Unis, pour mener à bien les Palmer Raids. Au cours de ces opérations, des informateurs du FBI avaient infiltré des groupes de gauche américains inspirés par la révolution russe et recueilli l'identité et la localisation de leurs membres. Des dizaines de présumés communistes et anarchistes avaient alors été incarcérés à bord d'un navire de transport de troupes de la Première Guerre mondiale, surnommé « l'Arche soviétique » par la presse[77].

Au cours de la Seconde Guerre mondiale, craignant les saboteurs de l'Axe, le président Franklin Roosevelt a laissé carte blanche à Hoover. Le directeur du FBI a donné l'ordre à ses informateurs de s'introduire dans les domiciles et les entreprises des suspects afin d'y installer du matériel d'écoute[78]. Plus tard, le programme de contre-espionnage Cointelpro a connu un certain succès, mais il souffrait d'un vice de conception en mobilisant des informateurs et des coopérateurs qui

* C'est-à-dire le ministre de la Justice. (*N.d.T.*)

avaient pour mission d'inciter leurs cibles à commettre des crimes ou des délits. Ce qui permettait ensuite à un procureur de les mettre hors d'état de nuire[79]. Les indicateurs se chargeaient souvent du sale boulot du FBI et la réglementation qui les encadrait s'avérait assez laxiste.

En 1961, Hoover a ordonné à ses agents de développer des « sources actives particulièrement qualifiées au sein des échelons supérieurs du crime organisé ». Ce programme, le Top Echelon Criminal Informant Program (« Programme d'informateurs criminels de niveau supérieur[80] »), a prouvé qu'un informateur ou un coopérateur unique qui disposait de la motivation et des entrées appropriées pouvait rapidement faire grimper un agent du FBI dans la hiérarchie. A contrario, certains ont eu la possibilité de réduire à néant des carrières. Ils ont détruit des réputations et dans certains cas ont menacé l'existence même du Bureau.

Dans les années 1990, bien avant qu'il s'installe à la direction du bureau de Détroit, Andy Arena travaillait en tant qu'agent spécial superviseur au sein de la section du crime organisé au quartier général du FBI, à Washington[81]. Ses patrons l'avaient envoyé à Boston afin d'enquêter sur un scandale impliquant le Bureau. À l'époque, James « Whitey » Bulger, le chef de la mafia irlandaise de Boston, était l'un des membres les plus importants du programme Top Echelon. En réalité, pendant plus de douze ans, Bulger avait utilisé les informations confiées par ses officiers traitants du FBI pour éliminer ses rivaux et commettre des crimes, dont plusieurs assassinats. Son principal contact du Bureau avait même été complice de l'un de ces meurtres. Bref, le FBI ne tenait pas Bulger en son pouvoir ; c'est le mafieux qui menait la danse. Au moment de sa mise en examen fédérale, en 1994, Bulger a disparu de Boston ; il se trouvait hors de portée de l'agence dont il s'était joué[82]. Arrêté seize ans plus tard, il a été assassiné par un compagnon de cellule en 2018.

En 1998, dans le sillage des retombées de l'affaire Bulger, la direction du FBI a envoyé Andy Arena à l'académie du FBI à Quantico, en Virginie, et dans les bureaux régionaux de l'agence pour présenter les nouvelles directives sur la gestion des informateurs et des coopérateurs. Les agissements de Bulger avaient en effet profondément modifié l'approche du FBI relative aux sources. Arena expliquait ainsi sans détour aux agents que, s'ils avaient le moindre doute, s'ils se sentaient perdre pied, ils devaient immédiatement mettre un terme à la relation. Il fallait arrêter les frais au plus vite. Car le risque s'avérait bien trop important[83].

Le FBI a toujours marché sur une corde raide avec ses coopérateurs et ses informateurs. Il s'agit de la nature même des liens avec des criminels. En réaction au dévoiement de Cointelpro, le Congrès et le département de la Justice (DOJ) ont limité l'usage par le FBI des informateurs et des coopérateurs. Toutefois, avec l'avènement de la guerre contre la drogue qui l'a poussé à infiltrer les cartels, le FBI a pu passer outre ces directives[84].

Le Bureau parvient la plupart du temps à se débarrasser des directives et des règlements, car, à intervalle régulier, une nouvelle urgence nationale semble devoir émerger. Toutefois, une décennie plus tard, l'affaire Whitey Bulger n'avait plus rien à voir. Elle a contribué à donner aux citoyens la conviction que les agents du FBI se cachaient derrière leur badge pour commettre des crimes et obtenir des promotions. Le département de la Justice a instauré une commission d'évaluation des informateurs anonymes, un mécanisme conçu pour valider et contrôler les sources de haut niveau travaillant au long cours. Elle limitait drastiquement les marges de manœuvre des agents et des responsables du FBI. Une commission de la Chambre des représentants sur la réforme gouvernementale a publié par la suite un rapport sur l'affaire Bulger, *Everything Secret Degenerates* (« Tout ce qui est secret dégénère »), qui préconisait de limiter l'usage d'informateurs et de coopérateurs[85].

La montée du terrorisme dans le monde entier a court-circuité ces préoccupations éthiques. Après les attentats du 11-Septembre, le Congrès a voté le Patriot Act, permettant à l'agence de recueillir des informations sur toute personne soupçonnée d'entretenir des liens avec le terrorisme[86]. Le DOJ a autorisé le déploiement d'informateurs et de coopérateurs dès les premières phases de l'enquête et a ordonné au FBI de les dépêcher pour surveiller les mosquées américaines, tout en dispensant les agents d'établir les bases légales relatives à ces conduites suspectes[87].

Le nouveau directeur du FBI, Robert Mueller, ancien procureur fédéral expérimenté et officier du corps des marines s'étant distingué au combat pendant la guerre du Vietnam, a mis en place ces nouvelles directives[88]. Mueller avait pris son poste sept jours avant les attentats du 11-Septembre. Seize ans plus tard, il relèvera un défi inédit en tant que procureur spécial chargé de l'enquête sur l'ingérence du gouvernement russe dans l'élection présidentielle américaine de 2016. Toutefois, c'est sa gestion de l'adaptation du FBI au nouvel environnement de la sécurité internationale dans le contexte de l'immédiat après-11-Septembre qui a constitué la contribution la plus importante de sa longue carrière dans le service public.

Dans le sillage du 11-Septembre, le Congrès a envisagé de dissoudre le FBI pour créer une nouvelle agence sur le modèle du MI-5, le service de renseignement britannique chargé de la sécurité intérieure[89]. Le principal manquement identifié par la commission parlementaire se trouvait dans l'utilisation par le FBI de ses coopérateurs et informateurs. Le Congrès, cette fois, lui en a demandé plus. La survie du Bureau dépendrait d'une évaluation afin de savoir si, « après avoir déployé un effort considérable pour institutionnaliser le changement, le FBI se trouverait en mesure d'assurer sa mission[90] ». Le FBI devait étendre et moderniser son programme d'informateurs. Son plus grand échec, les attentats du 11-Septembre, a ainsi paradoxalement contribué à lui confier son mandat le plus large.

Après le 11-Septembre, Andy Arena, comme de nombreux agents et responsables du FBI, est transféré à la division de l'antiterrorisme. En 2007, Mueller a choisi Arena pour diriger le bureau de Détroit. Né à Dearborn, élevé à Détroit, il est licencié de la faculté de droit de l'université de Détroit[91]. Il comprend ce qui fait de cette ville un rouage essentiel de la stratégie antiterroriste du FBI. À l'est de la métropole court une frontière internationale que des terroristes pourraient franchir. Et au sud-ouest se dresse Dearborn, la plus importante communauté arabo-musulmane de l'hémisphère occidental.

Cette population, comme chaque foyer arabo-musulman des États-Unis, a déjà fait l'objet d'une attention accrue de la part du FBI en raison de ses liens avec le Moyen-Orient. Les officiers du Bureau et d'autres agences fédérales y ont obtenu des mandats pour surveiller les téléphones et les échanges d'e-mails. Ils ont supervisé les déplacements internationaux et désigné des suspects qui sont interrogés ou retardés aux frontières américaines. Bref, ils ont employé diverses méthodes d'enquêtes et tout un éventail de manœuvres dilatoires afin de faire échouer d'éventuels attentats[92]. Mais du fait de cette approche globale, ils ont raflé de nombreux innocents. Associée à la création d'une nouvelle agence fédérale, le Department of Homeland Security (« Département de la sécurité intérieure »), l'expansion de l'antiterrorisme au FBI, et sa focalisation sur la prévention d'un nouveau 11-Septembre, a marqué une ère inédite dans la sécurité des États-Unis.

À Détroit, le FBI possède l'un de ses bureaux locaux les plus importants, composé d'environ deux cents agents, trois cents employés et trois unités antiterroristes organisées par cibles et par secteurs géographiques. En 2009, Détroit se classait parmi les cinq premiers bureaux locaux sur le plan des dossiers ouverts dans chaque catégorie définie par le FBI[93].

Accusé de n'avoir pas assez fait pour éviter le 11-Septembre, le FBI s'est désormais vu reprocher d'aller trop loin dans sa lutte contre d'éventuelles répliques. Arena avait approuvé l'intervention d'octobre 2009 contre l'entrepôt situé à Détroit ayant abouti à la mort de Luqman Abdullah[94], le drame qui, plus tard, rapprochera Catie Reilly et Mohammed Cherri.

Comparée aux événements du 11-Septembre, l'affaire Whitey Bulger paraissait anecdotique. Malgré sa portée limitée, elle offrait toutefois une leçon importante aux agents du FBI qui n'avaient jamais recruté autant de coopérateurs et d'informateurs dans le domaine de l'antiterrorisme.

Or, l'antiterrorisme les craignait autant qu'il en avait besoin. Peu de membres du FBI disposaient des compétences utiles pour mener à bien cette nouvelle mission. En 2006, trente-trois agents sur environ douze mille, soit moins de 1 %, parlaient arabe[95]. En outre, sur le terrain ou dans les bureaux, n'étant pas naturellement portés vers son étude, très peu possédaient une réelle connaissance du monde musulman. Alors, ils se sont mis à camoufler leurs failles en s'entourant d'informateurs et de coopérateurs qui disposaient à la fois des capacités requises et de l'envie de les cultiver. Après le 11-Septembre, les critères d'embauche des indicateurs du FBI se sont relâchés, comme le budget de l'antiterrorisme explosait[96]. En plus de sources de « haut niveau », le Bureau a engagé des dizaines d'individus dont les connaissances anecdotiques ou les liens hypothétiques n'avaient qu'une chance infime de se révéler un jour utiles[97].

Entretenir un informateur ou un coopérateur susceptible d'avoir en sa possession des renseignements relatifs à un attentat s'avère dangereux. Il peut être une taupe, infiltrée par une agence étrangère ou une organisation terroriste. Il peut s'évanouir dans la nature lors d'un voyage au Moyen-Orient ou disparaître dans un camp d'entraînement terroriste. Dans le sillage du 11-Septembre, tandis que le FBI accélérait le recrutement de ses sources, de tels événements se sont produits. Des agents qui avaient perdu la trace de leurs recrues parties à l'étranger[98] étaient hantés par la perspective de leur retour. Que faire si un indicateur introuvable enseignait à des aspirants terroristes ses connaissances du mode de fonctionnement interne du FBI puis revenait aux États-Unis après avoir fomenté un attentat ?

Dans le monde post-11-Septembre, le FBI a dû accepter de nouveaux risques, plus élevés. Et ses agents n'aimaient pas ces responsabilités inédites. Ils devaient gérer ressortissants étrangers, détenteurs de « carte verte* », citoyens naturalisés, tout en s'interrogeant sur leur loyauté. Les agents ont dû développer leur réseau, sur un terrain instable, incapables de savoir qui, dans leur écurie, allait ou non les trahir[99].

Il n'existe pas d'informateur ou de coopérateur parfait. Mais si un agent devait en imaginer un, alors cet individu ne viendrait ni du golfe Persique ni de Dearborn, mais d'un endroit familier, rassurant. Et ses antécédents le seraient aussi.

---

* Carte de résident permanent aux États-Unis. (*N.d.T.*)

CHAPITRE 7

HOMME À TOUT FAIRE

Au printemps 2010, Billy finit sa licence à l'université d'Oakland. Il a accumulé les unités de valeur en biologie. Pourtant, alors qu'il se prépare pour les examens, il ne sait toujours pas à quoi lui servira ce diplôme pour son avenir professionnel. Sa passion pour la pêche le conduit à envisager une carrière dans la biologie marine. Il pense aussi très brièvement s'inscrire à l'école du barreau afin de devenir avocat. Catie et lui se plaignent du marché du travail moribond dans le Michigan et regrettent le manque de perspectives[100].

« Le marché du travail dans le Michigan est l'un des moins dynamiques du pays et le chômage y reste très élevé », écrit Billy dans une dissertation. « Ce qui est également vrai pour les diplômés de l'université. » Il évoque aussi « la période économique très difficile, les nombreux demandeurs d'emploi et l'offre de travail faible[101]. »

Billy sait ce qui l'intéresse, ce qui lui donne envie de travailler dur, de se démarquer des autres. Et il s'est déjà spécialisé. Mais se dévouer à son ordinateur et à sa capacité à l'amener loin d'Oxford ne semble pas constituer une carrière très prometteuse. Il s'agit plus d'un passe-temps.

Les parents de Billy, dépassés, notamment par ses centres d'intérêt et ses études, se sentent incapables de le guider. Ils ne peuvent lui offrir aucun modèle approprié. Terry, sa mère, travaille parfois au coup par coup en tant que « cliente mystère », activité free-lance au cours de laquelle elle note la qualité de service des enseignes et des restaurants de la région. Elle joue à la cliente lambda pour évaluer le personnel, puis communique ses comptes rendus aux entreprises. Terry accepte les missions autant pour leur côté excitant que dans l'optique de satisfaire son penchant pour la restauration rapide. Ce qui n'inspire pas Billy. Il n'envisage pas non plus de suivre la carrière de son père. Bill vient de prendre sa retraite de routier après avoir reçu une rente d'invalidité à la suite de la pose d'une double prothèse de la hanche[102]. Terry s'inquiète pour Billy, mais le rassure en lui confiant qu'à son âge elle aussi avait eu du mal à trouver sa voie.

Les semaines s'écoulent avant la remise de son diplôme, mais Billy se sent si détaché de cet événement qu'il ne s'y rendra même pas[103]. Il se réfugie chez lui et s'efforce de comprendre ce qu'il veut faire plus tard.

*

Un après-midi d'avril 2010, on frappe brusquement à la porte d'entrée des Reilly. Terry et Bill ouvrent à un homme vêtu d'un costume noir. Il se présente en tant qu'agent spécial du FBI. Il s'appelle David Kotal[104].

Bill et Terry ne savent comment réagir et, tandis qu'ils dévisagent Kotal, ils remarquent le dossier qu'il tient à la main. Une photocopie d'une des pages du passeport de Bill en dépasse. Qu'a-t-il fait pour attirer l'attention du FBI ?

Kotal leur raconte une histoire qu'ils ont peine à croire. Des soldats américains viennent de s'emparer d'une position au Moyen-Orient et ont récupéré un ordinateur portable. Le disque dur contenait la trace de communications avec quelqu'un qui se trouvait sur le sol des États-Unis.

Des années plus tôt, quand Billy était encore lycéen, il avait raconté à ses parents qu'il employait sa récente maîtrise de l'arabe pour accéder à des forums hébergeant des sympathisants de la cause terroriste. Pour Billy, réussir en ligne à persuader des utilisateurs de lui donner les mots de passe qui entrouvraient la porte de forums clandestins ne représentait qu'un jeu, un défi passionnant. Terry l'avait mis en garde. Elle avait suffisamment regardé les nouvelles télévisées depuis le 11-Septembre pour comprendre que, dès lors qu'il s'agissait de terrorisme islamiste, le gouvernement américain ne plaisantait pas. Elle avait prévenu Billy que sa vie virtuelle pouvait lui causer de sérieux problèmes. Devant ses yeux, sa prémonition semble se réaliser.

Selon un protocole élaboré par les autorités après le 11-Septembre, chaque fois que l'exploitation d'un site sensible, c'est-à-dire la découverte de preuves sur le champ de bataille, révèle un lien avec les États-Unis et y suggère une activité criminelle, les militaires ou les agences responsables de la fouille doivent confier le matériel saisi au FBI[105]. À qui il revient ensuite de mener l'enquête. Or, Mueller, son directeur, a ordonné à ses agents de tirer profit de tous les renseignements, même des plus ténus[106].

Des pistes négligées, des investigations bâclées et une direction imprudente avaient laissé le champ libre aux attentats du 11-Septembre. Courant 2001, un agent du FBI de Phoenix avait alerté le quartier général et le bureau de New York sur la possibilité que Ben Laden ait envoyé des hommes aux États-Unis « pour qu'ils fréquentent les universités et les écoles de l'aviation civile ». Ce renseignement n'avait pas été exploité[107].

Alors, après le 11-Septembre, les agents et responsables du FBI ne perdent plus de temps à accumuler les preuves avant de lancer leurs unités d'assaut contre de présumées cellules terroristes qui restent, en fin de compte, assez rares aux États-Unis. À mesure que les années passent, tandis que s'estompe le souvenir des événements, les agents de l'antiterrorisme se rendent compte qu'ils ont peu souvent une bonne raison de sortir leur tenue d'intervention. Le FBI reçoit ou génère un flot énorme de pistes terroristes ; 220 000 en 2006, lancées par des citoyens inquiets[108]. Or, comme, le plus souvent, elles ne mènent pas à grand-chose, les agents finissent par en avoir assez de frapper aux portes[109]. Non seulement ils n'en voient plus l'intérêt, mais courir après chaque indice gaspille du temps et de l'énergie. Bref, l'ordre de Mueller, si bien intentionné soit-il, produit un effet contraire en épuisant ses équipes.

Les agents de terrain s'enlisent dans les directives et la paperasse au lieu d'enquêter. Ils échangent des plaisanteries au sujet de la bureaucratie tatillonne qui règne au Bureau. Dans le domaine de l'antiterrorisme, les agents ont du mal à collecter suffisamment de données pour esquisser un tableau cohérent de la situation. De plus, les ressources humaines évaluent les agents sur différentes sortes de critères plutôt que sur les résultats de leurs investigations. La direction utilise un nouvel outil, le Turk, ou Time Utilization and Record Keeping (« Utilisation du temps et tenue des registres »). Et dans les couloirs, on ne parle plus que de son Turk…

Neuf ans après le 11-Septembre, les agents ont le sentiment que leur mission s'est transformée en travail de secrétariat. Ils ne croient plus en la directive Mueller. Et pourtant, ils s'y soumettent encore. Car, bien entendu, aucun agent de l'antiterrorisme ne voudrait être soupçonné de n'avoir pas suivi une piste qui aurait mené à un attentat[110].

Derrière chaque indice, même le plus ténu, se cache toutefois un intérêt potentiel. Car l'antiterrorisme continue de chercher des suspects ou des militants susceptibles d'être retournés. Exploiter les pistes aboutit rarement à une enquête officielle, mais renouvelle parfois le réseau d'informateurs. Ainsi, la faculté de recruter et de gérer des indicateurs devient un nouveau critère de performance. Si tous les agents de terrain n'ont pas les mêmes talents pour développer leurs sources, ils y consacrent tous du temps et de l'énergie. L'angoisse de la mauvaise évaluation mènera certains agents à entretenir des mouchards qu'ils auraient sans doute mieux fait de laisser de côté[111].

Sous le porche, devant l'entrée de la maison d'Oxford, l'agent Kotal explique aux Reilly qu'il a étudié les messages conservés sur le disque dur d'un ordinateur retrouvé au Moyen-Orient. Le FBI a découvert que l'interlocuteur sur le territoire américain passait par un fournisseur d'accès Internet d'Oxford, dans le Michigan. Cette véritable empreinte digitale de l'ère numérique implique désormais la possibilité d'être complice de crimes terroristes. L'enquête qui s'est ensuivie a révélé que l'adresse IP appartenait à un certain William Reilly. C'est Billy qui discutait avec des terroristes, mais son père qui payait les factures. Kotal avait photocopié le passeport du mauvais William Reilly[112].

Bill et Terry échangent un regard surpris, mais ils ont déjà compris. Terry secoue la tête, étonnée que sa prévision se réalise.

Ils appellent Billy, qui les retrouve sous le porche. Il explique à l'agent Kotal pourquoi et comment il échangeait des messages avec de présumés terroristes. Il évoque son intérêt pour les langues et cultures étrangères. Il aime mémoriser les cartes politiques et apprendre comment les conflits peuvent en modifier les contours. Il décrit également son exploration des réseaux sociaux, les personnes qu'il y a rencontrées et la façon dont il a réussi à se procurer le mot de passe d'un forum djihadiste. Il affiche sa fierté d'être parvenu à entrer dans ces mondes clandestins où sont menées des conversations illégales.

Une fois que Billy a brossé l'ensemble de ses activités, Kotal lui annonce de but en blanc qu'il a peut-être commis un crime[113]. La remarque de Kotal sonne Billy. Quant à l'agent du FBI, il cache son profond étonnement.

Car ce que vient de lui décrire Billy s'apparente en effet au travail du FBI, notamment la création d'alias et de couvertures pour développer des contacts terroristes en ligne. Une tâche difficile. Elle exige une intuition de signaux culturels qu'on n'acquiert pas en cours d'arabe et une connaissance de la langue qui fait encore défaut au FBI. Tout le monde n'a pas les compétences déployées par Billy dans ce monde virtuel. Avoir infiltré des forums djihadistes et s'être lié à de présumés terroristes sur les réseaux sociaux montrent l'étendue réelle de ses capacités. Des capacités cultivées seul, dans sa chambre.

Billy Reilly n'a pas le profil de l'expert ès intrigues internationales. 23 ans, un mètre soixante-douze, soixante-douze kilos. Il porte des lunettes à monture rectangulaire qui lui donnent un air passe-partout. Il arbore une forme d'impassibilité que certains prennent pour de l'indifférence. Il ressemble à un technicien ou à un caissier de supermarché qui lit des BD en rêvant d'endroits où il ne mettra jamais les pieds.

Mais, pour le FBI, c'est un tout autre personnage. Il parle plusieurs langues étrangères et les nouvelles technologies n'ont aucun secret pour lui. Il a compris comment le radicalisme islamiste emploie les réseaux sociaux. Le monde entier intéresse Billy, qui reste pourtant un patriote américain, né aux États-Unis, élevé dans la foi chrétienne. Son arbre généalogique a des racines en Europe de l'Est et dans les Îles britanniques. L'un de ses grands-pères s'est battu en Europe durant la Seconde Guerre mondiale, l'autre dans le Pacifique.

La « race* » de Billy et ses antécédents lui octroient un traitement distinct. Car le FBI surveille un nombre important d'Arabes et de musulmans à travers le pays. Il enquête sur eux, les harcèle même, alors

* La notion de « race » aux États-Unis est moins biologique que sociologique. (*N.d.T.*)

que leur comportement n'a rien de plus inquiétant que celui de Billy sur Internet. En réalité, pour l'agent Kotal, Billy, né et élevé aux États-Unis, ne pose aucune menace.

Le FBI continue de solliciter de l'assistance à l'extérieur de ses services. Quatre mois à peine avant la visite de Kotal, l'*Underwear Bomber* avait pratiquement réussi à détruire un avion à l'approche de Détroit. Agents et responsables du bureau de Détroit du FBI ont besoin d'entretenir un réseau susceptible de leur permettre d'infiltrer les cercles arabes de Dearborn et d'identifier les liens potentiels entre les terroristes internationaux et les résidents qui les aideraient peut-être dans leurs entreprises criminelles.

Dans la situation où se trouve le FBI, avec ses sources douteuses et l'impératif sans cesse croissant de la collecte d'informations, Billy paraît donc un bon candidat. Ce qui, certes, pourrait sembler grotesque. Alors, sous le porche des Reilly, Kotal lui demande benoîtement : « Que penserais-tu de faire un peu de bénévolat pour le FBI[114] ? »

Les agents du FBI sont entraînés à se servir des failles de leurs cibles contre elles. Dans les affaires de drogue, de contre-espionnage et maintenant d'antiterrorisme, ils exercent ainsi une pression sur les migrants qui ignorent leurs droits, sur les détenteurs de « carte verte » qui souhaitent la conserver ou sur les personnes visitant les États-Unis avec un visa ou qui sont entrées illégalement. Pour les encourager à devenir indicateurs, le FBI recourt à une tactique classique en n'hésitant pas à les menacer d'expulsion, voire d'une peine de prison. En cas de refus, le Bureau les fiche sur une base de données de surveillance du terrorisme. Ce qui s'est produit à plusieurs reprises[115].

Contraindre quelqu'un à servir de balance se révèle encore plus facile s'il a commis un crime ou en est suspecté. De nombreuses personnes, à l'instar de Billy, qui ne connaissent pas réellement leurs droits se voient incapables de résister aux pressions du FBI.

Billy digère la proposition. Pour lui, ce n'est pas une menace, mais plutôt un rêve qui se concrétise. Le FBI ? Ce service de police célèbre dans le monde entier ? J. Edgar Hoover, la liste des « dix fugitifs les plus recherchés », les informations les plus secrètes, la guerre contre le terrorisme ? Que lui veut le FBI ? Il ignore pourquoi le Bureau l'a remarqué, mais comprend qu'il s'agit d'une occasion à ne pas manquer. Travailler avec le FBI pourrait le mener quelque part. Lui offrir la boussole dont il a tant besoin.

Plus tard, en cette même année 2010, après sa conversation avec Kotal, Billy quitte Oxford en voiture et se rend au bureau de Troy du FBI, à une trentaine de kilomètres au sud[116]. Il passe des entretiens et des examens face au polygraphe, le détecteur de mensonges. Le manuel du FBI indique que ces tests servent à évaluer la « personnalité profonde » du candidat. Ils doivent révéler son niveau de maturité sociale et émotionnelle, sa capacité à gérer le stress et à s'adapter aux changements, ses attachements et ses failles[117].

De telles évaluations auraient dû mettre à nu les faiblesses de Billy. Bien que sa foi se soit amoindrie depuis sa conversation, huit ans plus tôt, et qu'il n'ait jamais affirmé de sympathies terroristes, sa fidélité à la guerre contre le terrorisme est-elle inébranlable ? Il n'a aucun ami à qui se confier, ce qui démontre son immaturité sociale. De plus, il a toujours vécu chez ses parents. Il n'a jamais dû chercher un appartement, gagner sa pitance, se faire à manger. Il n'a jamais dû surmonter les obstacles que la vie dresse devant nous.

Mais Billy possède un énorme avantage sur les nombreux postulants qui l'ont précédé. La plupart de ceux qui sont soumis à ces évaluations ne sont pas nés aux États-Unis. Depuis le 11-Septembre, l'antiterrorisme se taille la part du lion dans le quota des nouveaux mouchards. Or, la majorité d'entre eux viennent de pays où l'homologue du FBI agit en police politique plutôt qu'en agence de renseignement, son mode opératoire consistant à réprimer toute dissidence et à remplir les poches du pouvoir. À cette fin, un tel service commet toutes sortes de crimes et élimine les opposants. Aux États-Unis, la confiance des Américains dans le FBI évolue au gré des affaires, mais la plupart s'y fient. Quant aux détenteurs de la « carte verte » et aux citoyens naturalisés originaires du Moyen-Orient, ils ne peuvent s'empêcher de plaquer leur vécu et d'imaginer que le FBI se comporte de la même façon que les polices secrètes locales. C'est pourquoi les individus venant du Moyen-Orient recrutés comme informateurs ont parfois du mal à supporter les tests d'évaluations du FBI. Un membre du FBI affirme à Billy qu'avant lui plusieurs candidats ont craqué sous la pression des examens et se sont souillés[118].

Billy, quant à lui, considère ce processus à partir d'une perspective différente. Il a vu un nombre incalculable de films et de séries dans lesquelles le FBI a le beau rôle. Le Bureau, d'ailleurs, déploie des trésors d'énergie pour conserver cette image positive. En plus de ses services de presse qui communiquent avec les journalistes afin de diffuser les informations relatives aux enquêtes et aux éventuelles inculpations, le FBI rémunère des employés pour travailler avec des producteurs et influencer la représentation des agents et de leurs investigations. Billy n'est pas à l'abri de cette emprise. Il a confiance dans le FBI.

Lors des examens passés à Troy, il s'avère plus solide que les autres et réussit les évaluations. Le voici à bord.

La fonction assumée par Billy au FBI ne rentre pas dans une case bien précise. Il n'est pas un informateur, membre d'une organisation criminelle. Il n'agit pas non plus en tant que témoin coopérant qui accepte d'infiltrer une cellule terroriste. Après le 11-Septembre, le FBI a adapté sa façon de gérer ses indicateurs en les employant comme des sources du renseignement plutôt que comme des moyens d'accès à des groupes et à leurs intrigues. En 2004, le Bureau a lancé son Programme de restructuration des sources humaines confidentielles, qui étend l'usage des informateurs et des coopérateurs, tout en les requalifiant. Ce groupe, bientôt rejoint par Billy, serait désigné dès lors sous l'unique terme de *confidential human source* (CHS), « source humaine confidentielle[119] ».

Il n'existe ni CHS typique ni mission typique. Ce que fait une CHS, du moins lors des étapes initiales de sa relation avec le traitant, dépend de ce qu'elle *peut* faire, en fonction, donc, de ses connaissances et de ses compétences. La nature des relations du FBI avec ses CHS varie selon les circonstances et dépend de l'urgence d'une enquête particulière et de la personnalité de l'agent traitant. Certaines sont rapides. D'autres font long feu. La longévité et l'intensité du lien reposent sur la qualité des informations que la CHS parvient à générer de façon régulière. Les sources de haut niveau qui fournissent un accès direct à des organisations terroristes ou des informations capitales gagnent extrêmement bien leur vie, avec des rémunérations atteignant ou dépassant parfois 100 000 dollars par an[120]. En règle générale, la perspective séduisante de travailler avec le Bureau ou les menaces proférées par un agent s'avèrent suffisantes pour persuader une source de s'engager. Ainsi, pour Billy et ses alter ego, il n'y a pas de salaire fixe.

L'apprentissage de Billy de sa nouvelle vie d'informateur du FBI ne va pas sans précautions d'usage ni clauses de confidentialité. Ses instructeurs le mettent en garde : il ne doit pas jouer à l'agent du FBI ni prétendre en être un. Il lui faut signaler à l'avance tout voyage à l'étranger, même si, dans le jargon du FBI, il apparaît comme « non-opérationnel », c'est-à-dire personnel. Ses traitants enregistrent tout séjour dans leur nouveau logiciel, Delta, qui piste chaque informateur, chaque coopérateur[121].

Malgré sa réputation de sérieux et de compétence, le FBI forme peu ses CHS. Les agents enseignent à leur protégé comment remplir les fiches de suivi du matériel emprunté et, parfois, leur expliquent la meilleure façon d'enregistrer une conversation ou de communiquer avec eux (par le truchement d'applications chiffrées ou de VPN, réseaux privés virtuels). Hormis ces quelques instructions, l'indicateur, abandonné à son sort, n'apprend pas grand-chose, notamment en ce qui concerne le savoir-faire utile dans son activité[122]. Le FBI ressemble à ces entreprises du BTP dans un pays en développement uniquement capable d'envoyer une main-d'œuvre abondante et peu qualifiée pour parer aux problèmes les plus urgents. Si l'accord ne satisfait plus les coopérateurs et les informateurs, s'ils commettent un crime ou finissent mal, le FBI peut aisément s'en débarrasser et les remplacer.

Billy ne connaît pas les autres volontaires. La population d'indicateurs actifs rivalise avec les effectifs d'une grande université d'État[123]. Mais, dans le cas du FBI, l'école ne dispose pas de brochure explicative. Ni d'annuaire des élèves. Et, bien entendu, il n'existe aucun recours. Personne ne connaît ses pairs dans ce monde clandestin. Personne ne connaît les risques d'une association avec le FBI. Le guide du FBI sur les règles en matière de source confidentielle humaine prétend que la relation d'une CHS avec l'agence « change pour toujours le cours de la vie de cet individu. » Le guide affirme qu'il sera à jamais connu « soit comme une "source du FBI" soit comme une "ancienne source"[124] ».

S'il avait été prévenu, Billy en aurait-il tenu compte ? Pour lui, c'est sa chance d'apprendre des secrets relatifs à la sécurité nationale. Amateur de langues étrangères, il va assimiler le jargon de la lutte antiterroriste au FBI. Puis se familiariser avec les méthodes du Bureau pour recueillir l'information, la classer et l'utiliser. Un talent précieux, sans doute, dans le cadre de sa future profession. Il va travailler en équipe, sous la direction d'agents spéciaux, et non plus seul. Enfin, il a le sentiment d'avoir trouvé sa place.

La relation de Billy avec le FBI semble irrationnelle, étant donné son manque d'expérience professionnelle. Mais, comme un mariage mal assorti, cette union connaît sa propre logique. Le FBI a besoin de ses talents.

Alors, Billy se retire dans sa chambre et commence à travailler pour le FBI. Il s'emploie aux recherches sur Internet. Il surveille des sites fondamentalistes. Des agents l'orientent vers certains sujets, événements ou personnes qui ont attiré leur attention. Il traduit en anglais des commentaires publiés en arabe ou en russe et les contextualise. Il identifie des Américains qui rejoignent des groupes djihadistes. Il établit l'organigramme de cellules terroristes, rapporte que tel groupe a prêté allégeance (la *bay'a*) à tel autre[125].

Billy présente des comptes rendus à intervalle régulier, mais n'a pas besoin de pointer dans un bureau. Il ne se déplace que pour des rencontres sporadiques. Les agents se moquent de savoir si Billy travaille à côté, s'il poursuit une carrière qui n'a rien à voir ou s'il continue ses études supérieures, tant qu'il reste disponible pour répondre à leurs appels et à leurs convocations[126].

Le caractère informel de ces arrangements s'avère cependant trompeur. Au sommet de la hiérarchie pour laquelle il travaille se trouve Andy Arena, qui, à la suite de l'affaire Whitey Bulger, a ordonné aux agents d'abandonner leur source, si nécessaire, quelles qu'en soient les conséquences pour l'individu. Les manuels du FBI préconisent une « approche naturelle » de la CHS afin de créer une « relation d'apparence personnelle ». Des techniques enseignent aux agents comment « entraîner un individu à faire ce qu'il ne ferait pas dans d'autres circonstances[127] ».

Billy, tout à son excitation, emprunte un chemin voilé que des ombres obscurcissent déjà.

CHAPITRE 8

LE FAUCON

Avant la Seconde Guerre mondiale, le FBI postait des agents en dehors des États-Unis. Ils travaillaient avec les gouvernements étrangers pour traquer des suspects et recueillir des informations, et parfois pour mener des opérations assimilables à de l'espionnage[128]. La CIA n'existait pas encore à cette époque durant laquelle les États-Unis n'étaient pas une superpuissance dont le rayon d'action s'étend sur la planète entière. La Seconde Guerre mondiale va hâter l'expansion de l'Office of Strategic Services (OSS), agence créée pour agir à l'arrière des lignes des puissances de l'Axe. Après la victoire alliée, le président Harry Truman a compris l'ampleur du casse-tête qu'il devrait résoudre pour organiser le FBI et l'OSS afin qu'ils travaillent de concert au cours de cette nouvelle ère.

J. Edgar Hoover, le directeur du FBI, plaidait pour son essor et insistait sur son rôle officiel dans la collecte de renseignements à l'étranger. Cependant, en raison du pouvoir immense et sans partage dont jouissait Hoover, Truman craignait que le FBI, si on lui accordait ce mandat, se transforme en l'équivalent américain de la Gestapo, la police secrète nazie. Il redoutait notamment qu'il tente, en dehors de tout contrôle, de saper la Constitution américaine[129].

Truman a conçu un partage des pouvoirs. L'OSS démantelé, le président a conservé son savoir-faire et sa structure pour créer en 1947 la CIA, lui confiant toutes les responsabilités relatives au renseignement à l'étranger. Quant au FBI, Truman – qui en a profité pour donner une leçon d'humilité à Hoover – lui a délégué les missions de police intérieure et de contre-espionnage[130]. Si le FBI ne pouvait opérer à l'étranger, la CIA n'avait pas le droit d'agir contre les citoyens américains aux États-Unis.

Truman, en divisant les responsabilités, imaginait que cette structure engendrerait une saine émulation entre les deux agences. Cette rivalité protégerait les citoyens américains à la fois des menaces croissantes contre les intérêts américains à l'étranger et du risque de harcèlement extrajudiciaire chez eux.

La concurrence escomptée par Truman s'est effectivement concrétisée, mais pas vraiment au profit de la nation. Les agents de la CIA, souvent issus de grandes écoles et cooptés grâce aux relations de leur famille privilégiée, favorisaient une ambiance élitiste tout en dénigrant leurs homologues du FBI, considérés comme de vulgaires détectives privés. Quant aux agents du FBI qui travaillaient à fournir des preuves susceptibles d'être utilisées par un procureur devant un tribunal, ils jugeaient les membres de la CIA suffisants, voire criminels pour certains d'entre eux qui enfreignaient régulièrement les lois des pays étrangers[131]. Le FBI et la CIA ont fini par se mépriser cordialement. Mais les deux agences devaient néanmoins œuvrer ensemble. Le progrès technologique qui s'est manifesté à la fois dans le voyage aérien et le système bancaire international a effacé les frontières. Et les missions empiétaient souvent sur le pré carré du rival.

Au cours de ses enquêtes, le FBI devait parfois envoyer des informateurs et des coopérateurs dans des pays étrangers. Or, le département de la Justice lui interdisait de les opérer en dehors des États-Unis, lui refusant même le droit de communiquer avec eux. Le règlement en vigueur les obligeait donc à les confier à des officiers traitants de la CIA dans les régions qui relèvent de sa juridiction. De même, la CIA devait recourir au FBI pour ses missions sur le territoire national[132].

Cet arrangement, imparfait, générait nombre de malentendus. Les agents du Bureau se plaignaient des besognes qu'ils devaient exécuter pour le compte de membres de la CIA. Quant aux officiers de la CIA, ils n'aimaient pas se charger des sales corvées du FBI et redoutaient que le FBI évoque les éléments classifiés des opérations de renseignement à l'étranger dans les dossiers constitués pour les procureurs[133]. Car la CIA recrutait et gérait des sources militaires ou politiques dans des pays étrangers, des personnes susceptibles d'être emprisonnées ou tuées si jamais leur association avec les États-Unis devenait publique. Les officiers de la

CIA eux-mêmes se retrouvaient parfois en danger physique, en fonction de leur implication. Étant donné les enjeux, la CIA ne voyait pas d'un bon œil l'arrivée de ces mouchards du FBI à l'étranger, dans les régions où elle opérait. Qui les a validés ? Sont-ils fiables ? Que cherchent-ils ? Personne ne le sait[134]. Il est arrivé que la CIA perde la trace des informateurs et des coopérateurs envoyés par FBI hors des États-Unis[135].

Dans les années 1980, le FBI a fini par se tailler une petite part du marché international. Des juristes et des agents, en se rendant compte que le Bureau exigeait parfois de ses informateurs qu'ils violent les lois de pays étrangers, ont alors élaboré une juridiction extraterritoriale en matière pénale. Un mémorandum du département de la Justice affirmait que le « président, par le truchement du procureur général, possède le pouvoir constitutionnel de déployer le FBI afin d'enquêter et d'arrêter des individus ayant enfreint les lois des États-Unis, y compris si ces actions contreviennent au droit international coutumier[136] ». Les agents traitants avaient désormais le droit de communiquer avec leur source.

Ce nouveau règlement s'est appliqué de manière très restrictive et les tensions qui existaient déjà entre le CIA et le FBI se sont aggravées d'autant. Car les deux agences ne se faisaient toujours pas confiance. Cette suspicion les incitait à ne divulguer ni renseignements ni informations. Elles dévoyaient l'esprit de la division voulue par Truman en travaillant parfois à deux extrémités de la même affaire. Et, en repoussant l'idée d'associer leurs données, elles compromettaient la sécurité nationale des États-Unis.

Un exemple frappant de cette obstination s'est cristallisé autour du 11-Septembre. CIA et FBI enquêtaient depuis des années sur Al-Qaïda, mais avaient toujours refusé de s'informer mutuellement de manière suffisamment transparente. La CIA suivait un présumé terroriste entré aux États-Unis par la Californie, mais n'avait pas jugé nécessaire de partager ce renseignement avec le FBI. Si cette information avait été associée aux éléments en possession du Bureau, les deux agences auraient peut-être pu déjouer les attentats du 11-Septembre[137].

Cette négligence – parmi tant d'autres – et les milliers de victimes américaines ont facilité la tâche du Congrès et du gouvernement. Elle leur a permis d'identifier aisément comment les déficiences de l'appareil antiterroriste américain avaient malgré lui rendu possible le 11-Septembre. Dans les six cents pages de son rapport, la commission parlementaire du 11-Septembre s'est concentrée sur l'inaptitude des agences à coopérer. Elle a exigé que le FBI et la CIA mettent leurs différences de côté afin de forger une relation de travail sérieuse[138].

La CIA et le FBI se sont alors associés à d'autres services de police et de renseignement au sein de l'Office of the Director of National Intelligence (« Bureau du directeur du renseignement national »). Cette nouvelle agence coordonnerait tous les efforts, précisément là où CIA et FBI avaient échoué, et subordonnerait les deux entités à une organisation plus vaste en matière de renseignement. Du moins, il s'agissait de l'objectif affiché. Le directeur du FBI Mueller a tissé des liens avec son homologue de la CIA, George Tenet, et les deux hommes ont cherché à triompher de la méfiance interagence qui les dissuadait, en particulier, de mettre en commun leurs informations[139].

La commission du 11-Septembre a critiqué l'incapacité du Bureau à infiltrer les organisations terroristes islamistes. Mais, étant donné que la très grande majorité de ces groupes ne se trouvaient pas aux États-Unis et qu'ils étaient dirigés à partir de l'étranger, la commission a enjoint au FBI d'étendre ses opérations extérieures, lui donnant donc mandat pour employer davantage de CHS à l'intérieur des frontières nationales, mais aussi en dehors[140]. L'habile séparation des pouvoirs élaborée par Truman s'achevait ainsi après avoir vécu plus d'un demi-siècle. Le FBI pouvait désormais opérer de façon massive en dehors des États-Unis.

Mueller a déployé ses agents sur le front, en Afghanistan et en Irak[141], où ils supervisaient les exploitations de sites tactiques, le type de collecte de données qui mènera un agent à rendre visite aux Reilly en 2010 pour solliciter Billy.

Depuis la fondation du FBI, sa principale mission consistait à enquêter sur les crimes après leur commission. La loi contraignait les agents à ne pas intervenir tant qu'un crime n'avait pas été commis. Toutefois, à mesure que les crises nationales se sont succédé, comme la vague de braquages et d'enlèvements durant la Grande Dépression de 1929, avec des gangsters tels que John Dillinger et Alvin Karpis, les agents ont pris de plus en plus d'initiatives en s'efforçant de capturer ou d'éliminer les suspects avant qu'ils commettent de nouveaux crimes, plutôt que d'enquêter une fois ces derniers perpétrés. Plus récemment, alors que Ben Laden et Al-Qaïda s'enhardissaient et s'attaquaient aux ambassades américaines au Kenya et en Tanzanie, en 1998, puis en frappant le navire de guerre *USS Cole* dans le port d'Aden, en 2000, le FBI a travaillé à l'étranger afin de tenter de déjouer de futurs attentats.

La commission du 11-Septembre a soutenu ces opérations en ordonnant au FBI de prévenir les attentats avant qu'ils ne prennent forme et a ainsi transformé les fondements de la mission du Bureau. Il devait identifier les présumés terroristes, contrecarrer leurs plans, les arrêter et participer à l'effort plus vaste mené par le gouvernement pour les éliminer[142]. Le FBI, qui continuait d'agir en tant que force de police, devait faire sa mue vers une agence de renseignement internationale, à l'instar de la CIA. Pour institutionnaliser ce changement, le FBI a créé en 2005 son directoire du renseignement, un « service dans le service », très compartimenté[143].

Certains officiers de la CIA se sont plaints de l'intrusion du Bureau sur leur pré carré international, mais ont dû à la fois s'y plier et aider le FBI à appliquer cette nouvelle directive. Car si les agents du Bureau savent retourner des balances dans un pénitencier fédéral, entretenir un réseau d'informateurs internationaux dans le domaine de l'antiterrorisme requiert des capacités bien différentes. D'ailleurs, cette tâche ressemble davantage à la spécialité de la CIA qui consiste à recruter des sources militaires ou politiques susceptibles de trahir leur pays. Signe manifeste de la nouvelle coopération qui s'est fait jour entre les deux agences, les officiers de la CIA enseignent désormais à Quantico l'art de développer et de cultiver des sources à leurs homologues du FBI[144].

Dans le domaine du renseignement, l'information provient de trois sources principales : humaine, ouverte et électromagnétique. Le renseignement de sources ouvertes (Roso) est une information disponible via une source publique, par exemple les actualités, des documents publiés ou un discours. Le renseignement d'origine électromagnétique (Roem) est tiré des communications diplomatiques ou militaires, souvent captées de façon clandestine. Enfin, le renseignement humain (Rohum) émane des individus*. Ainsi, les CHS fournissent du Rohum pour le FBI. Quant à cette nouvelle appellation des informateurs, « source humaine confidentielle », elle signale bien le changement de philosophie du FBI.

« Informateur », « coopérateur » : il s'agit d'un vocabulaire de flic, direct et descriptif. Facile de comprendre ce qu'est un informateur. Quant à l'expression « source humaine confidentielle », elle laisse perplexe. Car, tout en étant une évidence (on peut en effet imaginer que la personne en question est humaine), elle se révèle également inexacte. Que fait une source ? Une source peut être n'importe qui, accomplissant n'importe quel service. Le terme « CHS » semble conçu pour dissimuler, pour tromper. Et qui, en règle générale, dissimule pour mieux tromper ? « Source humaine confidentielle » est une formule empruntée à l'espionnage. Le FBI abandonne sa nomenclature judiciaire pour se rapprocher du langage ambigu du renseignement. Le Bureau ressemble de plus en plus à la CIA.

Dans le monde post-11-Septembre, le FBI a pris de l'ampleur grâce à une organisation regroupant plusieurs agences, la Joint Terrorism Task Force (JTTF, « Force opérationnelle mixte antiterroriste »). Les différentes JTTF, qui quadrillent tout le pays, permettent au FBI de mettre en commun des ressources avec les polices locales, la Drug Enforcement Administration (ou DEA, agence chargée de la lutte contre le trafic de drogue), l'*Internal Revenue Service* (ou IRS, c'est-à-dire le fisc) ou le Bureau of Alcohol, Tobacco, and Firearms (agence chargée de l'application des lois sur l'alcool, le tabac et les armes à feu), parmi d'autres. Les JTTF existaient avant le 11-Septembre, mais, après les attentats, Mueller a veillé à en augmenter le nombre et une centaine de nouveaux centres ont proliféré à travers les États-Unis. Leur taille et l'étendue de leurs compétences se sont accrues[145].

Les JTTF octroient au FBI la possibilité d'accéder à des preuves, des informations et des documents inédits, grâce aux agences partenaires. Par exemple, il s'avère difficile pour un agent du FBI d'avoir

* Les acronymes américains sont parfois mieux connus : Osint, Sigint et Humint. (*N.d.T.*)

l'autorisation de pratiquer la « couverture postale », vieille technique d'enquête qui permet aux inspecteurs des services postaux d'archiver les adresses d'expédition des lettres et colis envoyés à un suspect afin de garder une trace de sa correspondance. Le règlement du FBI oblige en effet l'agent à naviguer à travers un véritable labyrinthe administratif pour obtenir une telle autorisation. Les agents de la DEA, a contrario, ont simplement besoin de rédiger une note de service. Ainsi, au sein des JTTF, les agents du FBI demandent souvent à leurs collègues de l'agence antidrogue de lancer une couverture postale pour leur compte[146].

Les agences y mettent également en commun leurs informateurs. Dès qu'une source humaine confidentielle leur procure des données intéressantes, les agents remplissent un compte rendu et l'enregistrent dans un système informatique auquel toutes les agences ont accès. Plus une CHS génère de rapports, plus elle est précieuse et plus son agent traitant paraît utile. Si une CHS découvre des informations pertinentes en dehors du rayon d'action du FBI, l'agence idoine peut donc également reconnaître sa valeur[147].

Une CHS du FBI n'est pas exclusive au FBI, qui peut la prêter à d'autres agences. Or, lorsqu'une CHS telle que Billy Reilly se met à travailler pour le FBI, les agents n'ont pas l'obligation de lui révéler ce fait.

Ce partage peut être officialisé, auquel cas la CHS se retrouve dans le système multiagences qui la cotraite tout en poursuivant des opérations conjointes avec le FBI. Parfois, cependant, on se vole des sources. Comme dans tout environnement professionnel, certains agents et employés d'une JTTF collaborent en bonne intelligence, tandis que d'autres réquisitionnent sans vergogne des CHS[148].

Grâce à ce procédé, entre autres, la CIA s'offre les services de CHS.

En effet, la CIA n'a toujours pas officiellement le droit de conduire des opérations sur le territoire national contre des Américains. Toutefois, après le 11-Septembre, et dans l'esprit de coopération interagence imposé par la commission parlementaire, des officiers de la CIA ont été affectés au sein des bureaux locaux du FBI et de la JTTF dans tout le pays[149]. En théorie, ils se contentent d'observer le travail de leurs partenaires sans participer aux opérations et aux arrestations sur le terrain. Mais cette ligne rouge s'est estompée après le 11-Septembre.

Depuis les années 1960, la CIA pilote un petit service méconnu, la National Resources Division (« Division des ressources nationales »), un département au sein de l'appareil clandestin chargé de recruter des ressortissants étrangers, tels que des diplomates ou des professeurs, qui se rendent aux États-Unis de façon temporaire. Une fois rentrés chez eux, ils peuvent s'avérer utiles. Dans les années 1980, il y avait environ trente-cinq bureaux de la National Resources Division, aux États-Unis. Ce chiffre décroîtra par la suite. Or, après le 11-Septembre, la CIA a reçu des financements additionnels pour relancer ce département[150].

Tous les outils, tous les contacts sont mis à contribution dans l'atmosphère de coopération qui règne au cœur de la communauté du renseignement post-11-Septembre. Grâce à la JTTF, des officiers de la CIA peuvent ainsi demander à leurs collègues de leur remettre les manifestes des vols commerciaux atterrissant aux États-Unis, parmi d'autres informations similaires que la CIA, en temps normal, ne pourrait collecter sur le sol américain[151]. Dans les bureaux locaux du FBI et de la JTTF, ils entretiennent des relations avec leurs homologues du FBI et chaque agence sait dorénavant ce qui se passe chez ses pairs. Ce n'est pas vraiment ce que Truman avait imaginé. Mais cette organisation inédite répond aux exigences de la commission du 11-Septembre et de la nouvelle ère qui se profile dans le domaine de la sécurité.

Les agents du FBI sont donc incités à externaliser leurs CHS. Car plus les autres agences les emploient, plus elles confortent la réputation du traitant. Mais aussi celle du Bureau, en particulier pour sa capacité à recruter et à cultiver des sources. Or, puisque les agents du FBI et les officiers de la CIA travaillent main dans la main au sein de la JTTF, le contact est facilité avec les CHS. Régulièrement, les agents du FBI arrangent des rendez-vous entre leurs indicateurs et la CIA. Or, si le traitant participe à la réunion, la CIA peut nier y avoir assisté et l'entretien est alors classé dans les dossiers du Bureau comme une entrevue de routine[152].

Ces entrevues s'avèrent parfois plus enrichissantes. De temps à autre, en effet, des officiers de la CIA s'approprient les CHS et les envoient à l'étranger en appoint pour des opérations de l'agence. Si un problème arrive durant ces séjours à l'étranger ou si un supérieur du FBI ou de l'inspection des services passe au peigne fin le dossier de la CHS à la recherche d'éventuelles responsabilités, il est possible que la CIA n'y apparaisse pas. Officiellement, le FBI est garant du contact avec la CHS. Pourtant, l'agent traitant de la CHS peut, en toute bonne foi, assurer qu'il ou elle n'a pas dirigé sa source à l'extérieur des frontières américaines. Alors, faute de clarté, on clôt l'affaire[153].

*

Quant à Billy Reilly, il ne sait déjà plus où donner de la tête. Et pourtant, il vient à peine de commencer.

Fin 2010, début 2011, des révoltes sociales et politiques éclatent au Moyen-Orient. Les « printemps arabes », déclenchés par l'immolation d'un marchand ambulant en Tunisie, prennent une ampleur considérable. Ils se transforment dans toute la région en soulèvement massif contre la corruption, l'inflation, le chômage et les atteintes aux droits civils. C'est un véritable éveil politique. Mais, alors que les troubles s'emparent de Bahreïn, de l'Égypte et du Yémen, entre autres, ils libèrent également des forces sinistres, notamment en Syrie, visitée quelques années plus tôt par les Reilly. Le pays plonge dans une guerre civile qui va le diviser et ravager des provinces entières. L'instabilité déchaîne un nouveau fléau, aussi dévastateur qu'une tempête de sable, l'État islamique en Irak et au Levant (EI ou Daech, parfois désigné par son acronyme anglais, « Isis »)[154].

Devant son ordinateur, fasciné par ces événements qui changent la face du monde, Billy absorbe les nouvelles qui lui permettent de rédiger ses rapports pour le FBI. Il les éclaire par ses évaluations de la situation.

« Je pense, écrit-il par exemple au sujet du conflit syrien, que l'EI, après avoir affermi son contrôle sur Racca, Deir es-Zor, l'est d'Alep et Hassaké (17e division et 93e brigade de Racca, les bases autour de Hassaké, l'aéroport de Deir es-Zor et la base aérienne de Kuweires, à l'est d'Alep), se concentrera sur une nouvelle cible, la région de Homs… » Sa prévision se révélera exacte.

Alors que l'EI gagne du terrain et s'enfonce plus profondément en Irak, le périmètre de Billy s'étend. L'un de ses comptes rendus analyse les assauts menés par l'EI et le conseil militaire tribal contre l'armée irakienne à Al-Awja. « Il ne s'agit pas d'attaques conjointes, mais les événements montrent que les théâtres d'opération de chaque groupe se recouvrent et qu'ils ne se battent pas entre eux, écrit Billy. Il serait intéressant de voir si l'EI et l'alliance tribale s'affronteront au sud ou si la trêve tiendra. »

Ses rapports s'approfondissent, s'affinent.

« JN [Jabhat al-Nosra] et EI [État islamique] ne paraissent pas s'affronter dans le Qalamoun, contrairement à d'autres régions, bien que la tendance soit à la défection dans les rangs de JN pour rejoindre EI. Abou Omar al-Chichani le souligne d'ailleurs en affirmant qu'il se tient neutre dans le conflit qui oppose JN et EI et qu'il espère sa résolution. Il appelle en outre l'ASL [Armée syrienne libre] à rallier EI. Reste à savoir ce que décidera l'émir JN de Qalamoun, Abou Malik al-Tali[155]. »

Son travail prouve combien les démarcations se sont estompées entre les deux agences. Il paraît difficile de savoir, désormais, où se trouvent les frontières du Bureau, si tant est qu'il en existe encore, ou si Billy, comme d'autres CHS avant lui, opère maintenant pour d'autres services, en plus du FBI.

Les traitants de Billy le pressent de s'impliquer sur le terrain des réseaux sociaux, où l'EI progresse également et mène une campagne de recrutement[156]. Il se crée alors toute une palette de comptes sur Facebook, Skype, Twitter et sur d'autres applications moins connues des Américains telles que Kik, Nimbuzz ou Vkontakte, le Facebook russe. Il choisit des prénoms qui diffèrent peu du sien, Bilal pour le monde arabe et Vassili dans un cadre russophone. Il sélectionne des couvertures qui lui paraissent simples à maintenir. Il raconte qu'il est russe et a grandi aux États-Unis, qu'il vient de se convertir à l'islam et cherche à mieux comprendre le Coran. Un de ses profils Facebook, sous le pseudonyme Bilal al-Rusi, donne Kazan en tant que lieu de naissance, un vaste foyer musulman de Russie, et Windsor, Ontario, au Canada, sur l'autre rive de la rivière Détroit, comme ville de résidence[157]. Pour le FBI, Billy assemble la panoplie du parfait djihadiste de salon.

Les agents louent l'habileté de Billy à naviguer dans le monde numérique du djihad et il tisse une étroite relation de travail avec l'agent Timothy Reintjes, qui deviendra son agent traitant. Il partage quelques éléments biographiques. Reintjes vient également du Midwest, et plus précisément de Kansas City, Missouri. À l'instar de Billy, il a fréquenté un lycée privé catholique. Puis il a obtenu deux licences à Villanova, université catholique de Philadelphie. C'est Reintjes qui se présentera en 2015 à la porte des Reilly après que Billy, de la Russie, a rompu le contact. C'est aussi lui qui leur apprend que le FBI ignore tout des voyages de leur fils[158].

Billy rencontre d'abord son traitant ainsi que d'autres agents sur des parkings de restaurants ou de magasins dans la banlieue de Détroit, Tim Hortons ou Home Depot[159]. Parfois, Billy et les agents se retrouvent à l'intérieur d'un restaurant et s'entassent dans un box pour déjeuner. Billy raconte même combien voir les hommes du FBI vêtus de costumes et de cravates sombres devait sembler bizarre aux habitués, habillés de façon plutôt décontractée. Car, désormais, c'est ainsi que Billy appelle ses contacts du FBI : *les hommes*.

À la maison, Billy se met à chuchoter, comme s'il détenait des secrets dont la sécurité du pays dépendait. Bill et Terry le taquinent. Assis sur le canapé, lorsqu'ils regardent un film d'espionnage et qu'ils repèrent Jason Bourne ou James Bond, ils pointent l'écran du doigt : « Tiens, voilà Billy. » En réalité, ils sont fiers de Billy et du travail qu'il accomplit. Assez fiers pour en plaisanter. Lui-même ne se fait pas prier. Ni Billy ni ses parents ne semblent saisir la gravité de son engagement[160].

Après le 11-Septembre, avec ses amis du lycée, Billy avait évoqué le fait que les États-Unis « l'avaient cherché ». Maintenant, il travaille du côté américain de la guerre contre le terrorisme. Le FBI confirme ce qu'il a toujours ressenti au fond de lui et ce qui le passionne n'est plus une sinistre marotte. Il partage des secrets avec ces hommes qui opèrent en première ligne pour affronter les menaces qui pèsent sur la nation. Billy, qui croit maintenant en faire partie, pense un jour rejoindre leurs rangs. Il leur demande d'ailleurs s'ils l'aideront à obtenir un vrai boulot au FBI. Ils acquiescent[161]. Ils lui donnent aussi un nom de code pour signer les fiches de suivi : Faucon[162].

La relation de Billy avec le Bureau ressemble à un véritable envoûtement qui le priverait de ses défenses et le rendrait influençable au moment même où *les hommes* se préparent à l'envoyer sur le terrain.

CHAPITRE 9
OPÉRATIONNEL

Mi-2012, Billy se rend en voiture d'Oxford à Westland, dans le comté de Wayne, entre Détroit et Ann Arbor. Il se gare devant une maison qui ressemble à toutes les autres dans le quartier. Derrière un carré de gazon se dresse un pavillon en brique de plain-pied aux fenêtres étroites construit dans les années 1950 pour les ouvriers de l'automobile. De nos jours, il vaut environ 70 000 dollars. Sur les quatre voies de Warren Road, un flot de véhicules passe sans interruption[163].

Un individu sort de la maison et laisse la porte à moustiquaire se refermer derrière lui. Aws Naser, 24 ans, un mètre soixante-douze, yeux marron, cheveux frisés bruns, monte à l'avant de la voiture de Billy[164].

Naser pense que l'homme derrière le volant s'appelle Mikhaïl. C'est le prénom utilisé par Billy pour envoyer un message sur la chaîne YouTube de Naser, quelques jours auparavant. Naser a posté des vidéos sur le traitement infligé à des émigrés arabo-musulmans par le FBI et considère qu'ils sont victimes de discrimination. Billy, sous le pseudonyme de Mikhaïl, a écrit à Naser en prétendant s'être exilé d'Europe de l'Est et vivre à Ann Arbor. Billy lui a également confié qu'il venait de se convertir à l'islam.

Avec Naser à la place du mort, Billy emprunte Warren Road sur un kilomètre et demi vers la mosquée Dar al Salam[165]. L'aspect de l'édifice n'a rien de marquant, on ne voit ni dôme ni minarets. Le bâtiment ressemble davantage à un centre communautaire décrépit. À l'intérieur, des cloisons lambrissées, des tapis élimés et des couloirs laissés dans l'obscurité par un propriétaire manifestement inquiet pour ses factures d'électricité. Billy et Naser trouvent un endroit où s'asseoir au fond de la principale salle de la mosquée, dans laquelle se déroule la prière du vendredi, très fréquentée. Des hommes agenouillés se penchent et pressent le front contre le sol. Quant à Naser, il jauge Billy[166].

*

Aws Naser, né à Bagdad, avait aimé devenir américain. Sa famille et lui-même avaient émigré aux États-Unis en 2001, quelques mois avant les attentats du 11-Septembre. Ils avaient emménagé à Utica, dans l'État de New York. Âgé de 12 ans, Naser avait mordu dans sa nouvelle vie à belles dents ; ce qui distingue généralement les enfants immigrés de leurs parents, qui emportent dans l'exil la peur de l'inconnu et les souvenirs de ce qu'ils laissent derrière eux. Naser avait vite appris l'anglais et utilisé les bonnes expressions à bon escient. Il s'était également fait des amis au collège. Ce collège, du nom de John F. Kennedy, qui autorisait Naser à penser qu'il s'intégrait dans la société américaine.

C'est le cataclysme du 11-Septembre qui va révéler à Naser une facette plus sombre de son environnement. Un après-midi, une femme s'est avancée vers Naser et sa mère devant une épicerie d'Utica. « On est en Amérique, ici, a-t-elle éructé en désignant le hijab de la mère de Naser. Vous pouvez l'enlever. Vous êtes libre, maintenant. » À l'école, on l'a accusé d'avoir causé la chute des tours. Un garçon l'a frappé alors qu'il faisait la queue à la cafétéria. Un autre l'a fait tomber de vélo tandis que Naser se promenait dans le quartier. Le père de Naser a décidé de prendre les choses en main.

Toute la famille a déménagé dans le Michigan, à Dearborn, mais la Fordson High School ne s'est pas avérée beaucoup plus paisible. Et les altercations ont repris. Toutefois, Naser se tenait prêt, désormais, à lancer le premier coup, ce qui lui a valu des heures de colle. Ses notes ont chuté. Sa motivation aussi. Il a lâché l'école. Son père lui a conseillé de démarcher les entreprises des Parklane Towers de Dearborn[167].

Dans ces immeubles de bureaux situés sur Parklane Boulevard, un sous-traitant du Pentagone recrutait des employés bilingues arabe-anglais[168]. Naser, embauché, s'est rendu à San Diego. Il s'est entraîné pour le combat dans le désert pendant six mois à Camp Pendleton : détection des engins explosifs improvisés, repérage d'artillerie, premiers secours. Il a appris des techniques de combat, mais ne sera pas soldat. En 2007, Naser a intégré une unité de marines en tant qu'interprète sur la base de Habbaniya, en Irak. Il est retourné dans son pays natal revêtu de l'uniforme des États-Unis.

De nouveau, il a ressenti une grande fierté d'être américain. Il accompagnait les marines dans leurs missions. Il interprétait les conversations entre civils et chefs de section. Parfois, une fusillade éclatait. Parfois, il portait un fusil à pompe.

Durant leurs patrouilles de nuit, les marines pénétraient chez les habitants, les tiraient brusquement de leur sommeil et fouillaient les maisons. Les femmes et les enfants avaient peur, les hommes honte de leur faiblesse. Tout ce qu'ils pouvaient faire, c'était interroger Naser. Toujours la même question : pourquoi ? Un jour, il a vu un jeune marine voler les maigres possessions d'une famille pourtant désargentée. Lorsqu'il lui a demandé pourquoi il volait, le soldat lui a répondu, goguenard : « Parce que je peux. »

Naser ne bronchait pas quand officiers et fonctionnaires américains trahissaient les marchés passés avec les habitants, méprisaient le peuple impuissant et flétrissaient le drapeau comme l'uniforme. Dans sa langue maternelle, Naser s'excusait auprès des Irakiens qui imploraient son aide. Il essayait de leur expliquer. Et puis, à mesure, il a fini par ne plus croire ce qu'il racontait.

L'uniforme de Naser ne pouvait cacher la personne qui l'avait revêtu, un Irakien, un musulman. Cette identité s'est épanouie en lui. Dans un marché, Naser s'est acheté un *shemagh*, le keffieh traditionnel. Il s'est mis à le porter sous son casque. Un jour, un officier s'est faufilé derrière Naser, a attrapé une extrémité du keffieh et a étranglé le jeune interprète jusqu'à ce qu'il s'évanouisse[169].

En Irak, il s'est cassé la jambe et a démissionné des marines. Il est rentré chez lui et a compris que cette expérience l'avait profondément transformé. Il n'avait jamais été pieux, mais, à Dearborn, Naser s'est mis à fréquenter la mosquée. Il portait parfois la *dishdasha*, longue robe arrivant aux chevilles. Il s'est inscrit au Henry Ford Community College de Dearborn et a envisagé de faire médecine, mais d'autres pensées le préoccupaient et obscurcissaient ses priorités.

Sa famille avait fui l'Irak et le joug de Saddam Hussein dans l'espoir d'un avenir meilleur. Son expérience du combat l'a forcé à mettre en doute la mission des États-Unis dans la guerre contre le terrorisme. Il s'est convaincu que, en réalité, les Américains trahissaient leurs idéaux[170].

Naser suivait attentivement les actualités. Il observait une forte augmentation des affaires de terrorisme intérieur ouvertes par le FBI, qui se focalisaient manifestement toutes sur de jeunes hommes qui lui ressemblaient. En 2003, tandis que l'armée américaine envahissait l'Irak, la Maison-Blanche a ordonné au FBI d'enquêter sur plus de dix mille immigrés irakiens vivant aux États-Unis. Son directeur, Mueller, a déclaré à ce propos que ces individus représentaient l'un des plus grands défis du Bureau[171]. Sa direction redoutait en effet que des Irakiens planifient une frappe aux États-Unis, comme s'il s'agissait de leur devoir de riposter à l'invasion.

Un compte rendu interne du FBI affirmait ainsi qu'il suffisait de fréquenter la mosquée pour faire l'objet d'un examen approfondi[172]. Ou de porter la barbe. Ou des vêtements « musulmans ». Le rapport de la commission du 11-Septembre avait annoncé que dorénavant le FBI assumerait l'« équivalent intérieur » du « travail des officiers du renseignement extérieur[173] ». Aux États-Unis, dès lors, de nombreux musulmans se sont sentis menacés. Naser a entendu parler de sources du FBI qui avaient imaginé de faux projets d'attentat afin de piéger des suspects, ce qui pour le jeune homme s'apparentait à un délit, l'incitation à commettre un crime.

Naser pensait que le FBI rendait tous les musulmans responsables des événements tragiques du 11-Septembre. Comme Billy, il voulait connaître la vérité. En ligne, il a étudié dans le détail les affaires de terrorisme et y a découvert un modèle récurrent. À l'instar de l'armée à l'étranger, le FBI portait un jugement négatif sur les musulmans arabes, mais cette fois contre ceux qui vivaient sur le sol américain. Naser imaginait que les forces armées et le Bureau, puissants outils gouvernementaux, entretenaient des préjugés contre les gens comme lui. Il en concluait également que le FBI traquait des hommes musulmans sans raison, violait leurs droits, les piégeait et incitait les tribunaux à les enfermer pour toujours sur de fausses accusations.

Alors Naser s'est mis à diffuser ses opinions sur son compte YouTube. Il produisait des vidéos assez simples : il lisait un texte défilant sur l'écran. Il définissait à sa manière, assez fruste, comment, selon lui, les États-Unis trahissaient leur idéal. Sur le campus du Henry Ford Community College, entre les cours, il discourait en public.

Un matin de l'automne 2011, sur le campus, Naser professait ses opinions et proposait des brochures, lorsque des vigiles se sont approchés et l'ont interrompu sous prétexte qu'il n'avait pas demandé l'autorisation d'organiser un rassemblement. Naser a protesté en affirmant que les étudiants chrétiens, eux, n'en avaient pas besoin pour promouvoir l'étude de la Bible. Après une conversation avec le vice-président de l'université, Naser sera exclu. (Le représentant du Henry Ford Community College affirme quant à lui que, au moment de l'incident, Naser n'y était pas inscrit.)

Cet épisode confirmait ce que Naser se figurait déjà. Il avait fait la guerre pour son pays d'adoption. Mais ce qui comptait, c'était la religion et l'ethnie. Et elles lui valaient un traitement inique, la violation, a minima, de son droit constitutionnel à la liberté d'expression. Peu après son exclusion, deux agents du FBI sont passés chez lui à l'improviste à Westland. Ils ont montré à Naser des commentaires laissés sur sa chaîne YouTube. Ce qui a décuplé sa colère, sans le dissuader de continuer.

YouTube lui permettait de dire tout ce qu'il avait sur le cœur et de prendre contact avec des personnes qui attachaient de l'importance à ses paroles. Ses vidéos, bien que rudimentaires, commençaient à attirer des fidèles qui partageaient les mêmes valeurs. Grâce à sa chaîne, Naser s'est lancé dans une correspondance avec un individu habitant la Floride[174].

Russell Dennison avait grandi en Pennsylvanie. Comme Billy Reilly, il était catholique, d'ascendance européenne, et s'est mis à graviter autour de l'islam après le 11-Septembre. Il avait laissé pousser une longue barbe rousse. Dennison a écrit à Naser sur sa page YouTube qu'il s'était converti. Les deux hommes ont échangé des messages puis Dennison a pris l'avion pour Détroit et dormi chez Naser à Westland[175].

Ils poursuivaient des discussions interminables au sujet du gouvernement américain et de son attitude envers l'islam. Dennison cherchait manifestement à faire parler son hôte. Et Naser avait l'impression qu'il l'incitait à concevoir des actions plus concrètes afin de répondre à leurs doléances communes et de châtier les États-Unis pour leurs erreurs et leurs hypocrisies[176].

Dennison lui a confié qu'il voulait se rendre en Irak. Naser, qui connaît bien le pays, lui a suggéré des endroits à visiter. Avec l'aide de Naser, Dennison a continué de dérouler ses plans lorsque les agents du FBI sont repassés à Westland. Naser était désormais convaincu que son nom apparaissait sur une liste de surveillance des terroristes du FBI, à l'instar de tant de musulmans américains.

Naser ignorait à cette époque le fonctionnement des sources humaines confidentielles et du FBI, mais il craignait que Dennison obéisse en réalité au Bureau. Il pensait qu'il avait pour objectif de l'inciter à concevoir un projet d'attentat, que le FBI pourrait alors déjouer. En 2012, Naser s'est rendu en Irak. Dennison s'y trouvait déjà. Les deux hommes ont échangé sur les réseaux sociaux, puis se sont retrouvés en tête à tête. Ce rendez-vous a ravivé les craintes de Naser quant à la possibilité d'un lien entre le FBI et Dennison. Mais, en réalité, il faisait erreur.

Dennison était en pleine radicalisation islamiste et ne reverrait plus jamais son pays natal. Il a visité l'Égypte, l'Irak, la Jordanie et le Liban avant d'arriver en Syrie en 2012. Là, il a rallié les rangs de l'EI, pris les armes et combattu pour l'islamisme radical. Le FBI, la CIA et plusieurs agences de renseignement redoutent particulièrement que ces Américains nés aux États-Unis, sympathisants de la cause terroriste fondamentaliste islamiste, incitent d'autres à rejoindre le djihad à l'étranger, comme Dennison, ou, pire, les encouragent à commettre des attentats aux États-Unis. Dennison a passé sept ans dans les rangs de l'État islamique avant de trouver la mort au combat dans un village à l'est de la Syrie, en 2019. Naser avait tort à propos de Dennison, mais pas au sujet de l'intérêt que le FBI lui portait[177].

Au même moment dans le Michigan, Naser, marié, était en proie à des difficultés financières ; il a dû travailler dans une station-service. En 2012, quand il a reçu un message sur son compte YouTube adressé par un nouvel abonné prénommé Mikhaïl, Naser était persuadé qu'il s'agissait une nouvelle fois d'une taupe du FBI envoyée pour le piéger[178].

*

Les agents encouragent systématiquement leurs CHS à tisser des liens personnels avec les cibles de leurs enquêtes. En s'attachant à de tels individus, ils aident en effet le FBI à cartographier leurs contacts, à prédire leur comportement et à savoir s'il s'agit de véritables menaces pour la sécurité nationale qui méritent le temps qu'on leur consacre. Les officiers traitants de Billy au FBI lui ont demandé de contacter Naser. Cette mission marque une évolution significative de son rôle au sein du FBI.

Or, rien ne l'y a préparé.

Une partie de l'apprentissage des agents à Quantico concerne les opérations de terrain, la gestion des relations avec des suspects armés ainsi que les dangers du travail sous légende. Tout au long de leur carrière, en fonction de leurs responsabilités, ils assistent à des modules supplémentaires afin d'améliorer à la fois leurs performances et leur sécurité[179].

A contrario, une CHS ne reçoit aucune formation de ce genre. Avant de la dépêcher sur le terrain, les agents la mettent toutefois à l'épreuve. Par exemple, ils l'envoient dans une mosquée avec pour objectif de recueillir des renseignements qu'ils connaissent déjà, comme les noms et numéros de téléphone des fidèles. Si la CHS y parvient, ses agents traitants lui confient une mission réelle, le plus souvent une collecte de données. Le FBI sait combien ce travail peut s'avérer complexe, et pourtant il déploie des CHS inexpérimentées face à des suspects et des cibles. Elles doivent user de couvertures, ce qui se montre très complexe à gérer de façon crédible et à maintenir dans le temps.

Il paraît possible qu'Aws Naser se soit radicalisé. D'ailleurs, ses vidéos sur YouTube viennent à l'appui de cette thèse. Il s'est rendu plusieurs fois en Irak. Son association avec Russell Dennison est accablante. C'est exactement le type d'individu qui, selon Mueller, incarne la plus grave des menaces. En outre, Naser se méfie immédiatement de Billy, ce qui va compliquer la tâche de ce dernier.

Sur sa chaîne YouTube, Naser convient d'un rendez-vous avec Billy. Lors de cette première rencontre, à la mosquée Dar al Salam, Billy n'en mène pas large. Il a pour objectif de rassurer Naser pour qu'il se détende, se laisse aller et se confie. Or, lui-même est nerveux, fébrile, ce qui renforce les soupçons de Naser selon lesquels « Mikhaïl » travaillerait pour le Bureau. Lorsque Billy contacte Naser pour programmer un nouveau rendez-vous, ce dernier s'y prépare. Il est déterminé à échapper au sort de tous ces Américains musulmans mis hors jeu, selon lui, par les autorités judiciaires.

Naser commence à monter une vidéo affirmant que Russell Dennison était une taupe du FBI. Cette prise de position publique lui paraît le seul moyen de se défendre contre le FBI. Il imagine alors tourner une seconde vidéo, traitant cette fois de Billy et révélant qu'il agit pour le compte du FBI.

Naser attend Billy devant une supérette 7-11 à Westland. Billy entre dans le parking et s'arrête. Lorsqu'il sort de sa voiture, Naser, souriant, braque une caméra sur lui. Billy s'immobilise. Il sait que plusieurs agents du FBI observent la rencontre dans des véhicules garés non loin.

Naser prend le rendez-vous en main. D'un geste, il subtilise les clés de la voiture de Billy, dans laquelle il grimpe. D'autorité, il s'installe derrière le volant. Billy n'a d'autre choix que de se glisser sur le siège passager, à côté de lui. Naser sort du parking du 7-11.

Naser bavarde en conduisant, mais Billy s'inquiète, le visage crispé, la voix chevrotante. Il prend son téléphone, essaie d'écrire un message, mais Naser le distrait.

Naser bifurque de la rue principale et entre dans un parc. Naser se gare dans une impasse et ordonne à Billy de descendre et de se diriger vers un banc. Naser braque sa caméra.

Son utilisation de la vidéo déstabilise Billy, qui comprend mieux que la plupart des agents comment l'EI et d'autres groupes djihadistes se sont emparés des réseaux sociaux et ont attiré leurs abonnés en diffusant les images sanglantes de leurs exactions. Ils ont pris l'habitude de poster des vidéos de combats, de torture et même de décapitations. Régulièrement, le FBI enregistre les conversations entre les recruteurs et leurs cibles aux États-Unis, de jeunes hommes désireux de laisser leur marque au nom du djihad.

Naser, la caméra toujours braquée sur Billy, l'interroge sur sa volonté de devenir musulman. Naser cherche à le faire déraper, se contredire. Billy s'escrime à trouver les réponses qui lui permettront de conserver sa couverture.

Billy et Naser sont deux amateurs. Ils avancent à tâtons le long d'une frontière invisible qui traverse l'immensité confuse de la guerre contre le terrorisme. Ils auraient pu être amis, unis dans l'ignorance commune de leur véritable impuissance. Naser se bat contre des moulins à vent pour exprimer ses doléances. Il croit pouvoir berner le FBI. Quant à Billy, il veut accomplir son devoir, bien qu'il ne sache pas réellement en quoi il consiste. Police et FBI, lorsqu'ils enquêtent sur le terrorisme, le crime organisé ou le trafic de stupéfiants, envoient des informateurs dans des opérations dont certains ne reviennent pas. Ce qui arrive régulièrement, sans que le grand public soit forcément au courant[180].

Quel que soit le plan qu'ait projeté Naser, le bruit de plusieurs véhicules qui approchent l'interrompt. La filature de Billy vient d'arriver.

Naser fait signe à Billy de grimper à bord de la voiture et sort du parc en trombe pour rejoindre Warren Road. Il monte à plus de cent trente kilomètres à l'heure et les véhicules du FBI slaloment à travers la circulation plus lente pour essayer de le rattraper. Naser sourit. Il joue avec le FBI qui le suit, preuve que « Mikhaïl » n'est pas un simple fidèle.

Naser possède donc suffisamment de matière pour produire une vidéo sur Billy, mais d'autres obstacles vont se dresser devant lui.

Naser a quitté son petit boulot à la pompe à essence. Or, selon lui, son ancien employeur lui doit un dernier salaire. Le 31 décembre 2012, Naser se présente à la station-service pour le lui réclamer[181]. Le caissier lui explique qu'il n'a pas de chèque à lui remettre. Naser s'empare alors d'une bombe lacrymogène sur une étagère, lui asperge le visage, prend 180 dollars dans la caisse et s'enfuit[182]. Naser, qui ne se soucie pas de la gravité de son acte ou qui se sent peut-être pousser des ailes dans le feu de l'action, diffuse sa vidéo consacrée à Russell Dennison sur YouTube quelques jours après son braquage.

Le matin du 4 janvier 2013, un bélier défonce sa porte d'entrée, pendant qu'un autre, à l'arrière, fait exploser la baie vitrée coulissante. Les policiers de West Bloomfield envahissent le séjour. Ils sautent sur Naser, le plaquent au sol. Ils le bourrent de coups de poing et de pied sous les yeux de sa femme. Lui qui avait jadis accompagné les marines en Irak est devenu une cible[183].

La police arrête Naser et l'emmène aussitôt. Deux agents du FBI, dans l'allée, observent la scène. Ils se trouvent également dans la salle d'audience quand le juge lit l'acte d'accusation de Naser l'inculpant de vol à main armée. Il fixe la caution à 100 000 dollars, somme plutôt raisonnable, car Naser n'a pas de casier judiciaire. Il pourrait d'ailleurs la payer en hypothéquant sa maison.

Mais l'un des agents discute avec le procureur, qui fait ensuite pression sur le juge pour qu'il exige des garanties plus élevées. Ce dernier finit par demander 2 millions de dollars, s'assurant ainsi que Naser restera en détention le temps de l'enquête[184].

Durant son procès, Naser refuse de prendre un avocat. Les *hommes* racontent les audiences à Billy. L'un d'eux s'esclaffe en évoquant les erreurs répétées de Naser au sujet de la procédure pénale[185]. Reconnu coupable de vol à main armée, il écope d'une peine de trois à vingt ans de prison qui correspond à la norme des condamnations au Michigan pour ce genre d'affaires. « Tu aurais dû être là, ricane l'un des *hommes* en s'adressant à Billy. C'était trop marrant[186]. »

Billy, lui, ne voit pas ce qu'il y a de drôle. Il reconnaît que Naser doit répondre du crime commis à la station-service et se rend également compte qu'il ignore la portée et la nature des séjours de Naser en Irak ou de ses relations avec Russell Dennison. De toute évidence, les *hommes* en savent plus que lui.

Mais Billy sait que le contentieux né dans la station-service n'a rien à voir avec le terrorisme. Et qu'il s'agit d'une décision spontanée, irrationnelle, non d'un projet machiavélique.

Billy le juge naïf. La déchéance de Naser, passé d'immigrant fier de devenir américain à objet de dérision voué à l'incarcération dans une prison fédérale, l'émeut à la fois dans ce qu'elle a de vain et de malheureux. Il ne connaît pas les détails et ces questions sans réponses le rongent. Pourquoi des agents du FBI étaient-ils présents lors de l'arrestation de Naser ? S'agissait-il simplement d'un stratagème, d'une occasion rêvée pour le FBI de prélever des preuves à son domicile sans avoir besoin d'obtenir un mandat d'arrêt pour des faits de terrorisme ? Comment les agents ont-ils pu influencer le juge, par le truchement du procureur, pour augmenter si considérablement la caution ? Le FBI avait-il infléchi le cours de la justice ? Billy suppose que le FBI est intervenu parce qu'il n'aurait pu faire tomber Naser pour des faits de terrorisme.

Billy a du mal à admettre le rôle qu'il a joué dans cette affaire. Mais elle révèle également des doutes plus profonds. Il pouvait participer à la mission antiterroriste du FBI sans sortir de chez lui, devant son ordinateur ou à l'aide de son portable, en restant éloigné des individus et des événements qu'il décryptait. Nul besoin de relations personnelles. Il évitait les montagnes russes des émotions. Il échappait aux sentiments de trahison du suspect lorsque, mené en garde à vue, il comprendrait que Billy l'avait dupé.

Mais débarquer sur le terrain changeait sa perception de son travail. Billy n'avait pas appréhendé ce qu'il en coûtait de connaître les cibles. Naser ne faisait plus seulement partie du monde numérique. Il ne s'agissait plus uniquement d'un nom sur un fichier qu'il aurait rédigé avant de le transférer sur Dropbox à destination de ses traitants. Billy s'est lié à Aws Naser. Et, plus encore, il en est venu à l'apprécier. Et maintenant, il a aidé à le mettre en prison.

Billy n'est pas un flic. Billy n'est pas un espion. Il n'est pas froid et calculateur comme doit l'être un agent de l'antiterrorisme au FBI. Il ne s'est pas engagé pour manipuler la justice. Il a l'impression que le FBI l'a dupé et s'est servi de lui. Billy racontera à ses parents que, en apprenant ce qui était arrivé à Naser, il avait failli vomir[187].

CHAPITRE 10
LE SECRET

Plus Catie Reilly souhaite emprunter une voie différente de ce que ses parents imaginaient, plus ils cherchent à lui imposer leurs vues. En 2013, quatre ans après leur rencontre, Catie et Mohammed franchissent un cap que même Terry et Bill savent inéluctable. Ils se marient. Un an plus tard, ils ont un fils.

L'intérêt que Catie montrait pour l'islam l'a conduite à Mohammed Cherri, avant de la mener à Dearborn et dans la société arabo-musulmane de Metro Detroit. Elle s'y sent plus à sa place que chez elle, car les musulmans de Dearborn lui réservent un bon accueil, bien qu'elle soit convertie. Le hijab qu'elle porte manifeste son observance de la religion, mais va l'exposer aux problèmes post-11-Septembre que ses origines chrétiennes et européennes lui avaient jusque-là permis d'éviter[188].

Catie rend parfois visite à des amis au Canada. C'est la routine pour les habitants de Détroit. Les lycéens et les étudiants américains ne se privent pas d'aller en voiture dans l'Ontario pour boire en toute légalité un verre à Windsor. Avant le 11-Septembre, ces excursions ne soulevaient aucun problème. La police des frontières américaine laissait passer les visiteurs, parfois après leur avoir posé quelques questions. Après les attentats, cependant, les contrôles aux aéroports, dans les ports et sur les routes d'accès aux États-Unis se sont resserrés. Le gouvernement a renforcé sa surveillance du trafic vers Détroit en provenance du Canada[189].

Depuis que Catie a embrassé l'islam, les gardes-frontières lui ordonnent régulièrement de se garer sur le côté afin de l'interroger. Avec son voile, puisqu'elle ressemble à n'importe quelle femme musulmane de Dearborn, elle devient une menace. La police des frontières n'a jamais appréhendé Catie, fouillé sa voiture de fond en comble ou exigé d'avoir accès à son téléphone. Mais elle ressent ces désagréments comme un affront qui lui donne un minuscule aperçu de la vie de l'autre côté de la division ethnoreligieuse[190].

Parmi toutes les agences de sécurité américaine qui appliquent le changement de politique post-11-Septembre, c'est le FBI que Catie en vient à détester le plus. Le FBI se trouve souvent à l'initiative des fouilles renforcées à la frontière et emploie les agents du service des douanes et de la protection des frontières des États-Unis en tant que bras armé[191]. Le FBI tient également à jour une copieuse liste de personnes interdites de vol, la plupart arabes ou musulmanes[192]. Un fichier ni public ni soumis à un contrôle indépendant. La plupart de ceux qui y apparaissent ignorent pourquoi et comment en faire disparaître leur nom. Le travail du FBI s'avère certes essentiel pour la sécurité nationale, mais imparfait. Catie se sent de plus en plus proche de ces innocents qui n'ont rien à se reprocher et se retrouvent néanmoins pris dans ses rets.

En 2008, à la fin du mandat de George W. Bush, le département de la Justice assouplit les directives du FBI. Les agents peuvent désormais ouvrir des dossiers sur le simple motif d'un « objectif clairement défini » qui donne une plus grande latitude au Bureau en lui permettant de cultiver une certaine ambiguïté. Au cours des deux années suivantes, le FBI lancera près de 43 000 enquêtes antiterroristes sur ce fondement[193].

Ces investigations se développent sur le terreau de la coopération interagence née dans le sillage du 11-Septembre. La CIA recueille parfois des renseignements à l'étranger sur des terroristes recrutant dans des camps de réfugiés du Moyen-Orient. Parmi ces derniers, certains émigrent par la suite aux États-Unis. Dès lors, le FBI leur rend visite afin de déterminer s'ils sont sous influence.

Les agents interrogent les nouveaux arrivants, mais ne s'en contentent pas. Ils explorent la piste en questionnant les membres de leur famille, leurs amis et même leurs voisins. C'est le genre de travail de fond exigé à la fois par leur mission et par l'époque. Mais des communautés vivent sous la crainte constante du FBI sans pouvoir savoir qui, parmi eux, a été prêt à accepter de devenir un informateur[194].

Catie et Mohammed redoutent le Bureau et se montrent soupçonneux à son égard. Quant au frère aîné de Mohammed, Abdulrahman Cherri, il livre une véritable bataille contre le FBI. Des agents avaient sonné chez les Cherri pour questionner Abdul au sujet d'un texte métaphysique qu'il avait publié sur un forum et qui aurait pu être interprété comme un appel au martyre[195]. Depuis, chaque fois qu'il revient d'un voyage à l'étranger, la police des frontières le prend à part. On lui demande dans quelle mosquée il prie et à quelle fréquence, on veut connaître le nom de son imam. Citoyen américain, Abdul est outré. Et il en vient à la seule conclusion possible : le FBI l'a profilé selon sa religion et son ethnie.

En 2012, Abdul et plusieurs autres hommes musulmans ont porté plainte contre le FBI, le Department of Homeland Security (sécurité intérieure), l'U.S. Customs and Border Patrol (police des frontières) et la Transportation Security Administration (sécurité des transports) pour des faits présumés de harcèlement et de discrimination. Le directeur du FBI, Mueller, est cité dans la plainte. Le procès s'éternise[196].

Catie s'identifie au combat mené par Abdul contre le FBI, sachant de première main ce qui se produit aux frontières. Quant aux épreuves de son beau-frère, elles vont contribuer à rapprocher davantage Catie de son identité musulmane.

*

Mohammed Cheri n'est pas le mari que Bill et Terry avaient imaginé pour leur fille. Devenu, dans leur esprit, l'incarnation de leur échec dans l'éducation de Catie malgré sa réussite universitaire, il les excède. Ils se sont aussi rendu compte que Mohammed cherchait le savoir avec plus de zèle qu'un boulot. Pendant que Catie, durant son internat, travaille une soixantaine d'heures par semaine dans une clinique, Mohammed donne des cours de langue à temps partiel[197].

Billy porte un autre regard sur Mohammed. Né très loin de Détroit, il fait partie des rares personnes de son entourage proche à comprendre son intérêt pour les questions internationales. D'ailleurs, ils trouvent un terrain d'entente lorsqu'ils parlent du « printemps arabe », de la guerre en Syrie ou de l'expansion de l'EI. Billy scelle cette amitié naissante en emmenant Mohammed à la pêche.

Mohammed croit savoir ce qui se passe au Moyen-Orient, mais doit admettre que les connaissances de Billy dépassent largement les siennes. Tout le monde peut lire les nouvelles. Billy, lui, comprend la personnalité des chefs terroristes. Il appréhende la façon dont les différents credo se mêlent ou, au contraire, s'opposent, et il parvient régulièrement à prédire l'évolution de ces tendances. Mohammed s'émerveille devant la pratique de l'arabe parlé moderne de son beau-frère. Il s'exprime mieux que la plupart des habitants de Dearborn, qui usent de dialectes régionaux.

Avec Mohammed, Billy professe ses opinions sur la politique américaine en Syrie, l'intervention russe et l'opportunisme turc. « Il en savait des tonnes », me confiera Mohammed. Toutefois, Billy ne soutient aucun camp, aucun positionnement. Il n'éprouve aucune émotion et se contente d'analyser. L'origine d'une faction ou d'un dogme ne l'intéresse pas, au contraire des spasmes de l'histoire qui s'écrit sous ses yeux.

Mais tout cela ne lui suffit plus. Le temps que Billy passe en compagnie de sa sœur et de son beau-frère amplifie encore son désir d'appartenance. Comme eux s'appartiennent l'un à l'autre. Il parle devant eux de son envie de fonder une famille[198].

Catie ne le lui a jamais demandé et elle ignore si son frère, au mitan de la vingtaine, a déjà connu une femme de façon intime. Billy a évoqué une fois une étudiante syrienne rencontrée à l'université, mais personne, dans la famille, ne l'a jamais vue[199].

Mohammed a dans ses relations une bibliothécaire et pense que, dans la mesure elle exerce cette profession, elle pourrait séduire Billy. Il l'emmène ainsi à la bibliothèque islamique de Dearborn, où elle officie, et les présente. Le temps que Billy a passé sur son ordinateur et son téléphone ne lui a pas permis de développer ses talents de séducteur. Le rendez-vous est gênant, voire embarrassant[200].

Billy est célibataire, malgré lui. Son incapacité à créer une relation avec une femme ou à la séduire ne le rend pas misogyne pour autant. Billy aime les femmes, mais elles le rendent nerveux et il ne sait pas leur parler d'une façon spontanée. Il ne fréquente pas les soirées, encore moins les lieux et les événements où l'on se retrouve pour se détendre et où il pourrait rencontrer quelqu'un en toute simplicité. Billy pense qu'une femme lui est destinée. Mais il ignore comment créer un lien.

Il ne va pas perdre de temps à essayer. Il va plutôt diriger son énergie ailleurs et emboîte le pas de Catie. Ses études supérieures l'ont menée à une carrière. Alors, comme sa sœur, Billy s'inscrit de nouveau à l'université.

Il a toutefois du mal à se décider entre la haute technologie, les sciences dures ou le droit. Il choisit un cours d'informatique à l'Oakland Community College[201]. Il étudie la cybersécurité[202] au Walsh College, une école de commerce de Troy, en même temps que le droit à la Cooley Law School de Détroit. Informatique, cybersécurité et droit sont des matières complémentaires. Toutefois, Billy postule également pour une licence en hygiène industrielle à Montana Tech[203] et en biologie à l'Illinois Institute of Technology de Chicago.

En réalité, il est possible qu'il passe d'un sujet à l'autre pour éviter celui qui l'intéresse vraiment. « Cinq ans après avoir obtenu mon master, j'ambitionne de travailler dans le domaine de la sécurité nationale, écrit-il dans une lettre de motivation. Je souhaiterais en particulier continuer mes recherches universitaires dans le cadre d'un doctorat. Ainsi, j'aurai les connaissances et les compétences nécessaires pour faire le métier dont je rêve[204]. »

Il est une raison pour laquelle le rêve de Billy ne s'est pas concrétisé : parce qu'il s'est déjà matérialisé avec son travail pour le FBI. Qui n'en est pas réellement un. Alors qu'il y consacre de longues heures, il ne touche qu'un faible dédommagement et, surtout, n'a jamais reçu d'offre pour un emploi permanent. De plus, il ne peut se prévaloir de cette précieuse expérience sur son CV. Il œuvre en sous-main pour une organisation dont le règlement stipule qu'elle ne pourra jamais reconnaître qu'il lui a été associé. Le FBI l'a attiré dans ses rets à bon compte en misant sur son intérêt pour le sujet et son désœuvrement.

Billy comprend que le FBI le muselle, mais ne sait comment se sortir de cette situation. Or, sa sœur cadette, mariée, mère, et bientôt médecin, lui a toujours prodigué ses conseils pratiques. Billy a besoin de se décharger d'une partie de son fardeau et il confie alors à Catie qu'il travaille pour le FBI.

Catie est abasourdie. Elle considère le FBI comme l'ennemi. Elle ne s'explique pas comment Billy, celui qui l'a guidée vers l'islam, peut travailler pour une agence dont elle pense qu'elle opprime certaines personnes précisément parce qu'elles professent cette croyance religieuse.

Dès lors, Catie se rend compte que le secret de Billy deviendra le sien. Elle ne peut parler à personne de l'affiliation de son frère au FBI, et surtout pas à Mohammed ou à Abdul Cherri. Et elle redoute que son nouveau cercle de relations musulmanes croie qu'elle aussi est de mèche avec le Bureau[205].

*

Le 15 avril 2013, deux bombes sautent près de la ligne d'arrivée du marathon de Boston. Elles tuent trois personnes et font plusieurs dizaines de blessés, dont certains très grièvement, atteints par les billes d'acier et les clous contenus dans l'engin explosif. Douze ans après le 11-Septembre, la panique qui s'empare de Boston rappelle le rôle désormais imparti au terrorisme dans la vie américaine.

De nombreuses agences de sécurité passent à l'action. FBI, CIA, ATF, DEA et la police locale scrutent les images de vidéosurveillance et les réseaux sociaux afin d'identifier les coupables. Elles se focalisent sur deux frères[206]. Tamerlan et Djokhar Tsarnaïev, deux hommes d'origine tchétchène, ont immigré avec leur famille en 2002 de la province russe du Daghestan, dans la région montagneuse du Caucase du Nord, vers les États-Unis. Tamerlan, l'aîné, 26 ans, a commencé une carrière de boxeur dans la région de Boston, mais se sent de plus en plus déconnecté. Il retourne plusieurs fois dans le Caucase, où il rencontre des combattants islamistes qui luttent contre le joug russe. Le FBI surveille Tamerlan. À Boston, les agents passent à plusieurs reprises chez les Tsarnaïev pour lui parler, ainsi qu'à sa famille[207].

Tamerlan est déjà radicalisé. Et il tient son frère Djokhar, son cadet de sept ans, sous sa coupe. En suivant les instructions trouvées dans une revue terroriste islamiste, ils fabriquent tous deux des bombes rudimentaires qu'ils dissimulent à l'intérieur de Cocottes Minute. Ils les transportent dans des sacs à dos avant de les déposer sur le trottoir, dans la foule. Comme l'*Underwear Bomber* avant eux, les Tsarnaïev se sont joués du FBI. Ils parviennent à s'enfuir. La chasse à l'homme commence[208].

Le FBI contacte la Russie, pays natal des Tsarnaïev, pour savoir si l'attentat de Boston fait partie d'une opération plus importante. L'enquête marque une nouvelle étape dans la coopération entre la Russie et les États-Unis.

Pendant des années, le FBI a maintenu un *legal attaché*, familièrement baptisé « *legat* », à l'ambassade américaine de Moscou, ainsi que dans de nombreuses autres délégations du monde entier. Attaché juridique et agent de liaison avec ses homologues russes, le *legat* communiquait en priorité avec le Service fédéral de sécurité (FSB), la principale agence de renseignement intérieur russe. Dans des pays plus amicaux envers les États-Unis, comme l'Australie ou le Royaume-Uni, les *legats* du FBI et leurs équipes sont étroitement associés aux autorités locales. Pas en Russie. Le FSB compartimentait la connexion pour restreindre l'accès du FBI à certaines informations. Le *legat* devait soumettre ses demandes au département des affaires internationales du FSB, qui agissait en tant que filtre entre le FBI et les divisions opérationnelles du FSB. Si les deux camps s'entraidaient de temps à autre, souvent sur des dossiers liés au terrorisme, les autorités du FBI pensaient de leurs homologues russes qu'ils maintenaient une relation strictement intéressée, sans réel esprit de coopération[209].

Tout a changé après l'attentat du marathon de Boston. Pour la première fois depuis des années, le FSB permet au *legat* et à son équipe de rencontrer des responsables de haut rang de l'antiterrorisme et, en particulier, le général Dmitri Minaïev, vétéran des opérations du FSB dans le Caucase. L'équipe du FBI de Moscou travaille avec des enquêteurs du ministère de l'Intérieur. Des membres du FBI reçoivent également l'autorisation de venir en Russie de Boston. Des agents du FSB les escortent ensuite au Daghestan, lieu de naissance des Tsarnaïev, et identifient les témoins que le FBI voulait interroger[210].

Depuis sa poussée vers le sud durant la première moitié du XIXe siècle, Moscou a toujours rencontré une résistance farouche dans le Caucase. Après la chute de l'Union soviétique, la Russie a livré en Tchétchénie deux guerres sanglantes dont la sauvagerie a entraîné dans tout le pays pendant des années des attentats qui visaient des avions commerciaux, des concerts et des écoles[211]. Puisque les deux hommes qui ont perpétré l'attaque sur le sol américain viennent du Caucase, la Russie s'efforce de prouver qu'elle n'y est pour rien. Les responsables du FBI suspectent une motivation cachée, mais profitent de cette bonne volonté tant qu'elle dure.

Alors que les Tsarnaïev sont toujours en cavale, Billy reçoit un appel de son officier traitant, Tim Reintjes. L'urgence du moment dissipe les doutes exprimés par Billy depuis l'affaire Aws Naser. Se sentir désirer le valorise. Car Reintjes a besoin de son assistance. Le FBI enrôle quiconque peut les aider à localiser, arrêter et poursuivre en justice les Tsarnaïev. Billy fera sa part du travail. Ses connaissances du terrorisme islamiste et du monde russe convergent dans ses recherches sur les vies numériques des deux frères. Billy dit à ses parents qu'il a participé à une réunion entre les *hommes* et des Russes qui les assistent dans ce dossier. La cavale des Tsarnaïev s'achève sur la mort de Tamerlan et la capture de Djokhar. Billy a le sentiment d'avoir contribué à les neutraliser[212].

Après les attentats de Boston, la direction du FBI s'interroge sur l'éventualité que les Tsarnaïev aient inspiré d'autres terroristes. Un rapport du renseignement note à cet égard qu'un membre d'Al-Qaïda communique avec une cellule terroriste en Californie, composée elle aussi de deux frères. À Washington, à la section des opérations contre le terrorisme international du FBI, Andrew McCabe, qui a travaillé avec Andy Arena sur l'affaire de l'*Underwear Bomber*, veut les retrouver[213].

Le bureau de Détroit s'empare des instructions de McCabe. Le traitant de Billy le met à l'ouvrage et il cible deux frères venus de Moscou, Alexeï et Anatoli Trofimov, qui vivent aux États-Unis. Comme Tamerlan Tsarnaïev, les Trofimov pratiquent un sport de combat[214]. L'enquête de Billy cale quand il découvre que les Trofimov sont repartis en Russie. Andy McCabe concédera plus tard que les recherches sur les deux frères californiens auront gâché des ressources et un temps précieux[215]. Nouvel exemple d'une piste de l'antiterrorisme qui ne mène nulle part. Elle montre toutefois que Billy était affecté à certaines des tâches prioritaires du FBI.

La fièvre de l'investigation sur l'attentat de Boston retombe bientôt. Billy en profite pour faire le point. Il raconte à son oncle Jim, le frère de Terry, que le FBI l'a défrayé de 4 000 dollars pour son enquête sur le marathon[216]. Mais ce n'est pas ce genre de compensation que Billy convoite. Il confie d'ailleurs à ses parents que les supérieurs de Reintjes ont loué le travail de l'agent. Travail que Billy pense être le sien, en réalité. Il regrette de ne pas recevoir les louanges qu'il estime mériter[217].

Depuis trois ans qu'il trime pour le FBI, il croit avoir démontré sa valeur et son utilité. Il veut un emploi. De nouveau, il demande aux *hommes* s'il a l'étoffe pour les rejoindre et, de nouveau, ils répondent par l'affirmative. Mais ils ne font rien. Jamais un agent n'accepterait. Ils agitent des hochets devant leurs CHS sans avoir l'intention de remplir leurs promesses. Dire à Billy qu'il fait partie de la maison est un appât classique.

En fait, ils ne respectent pas leurs CHS, qu'ils traitent régulièrement de « balances » comme de vulgaires criminels, malgré la valeur primordiale du travail qu'elles fournissent pour le Bureau. Le FBI qualifie Billy et ses pairs de « commandos claviers », un surnom flatteur pour ces CHS planquées derrière leur ordinateur[218].

Ce mépris provient de la méfiance des agents à l'égard de leur source. Dans le cadre de leur formation et des instructions opérationnelles, on les encourage à mener de doubles vies, à mentir. La CHS doit cacher la vérité à ses cibles tout en la révélant au Bureau. Plus une CHS sait mentir, plus elle est efficace. Mais où s'arrête le mensonge ? Le FBI ne peut en avoir de certitude. Les CHS enfreignent parfois la loi, se font passer pour d'authentiques agents ou concluent des accords financiers avec d'autres services[219]. Les qualités mêmes qui les rendent précieuses en tant que CHS – duplicité, accès à des organisations criminelles ou terroristes – les disqualifient pour postuler à un travail à temps plein au sein du FBI.

Billy n'aurait probablement pas réussi à passer une simple vérification de ses antécédents. Ses connexions en ligne, ses opinions tranchées sur la politique étrangère américaine qu'il cultive depuis le lycée font de lui un risque inacceptable. C'est une chose d'être une CHS, qui se consacre à faire la sale besogne des *hommes*, et une autre de devenir un fonctionnaire du FBI représentant réellement le Bureau[220].

Les *hommes* ont tellement encouragé et félicité Billy qu'il se méprend complètement sur son statut. Il n'appartient pas au sérail. Il n'est qu'un des milliers de codes alphanumériques du système Delta, un vulgaire outil taillable et corvéable.

Sur un site d'emploi fédéral, Billy trouve une annonce pour un poste d'analyste au FBI. Dans sa lettre de motivation, il écrit qu'il est « travailleur et dévoué », avant de conclure : « En raison de mes voyages et de mon expérience, je pense être un bon candidat. De plus, mes compétences en russe et en arabe, ma connaissance et ma culture du Moyen-Orient ainsi que les origines de ma famille en Europe de l'Est sont particulièrement intéressantes dans ce domaine[221]. »

Billy poursuit ce rêve chimérique, inconscient que son sort se joue ailleurs, loin d'Oxford. Les frères Tsarnaïev ont lancé une passerelle entre les deux mondes qui passionnent Billy, le terrorisme islamiste et la Russie. Début 2014, Billy va à son tour la traverser. Le conflit entre la Russie et l'Ukraine s'annonce.

CHAPITRE 11
ORIGINES

L'histoire commence au Moyen Âge par des pillages. Au cours de leurs périples, les Vikings ont entendu parler de Constantinople, l'antique Byzance, capitale de l'Empire romain d'Orient, et des trésors dont elle regorge. Elle enjambe le Bosphore, qui relie la mer Noire à la Méditerranée. La vaste steppe d'Europe sépare Constantinople des Vikings. Dès lors, ils ont cherché un chemin qui les mènerait à la cité[222].

Les Vikings écumaient de modestes cours d'eau, portaient leurs embarcations d'une rivière à l'autre. À la frontière actuelle entre le Belarus et l'Ukraine, ils ont découvert l'endroit où le Dniepr s'élargit et accélère. Il parcourt plus de mille deux cents kilomètres en formant un crochet vers le sud-est et s'achève sur des rapides. Son estuaire débouche sur la mer Noire. De là, les Vikings pouvaient naviguer en haute mer vers Constantinople avec pour objectif la possibilité de la mettre à sac[223].

Une fois cette route établie, les marins scandinaves l'ont régulièrement empruntée. Sur le fleuve, les Vikings passaient devant des colonies slaves, dont Kiev, sur la rive droite. Des Vikings s'y installaient, s'y mariaient et ont fini par y régner[224].

De nombreuses principautés ont émergé entre la Baltique et la mer Noire. Au XIe siècle, un prince de Kiev connu plus tard sous le nom de Iaroslav le Sage a consolidé forteresses et citadelles et il a institué le premier État centralisé de la région, la Rus' de Kiev[225].

Il s'agit d'un nom de tribu que certaines sources font remonter au substantif qui signifie « rameur » en vieux norrois et qui évoque bien entendu les embarcations vikings descendant le Dniepr. Alors que Kiev, Novgorod et d'autres villes de la Rus' prospéraient, un arrière-petit-fils de Iaroslav, Iouri Dolgorouki, s'est aventuré vers le nord-est au XIIe siècle afin de renforcer les fortifications d'un avant-poste mineur, nommé Moscou[226].

L'invasion de l'Europe au XIIIe siècle par les Mongols a rebattu les cartes politiques. Batu Khan, le chef mongol, a pillé villages et forteresses de l'actuelle Russie méridionale avant d'arriver aux portes de Kiev en l'an 1240. Les Mongols ont contemplé avec un respect mêlé de crainte les splendeurs de Kiev. Ils se sont néanmoins remis assez vite de leurs émotions esthétiques et ont entrepris le siège de la ville, dont ils ont brisé les défenses, avant de l'incendier et de massacrer la majorité de ses 50 000 habitants[227].

Sous les Mongols, la Rus' de Kiev s'est désagrégée, mais Moscou, qui a survécu, est devenu le principal collecteur d'impôts de la région pour les khans de la Horde d'or. Lorsque Moscou s'est libéré du joug mongol, en 1480, la ville s'est mue en centre politique et militaire. Au XVIe siècle, au moment où les monarchies de l'Europe de l'Ouest colonisaient le Nouveau Monde, Moscou lançait des expéditions vers le sud et l'est et agrandissait ses possessions à force de batailles et d'annexions. Le nom « Russie », venu des anciennes tribus vikings, apparaît pour la première fois[228].

La vaste étendue de terre qui deviendra l'Ukraine restait à l'époque sans contours précis. Son nom provient de la contraction de deux mots qui signifient « à la lisière » ou « à la frontière ». La traduction dépend du récit historique que l'on privilégie. Les Russes préfèrent croire que cette terre marque la frontière sud-ouest de Moscou. Les Ukrainiens citent une première mention supposée du nom, alors que les habitants de la Rus' de Kiev médiévale considéraient comme pays frontalier tout ce qui se trouvait au-delà de leur royaume. Pendant des siècles, il n'y a pas d'État en Ukraine, mais une entité ethnique. L'Ukraine est un territoire, dont certaines parties tombent dans l'union Pologne-Lituanie et plus tard dans l'Empire russe, puis soviétique[229].

Un État souverain avec Kiev comme capitale est apparu au XXe siècle. Le pays a émergé à la suite de la guerre civile russe, qui a vu s'opposer les bolchéviques et les armées blanches restées loyales au tsar assassiné. Tant que les combats ont duré, l'Ukraine indépendante a survécu. En 1923, les communistes ont remporté la guerre et intégré l'Ukraine dans l'Union soviétique.

Pendant longtemps, l'Ukraine est demeurée une idée plus qu'un pays, une nation plus qu'un État. Pourtant, le sentiment nationaliste subsistait. En 1991, au moment où les autorités soviétiques ont dissous l'URSS, l'Ukraine a déclaré son indépendance.

Pendant les deux décennies suivantes, l'Ukraine a souffert de la violence, de la corruption et des troubles sociaux, à l'instar de la Russie, mais Kiev, au moins, se gouvernait seul. Le long de sa frontière ouest, des pays jouissent de la prospérité et des lois de l'Union européenne. Or, de nombreux Ukrainiens ont également envie d'en bénéficier. Ce que la Russie ne voit pas d'un bon œil. Moscou considère en effet l'Ukraine comme une province, et non comme un État souverain. Une possession, rien de plus qu'un îlot russe[230].

Le chapitre le plus récent du conflit russo-ukrainien commence en 2013. Cette année-là, le président ukrainien Viktor Ianoukovytch s'est engagé à signer un accord politique et commercial avec l'Union européenne. De nombreux Ukrainiens l'ont accueilli favorablement en tant qu'étape vers la stabilité et la prospérité. Mais la Russie a fait pression sur Ianoukovytch pour qu'il fasse marche arrière. Et lorsqu'il a obtempéré, le peuple est descendu dans la rue.

Des milliers de personnes se sont rassemblées au centre de Kiev pour protester et exiger l'intégration à l'Europe. Les manifestations se sont prolongées durant des mois, tout en se durcissant. Des affrontements avec la police antiémeute ont éclaté. En février 2014, des snipers ont pris position sur les toits de l'avenue centrale de Kiev et tué une centaine d'opposants. Le parlement a renversé le gouvernement et destitué Ianoukovytch, qui s'est enfui en Russie. Le Kremlin va profiter du chaos politique.

En effet, au même moment, les troupes russes se sont emparées de la Crimée, péninsule ukrainienne que Moscou a annexée dans la foulée. La facilité de l'invasion lui a inspiré d'autres projets.

La région au sud-est de l'Ukraine tire son nom de la rivière Severski Donets, qui prend sa source dans un lac près de Belgorod, en Russie, puis plonge vers le sud en Ukraine, dépasse Kharkiv, bifurque au sud-est vers Lougansk avant de retraverser la frontière russe et de se jeter dans le Don près de Rostov-sur-le-Don. La rivière Donets délimite une région riche en roches sédimentaires et en veines de charbon, le bassin houiller de la Donets, appelé plus simplement Donbass*[231].

En avril 2014, milices, organisations criminelles et forces spéciales russes ont proclamé un État autonome, la République populaire de Donetsk (RPD), puis la République populaire de Louhansk (RPL). Kiev a déployé son armée. Pour la première fois depuis la Seconde Guerre mondiale, des chars de combat se sont fait face dans les steppes ukrainiennes. La guerre du Donbass venait de commencer[232].

*

Durant l'été 2014, chez lui, à Oxford, Billy Reilly reçoit un SMS de son officier traitant du FBI, l'agent Tim Reintjes : « *Renseigne-toi sur ce groupe... République populaire de Donetsk*[233]. »

Plus tôt, en ce matin du 17 juillet, un avion de ligne de Malaysian Airlines, parti d'Amsterdam en direction de Kuala Lumpur, passe au-dessus de l'est de l'Ukraine lorsqu'un missile décolle. Il explose en milliers d'éclats devant le cockpit. L'avion traverse les projectiles à une vitesse d'environ huit cents kilomètres à l'heure. Les éclats et les forces aérodynamiques détruisent le cockpit, qui tombe. Le reste de l'appareil continue sa trajectoire sur une huitaine de kilomètres, puis se désintègre. Les passagers sont éjectés à trente-trois mille pieds du sol. Corps et bagages, réacteurs et morceaux de fuselage pleuvent sur le Donbass, au-dessus du village de Hrabove et de ses alentours. Les 298 passagers et membres d'équipage du vol MH-17 ont été assassinés[234].

Sous les ordres de Reintjes, Billy localise, avec d'autres CHS, un commentaire sur Vkontakte, le Facebook russe, qui semble désigner le responsable de la tragédie. Billy envoie une traduction à son officier traitant : « Nous vous avions averti de ne pas voler "dans notre ciel". Voici la confirmation vidéo du moment où l'avion a été abattu[235]. »

Le message sur Vkontakte est lié à un membre bien connu de l'armée russe, Igor Guirkine. Dans les années 1980, Guirkine a fréquenté les écoles de formation des forces spéciales de l'armée soviétique. À la chute du communisme, il a combattu pour les intérêts russes dans la

* *Donbass* est un mot-valise signifiant « bassin de la Donets » (*Donetskiy bassein*). *(N.d.T.)*

Baltique, le Caucase, et en Transnistrie, région irrédentiste de Moldavie bordant le Dniestr. Guirkine utilise Strelok comme nom de guerre, du russe « tireur ». Parfois, il emploie l'indicatif Strelkov, en référence peut-être à Strelnikov, pseudonyme de Pavel Antipov, le jeune révolutionnaire du *Docteur Jivago*, le roman de Boris Pasternak. C'est Guirkine qui a déclenché la guerre dans le Donbass en 2014 en s'emparant des bâtiments des autorités régionales avec ses commandos. Au moment où le MH-17 est abattu, Guirkine est le ministre de la Défense autoproclamé de la République populaire de Donetsk (RPD)[236].

Certains prétendent que Strelkov appartient au FSB et qu'il a le rang de colonel. L'Union européenne l'a identifié en tant que membre du renseignement militaire russe, le GRU (Direction générale du renseignement). En tout état de cause, le commentaire de Strelkov, posté sur Vkontakte, mais effacé peu après sa publication, semble montrer qu'il a participé à cet attentat. Il le niera plus tard. Au cours des semaines précédentes, les séparatistes prorusses du Donbass ont abattu des aéronefs militaires ukrainiens. Ils auraient confondu le vol commercial avec un avion de chasse. La destruction du MH-17 et la mort de tous ses passagers et membres d'équipage mettent en évidence la violence atteinte dans la guerre du Donbass[237].

Après quatre ans de bons et loyaux services, la tragédie du MH-17 et les événements dans le Donbass vont ranimer la passion de Billy pour les conflits internationaux. En octobre de la même année, il observe de loin le conflit qui s'intensifie et culmine avec la bataille pour l'aéroport de Donetsk, qui fauche de nombreuses vies[238]. Des hommes comme Billy meurent pour leurs convictions. Il commence à s'imaginer parmi eux, prenant des risques.

Plus son imagination s'emballe, plus son esprit s'éloigne d'Oxford. Seule une nouvelle brutale parvient à le ramener sur terre. Son grand-père Marvin vient de s'éteindre[239].

Les dernières années de Marvin, marquées par la démence sénile, ont été difficiles. Mais Billy garde de lui de nombreux souvenirs vivaces[240]. Il décide de lui donner dans la mort ce qu'il n'a jamais pu faire au cours de sa vie. Marvin avait vécu dans l'ignorance de ses origines, son père étant mort quand il était bébé. Il n'avait jamais réellement su d'où venaient ses grands-parents avant d'arriver aux États-Unis et les supposait polonais.

Billy remonte dans le passé des O'Kray grâce aux sites de généalogie, aux moteurs de recherche et aux dossiers des services d'immigration. Peu après, il explique à ses parents qu'il a fait une découverte fascinante. Un des ancêtres de Marvin n'est pas polonais, il vient du Donbass. C'était un mineur. Il travaillait donc dans l'industrie qui incarne à la fois la principale activité et l'identité de cette région[241].

Pour Billy, cette information ne représente pas seulement une bribe d'histoire familiale. Elle pourrait expliquer son présent. Sa connexion immédiate avec le vieil homme dans les rues de Saint-Pétersbourg. Son attrait pour la langue russe. Sa fascination pour la Rus' de Kiev.

Le patronyme de Marvin, le nom de jeune fille de Terry, O'Kray, ne serait donc pas polonais. En revanche, il pourrait s'agir d'une anglicisation des termes russe et ukrainien *u krai*, « à la frontière », racine étymologique du nom « Ukraine ». Billy pense avoir découvert une origine bien plus essentielle, selon lui, que son lien avec Oxford. Il vient de trouver sa connexion avec la guerre dans le Donbass.

En ce matin de novembre 2014, la température est douce pour la saison. Les feuilles mordorées ne sont pas encore tombées des arbres du cimetière du Saint-Sépulcre de Southfield, qui se dressent au-dessus de l'herbe impeccablement entretenue. Des drapeaux américains au brocart doré flottent à l'avant du corbillard qui ralentit en franchissant le portail. Billy porte le cercueil qu'il aide à installer sous un dais vert. Puis, accrochée à un palan, la bière descend en terre. Un militaire en uniforme, au garde-à-vous, se dresse devant la tombe et rend hommage aux états de service de Marvin[242].

Puis Billy retrouve sa famille. Catie l'observe. De toute l'assemblée, c'est lui le plus triste.

CHAPITRE 12
CONFUSION

L'agent Reintjes donne une nouvelle mission à Billy : s'attirer les bonnes grâces de « nœuds réseautiques », des individus utilisant les réseaux sociaux pour promouvoir le djihad mondial. Un tel nœud peut transporter de l'argent liquide ou de l'équipement à des cellules terroristes. Il peut également recueillir des informations qui sont ensuite transférées par voie hiérarchique. Les nœuds peuvent agir en tant que recruteurs. Ils trouvent des cibles faciles sur les réseaux, de jeunes hommes qui cherchent un sens à leur vie. Les nœuds affiliés à l'État islamique expliquent aux recrues comment passer en Syrie et rejoindre les volontaires qui les attendent dans les territoires sous le contrôle de l'organisation terroriste[243].

En utilisant ses alias et ses légendes, Billy se connecte à différents nœuds sur les réseaux sociaux. Il discute sans filtre avec des individus appartenant à l'autre camp dans la guerre contre le terrorisme, les manipule pour apprendre leurs secrets.

Les nœuds sont souvent des femmes. Mais peut-être s'agit-il en réalité d'hommes se faisant passer pour telles. Il est facile de créer une forme d'intimité, surtout avec de jeunes hommes désœuvrés, en quête de relations. D'ailleurs, le FBI emploie lui-même ce genre de techniques. La romance apparaît alors comme un outil supplémentaire dans l'arsenal du FBI pour exploiter des vulnérabilités dans sa collecte d'informations[244].

Mais le cœur a ses raisons que la raison n'a pas, et ces méthodes éculées se retournent souvent contre leur auteur. En 2014, une traductrice habilitée « très secret » du bureau de Détroit du FBI, Daniela Greene, échangeait sur Skype avec un présumé terroriste allemand, Denis Cuspert. Il vivait en Syrie et recrutait des germanophones pour l'EI. En juin, Greene a expliqué à son supérieur du FBI qu'elle se rendait en Allemagne pour rendre visite à sa famille. En réalité, elle est partie en Turquie, a passé la frontière syrienne en territoire de l'EI. Elle y a retrouvé Cuspert et tous deux se sont mariés[245].

Leur relation s'est assez vite dégradée et elle s'est enfuie. De retour aux États-Unis, Greene a accepté l'accord proposé par le procureur. Condamnée, elle a purgé une peine de deux ans de prison dans un pénitencier fédéral. Le département d'État a inscrit Cuspert sur la liste des terroristes recherchés. Il est mort en Syrie en 2018[246].

Le nouveau chef du bureau de Détroit a dû s'occuper du cas de Greene. Il s'agissait de l'agent spécial Paul Abbate, un homme ambitieux qui visait déjà les plus hautes responsabilités. Entré au Bureau en 1996, il est transféré à l'antiterrorisme après le 11-Septembre, comme de nombreux agents. Il a travaillé au quartier général de Washington, avec pour principal objet d'analyse l'Irak. Il s'y est ensuite rendu en tant qu'officier de liaison avec le Pentagone. Malgré les risques illustrés par l'affaire Greene, Abbate, parmi d'autres responsables et agents de terrain du FBI, a toujours considéré qu'envoyer des membres du Bureau et des CHS sur des cibles du sexe opposé restait une arme efficace[247].

★

Amera Lomangcolob a cinq ans de moins que Billy. Elle a grandi dans la pauvreté au sud des Philippines. La région se trouve depuis des années sous la coupe d'Abou Sayyaf, groupe terroriste wahhabite. Plus tôt en 2014, l'organisation a prêté allégeance à l'État islamique, la *bay'a*, ce qui place les Philippines au cœur de la guerre contre le terrorisme. Amera Lomangcolob est citée dans les fichiers du renseignement, désignée comme nœud pour Abou Sayyaf et, par extension, pour l'EI.

Billy va contacter ce nœud terroriste pour le compte du FBI. Amera apparaît dans sa correspondance sur les réseaux sociaux et elle lui fournit des informations sur d'autres nœuds. Billy lui parle fréquemment. Elle lui raconte qu'elle est diplômée en informatique et qu'elle travaille en tant que graphiste. Elle lui envoie des photos de ses cartes d'étudiant, puis de sa carte de visite, et partage même son surnom avec lui, AMZ. Il rapporte ses échanges à l'agent Reintjes, mais une scission se produit entre les besoins du FBI et les désirs de Billy.

En novembre 2014, Billy annonce à Reintjes par SMS qu'Amera lui a demandé de lui virer 200 dollars. Persuader une cible d'envoyer de l'argent est une technique classique des organisations criminelles ou terroristes. Le fait qu'elle obtempère, même pour un montant dérisoire, montre une volonté de coopérer que le criminel ou le terroriste pourra plus tard exploiter pour des sommes plus importantes. Les organisations terroristes ont toujours besoin d'argent, dès lors que les gouvernements et les polices cherchent à tarir leurs sources de financement en saisissant les comptes et en traquant les prête-noms.

Reintjes lui répond d'une manière sans équivoque dont il n'est pas coutumier : « Nous ne lui enverrons pas d'argent. » Il ordonne ensuite à Billy dans un message de « laisser AMZ tranquille ». Billy s'exécute. Un moment[248].

Comme Billy l'a appris avec l'affaire Aws Naser, une CHS doit apprendre à connaître ses cibles, ce qui nécessite inéluctablement de cultiver une sorte d'intimité afin de recueillir des informations. Et, à mesure qu'il bâtit un rapport avec Lomangcolob, elle devient une véritable personne, et pas un simple nœud. Il doit s'intéresser à Lomangcolob pour le FBI, mais son désir d'entretenir une relation féminine lui monte à la tête.

Lomangcolob, jeune et séduisante, use de son charme physique. Elle lui envoie des photos qui confinent d'abord au burlesque, avec des ombres affriolantes, prises de face, prises de dos. Puis des nus. Inexpérimenté, exalté, comment Billy aurait-il pu résister[249] ?

Lomangcolob lui demande de nouveau un transfert d'argent. Elle lui dit qu'elle projette de l'utiliser pour se rendre à Manille pour un entretien d'embauche. Elle veut aller au Koweït et y trouver une activité de femme de chambre, comme de nombreuses Philippines, pour démarrer une nouvelle vie[250].

En novembre 2014, Lomangcolob envoie à Billy des photos de l'aéroport Laguindingan, sur l'île de Mindanao, non loin d'Illigan, où elle réside. Plus tard, de Manille, à quatre-vingt-dix minutes de vol, elle s'affiche dans une agence de recrutement. Manifestement, elle essaie de concrétiser son projet d'aller travailler au Koweït.

D'autres photos suivent. La première d'une scène de rue typiquement philippine où la foule de piétons circule parmi de vieux deux-roues.

Au fond, la vitrine d'un bureau de change. Dans le cliché suivant, une rangée de guichets où sont apposées les instructions concernant les transferts d'argent. Le dernier de la série montre des billets libellés en pesos philippins. Au-dessus, Lomangcolob, svelte et sévère dans son abaya noire[251].

L'argent à la main, elle explique à Billy que ses projets ont changé. Elle ira bien au Koweït, mais, après avoir trouvé un emploi de femme de chambre, elle se rendra en Syrie, sur la ligne de front de la guerre contre le terrorisme. Elle dit à Billy qu'elle voudrait mourir en martyre pour l'EI[252].

⋆

Le 16 décembre 2014 à Détroit, il fait gris et il pleut. En fin d'après-midi, la température tombe à 4 °C. Billy, sa sœur et son beau-frère, Terry et Bill quittent Oxford dans la même voiture et se dirigent vers l'aéroport. Il part pour un voyage international. Comme exigé par le règlement, il a prévenu Reintjes. « Mes parents m'ont offert un séjour en Asie pour Noël, écrit-il à son officier traitant. Je ne sais pas si je suis content ou non, LOL. » Mais il lui cache un élément essentiel.

En réalité, il ne s'agit pas d'un cadeau. Billy a utilisé sa carte de crédit pour réserver son périple : cinq jours à Manille, quatre à Kuala Lumpur en Malaisie. En tête à tête avec Lomangcolob, un nœud présumé de l'EI[253]. Billy a planifié son premier voyage international en solitaire sans dévoiler ses tenants et ses aboutissants au FBI.

Bill se gare le long du trottoir au niveau supérieur du terminal. Billy sort sa valise, dit au revoir et disparaît à l'intérieur du bâtiment.

Il enregistre son bagage au comptoir de Delta Airlines et attend son vol vers l'aéroport international John F. Kennedy, à New York, puis Séoul, et ensuite Manille. Séduit par les promesses de Lomangcolob, Billy embarque pour l'aventure.

Qu'ont prévu Billy et Lomangcolob ? Qui manipule qui ? D'ailleurs, Lomangcolob est-elle une femme ou un homme qui attire Billy dans un piège ?

Terry et Bill se posent également des questions. Leur fils voyage-t-il pour le compte du FBI ou obéit-il à une impulsion personnelle ? Ils ne le comprennent plus. De nombreux parents auraient poussé leur fils, âgé de près de 30 ans, à trouver un travail salarié, à déménager de chez eux ; bref, à devenir indépendant. Mais Terry manifeste souvent sa reconnaissance à Billy parce qu'il vit encore chez eux et, en échange, ils lui octroient une grande latitude. Ce qui ne les aide pas à saisir clairement ses intentions. En revanche, s'ils ont bien une certitude, c'est qu'Oxford ne lui suffit pas. Sa place se trouve quelque part ailleurs. Terry s'inquiète. Elle a du mal à lâcher prise. Bill roule vers Oxford, mais le cœur de Terry, lui, est resté à l'aéroport.

Soudain, son téléphone sonne. C'est Billy. Il veut rentrer à la maison.

Bill fait demi-tour. Ils retrouvent Billy sur le même trottoir devant les départs, l'air égaré. Il monte dans la voiture familiale et les Reilly retournent vers Oxford, préoccupés par un nouveau mystère. Pourquoi Billy a-t-il renoncé ?

Il affirme à sa mère que les *hommes* ont annulé son voyage. Pourtant, à l'instar de tout ce qu'il dit et fait, ou presque, maintenant, il dissimule la vérité.

Billy envoie un message à Reintjes : « J'ai laissé tomber le voyage, écrit-il. Trop compliqué d'y aller seul[254]. »

*

Lorsque Lomangcolob apprend que Billy a renoncé au voyage, elle s'emporte contre lui. Quelques jours plus tard, elle se calme et s'excuse sur Twitter. « Ne me laisse pas tomber, s'il te plaît, écrit-elle. Je t'en prie. Reprenons à zéro… S'il te plaît, je regrette ce que j'ai dit. Pardonne-moi, s'il te plaît. Ne m'abandonne pas[255]. »

Billy lui transfère 4 341 pesos philippins, soit une centaine de dollars, mais repart aussitôt sur son terrain de chasse numérique[256].

Il parle maintenant à une femme indonésienne. Ils échangent sur un site asiatique de rencontres pour célibataires musulmans et ont déjà partagé des messages et des photos. Elle s'appelle Suratni et n'a rien à voir avec Lomangcolob. Suratni ne cultive pas d'opinions inquiétantes sur la religion. Elle ne veut pas passer de frontières illégalement. Pudique, elle est diplômée en biologie, comme Billy. Il lui est difficile d'ôter son voile pour poster une photo de profil sur le site. Et lorsqu'elle finit par l'enlever, elle révèle un bec-de-lièvre.

Billy ne s'en soucie pas et le lui écrit : « *Inch Allah*, je ne me préoccupe pas des défauts physiques, car les apparences ne font pas durer un mariage, au contraire de la compatibilité, de l'intelligence et de l'*imâne**. » Suratni est bienveillante, brillante, et le jeune homme cherche à se rapprocher d'elle. Lors d'une conversation, au cours de l'hiver, Suratni s'étonne des températures glaciales, elle qui ne connaît que le climat des tropiques. Billy sort de chez lui, façonne une boule de neige et lui en envoie une photo. Ce geste la bouleverse[257].

Billy apprécie assez Suratni pour en parler à ses parents, mais il lui est difficile d'oublier Lomangcolob, qui ne veut pas le laisser filer. Ils ont échangé des cartes pour la Saint-Valentin. Sous forme de médaillon, l'une d'elles montre une photo de chacun d'eux. Une autre porte comme légende : « Couple heureux ». Dans une dernière, Amera fixe l'objectif, l'air inspiré. Elle tient un bébé dans les bras[258]. Billy se renseigne sur les conditions du mariage musulman aux Philippines. Début 2015, il cherche une maison à Manille. Son lien avec un nœud présumé de l'EI paraît se renforcer.

Début 2015, Amera envoie à Billy des clichés d'une pièce dépouillée et d'une valise. Puis d'un centre commercial, le *Manila's Mall of Asia*, qu'elle mitraille. Des photos d'étrangers. Tous d'origine européenne. Elle semble avoir effectué une reconnaissance avancée des lieux. Abu Sayyaf a déjà frappé ce genre de cibles[259].

---

* *Al-Îmâne,* littéralement « la foi ». *(N.d.T.)*

CHAPITRE 13
FAUCON VOLE

Billy, qui regrette son indécision au sujet de son escapade amoureuse, sent le besoin impératif de *faire quelque chose.* À 28 ans, il se concentre sur une importante étape de sa vie, son 30e anniversaire. Il explique à ses parents qu'il souhaiterait vivre une aventure avant la fin de sa vingtaine[260].

Il n'a jamais reçu de réponse à sa candidature au FBI. Les *hommes* lui demandent d'attendre deux ans – la prise de fonction du successeur du président Obama. Il leur sera alors plus facile de le recommander pour un travail à temps complet. Billy prend conscience qu'ils l'évitent et finit aussi par accepter le fait qu'ils le mènent en bateau. Il se sent idiot de les avoir crus. Pire, sa propre sécurité l'inquiète au moment où son activité pour le FBI prend un tour beaucoup plus préoccupant.

Un soir, Billy retrouve l'agent Reintjes à l'hôtel Embassy Suites, près du bureau de Troy du FBI. Un homme dont le visage et les mains présentent des cicatrices de brûlure, comme s'il avait été blessé au combat, les rejoint. Puis un autre, qui prétend être russe. Lorsque Billy rentre chez lui ce soir-là et raconte le dîner à ses parents, il parle du Russe comme du « Professeur » ou du « Biologiste[261] ».

Billy devient de plus en plus nerveux au sujet des événements et des opérations, qu'il ne comprend plus vraiment. Son travail au FBI semble désormais plus risqué.

En décembre 2014, Billy confie à Reintjes que l'un des nœuds qu'il entretient le presse de mener un attentat-suicide à Détroit. Il lui a même envoyé une liste d'opérations possibles. Billy affirme qu'un autre l'encourage à employer sa voiture pour écraser des piétons puis de mitrailler la foule qui se rassemblera pour aider les blessés. Reintjes veut savoir ce que les nœuds prévoient en matière de planification, de financement et d'assistance[262].

Dans le cadre de son activité pour le FBI, la même année, Billy envoie un exemplaire d'*Inspire*, la revue en ligne publiée par Al-Qaïda dans la péninsule Arabique, à son officier traitant. Les frères Tsarnaïev avaient suivi les instructions parues dans un ancien numéro pour fabriquer les Cocottes Minute explosives qu'ils avaient déposées près de la ligne d'arrivée du marathon de Boston en 2013[263]. Sur la couverture transmise par Billy, un avion dans les nuages avec la légende suivante : « Couper les nerfs et isoler la tête ». À l'intérieur se trouve un manuel de 44 pages pour réaliser une bombe au chlorate de potassium, un explosif non métallique capable de déjouer les mesures de sécurité dans les aéroports[264]. Billy lit également le *Manuel des explosifs et des armes du moudjahidine*. Or, Reintjes lui demande de partager avec une cible les instructions relatives à la fabrication de bombes. Billy redoute le terrain sur lequel semble vouloir l'emmener son traitant[265].

Billy travaille depuis près de cinq ans pour le FBI et sait que l'agence opère sur une frontière ténue. Il sait que les agents peuvent l'utiliser et se débarrasser de lui ou de n'importe qui à leur guise. Il sait que le Bureau possède les enregistrements volumineux de ses conversations avec de présumés terroristes, susceptibles d'être interprétés de diverses manières. Billy a déjà compris qu'ils l'avaient berné au sujet de ses perspectives de travailler un jour officiellement au FBI. Mais, maintenant, il a l'impression qu'ils l'encouragent à commettre des actes illégaux.

Billy raconte alors à ses parents que Reintjes lui enjoint de partager les instructions pour fabriquer une bombe, ce qui pourrait constituer le fondement d'une accusation de terrorisme. « Pas moyen que je fasse ça ! s'exclame-t-il. C'est un piège[266]. »

Billy confie alors un document à sa mère. Il s'agit d'une fiche de suivi de matériel mentionnant une carte mémoire que les agents lui ont donnée. Billy a signé en utilisant son nom de code, Faucon[267]. « S'ils essaient de nier que je travaillais pour eux, vous aurez une preuve, leur dit-il. Il n'en existe aucune autre. »

Terry le presse de cesser d'urgence toutes relations avec les *hommes*.

« J'aimerais bien, avoue Billy.

— Alors fais-le, insiste son père.

— C'est pas si facile. Je peux pas partir comme ça. »

En fait, si, il aurait pu « partir comme ça ». Car une CHS peut quitter le navire à tout moment. En réalité, Billy s'inquiète des conséquences que pourrait avoir une démission dans de mauvais termes. Les manuels du FBI concèdent que la vie d'une ex-CHS sera toujours marquée par son association passée avec le Bureau. Quant à l'affaire Aws Naser, elle l'a convaincu que le FBI pouvait influencer les tribunaux et qu'il pourrait en pâtir.

Son humeur change. Il se laisse pousser la barbe, devient irritable. Un après-midi, alors qu'il regarde la télévision avec ses parents, un avis de recherche apparaît à l'écran. « Un jour, c'est ma photo que vous verrez. » Terry se redresse d'un coup, alarmée par le ton fataliste de son fils[268].

L'hiver 2015 cède la place au printemps. La guerre en Ukraine entre dans sa deuxième année et s'intensifie. Derrière son écran, Billy observe les attaques à la roquette et au mortier contre les positions des séparatistes dans le Donbass. Il voit les civils blessés qui souhaiteraient que le Donbass fasse sécession pour rejoindre la Russie, à l'instar de la Crimée, ou qu'il devienne indépendant. Conscient désormais des liens qui croit l'unir au Donbass, Billy évoque désormais les « siens[269] ».

Il s'intéresse maintenant de près aux camions envoyés par la Russie dans l'est de l'Ukraine depuis août 2014. Les autorités russes prétendent qu'il s'agit d'assister les civils dans le Donbass en leur fournissant, entre autres, aliments pour bébé et céréales. L'Ukraine, quant à elle, affirme que ces convois transportent armes et soldats[270].

Catie s'inquiète pour son frère et son nouveau centre d'intérêt. Il lui rend moins visite, puis cesse complètement. Alors qu'elle se rend à Oxford, elle repère dans son rétroviseur une camionnette blanche qui la suit jusqu'à la maison de ses parents, puis fait demi-tour et s'éloigne. Catie demande à Billy de se confier, elle exige de savoir ce qu'il prévoit de faire. « Et si tu bossais ? l'interroge-t-elle. Tu pourrais déménager et disparaître un moment ?

— Je ferai ce qu'il faut, réplique-t-il. Je ne vais pas gâcher ma vie ici. »

Sur la table basse, dans le salon d'Oxford, elle remarque une feuille imprimée, la reproduction d'une conversation écrite dans un alphabet qu'elle ne connaît pas. Elle lui en parle. Billy lui répond qu'il s'agit d'un échange avec une personne liée aux services de sécurité russes. Des gens en Russie « voudraient que j'y aille », poursuit-il. Catie croit qu'il se moque d'elle. Elle en plaisante avec lui et lui demande s'il a prévu de devenir une taupe. Billy se contente de faire la moue[271].

Une longue série d'événements, courant sur plusieurs années, a renforcé sa désillusion à l'égard du FBI. D'abord l'affaire Aws Naser, puis l'attentat du marathon de Boston, les projets d'attaques à Détroit, les plans de bombes distribués à ses nœuds, les efforts soutenus des *hommes* pour le maintenir à distance tout en lui racontant ce qu'il a envie d'entendre. Billy sait qu'il ne trouvera jamais sa place au FBI. À près de 30 ans, il vivote toujours. Il a besoin que les fantômes qui hantent ses écrans deviennent réels. Il a besoin, lui, de devenir réel et veut s'évader en quête d'un changement radical.

Un soir, à Oxford, Billy fait une annonce à ses parents. Il a réservé un vol pour Moscou. Terry et Bill ne cachent pas leur inquiétude. Ils lui demandent les raisons de son voyage. Billy leur explique qu'il va se rendre dans le sud-ouest, à Rostov-sur-le-Don. Son point de départ pour participer à la guerre en Ukraine.

« C'est absurde ! s'exclame Terry. Tu n'as jamais été dans l'armée. Tu n'es pas un soldat. C'est délirant !

— Oh, non, répond Billy. Pour ce que je vais y faire, inutile d'avoir ce genre d'expérience. » Il leur explique alors qu'il va en Russie en tant que bénévole dans les convois acheminés par le Kremlin. Les prétendus convois humanitaires.

Terry refuse. Depuis cinq ans que Billy travaille avec le FBI, elle n'a jamais réussi à bien délimiter la frontière entre réalité et fantasme, la ligne ténue où la vérité des activités de Billy se fond dans une sorte de mythologie personnelle. Il fallait qu'elle coupe court à ce jeu de dupes.

« C'est complètement délirant, répète-t-elle. Je voudrais bien savoir dans quoi tu t'embarques.

— Tu n'as pas besoin de t'inquiéter, lui répond-il.

— Et les *hommes* ?

— Ils ignorent que je m'en vais. »

Depuis le temps que Bill et Terry entendent Billy s'en plaindre, ils se figurent qu'il serait sans doute préférable qu'il voyage par ses propres moyens. Ils ignorent combien la Russie est dangereuse. Ils y avaient passé de très bonnes vacances quelques années plus tôt. En outre, ils se rappellent les problèmes que Billy leur avait posés au lycée et savent qu'ils ne parviendront pas à le dissuader. Plutôt que d'entrer en conflit avec lui, alors qu'ils ont déjà l'impression d'avoir perdu leur fille, ils se résignent à le soutenir. Même après que Billy, la veille de son départ, leur apprend qu'il va une dernière fois voir *les hommes*, Terry et Bill n'arrivent pas à concevoir un moyen de le persuader d'abandonner ses plans tout en lui apportant leur aide.

L'après-midi du 14 mai 2015, ils invitent Billy à déjeuner au Culver's, un *diner* de Lake Orion, au sud d'Oxford[272]. Kathie et Jim O'Kray, son oncle et sa tante, y assistent, mais pas Catie ni Mohammed, qui se sentent désormais exclus[273]. Au cours du repas, Terry arrache une promesse à Billy. Il l'appellera ou lui enverra un message tous les jours de Russie. Lorsque l'oncle Jim souhaite un bon voyage à son neveu, il remarque que sa main tremble[274].

À l'aéroport, toute la famille sort de la voiture, curieuse répétition du séjour asiatique avorté quelques mois plus tôt. Terry a du mal à lui dire au revoir. Billy étreint sa mère. « Ne t'inquiète pas, lui dit-il. Tout ira bien. »

Lors du retour à Oxford, la voiture reste silencieuse. Terry sent qu'elle s'effondre et essaie de ne pas pleurer. Elle a toujours su qu'un jour il partirait du nid pour prendre son indépendance. Il poursuit sa vocation. Il doit le faire. Pourtant, Terry regarde fixement le téléphone qu'elle tient à la main, en espérant qu'il sonne[275].

Cette fois, Billy n'appelle pas. Il ne se laisse pas abattre. Il passe la sécurité, se dirige vers la porte d'embarquement et monte à bord de l'avion pour Washington. Les réacteurs s'emballent.

Il s'envole avec ses secrets. Trois jours auparavant, il a rempli une demande de visa russe. Non pour lui, mais pour Amera Lomangcolob. Comme date d'arrivée, il a indiqué la semaine suivant la sienne. Il ne parvient pas à oublier la jeune femme[276]. Il a envie d'aventures. De romance. D'une épouse, peut-être. Il veut s'envoler du nid et se découvrir. Ces objectifs qu'il pourrait atteindre en plusieurs années, Billy désire les expédier en l'espace d'un mois, avant de revenir à Détroit.

Rien ne s'oppose plus à Billy. Son pari risqué prend forme. L'avion accélère sur la piste, ses réacteurs rugissent, submergent la cabine de leur grondement et le propulsent à grande vitesse. Il s'envole.

Billy a fait un saut dans l'inconnu. Mais la décision de voyager est-elle vraiment la sienne ? Son envie de voir le monde s'avère certes assez puissante pour l'avoir motivé. Pourtant, il existe une force plus influente encore, l'emprise que le FBI exerçait naguère sur Billy et comment les *hommes* s'en servaient. Ils savent comment suggérer une idée, un objectif, une chance de connaître la gloire.

Billy est un expert de la guerre mondiale, mais pour tout le reste, ce n'est qu'un amateur. Or, il se dirige vers un endroit où les enjeux et les risques sont élevés. Billy n'a jamais découché[277]. Tandis que l'avion disparaît dans les nuages qui recouvrent Détroit, il n'y a plus de retour possible. Billy observe le conflit depuis des années derrière son écran. Maintenant, c'est à son tour d'y participer. Il s'envole aux confins de la guerre.

CHAPITRE 14
LA BASE

L'avion atterrit à Washington, puis Billy prend une correspondance pour Genève. Quelques heures plus tard, après avoir posé le pied en Europe, il écrit sur le groupe WhatsApp familial : « *Arrivé sans problème à Genève.* »

« *Je commence à m'inquiéter*, répond Terry.

— *Ne t'inquiète pas*, écrit Billy. *Je n'ai eu aucun ennui à l'aéroport.*

— *Dis-moi quand tu seras arrivé. Bisous.* »

Billy l'embrasse à son tour et lui promet qu'il l'appellera depuis Moscou. « *OK, sois prudent, continue sa mère. J'ai peur !*

— *Ne sois pas triste. Je ne ferai rien de risqué ou de dangereux.*

— *Je suis inquiète, mais je sais que tu fais quelque chose qui te tient vraiment à cœur.* »

Le père de Billy intervient alors sur le groupe. « *J'ai suivi ton vol sur Internet. Il y a tellement d'avions en l'air*, écrit Bill. *Hâte de savoir comment ça se passe quand tu seras arrivé.* »

Billy coupe court à la conversation en entendant les appels pour l'embarquement à destination de Moscou.

Huit heures plus tard, il réapparaît sur le groupe familial. « *Bien arrivé.*[278] »

Au nord-est de Genève, à près de deux mille cinq cents kilomètres, la capitale russe est une métropole active et bruyante d'une douzaine de millions d'habitants. À l'aéroport international Domodedovo, l'un des trois principaux de Moscou, Billy croise une humanité tapageuse qui se mélange, venue des onze fuseaux horaires du plus grand pays du monde.

Billy vient à peine d'arriver en Russie que les craintes de sa mère le rattrapent déjà. « *Tu sais où tu vas ? Qu'est-ce que tu vas faire maintenant ?* l'interroge Terry sur le groupe.

— *Tout va bien. Pas besoin de t'inquiéter.* » Il ne s'étend pas davantage et ne lève pas les ambiguïtés qui pèsent sur son voyage.

De Domodedovo, Billy se rend au centre-ville, plus précisément place Komsomolskaïa et son chapelet de gares ferroviaires. C'est là, à la gare de Kazan, sous son pseudonyme Vassili, que Billy rencontre Elena Gorbatcheva, la photojournaliste, et Mikhaïl Polinkov, le recruteur. Ils l'escortent vers son wagon à destination de Rostov-sur-le-Don[279].

Le train sort de la gare de Kazan et accélère. Il quitte la ville, traverse des villages. Les maisons de bois qui bordent les voies, de plain-pied et légèrement inclinées, semblent dater d'avant la révolution. Elles n'en ont sans doute plus pour très longtemps, tant les intempéries ont usé le bardage, grisaillé et sec. Puis le train s'enfonce dans des forêts denses, longe des cours d'eau qui bifurquent soudain. Il file à travers des régions où la vie prend son temps, où tout se brouille, méconnaissable. Billy sent les vibrations des roues d'acier qui vrombissent sourdement et cliquettent.

Il s'enfonce dans les oblasts russes, provinces administratives. Peu d'Occidentaux s'y intéressent ou s'y aventurent. On remarquera Billy d'autant plus. Dans son compartiment, il refuse les saucisses et les bières que lui proposent ses compagnons de voyage. En revanche, il accepte le thé que l'agent de bord verse dans une tasse en verre tenue à l'aide d'un porte-gobelet métallique, le *podstakannik*[280].

La nuit tombe. Billy monte dans sa couchette. Le train continue sa route vers le sud et Rostov-sur-le-Don.

Le soleil filtre à travers les rideaux. Billy prend conscience qu'il n'a jamais connu un trajet aussi long, pas même en famille avec le camping-car vers la Floride ou le grand Ouest américain. Derrière sa fenêtre, il observe le pays qui se dévoile. Sur le groupe, il explique qu'il croyait avoir vu des pauvres à Détroit, mais que, ici, il perçoit un désespoir plus profond.

Il partage également des photos de son voyage. Arbres feuillus, rendus flous par la vitesse du train. Une affiche commémorant la fin de la Seconde Guerre mondiale accrochée à la porte au bout d'un couloir. De la kacha dans un bol en inox. Sur WhatsApp, il annonce que son séjour en Russie serait bref : « *Je crois que je me contenterai de voir ce coin.*

— *Si possible*, répond Terry, *essaie d'écrire quand tu peux, pour qu'on sache que tout va bien.*

— *T'inquiète, sérieux !* »

Le matin du 16 mai 2015, la température extérieure atteint 21 °C et des éclaircies morcellent les nuages. Billy envoie cette fois un paysage urbain. Un fleuve coule paisiblement en premier plan. Un haut pont le traverse vers une tour horloge. Billy est arrivé à Rostov-sur-le-Don, sur la base des volontaires où Mikhaïl Polinkov, le recruteur, accueille ses protégés.

Il s'agit d'un bâtiment rectangulaire de plain-pied d'une trentaine de mètres de long. Blanchi à la chaux, avec son toit plat et ses portes vertes, il donne sur le Don, dressé sur des pilotis fichés dans le sable à une cinquantaine de mètres du fleuve. Un café s'élève non loin. Au fond passe une route à plusieurs voies. Sur l'autre rive, la ville se découpe sur un promontoire.

Billy transmet une nouvelle photo à sa famille. Le jour filtre d'une fenêtre dans une chambre au revêtement de linoléum. Il a posé sa grande valise noire près de lits superposés. « *Enfin, j'ai mon propre lit* », écrit-il. Terry lui suggère de manger la barre de céréales qu'elle a empaquetée s'il a faim. Une note maternelle qui paraît si déplacée dans cette situation. De l'autre côté de la frontière avec l'Ukraine, la guerre dans le Donbass fait rage[281].

D'abord, le processus de recrutement des volontaires désireux d'aller se battre pour la Russie et les séparatistes restait artisanal. En 2014, les unités improvisées acceptaient n'importe qui se tenant prêt à en découdre avec les autorités de Kiev. Des Russes pour la plupart, le plus souvent des hommes, mais aussi quelques femmes. Les étrangers, quant à eux, provenaient en grande majorité des ex-républiques soviétiques et du monde slave[282].

Quand Billy arrive à Rostov-sur-le-Don, la situation a évolué. Les brigades se sont officialisées. Moscou leur a imposé d'adhérer à un commandement central. De nouvelles règles s'appliquent dans le camp Polinkov. Les hommes qui ont un casier judiciaire ou des dettes ne sont plus admis afin de les empêcher de fuir leurs responsabilités et de se glisser dans l'anonymat d'une zone de guerre. Les volontaires doivent en outre prouver qu'ils ont une expérience militaire. Les jeunes de moins de 22 ans ont l'obligation de fournir une autorisation parentale[283].

Les étrangers, en revanche, bénéficient d'un régime de faveur et sont les bienvenus, quels que soient leurs antécédents. Cependant, les chefs des milices et leurs maîtres russes commencent à craindre que des espions infiltrent leurs rangs, collectent des informations et les transmettent à l'autre camp[284].

Un homme veille sur la base de Rostov. Bronia le Kalmouk, pistolet à la hanche, ressemble aux Mongols qui ont balayé la steppe au XIIIe siècle avant de s'installer en Asie centrale, en Crimée et en Kalmoukie, région de Russie majoritairement bouddhiste dont il est originaire. Sa capitale se trouve environ quatre cents kilomètres à l'est. Bronia, ancien soldat russe, râblé, va bientôt avoir 40 ans. Il s'appelle en réalité Sanal Victorov et Bronia est son indicatif. Gagné au front ou au cours de beuveries, ce nom de guerre peut également évoquer une caractéristique physique ou une façon de se comporter. Ainsi le terme russe *bronia* se traduit par « armure » et l'homme qui utilise cet indicatif est réputé pour l'ardeur avec laquelle il maintient la discipline dans le camp[285].

Parmi les volontaires, si certains boivent, d'autres se droguent. La plupart ont conscience des risques encourus. Le camp de Rostov est l'ultime étape de leur voyage vers une zone de guerre. Ils n'y restent que très brièvement, pas plus de quelques jours. Une simple escale. Mikhaïl Polinkov tient à jour une liste des unités du Donbass qui acceptent les mercenaires et de leurs besoins matériels et humains. Avec l'aide de Bronia, et d'autres comparses, il fait passer la frontière aux volontaires. Ensuite, les commandants des brigades les arment et les envoient au combat[286].

Billy, le seul Américain de la base de Rostov, se transforme vite en objet de curiosité. Lui s'imagine homme en devenir, véritable aventurier, dans l'ignorance de ce qui l'attend. Terry semble le comprendre, ou le redouter, et se met aussitôt à lui écrire des messages qui ne traitent plus uniquement d'une bonne alimentation. Elle le presse d'aller faire les visites qu'il avait prévues et de rentrer le plus vite possible. Billy n'est pas à sa place ici, entouré d'hommes qui se sont engagés à tuer ou à être tués. Car, malgré toutes les connaissances qu'il a acquises en s'aventurant sur Internet, Billy n'est pas comme eux. Et, dans la vie réelle, il a du mal à passer pour ce qu'il n'est pas.

CHAPITRE 15

LE LONG DE LA VOLGA

Le 18 mai 2015, Billy se trouve depuis deux jours seulement à Rostov-sur-le-Don lorsqu'il écrit à ses parents qu'il va s'aventurer hors de la base des mercenaires. Il leur envoie une photo : une ligne de chemin de fer. « *Je vais visiter la Russie avec eux.* » Il n'identifie pas ses compagnons de voyage et reste vague quant à l'objet de son excursion[287].

Le train suit la rive est de la Volga à partir de Volgograd. Le fleuve majestueux coule dans la direction opposée sur plus de trois mille deux cents kilomètres, passe écluses, lacs de retenue et centrales hydroélectriques alimentant l'industrie depuis l'époque soviétique. Le plus long fleuve d'Europe irrigue de nombreuses cités russes avant de constituer le delta d'Astrakhan sur une surface de plus de dix-huit mille kilomètres carrés et de se jeter dans la mer Caspienne[288].

En vingt-deux heures, le train rejoint Saratov, ville d'un peu moins de un million d'habitants où le cours inférieur de la Volga se réduit. Durant l'époque soviétique, les autorités restreignaient l'accès à Saratov, cité stratégique abritant notamment les usines qui fabriquaient les avions de combat Yakovlev. Encore aujourd'hui, les Occidentaux y restent rares et suscitent la curiosité de la population locale. Billy descend à Saratov, d'où il envoie des photos d'églises, de mémoriaux et de statues[289].

« *On est contents pour toi*, lui répond Bill. *Ne cogite pas trop et surtout profite de l'expérience.* »

Après Saratov, Billy continue son périple dans la région qui borde la Volga. Le 21 mai, il monte à bord d'un car. Direction Oulianovsk, ville natale de Vladimir Lénine. C'est ici, en 1887, que la famille de Lénine a pleuré la mort de son frère, pendu pour avoir projeté d'assassiner Alexandre III. Cet événement a contribué à radicaliser Lénine, qui vengera plus tard son frère en faisant éliminer le successeur d'Alexandre III, Nicolas II, et en mettant un terme brutal à la dynastie des Romanov. Billy visite la maison d'enfance de Lénine, devenue un musée, et en envoie une photo à sa mère. Sur le groupe familial, il écrit : « *Maison des parents de Lénine*[290]. »

« *Évite de terminer comme le tsar Nicolas*, plaisante Catie.

— *Tu m'étonnes !* », répond Billy.

Depuis son arrivée en Russie, Billy ébauche un journal de voyage grâce à ses messages. Mais, à Oulianovsk, il pense soudain à son activité pour le FBI à Détroit. Il dit à sa mère qu'il trouverait « *passionnant de voir ce biologiste russe*[291] ».

Il parle de l'homme que lui avait présenté l'agent Tim Reintjes lors du dîner à Auburn Hills. Billy n'avait jamais évoqué en détail l'identité de ce scientifique jugé digne d'intérêt par la National Resources Division de la CIA.

Le lendemain, Terry, qui se rend compte qu'un rendez-vous avec le biologiste révélerait un lien possible entre le FBI et le séjour de son fils en Russie, demande à Billy s'il l'a rencontré.

« *Pas encore,* lui répond-il. *Il enseigne ailleurs. Quand j'irai là-bas...* » Billy laisse sa phrase en suspens et, de nouveau, Terry se demande pourquoi son fils voyage si loin, sous quels auspices et dans quel but.

Alors apparaît le premier portrait de Billy en Russie. Au pied d'une statue. Une femme marmoréenne brandit une épée de la main droite, la bouche ouverte dans un cri de défi. Le cliché est pris à Volgograd, ex-Stalingrad, où les Soviétiques ont interrompu l'avancée nazie lors de la Seconde Guerre mondiale. Cette bataille a changé le cours du conflit et marqué la première étape de la chevauchée russe vers Berlin. Terry et Bill s'inquiètent en pensant à celui qui tient le portable, celui qui a emmené leur fils ici. Quel est son mobile ?

Il transmet une seconde photo de l'intérieur du Mémorial de la guerre, aux murs pailletés d'or. Un puits de lumière éclaire l'immense salle. Billy, les cheveux en bataille après son long voyage, pose devant une gigantesque main en marbre qui soulève une flamme vacillante au milieu de la rotonde. Sur les parois de la galerie circulaire, on peut lire : « Nous n'étions que des mortels et peu d'entre nous ont survécu, mais nous avons rempli notre devoir pour la Mère patrie[292] ! »

Le regard de Billy fixe l'objectif, les sourcils froncés. Il n'affiche aucune émotion. À l'époque de Stalingrad, des femmes et des hommes ont fait l'histoire. Maintenant, à peine cinq cents kilomètres à l'ouest, c'est dans le Donbass qu'elle s'écrit. Le Donbass, l'objectif de Billy[293].

*

Le 28 mai 2015, au milieu de son séjour, Billy envoie d'Oulianovsk une photo à sa mère. Un buste de Hô Chi Minh. Ayant combattu les États-Unis au cours de la guerre du Vietnam, appuyé par la Chine et l'Union soviétique, il est toujours célébré en Russie en tant que symbole de la résistance à l'impérialisme américain. Son visage barbu apparaît aussi sur un monument à Moscou, dans le district Gagarinski, au centre d'un grand disque de bronze[294]. Un tel hommage rendu à un ennemi des États-Unis frappe tout Américain, y compris Billy, tout en révélant une certaine conception du monde.

« *Un Vietnamien, non ?* demande Terry dans un message.

— *Oui*, répond Billy. *Mais moi, t'inquiète, je ne suis pas au Vietnam. Si tu me voyais à côté du buste de Marcos, là, tu pourrais t'inquiéter.* »

Il évoque Ferdinand Marcos, l'antithèse de Hô Chi Minh pendant la guerre froide. Rempart anticommuniste soutenu par les États-Unis, Marcos a établi un régime dictatorial aux Philippines pendant deux décennies, des années 1960 aux années 1980. Cette allusion de Billy souligne la direction que prennent ses pensées. Car Amera Lomangcolob, le nœud présumé de l'EI, vient des Philippines.

Avant de quitter les États-Unis, Billy avait rempli une demande de visa pour la Russie au nom de Lomangcolob. Or, la date indiquée sur le document est passée et elle n'est pas arrivée.

« *Ah, je comprends*, écrit Terry. *Elle doit te rejoindre ?* » Billy lui a dit qu'il avait discuté avec Lomangcolob. Mais Terry tente de le dissuader de la faire venir en Russie.

« *Si tu l'amènes ici, qu'est-ce que tu en feras en partant ?*

— *Je ne sais même pas quoi faire maintenant*[295] », rétorque Billy.

Quelques jours plus tôt, Billy a transféré une petite somme à Lomangcolob, 72 dollars, qui lui permet de maintenir le lien financier avec elle[296]. Désormais, il envisage un nouveau plan.

« *Si tu veux t'inquiéter, inquiète-toi de mon escapade* », envoie-t-il à sa mère. Billy s'est jeté dans l'inconnu en se rendant en Russie. Et il est prêt à redoubler d'audace. Il semble qu'il veuille expier son indécision six mois plus tôt, sa reculade humiliante à l'aéroport de Détroit. Billy ne souhaite plus amener Lomangcolob en Russie. Il souhaite la rejoindre.

Il a réussi à s'arracher de l'écran de son ordinateur et de la maison de ses parents, prêt à vivre des expériences. Loin d'Oxford, Billy croit en sa chance de réaliser chacun de ses objectifs, voir de près la guerre dans le Donbass et retrouver Lomangcolob. Alors il dit à Terry qu'il va acheter un aller simple de la Russie vers l'Asie.

Mais le voyageur intrépide rencontre un obstacle. Lorsqu'il tente de se procurer son billet en ligne, la transaction échoue. Il a dépassé son plafond de paiement[297]. Il a besoin de l'aide de sa mère et lui demande de lui acheter un aller Moscou-Bangkok.

Terry résiste. « *Pourquoi tu ne veux pas le retour ?* lui écrit-elle. *Je ne comprends pas.* » Elle craint que Billy ne revienne jamais après avoir rejoint Amera en Asie.

Mais Billy élude la question.

« *Tu me fais peur et ça m'angoisse,* poursuit-elle. *C'est du délire. C'est non pour la Thaïlande.* » Terry sent qu'il lui cache quelque chose. Quand il travaillait pour le FBI, il se confiait à ses parents. Souvent, d'ailleurs, juste assez pour les inquiéter. « *Qu'est-ce que tu as en tête ?* », lui demande-t-elle.

Billy, qui rêve d'indépendance, se sent humilié, réduit à demander sa permission à sa mère pour poursuivre une liaison. Mais il continue de vouloir concrétiser son fantasme, voyager à l'autre bout du monde. En revanche, il ne se voit pas l'expliquer à sa mère. Alors, il recule. « *Tu as gagné,* écrit-il. *Je laisse tomber.* »

Terry panique. Elle craint pour la sécurité de Billy, bien entendu, mais redoute également que le lien qui les unit se distende. Prise entre ces deux sentiments dissonants, elle doit faire un choix.

Le 30 mai, elle lui envoie un mot : « *Qatar Air. 17 770 roubles.* » Terry vient d'acheter un aller simple pour Bangkok.

Il exulte. Alors, il en veut plus. Il réclame un autre billet et Terry accepte de nouveau. Elle lui réserve un second vol au nom de Lomoncolob, ainsi que quatre nuits pour deux dans un hôtel de Bangkok. Billy lui répond : « Elle sera trop contente[298]. »

*

Motivé par le voyage en Asie désormais planifié, Billy met un terme à son séjour dans la région de la Volga. Il prend le train pour Rostov-sur-le-Don. De retour à la base des volontaires, il assiste à une scène d'une violence rare. Bronia le Kalmouk, qui gère le camp, punit l'un des mercenaires. Billy raconte que l'homme « s'est mal comporté alors qu'il avait bu. Il est couvert de sang ».

La plupart des matins, Billy se lève tôt pour l'entraînement et l'instruction. Il va courir sur la rive du Don avec les autres. Un instructeur organise des exercices de combat urbain. Ils simulent l'évacuation des blessés. À midi, il fait déjà chaud et les moustiques se réveillent[299].

Bronia, béret vissé sur la tête, rôde dans le camp en treillis et son ventre imposant pend par-dessus sa ceinture. « Je ne vous aime pas tous, dit-il parfois à ses hommes, mais je vous respecte pour votre choix. » Régulièrement, Bronia sonne l'alarme et tous les volontaires abandonnent le bâtiment pour se cacher dans les broussailles sur la berge afin d'échapper aux visites surprises organisées par les services de sécurité russes. Les relations entre les mercenaires de Polinkov et les autorités de tutelle à Moscou restent difficiles à prévoir en raison des retournements d'alliance qui se produisent sans cesse au sein des brigades du Donbass[300].

Sur la base, les hommes spéculent au sujet de Billy et le bombardent de questions. Pourquoi est-il là ? Ils le soumettent à un flot incessant d'interrogations relatives aux perceptions et aux habitudes américaines. Billy répond du mieux qu'il peut, mais il a du mal à les suivre. Dans la caserne, un unique volontaire, de passage, s'avère capable de s'exprimer en anglais. Les autres connaissent quelques mots, quelques tournures. Billy comprend maintenant qu'écrire ou lire le russe ne l'a pas préparé au russe parlé, qui, avec son argot et son phrasé, lui échappe.

Les mercenaires ne se privent pas, en sa présence, de se moquer de lui, de l'insulter, sans doute, et Billy doit se contenter d'esquisser un sourire et de ravaler sa fierté.

Il retrouve les autres au café Smirnov, derrière le camp, qui propose des mets russes et simples, poisson ou poulet rôti, bouillon de bœuf accompagné de vermicelles. Parfois, les volontaires organisent un barbecue dans la caserne et grillent des *chachliks*, des brochettes de porc, qu'ils font passer à grandes lampées de bière ou de vodka. Billy raconte à sa mère qu'il ne voudrait pas vivre à Rostov-sur-le-Don, mais que cette expérience l'enchante. Il finit par se raser la tête pour mieux se fondre dans la masse.

Chaque jour, un par un ou en groupe, des hommes rassemblent leurs affaires et partent du camp pour rallier la frontière ukrainienne, à l'ouest. Mais pour Billy, et pour lui seul, le programme est différent. Il ne bouge pas. Au bout de trois semaines, alors que des dizaines de ses compagnons ont déjà rejoint les lignes de front, Billy écrit à sa mère qu'il « *reste assis à ne rien faire* ».

Terry et Bill, inquiets pour leur fils, ne peuvent profiter des plaisirs de l'été dans le Michigan au bord de l'eau. Ils s'interrogent sur les obstacles qui se dressent encore devant Billy. Heureux de savoir qu'il se trouve loin des combats, ils jugent néanmoins sa mise à l'écart perturbante. De nouveau, ils se demandent ce qu'il fait en Russie, parmi des mercenaires et des nationalistes russes, et surtout comment il pourrait revenir. Puisque Billy demeure évasif, Bill et Terry pensent à une implication du FBI et à des mystères qui les dépassent. Terry augmente la fréquence de ses messages et presse Billy de rentrer.

Billy y songe, d'ailleurs. Il se rend compte qu'il avait mal jugé la difficulté de son entreprise. Se frayer un chemin dans le Donbass n'a rien à voir avec la formalité qu'il imaginait. Il avait envisagé une escapade russe qui ne durerait que un mois. Avec ce retard inexplicable qui l'empêche de traverser la frontière, tout ce qu'il a sacrifié pour observer la guerre de près lui semble vain. « *Ne pas y aller, ce serait jeter de l'argent par les fenêtres* », avoue-t-il à sa mère[301].

CHAPITRE 16

SANG

Aux actualités, cet été-là, on ne parle que de Donald Trump, un homme d'affaires new-yorkais, star de la télévision, qui vient d'annoncer sa candidature aux primaires républicaines, en vue de la prochaine élection présidentielle. Terry ne s'y intéresse pas. Chaque échange avec Billy amplifie ses craintes. Il est parti d'Oxford depuis moins de un mois. Mais, pour Terry, le temps semble s'éterniser. « *J'ai tellement hâte que tu rentres*, lui écrit-elle le 11 juin 2015. *C'est trop long.* »

Elle propose de lui payer son billet de retour. Il lui suffit de demander. Elle veut qu'il revienne « *en vie* ». Billy recourt alors à l'humour noir. « *Je serai de retour bientôt. En entier, j'espère.* »

Billy exprime de nouveau ses frustrations. S'il quittait le pays avant d'avoir pu franchir la frontière du Donbass, « *tout son voyage ne serait qu'un mauvais souvenir* ». Terry sent l'ouverture. Si elle parvient à le persuader qu'il a déjà fait beaucoup, il pourrait partir la tête haute de Russie. « *Tu t'es bien amusé, non ? Tu as vécu plein d'aventures. Je veux que tu sois heureux... et que tu restes vivant.* »

Mais l'attrait pour le Donbass se montre le plus fort. Le 17 juin 2015, au début de son deuxième mois en Russie, Billy retrouve soudain sa bonne humeur. « *Je vais faire une activité demain*, écrit-il à sa mère.

— *Tu peux m'en dire un peu plus ?* lui demande Terry.

— *Un convoi humanitaire.*

— *Mais, c'est très dangereux, non ? Je t'en prie, n'y va pas !*

— *Assistance humanitaire. Aucun risque*[302] », répond-il.

Le chemin du Donbass semble s'ouvrir devant Billy. En intégrant un prétendu convoi humanitaire à destination de l'Ukraine, il verrait la guerre sans avoir à y participer. Une fois son objectif atteint, il rentrerait en train à Moscou et prendrait l'avion vers Bangkok pour son escapade avec Lomangcolob. Il aurait vécu son aventure et la romance l'attendrait en Asie.

À l'aube du 18 juin 2015, l'occasion se matérialise. À 7 h 05, un convoi composé de quarante-trois camions affrétés par le ministère russe des Situations d'urgence traverse Rostov et arrive à la frontière ukrainienne sous couvert d'aide humanitaire. Les gardes-frontières russes ouvrent le passage[303].

Mais Billy n'est pas à bord. Comme les *hommes*, ceux du FBI, les responsables de la base le mènent en bateau et continuent de prétendre que son tour viendra. « *Je leur ai demandé quand et ils m'ont dit bientôt*, raconte Billy à Terry le 22 juin. *Si ça traîne trop, je reviendrai à la maison.* » Il poireaute au camp, fixé sur l'objectif qu'il croit encore à sa portée.

« *Si je ne pars pas cette semaine, je rentre* », répond Billy. Le lendemain, le 24 juin, il n'observe toujours aucun mouvement. Il écrit qu'il quittera Rostov « *peut-être dans un jour ou deux* ». Bill et Terry ont, à cet instant, le sentiment qu'il est pratiquement tiré d'affaire[304].

À Oxford ce soir-là, les Reilly se promènent à vélo au soleil couchant. Le train Gravel Extra qui empruntait jadis la Polly Ann traversait Oxford en direction de Détroit. Mais la vieille ligne de chemin de fer désaffectée depuis les années 1980 a cédé la place à la Poly Ann Trail, une voie verte qui suit son tracé.

Les Reilly n'ont pas roulé bien longtemps sur la Poly Ann quand le portable de Terry se met à vibrer. Elle s'arrête sur le bas-côté, suivie par Bill. C'est un message de leur fils. « *Sinon, quoi de neuf chez vous ?*

— *On se balade à vélo* », répond Terry.

Alors il appelle. Enthousiaste. Ses mots se bousculent. « *Changement de programme* », annonce-t-il à ses parents. Il paraît de bonne humeur, extatique.

Les paroles de Billy bouleversent Terry et Bill. Ils ne remarquent pas le petit chien qui approche sur la piste et plonge sur la cheville de Terry. Elle ne baissera les yeux vers la plaie qu'après avoir raccroché. L'animal l'a mordue jusqu'au sang.

Terry est trop angoissée pour se soigner. L'euphorie de Billy l'inquiète. Bill et elle pensaient qu'il avait abandonné tout espoir de se rendre dans le Donbass et qu'il allait rentrer. Ils comprennent maintenant qu'il n'y renoncera pas.

Terry et Bill regardent les informations à la télévision. Ils savent qu'on meurt dans le Donbass. Maintenant que les obstacles se dressent devant Billy, ils envisagent le pire.

Terry s'en voudrait de ne rien dire. Elle cherche à faire revenir Billy sur sa décision. Alors, sur le bord de la piste cyclable de la Polly Ann, tandis que du sang coule de sa cheville, Terry tape quelques mots définitifs sur son téléphone. « *Je crois que tu devrais rentrer*, dit-elle à Billy. *Pourquoi rester plus longtemps*[305] *?* »

CHAPITRE 17

L'ORDINATEUR

Fin juin 2015, Catie Cherri se prépare pour un séjour sur l'île Mackinac, sur la péninsule nord du Michigan, avec Mohammed et leur fils. Leurs premières vacances en famille. Ce voyage est d'autant plus important pour Catie que les relations ne s'améliorent pas avec ses parents. Elle leur en veut toujours d'avoir rejeté ses choix, mais elle a maintenant fondé sa propre famille.

Le lien, quoique fragile, existe encore, renoué grâce à la naissance du fils de Catie. Bill et Terry apprécient leur nouveau rôle de grands-parents. Terry, parfois, demande encore conseil à sa fille.

Au cours de la dernière semaine de juin, alors que Catie s'apprête à partir en vacances, Terry lui téléphone, paniquée. Billy reste muet. Après le coup de fil du 24 juin au sujet du changement de programme à la base de Rostov, il a cessé de répondre aux appels et aux messages écrits de ses parents. Terry, dans tous ses états, annonce à Catie que son frère a disparu.

Catie pense que sa mère exagère. Elle sait qu'elle se mêle de tout et lui rappelle que Billy est adulte et qu'il fait ce qu'il veut de sa vie. Il ne serait pas raisonnable d'attendre de sa part qu'il ne coupe pas un jour le cordon. Après tout, il va avoir 29 ans dans deux mois. Catie, peut-être un peu jalouse, comprend que son frère s'est lancé un véritable défi.

Mais elle se vexe aussi. Elle vient en effet d'apprendre que toute sa famille avait accompagné Billy à l'aéroport sans même s'arrêter à la clinique, pourtant sur le chemin. Elle n'avait pu lui dire au revoir. Elle se sent coupable d'avoir déménagé des années auparavant. Elle a l'impression d'avoir abandonné son frère. Même si elle trouve son voyage stimulant, elle en perçoit les dangers. Elle imagine qu'elle aurait pu le dissuader de se rendre en Russie si seulement elle avait passé plus de temps avec lui.

Après quelques jours de vacances sur la côte nord-ouest du lac Huron, Catie et Mohammed achètent du saumon fumé dans une épicerie locale, grimpent à bord de leur voiture et se dirigent vers le sud et Oxford, qui se trouve sur la route. Catie et Mohammed ont décidé de s'y arrêter pour voir Terry et Bill et leur offrir le poisson fumé en gage de réconciliation.

Le 3 juillet, Catie et Mohammed se garent devant la maison des Reilly au bord du lac. Mohammed entre et tend le plateau de saumon à ses beaux-parents. Terry et Bill, bouleversés, ne semblent guère s'y intéresser.

Ils apprennent à Catie et à Mohammed que Billy n'a pas refait surface. Il n'a pas donné de nouvelles depuis une semaine. En outre, Tim Reintjes, l'agent du FBI, leur a rendu visite et leur a fait part de ses interrogations en même temps qu'il a nié toute implication.

Catie se fige. Une semaine, ce n'est pas rien. Médecin, elle sait l'importance du temps. Plus la crise couve, plus les chances de rétablissements sont faibles. Catie observe le reflux des sentiments mitigés qu'elle éprouve à l'égard de ses parents. Elle sent que sa mère a raison. Billy a des ennuis en Russie.

Elle passe brièvement en revue les options disponibles pour remédier à la situation de son frère. Son regard s'attarde alors sur l'ordinateur familial qui trône sur le secrétaire dans le salon, sachant combien Billy est attaché à Internet et aux réseaux sociaux. Sa vie en dépendait. Maintenant qu'il s'est tu, il leur semble impératif de fouiller le PC à la recherche d'indices[306].

Terry et Bill s'y sont déjà essayés. Mais leur compréhension des centres d'intérêt de Billy demeure limitée. Par contre, parmi eux se trouve une personne qui connaît sur le bout des doigts les réseaux sociaux, l'extrémisme et les conflits internationaux. Mohammed, leur gendre, qui exaspère tant les Reilly, devient soudain indispensable.

Mohammed s'assied devant l'ordinateur. La main posée sur la souris, il lance ses recherches. En ouvrant le navigateur, il tombe sur plusieurs onglets qui indiquent les sites visités par Billy sept semaines auparavant, donc avant son départ en Russie. C'est prometteur. Mohammed les parcourt à la recherche d'une piste.

Une page affiche directement Vkontakte, le réseau social principalement employé par des russophones. L'identifiant de connexion est un nom écrit en russe, « Vassili l'étranger », l'alias utilisé par Billy durant son voyage en Russie.

Vassili, qui a des dizaines d'amis, a entamé une conversation avec Mikhaïl Polinkov. Le même Polinkov qui recrute des volontaires pour le compte d'Igor Strelkov, l'officier des services secrets russes présumé impliqué dans l'attentat du MH-17 et ministre de la Défense autoproclamé de la RPD. Un traducteur en ligne révèle que Polinkov et Billy ont discuté de son arrivée à l'aéroport Domodedovo de Moscou près de deux mois plus tôt[307].

Terry et Bill regardent l'écran par-dessus l'épaule de Mohammed. Ils sont de plus en plus mal à l'aise. Ils ont déjà vu les messages échangés entre Billy et Polinkov et comprennent l'importance de ce contact. Ils savent en outre que l'ordinateur contient bien d'autres informations. Mais ils ne sont pas persuadés qu'en apprendre davantage sur la vie numérique de leur fils nécessite d'impliquer leur gendre. Sa soudaine intrusion dans leur effort pour localiser Billy les énerve. Qui plus est, Mohammed ignore la relation qui unit Billy au FBI. Pour Terry et Bill, il reste un étranger et ils redoutent ce qu'il pourrait découvrir.

Mohammed trouve maintenant un lien vers un compte Twitter. Le profil montre un individu à la barbe noire et fournie, vêtu d'un treillis. Il porte un lionceau sur ses genoux. Quant à la photo de bannière, elle représente un groupe d'hommes en combinaison orange évoquant les uniformes des détenus de Guantanamo ou des otages de l'EI. Mohammed lit à haute voix les commentaires et les messages privés du détenteur du compte, qui suggèrent des sympathies islamistes radicales[308].

Terry et Bill interviennent soudain. Ils supplient Mohammed d'arrêter. Il ne faut pas qu'il fouille dans les affaires de Billy. Ils ignorent l'importance des documents liant Billy au FBI et si Mohammed a le droit de les voir.

Catie est prise entre deux feux. Elle a gardé le secret concernant le lien de Billy avec le FBI. Mais elle sait que ce n'est pas le moment pour ses parents de restreindre l'accès à son PC. Il faut tout examiner. Si Billy est en danger, toute information trouvée sur son ordinateur pourrait s'avérer essentielle pour l'aider.

Mohammed continue. Il délaisse les réseaux sociaux pour se concentrer sur les fichiers enregistrés par Billy. Mohammed ouvre une série de dossiers comprenant des milliers de textes, photos, captures d'écran. Photos d'identité tirées de passeports iraniens, pamphlets qui font la promotion du djihad mondial, vidéos de recrutement terroriste. Des instructions pour fabriquer une bombe. Un document intitulé « isisusa » faisant allusion à des projets d'attentats sur le sol américain. Une vidéo de décapitation.

Mohammed blêmit. Il n'en croit pas ses yeux. Il s'éloigne de l'écran et se tourne vers Catie. « Et merde ! s'exclame Mohammed. Billy est un terroriste[309] ! »

Bill perd son sang-froid. Terry aussi. Billy n'est pas un terroriste. Il sert son pays, en tant que source humaine confidentielle pour le FBI. L'antipathie que Terry et Bill ressentent pour Mohammed se mêle à leurs craintes au sujet de leur fils, et Bill disjoncte. « Tire-toi de chez moi ! », hurle-t-il.

Mohammed vient juste de découvrir des pistes intéressantes et il aurait voulu continuer à éplucher les fichiers et les comptes enregistrés sur l'ordinateur. Mais, au ton employé par son beau-père, il sait que Bill ne plaisante pas. Mohammed se lève et bat en retraite vers l'entrée de la maison. Catie le suit avec leur fils dans les bras. Ils sortent dans l'allée et montent dans leur voiture.

Bill reste sous le porche. Il tremble de rage. Des forces puissantes qu'il ne maîtrise pas, qu'il ne comprend pas, déchirent sa famille. Il croit avoir déjà perdu une fille et maintenant, peut-être, un fils[310].

CHAPITRE 18
NOUVEAUX AGENTS

Bill et Terry décident de mettre Catie et Mohammed hors-jeu et tentent de se frayer un chemin sur Internet pour trouver des personnes en Russie susceptibles de les aider. Les résultats en cyrillique – villes, commissariats ou autorités gouvernementales impossibles à définir ou à évaluer – défilent sur Google. Bill et Terry se sentent bientôt dépassés. Ce ne sont pas des enquêteurs et ils ne disposent ni de l'entraînement ni des outils nécessaires pour le devenir.

Terry se sent coupable. Au cours des six semaines de voyage de Billy, elle n'a pas réussi à lui soutirer le nom d'une seule personne qu'il a pu croiser en Russie. Elle n'a ni le numéro de téléphone ni l'adresse e-mail d'aucun Russe. Elle sait juste qu'un certain Mikhaïl Polinkov a projeté de rencontrer son fils à l'aéroport de Moscou. Mais c'était deux mois plus tôt, à une journée de train de la dernière position connue de Billy. Polinkov pourrait-il être utile ? Depuis que Billy a disparu des radars, Bill et Terry ont l'impression d'être tétanisés.

Leur peur les guide sur de nombreuses pistes. Bill et Terry imaginent que les services de sécurité russes ont arrêté Billy. Ils l'ont enfermé dans une cellule et le torturent pour obtenir des informations. À l'inverse, peut-être Billy a-t-il proposé ses services à la Russie et œuvre-t-il désormais pour son département antiterroriste. Ses parents savent qu'il aimait son travail, mais pas les *hommes* qui le lui donnaient. Les Reilly croient également possible que Billy, toujours en quête d'aventure après s'être heurté à un mur à Rostov, ait réussi à passer en Syrie pour étudier l'arabe et l'islam comme il l'avait naguère envisagé. Ou bien a-t-il rencontré une femme et la poursuit-il de ses assiduités ? Et l'escapade amoureuse à Bangkok ? Est-il parti ? Ils en viennent même à penser que toute cette affaire pourrait être liée à sa passion pour la pêche. Peut-être son téléphone est-il tombé à l'eau. Terry ne quitte pas son portable, s'imaginant qu'il va se mettre à sonner d'un instant à l'autre. Alors, elle entendra la voix de Billy, rassurante. Il leur dira qu'il monte à bord de l'avion qui le ramène.

Derrière les théories et les espoirs, un facteur complique leurs spéculations. Les Reilly ne peuvent écarter l'éventualité que Billy se soit rendu en Russie pour le compte du FBI ou d'une autre agence américaine. Entre eux, ils parlent du biologiste russe mentionné par Billy. L'a-t-il rencontré lors de son séjour le long de la Volga ? Et, si oui, que prouverait ce rendez-vous ? Billy, devenu de plus en plus secret au cours des dernières années, noyait ses confessions sous des couches de demi-vérités et d'ambiguïtés. Alors les pensées de Bill et de Terry, toujours en quête de réponses, se tournent vers le Bureau.

Quelques jours seulement après la disparition de Billy, l'agent Tim Reintjes, l'un des *hommes*, avait rendu une curieuse visite à ses parents. Les Reilly le connaissaient uniquement à travers ce que Billy voulait bien leur rapporter à son sujet, mais ils n'avaient jusque-là jamais rencontré l'officier traitant de leur fils. Et lui n'avait jamais mis les pieds chez eux. Ils s'interrogent donc sur sa présence à ce moment précis, alors que Billy a cessé toutes communications. Ils ne croient pas que cette visite soit le fruit du hasard.

Début juillet, Reintjes téléphone aux Reilly et programme un second rendez-vous. Il reviendra plusieurs fois. Jamais seul. D'autres agents l'accompagnent, un homme et une femme. Leur nombre convainc Terry et Bill que le FBI fait désormais une priorité de la recherche de Billy.

Ces nouveaux agents posent toute une batterie de questions aux Reilly. Les mêmes que Reintjes, pour la plupart. Ce qui donne à Bill et Terry l'impression d'être sur la sellette. Ils se montrent patients, ne font pas état de leurs doutes. Ils veulent surtout que le FBI, le principal service de police du monde, consacre toutes ses ressources pour localiser l'un de ses membres, une source humaine confidentielle disparue à l'étranger.

Reintjes promet aux Reilly de faire le maximum. L'un des agents qui l'accompagnent, Christine Taylor, étreint Terry, la rassure. Terry peut lui faire confiance et l'appeler à toute heure du jour et de la nuit.

Reintjes demande la dernière facture téléphonique de Billy et Terry la lui remet, mais elle date d'avant le voyage en Russie. Reintjes a besoin de la suivante, car des indices se cachent certainement dans les numéros joints par Billy en Russie.

Les agents adressent une requête supplémentaire. Le FBI a prêté à Billy des téléphones ainsi qu'un ordinateur portable. Ils veulent les récupérer afin de les exploiter pour explorer de nouvelles pistes. Bill et Terry les leur remettent en espérant que leur contenu les rapprocherait un peu de la localisation de leur fils.

Bill et Terry sont des personnes plutôt secrètes et cette intrusion les dérange. Au cours d'une visite, Taylor demande à Reintjes s'il ne faudrait pas les mettre sur écoute. Il lui jette un regard noir. De toute évidence, elle a fait preuve de maladresse.

Reintjes et ses collègues retourneront plusieurs fois à Oxford et continueront de poser des questions. « On leur avait donné le portable et les téléphones, et pourtant ils n'ont pas cessé de revenir, m'a confié Terry plus tard. Et lui a continué d'appeler et de passer à la maison. »

Lors de l'une de ses visites, Reintjes leur a expliqué que le FBI disposait d'un agent de liaison juridique à l'ambassade américaine de Moscou. Reintjes pense que le *legat* pourrait leur fournir une aide cruciale dans la recherche de Billy. Cette confidence leur paraît prometteuse, signe de l'implication du FBI à leurs côtés. Pourtant, juste après avoir partagé ce renseignement, Reintjes leur pose une question qui les interloque. Il leur demande des informations qu'il pourrait transmettre au *legat*. Or, Terry et Bill, qui ne connaissent que de façon très parcellaire les péripéties de leur fils en Russie, imaginent que l'agent du FBI à Moscou suit des pistes plus sérieuses que les leurs[311]. Cette requête de Reintjes et le feu roulant de questions posées par les agents semblent conçus pour sonder en profondeur les connaissances de Bill et Terry et non pour faire avancer l'enquête.

Les Reilly n'en ont pas conscience, mais leur objectif interfère avec celui du FBI. Pour Reintjes et ses collègues, la disparition de Billy est une épée de Damoclès. Une menace pour leur carrière, une poudrière dont ils vont devoir se justifier devant leurs supérieurs. Où Billy est-il parti ? Que projette-t-il ? Le Bureau enseigne à ses agents qu'ils doivent s'attendre au pire avec leurs CHS. Et que, dans le doute, ils doivent d'abord penser à préserver le FBI, puis à se protéger eux-mêmes. C'est la leçon principale tirée de l'affaire Whitey Bulger. Les Reilly ne tarderont pas à l'apprendre à leur tour.

*

Un matin de l'été 2015, Bill va relever le courrier dans la boîte aux lettres au bout de l'allée et récupère la facture de l'opérateur T-Mobile pour le portable de son fils. C'est le document que réclame Reintjes. Revenu à la maison, Bill la parcourt avec l'aide de Terry. Ils trouvent leurs propres numéros, preuve des conversations menées avec Billy. Ils repèrent également un bloc de numéros commençant par 7, le préfixe international russe, indiquant les appels locaux passés et reçus par Billy dans le pays.

Les Reilly étudient la facture, mais n'arrivent pas à en tirer de renseignements précis. Reintjes, lui, pourra sans doute en savoir plus, aussi lui téléphonent-ils pour lui donner la nouvelle. Reintjes se met immédiatement en route. Et repart de chez eux aussitôt après avoir récupéré le document.

Les agents du FBI n'ignorent plus désormais à qui Billy a téléphoné en Russie. En outre, ils peuvent également savoir si leur numéro apparaît sur la liste. Du jour où Reintjes entre en possession de la facture, la nature des interactions entre le FBI et les Reilly va fondamentalement changer.

D'abord, les visites à Oxford cessent. Bill et Terry appellent Reintjes, qui ne répond pas. Ils lui laissent plusieurs messages. En vain. Alors qu'ils considèrent toujours le FBI comme la clé de voûte de tous leurs efforts pour retrouver leur fils, ils ne savent plus quoi faire.

Au bout de plusieurs semaines d'inquiétude, Terry et Bill parviennent enfin à joindre Reintjes et lui demandent ce qu'il a découvert sur la dernière facture de Billy. L'agent, jusque-là plein de sollicitude, se montre tout à coup laconique, comme si l'appel des Reilly le gênait. Au sujet du document, il reste évasif, mais prétend que les numéros qui apparaissent n'ont aucune valeur pour l'enquête. Les Reilly l'interrogent ensuite sur le futur des investigations du FBI, mais Reintjes se dérobe.

Il affirme ne pas détenir d'informations sur Billy, mais soutient qu'ils ne devraient pas s'inquiéter. « Il visite sans doute la Russie », leur dit-il. Il reviendra bien un jour. Il parle de Billy comme d'un adolescent fugueur et non comme d'une source confidentielle humaine du FBI aux premières loges de la guerre menée par la Russie en Ukraine. Reintjes explique aux Reilly qu'il ne voit plus aucune raison de continuer à leur parler[312].

Les Reilly n'en reviennent pas. Pendant cinq ans, Billy a été disponible vingt-quatre heures sur vingt-quatre pour le FBI. Et maintenant, au moment où il en a le plus besoin, le FBI le lâche. Pourquoi le Bureau ne demande-t-il pas au département d'État de presser les autorités russes afin qu'elles enquêtent sur sa disparition ? Le *legat* de Moscou pourrait solliciter l'assistance de ses homologues du FSB. Les Reilly se sentent abandonnés.

En quête d'une explication, ils la trouvent dans un portable qu'ils n'avaient pas remis au FBI. Un échange par SMS entre Billy et un certain Tim, qu'ils supposent être l'agent Reintjes.

La longue conversation comprend plusieurs milliers de messages. Elle a commencé à l'été 2014 et se prolonge jusqu'au départ de Billy en Russie en mai de l'année suivante. Les derniers ont été envoyés le 15 mai 2015, le jour même où les Reilly ont emmené Billy à l'aéroport de Détroit.

D'abord, les SMS n'ont aucun sens pour les Reilly. Il s'agit souvent de fixer un rendez-vous. Tim ou Billy suggère un endroit et une heure et son interlocuteur accepte ou non. D'autres renvoient à des sujets manifestement évoqués par Billy et Tim en dehors des SMS, en personne ou au téléphone. Ils incluent des noms et des références à des documents ou à des plans. Sans plus de contexte, Terry et Bill ont du mal à évaluer l'utilité du mobile.

Toutefois, ils vont bientôt découvrir l'ampleur de la situation catastrophique dans laquelle se trouve en réalité leur fils.

En mai 2015, deux semaines avant le départ de Billy en Russie, Tim a écrit un message qui va fondamentalement changer ce que les Reilly prenaient pour des objectifs de leur fils en Russie. « *As-tu déjà préparé ton itinéraire ?* demande Tim.

— *J'attends toujours mon visa* », répond Billy.

Terry et Bill restent muets, sidérés après avoir lu ces deux phrases. Ils n'en reviennent pas. Ils se remémorent de nouveau la première visite de l'agent Reintjes, qui avait nié avoir eu connaissance du voyage de Billy en Russie.

Cet échange démontre le contraire. Sa signification ne fait aucun doute. Il établit la preuve irréfutable que Reintjes a bien discuté de son séjour avec Billy avant son départ en Russie.

Deux jours avant le vol, Tim avait organisé un rendez-vous pour le lendemain après-midi. Il a envoyé un message : « *Apporte tes documents de voyage.* » Les deux hommes se sont ensuite retrouvés, quelques heures seulement avant l'embarquement de Billy[313].

Le voici donc en évidence, l'acte d'accusation irréfutable dressé contre le FBI. Les SMS ne prouvent certes pas que le Bureau a dépêché Billy en Russie, puisqu'il devait de toute façon notifier son voyage international personnel à son officier traitant. Ce qu'ils démontrent, en revanche, c'est que Reintjes a menti aux Reilly en feignant de ne pas connaître les projets et la localisation de Billy.

Reintjes leur a dissimulé que le FBI avait eu vent du voyage de Billy. Le FBI a menti. Et tout mensonge a un mobile.

Désormais, les Reilly doutent que leur fils se soit rendu en Russie en tant que touriste. Billy, disparu, pourrait ne jamais revenir.

CHAPITRE 19

300

La lecture des messages échangés par Billy et Reintjes permet aux Reilly de voir désormais sous un nouvel éclairage les derniers jours de Billy à Oxford. Terry se rappelle la veille du départ de Billy, en mai 2015, quand il lui avait dit qu'il avait rendez-vous le soir avec les *hommes*. Terry avait trouvé curieux que Billy s'en aille de la maison à ce moment-là alors qu'il lui restait encore des préparatifs avant un voyage aussi important. Elle l'avait mis au pied du mur. « *Qu'est-ce qui se passe ?* lui avait-elle lancé. *Ne me dis pas qu'ils ne savent pas que tu pars.* » Billy s'était dégagé sans lui donner d'explication[314].

Le soir, après son retour, tandis qu'il terminait de faire ses bagages, Billy avait reçu un SMS de Reintjes : « *WhatsApp, Skype, Viber ?*

— *Dès que j'aurai téléchargé les applis,* répond Billy, *je vous transmets l'info.* »

À minuit passé, Billy envoie de nouveau un message à Reintjes : « *Pour les applis, ce sera le nouveau numéro de téléphone*[315]. »

Terry et Bill s'interrogent maintenant au sujet de ces messages. Ce dialogue les incite à penser que le FBI s'est arrangé pour pouvoir communiquer avec Billy une fois ce dernier arrivé en Russie. Ils se demandent si Reintjes converse avec leur fils en ce moment même.

La découverte de la conversation les oblige à réévaluer ce qu'ils croyaient savoir du FBI. Ils comprennent qu'il serait vain d'en attendre un quelconque résultat. S'ils veulent trouver Billy, ils devront le faire à deux. Ils sont seuls désormais.

Ce qui leur semble impossible. Leur unique expérience qui pourrait s'apparenter à un travail d'enquêteur réside dans l'activité de « cliente mystère » de Terry. Ils ne parlent pas russe et n'ont aucune relation en

Russie. Ni en Ukraine. La criminalistique numérique leur échappe, car leur connaissance d'Internet se limite à envoyer des e-mails et à utiliser Google. Ils n'ont pas de contacts à Washington et aucun pouvoir face à l'État. En revanche, ils ont compris que s'ils ne se mettaient pas à la recherche de Billy, nul ne le ferait à leur place.

De nouveau, ils s'installent devant l'ordinateur dans le séjour. L'un des comptes de Billy sur Vkontakte est toujours ouvert sur une discussion avec Mikhaïl Polinkov, commencée juste avant le début du voyage. Polinkov est la seule personne dont les Reilly savent qu'elle a rencontré Billy en Russie. Ils entreprennent alors de trouver le maximum d'informations sur le recruteur. Il va leur faciliter la tâche.

*

Sur LiveJournal, le site de blogage favori des russophones, Mikhaïl Polinkov tient une page, intitulée *Une vérité de soldat*, qu'il anime depuis neuf ans. Il a documenté à profusion sa jeunesse dans les années 1970-1980 à Moï-Ourousta, village reculé de l'Extrême-Orient russe[316].

Le bourg se situe dans l'oblast de Magadan, tristement célèbre durant la période stalinienne pour ses camps de travail. Peu de prisonniers en réchappaient, notamment en raison du climat extrêmement rigoureux et des conditions de détention. Ici, les zeks, les détenus du goulag, mouraient de faim. La préface du premier volume de *L'Archipel du goulag*, d'Alexandre Soljenitsyne, raconte l'histoire des condamnés de Magadan qui font une étrange découverte alors qu'ils triment en plein hiver sibérien. Ils trouvent par hasard les représentants d'une faune fossile « poissons et tritons », ces derniers étant parfaitement conservés dans un courant pris par le gel. Les hommes, désespérés et affamés, n'ont d'autre choix que de dévorer les antiques créatures[317].

L'État soviétique obligeait en règle générale les zeks survivants à résider ensuite dans la région. Certains y ont élevé des enfants. La plupart travaillaient à la mine[318].

Polinkov, né à Magadan au début des années 1970, a effectué son service militaire dans l'armée soviétique à la fin de l'empire, en 1990. L'Union soviétique a cessé officiellement d'exister le jour de Noël 1991, dans le calendrier grégorien. Polinkov a fêté la quille l'année suivante dans un autre pays, la Fédération russe, et dans les affres de cette nouvelle ère. Au début des années 1990, les difficultés s'accumulaient dans une Russie en plein déclin qui passait brutalement d'une économie centralisée au capitalisme et abandonnait de nombreux citoyens sur le bord de la route[319].

Polinkov raconte sur sa page LiveJournal qu'il appartient à la cinquième génération de mineurs de la famille et a emboîté le pas de son père, boutefeu dans la mine d'or « Quarante ans d'Octobre » de la Kolyma. Polinkov conduisait un bulldozer dans une galerie souterraine. La compagnie minière récemment privatisée avait mis en place un contrat qui liait la paie des ouvriers de Magadan non au volume de minerai extrait, comme jadis, mais à sa teneur en or. Lorsque les travailleurs excavaient une galerie supplémentaire et n'en trouvait pas, les chèques étaient annulés et le salaire ne tombait pas[320].

Des épisodes semblables se déroulaient partout dans tout le pays. Le nouveau mode de vie chaotique qui s'emparait de la Russie a bousculé des générations de citoyens soviétiques tout en confirmant ce que l'État et l'école leur avaient enseigné pendant si longtemps au sujet du capitalisme et de sa rapacité. Ces gens-là n'avaient pas encouragé la chute de l'Union soviétique. Elle était toutefois survenue et les avait projetés dans un monde auquel ils avaient du mal à s'adapter. L'économie a périclité. Des citoyens confus et impuissants sombraient. Mais il fallait bien continuer à vivre.

Les mineurs et leur famille, sans aucune perspective, souffraient. Alors le père de Polinkov est passé à l'action en fomentant une grève chez les prolétaires de Magadan. Elle s'est amplifiée pour devenir un véritable soulèvement populaire contre la perte de leurs acquis sociaux et de leur identité soviétique.

Le père de Polinkov a pressé son fils d'abandonner l'exploitation pour se consacrer au droit afin de mener la bataille contre les injustices engendrées par ce nouveau monde. Mais Polinkov a échoué à l'examen d'entrée. Il est cependant parti de la mine et de Magadan. En 1998, il a parcouru neuf fuseaux horaires vers l'ouest, attiré, comme tant de Russes, par les rumeurs d'argent facile et rapide qui bruissaient dans la capitale[321].

C'était vrai, d'ailleurs : à l'époque, on devenait riche à Moscou, car la liquidation de l'industrie soviétique commençait.

Jusqu'à la fin de l'URSS, l'économie centralisée interdisait la propriété privée. L'État possédait tout : votre domicile, l'entreprise qui vous employait et même votre voiture, si vous aviez la chance d'en avoir une.

L'adoption du capitalisme par la Russie s'est d'abord nourrie de la privatisation des mastodontes industriels publics. Il y avait tant à désétatiser. Après la déclaration d'indépendance de quatorze ex-républiques de l'URSS, la Russie restait encore le plus vaste pays du monde. Avec plus de dix-sept millions de kilomètres carrés, couvrant environ un huitième de la surface habitable de la Terre, elle regorgeait de ressources naturelles et d'industries à vendre. Société pétrolière. Gaz naturel. Le plus grand producteur d'aluminium de la planète. Diamants, potasse, métaux, minéraux. Le gouvernement russe a mis aux enchères les monopoles d'État l'un après l'autre. Or, de nombreuses ventes truquées ont en réalité profité au président Boris Eltsine et à sa coterie, qui ont empoché des pots-de-vin en cédant les entreprises publiques géantes pour une fraction de leur valeur à des acquéreurs sélectionnés. Il s'agissait de vol et de corruption à grande échelle, et cette période cynique de laisser-faire généralisé donnera le ton dans le pays pendant des décennies.

Au début, les privatisations et la classe d'oligarque qu'elles ont engendrée ont incité la plupart des Russes à croire qu'eux aussi auraient accès à cet argent facile. Alors, tandis que le capitalisme russe se mettait en branle, ils s'y sont frottés. Bientôt, cependant, les rêves de prospérité sont tombés à l'eau. La majorité des Russes n'arrivaient pas à tenir le rythme du changement social et parvenaient encore moins à en profiter. En 1998, l'année où Mikhaïl Polinkov a débarqué à Moscou, la Russie ne pouvait plus rembourser sa dette et a dû dévaluer le rouble. Tandis que la fin de la décennie approchait, les Russes ne se sont plus laissé abuser par Eltsine et sa clique, qui continuaient de s'enrichir alors que le pays sombrait dans la crise économique et sociale[322].

À Moscou, Polinkov est passé d'une profession à l'autre, à l'instar de nombre de ses concitoyens à cette époque. Il a travaillé comme concierge, puis comme concepteur-rédacteur. En tout cas, l'argent facile lui échappait toujours[323].

En 2000, comme la plupart des Russes d'abord enthousiasmés par les perspectives de mobilité sociale et d'enrichissement promises par le nouveau système, Polinkov a déchanté et n'a plus cru à la voie empruntée par le pays. Les responsables gouvernementaux libéraux qui ont présidé aux années Eltsine ont discrédité le marché, la presse libre et la démocratie. Cette époque de transition, dont la Russie ne semblait pouvoir se sortir, est devenue insupportable à la population. Et les Russes se montraient prêts à renoncer à des idéaux libéraux venus de l'étranger – à leurs yeux totalement déconsidérés – contre la stabilité.

Dans l'ombre, Vladimir Poutine, officier de rang intermédiaire au KGB, puis fonctionnaire anonyme, s'est mis à grimper les échelons politiques. Il n'avait pas le profil d'une personne qualifiée pour régner sur une puissance nucléaire. Mais Eltsine, souffrant, avait besoin d'installer un successeur qui n'enverrait ni lui ni son entourage en prison. Lorsque Poutine est devenu président, en 2000, et parce que, contrairement à son prédécesseur, il n'était pas alcoolique, il a immédiatement incarné le renouveau. Grâce à l'augmentation des prix à l'exportation du pétrole et du gaz, il a stabilisé l'économie. Une classe moyenne a émergé. Poutine a renforcé son emprise. En l'espace de quelques années, il est parvenu à affaiblir les oligarques, à abolir la presse indépendante, à neutraliser l'opposition politique, à offrir des entreprises à ses amis et à consolider sa mainmise sur le pouvoir. Et tandis que son règne se prolongeait, les turbulences des années 1990 sont devenues un mauvais souvenir[324].

La plupart des Russes soutenaient les méthodes fermes de Poutine en contrepartie de ce qui ressemblait à une vie meilleure. « Le pays est de nouveau souverain et respecté », écrivait Polinkov sur son blog LiveJournal en 2007. « Sans doute, le mystérieux président russe, Vladimir Poutine, guide-t-il le renouveau de la Russie. J'ai besoin d'un État fort. J'emmerde les libéraux. Je préfère un tyran. »

La même année, en 2007, Poutine a prononcé lors de la conférence de Munich sur la sécurité un discours dans lequel il définissait la nouvelle attitude de la Russie face à l'Occident. Il fustigeait la domination américaine sur les relations internationales. Il affirmait que l'Otan avait rompu sa promesse en s'étendant vers l'Est et en acceptant en son sein plusieurs États ex-soviétiques, ainsi que d'anciens membres du pacte de Varsovie. Notons, toutefois, qu'un tel engagement n'a jamais été couché par écrit. L'allocution de Poutine reflétait des frustrations déjà partagées en privé avec d'autres chefs d'État, mais marquait la première formulation publique, péremptoire et percutante de cette posture internationale inédite. Cette harangue a signalé une rupture. La Russie se révélait désormais suffisamment stable pour s'occuper de ce que Poutine considérait comme des pertes enregistrées tandis que le pays se trouvait à genoux[325].

Dès lors, il s'est accommodé de plus en plus difficilement du nombre croissant de nations sceptiques à l'égard de son emprise. Le Kremlin n'a plus hésité à revendiquer ce qu'il pensait lui appartenir.

L'Otan, qui encourageait la voie de l'adhésion de la Géorgie et de l'Ukraine, ex-républiques soviétiques, jadis provinces de l'Empire russe, restait toutefois son principal problème. Poutine surveillait de près ces événements. En 2008, à Bucarest, lors d'une conférence bilatérale Otan-Russie relative à ces adhésions, Poutine a conseillé à l'Otan d'agir « avec la plus grande prudence[326] ».

Quatre mois plus tard, en août, la Russie a rompu près de deux décennies de circonspection militaire en attaquant la Géorgie. À la suite de sa victoire, après douze jours de guerre, Moscou a pris le contrôle de deux régions géorgiennes, l'Abkhazie et l'Ossétie du Sud, et reconnu leur indépendance. Moscou y a déployé des bases et mis ainsi un terme à l'expansion de l'Otan dans ce pays[327] .

Le discours de Poutine à Bucarest en 2008, à l'instar de ses propos à Munich l'année précédente, revêtait une portée historique. Au sommet de l'Otan, il a longuement évoqué l'Ukraine et manifesté son scepticisme quant à la souveraineté de Kiev. Il s'agit du début officiel d'une politique étrangère qui finira par se cristalliser en action militaire.

Selon Poutine, environ un tiers de la population ukrainienne est ethniquement russe. Dans l'est et le sud, les Russes seraient majoritaires. Il a ainsi posé les bases d'une revendication sur ces terres, tout en prétendant que le tracé des frontières de la région n'était qu'une péripétie de l'histoire engendrée par une vision irresponsable de la bureaucratie soviétique. Quant à l'ouest de l'Ukraine, continuait Poutine, il s'agissait d'une construction artificielle née de l'assemblage de fragments de la

Tchécoslovaquie, de la Pologne et de la Roumanie, confisqués après la Seconde Guerre mondiale.

« L'Ukraine est un État très compliqué, affirmait-il dans son discours de Bucarest. Nous y avons également des intérêts. » Lorsqu'il a évoqué l'éventualité d'une adhésion de l'Ukraine à l'Otan, il est allé plus loin et a lancé ce qui s'apparente à une menace. « Une entrée dans l'Otan, avertissait-il, mettrait cet État au bord du gouffre[328]. »

Les chefs d'État occidentaux n'ont pas pris Poutine au sérieux. Les États-Unis, après leur victoire durant la guerre froide, dirigeaient leurs ressources militaires et diplomatiques vers d'autres priorités. À partir de l'accession au pouvoir de Poutine en 2000 et surtout après le 11-Septembre, les principales préoccupations américaines en matière de sécurité concernaient le Moyen-Orient et le terrorisme islamiste, et la Chine. Les plus hauts diplomates du département d'État, qui avaient consacré toute leur carrière à la guerre froide, restaient à leur poste, mais leur rôle s'affaiblissait. Dans les niveaux intermédiaires, on ne comptait pratiquement plus de spécialistes de la Russie. Quant aux jeunes diplomates fraîchement recrutés, aucun ou presque n'était russophone ni ne montrait d'accointances avec le pays. En revanche, ils parlaient arabe, farsi, cantonais ou mandarin, langues des régions considérées désormais comme primordiales. La Russie était passée de mode.

Pour le président russe, a contrario, les États-Unis restaient le centre de ses préoccupations. Comme, d'ailleurs, pour la plupart de ses concitoyens, fascinés par l'Amérique, devenue un modèle ou une norme à laquelle ils aspiraient et se comparaient. Au fil du temps, les Russes et Poutine lui-même ont découvert avec un pincement au cœur que les États-Unis ne ressentaient pas le même attachement.

Le gouvernement américain et ses derniers experts de la Russie n'ont pas reconnu à leur juste valeur ces discours qui marquaient en réalité l'aube d'une nouvelle ère. Cependant, on ne peut les accuser d'imprudence. La Russie conservait certes le plus grand arsenal nucléaire du monde, mais son économie et son armée ne suivaient pas. À l'époque, des fantassins russes portaient encore des bottes de feutre. Lorsque Poutine a élaboré l'ébauche d'une politique inédite à l'égard de l'Occident, les spécialistes de la Russie du département d'État n'ont pas perçu l'évolution stratégique, car ils ne croyaient pas Poutine capable de joindre les actes à la parole. Surtout une parole aussi brutale[329].

En Russie, par contre, les Russes, suspendus aux lèvres du président, rêvaient d'entendre ces mots. La vie durant les années 1990 avait été suffisamment douloureuse et humiliante dans ce pays pauvre, impuissant, cible facile pour les intimidations extérieures. Désormais, Poutine exigeait le respect.

La question de la souveraineté ukrainienne est devenue le véhicule du renouveau de la fierté russe. Poutine est resté d'abord allusif, puis l'a formulé explicitement : comment l'Europe de l'Ouest et les États-Unis pourraient-ils comprendre l'histoire à la fois intime et régionale que la Russie partage avec l'Ukraine et à plus forte raison affirmer détenir une quelconque autorité sur le sujet ? La Russie se permettrait-elle de demander aux États-Unis de revenir sur la Piste des larmes* ?

Sur le socle du discours du Munich, complété par des allocutions régulières et des documents écrits, Poutine a précisé les desseins de la Russie relatifs à l'Ukraine tout en musclant ses propos. L'Ukraine, telle qu'elle apparaît, est le résultat d'un ensemble de normes occidentales, prétendait-il. Les frontières du pays sont artificielles. L'existence même de l'Ukraine moderne est une insulte à la Russie. Si l'ordre européen, soutenu par les États-Unis, n'accordait pas de concessions en Ukraine à une Russie sûre d'elle, alors Moscou élaborerait seule une solution capable de répondre à ses préoccupations.

Le bellicisme de Poutine plaisait au quidam russe. C'est gratifiant de parler haut et fort. C'est bon d'être considéré, d'être de nouveau craint. La question de l'Ukraine a permis à Poutine et aux citoyens de déverser de vieilles rancœurs.

Ainsi Mikhaïl Polinkov allait-il recouvrer fierté et estime de soi dans le renouveau de la cause nationale. Il croyait que la Russie retrouverait sa boussole en reprenant des terres qui lui appartenaient jadis.

Et lorsque, en 2014, la violence éclate sur la Maïdan, la place de l'Indépendance à Kiev, puis provoque l'annexion de la Crimée par la

---

* La « Piste des larmes » est le nom donné au déplacement forcé de plusieurs peuples natifs par les gouvernements des États-Unis au cours du XIXe siècle. (*N.d.T.*)

Russie ainsi que les prémices de la guerre dans le Donbass, Polinkov désire y jouer un rôle.

Le nouveau conflit qui se déroule dans le Donbass, région qui se trouve au cœur de l'industrie minière soviétique, touche personnellement Polinkov en raison de son attache familiale avec les exploitations de la Kolyma dans l'Extrême-Orient russe. Sur son blog LiveJournal, il se plaît à évoquer la mobilisation des mineurs du Donbass face à l'invasion allemande de 1941. « Plus de soixante-dix ans après, alors que les hordes nazies foulent de nouveau la terre du Donbass pour y récolter leur moisson sanglante, les mineurs ne reculent pas, écrit-il. Ils répondent à l'appel de Strelkov et, le 18 juin 2014, la légendaire "Division des mineurs" s'est reformée[330]. »

Un mois plus tard, mi-juillet 2014, les commentaires d'Igor Strelkov sur les réseaux sociaux laissent entendre une implication russe dans la destruction en vol du MH-17. Événement signalé par l'agent Tim Reintjes, qui avait lancé Billy sur la piste russe.

Dès le début de la guerre du Donbass, Strelkov fait revivre une ancienne expression, *Novorossia*, « la Nouvelle-Russie ». Il s'agit, au milieu du XVIIIe siècle, d'un territoire sous administration impériale qui s'étendait jusqu'aux littoraux des mers Noire et d'Azov[331]. Polinkov, qui se porte volontaire auprès de Strelkov en 2014, le compare à Alexandre Souvorov, général qui a capturé la Bessarabie au profit de la Grande Catherine, et à Mikhaïl Koutouzov, qui, après la bataille de la Moskova, a chassé Napoléon de Russie. « Dans ma vie, il y a deux autorités incontestables, avoue Polinkov. Mon père et Strelkov. » Sur LiveJournal, Polinkov poste une photo d'une carte de visite qui le propulse « responsable de la mobilisation ».

Les textes de Polinkov paraissent plus engagés, plus incisifs. Vêtu d'un treillis, casquette kaki vissée sur le crâne, il se présente lui-même en tant que prophète géopolitique antioccidental fustigeant les États-Unis et l'Union européenne. Il évoque les Américains et les « nazis » ukrainiens qui ont profité de la Russie quand elle était à genoux. Ils s'en mordront bientôt les doigts, car Moscou relève la tête.

Sous les ordres de Strelkov, Polinkov aide à concevoir l'appareil qui permettra aux volontaires de rejoindre les combats dans l'est de l'Ukraine.

Il gère toute une clique de collaborateurs. À Rostov-sur-le-Don, Polinkov participe à la création de deux casernes : un appartement en ville pour des militaires aguerris et un bâtiment sur les rives du Don, où Billy logera.

Polinkov fournit des hommes pour une unité composée de mercenaires étrangers dans le Donbass, la 1re Brigade internationale du Sud-Est. Son blog étale de nombreux clichés de ses troupes et de lui-même équipés de fusils d'assaut dans des villages et des champs envahis par les mauvaises herbes. Il montre également des défilés séparatistes parcourant villes et bourgs du Donbass. Sur sa photo de profil, Polinkov affiche son visage de trois quarts, une casquette beige sur la tête, favoris longs de quelques centimètres et barbe de trois jours. Quand il se fait tatouer, il poste l'œuvre : sur son dos, un serpent qui se mord la queue entoure une phrase en espagnol : *Defenda me Dios de mi.*

⋆

Sur l'ordinateur familial, à Oxford, Bill et Terry Reilly parcourent les derniers commentaires de Polinkov sur son blog à la recherche de tout indice sur la localisation de Billy. Le 15 mai 2015, Polinkov a posté une photo de deux billets de 100 dollars qui portent la légende : « Les billets verts, c'est plus trop ça. » Il s'agit d'une référence à la frustration russe à l'égard de la puissance économique américaine, la manifestation du souhait que le dollar tombe de son piédestal de monnaie étalon.

Mais il y a une autre image. En arrière-plan, du métal rouillé peint en blanc, rouge et gris. Derrière la vitre d'un compartiment, un panonceau écrit en cyrillique « Rostov-Moscou ». Terry et Bill regardent les photos prises par Elena Gorbatcheva sur le quai de la gare de Kazan[332].

Au premier plan, on voit un bras, le gauche, engoncé dans une manche noire, et, entre les doigts serrés, un passeport américain. Terry reconnaît la main de son fils. Entre les pages du passeport se trouve un billet pour Rostov-sur-le-Don. La date de la publication, le 15 mai, correspond au jour d'arrivée de Billy en Russie. Polinkov a intitulé cette photo : « Tous les Américains n'ont pas la même utilité pour l'Ukraine. » Commentaire qui trahit sa joie d'avoir convaincu un Américain de rejoindre le côté russe[333].

Bill et Terry tiennent la preuve que Billy et Polinkov se sont rencontrés. Ils y voient également la première étape de leur enquête. Bill envoie une demande d'amitié à Polinkov sur Facebook. Polinkov l'accepte.

Le 17 août, près de deux mois après le dernier contact avec Billy, Bill écrit à Polinkov en utilisant un outil de traduction automatique : « *Bonjour, Mikhaïl, ma femme et moi cherchons désespérément notre fils, William Reilly. Nous voulons simplement savoir s'il est en sécurité. Nous attendons avec gratitude toutes les informations que vous pourrez nous donner.* »

Polinkov répond très vite : « *Il est en sécurité.* »

Les Reilly sont bouleversés. Ils ont un contact et apparemment Billy va bien.

« *Si vous pouviez nous en dire un peu plus, s'il vous plaît,* poursuit Bill. *Vous nous avez comblés.*

— *Sa vie n'est pas menacée* », se contente de répliquer Polinkov.

Message énigmatique, suggérant à la fois que Billy ne peut communiquer et qu'il est indemne.

« *Si vous pouvez lui parler, dites-lui que nous l'aimons et que nous sommes fiers de lui.* »

Les Reilly restent prudents pour ne pas risquer de perdre leur contact en l'inondant de messages. Après une semaine sans autres nouvelles, ils essaient de nouveau. « *William est né le 4 septembre,* déclare Bill. *Nous voudrions le contacter. Nous ne lui avons pas parlé depuis deux mois. Est-ce possible ?* »

Polinkov leur répond qu'il va s'efforcer de savoir comment joindre Billy. Une nouvelle semaine passe. « *Nous n'avons toujours pas eu de contact avec notre fils, William,* écrit Bill. *Son anniversaire est le 4 septembre. Pourrons-nous lui parler ? Merci pour votre aide.*

— *De rien,* réagit immédiatement Polinkov, *mais je n'ai pas encore pu vous aider.* »

Les Reilly perçoivent une forme d'humanité dans cette réaction, une ouverture pour qu'ils se livrent davantage. Leur appel n'en sera que plus pressant.

« *La mère de William pleure tout le temps,* se confie alors Bill. *Nous ne savons plus quoi faire. J'espère qu'il ne souffre pas.* »

Deux jours avant le 29e anniversaire de Billy, Polinkov reprend le dialogue : « *Une chose est sûre, ses objectifs sont inoffensifs.* » Bill et Terry spéculent sur ce message. Les objectifs de Billy ? De nouveau surgissent les doutes sur les véritables motifs de son voyage[334]. Les Reilly éprouvent de la gratitude à l'égard de Polinkov, mais le temps presse.

Bill et Terry prennent conscience qu'ils devraient explorer d'autres pistes. Alors ils se tournent vers la facture téléphonique de Billy en espérant pouvoir comprendre ce que l'agent Tim Reintjes souhaitait tant y trouver. Selon le récépissé, durant son séjour dans la région de la Volga, Billy a passé plus d'une vingtaine d'appels vers des numéros russes. Seulement un tiers dépassaient la minute[335]. Avec l'aide d'une interprète russe qui vit non loin de Détroit, Bill et Terry vont tous les contacter. L'une après l'autre, les sonneries retentissent, quand, enfin, quelqu'un décroche.

L'homme au bout de la ligne projette une présence bourrue, voire brutale. Les Reilly écoutent sur haut-parleur tandis que l'interprète explique à son interlocuteur qu'elle lui téléphone pour le compte d'une famille qui cherche son fils. Or, ce dernier a appelé ce numéro au printemps. Il comprend et leur donne son nom : Bronia. Ce même Bronia qui gère le camp de volontaires de Rostov-sur-le-Don où Billy a séjourné.

L'interprète lui demande s'il connaît Billy, ou Vassia, ou Vassili, un Américain qui voyage en Russie. Il répond, sans hésitation. « Il est 300 », leur annonce-t-il. Ce code désigne chez les militaires le soldat blessé sur le champ de bataille[336].

Lorsque l'interprète sollicite des détails supplémentaires, Bronia se plaint du fait que son téléphone a été mis sur écoute par le renseignement ukrainien. Quelqu'un les espionne peut-être en ce moment même. Puis Bronia se lance dans un laïus sur l'administration Obama et la politique étrangère américaine.

Quand il en revient à Billy, il change de version. Billy n'est pas 300, il est en bonne santé. À la fin de l'appel, les Reilly, bouleversés, ignorent s'ils doivent accorder le moindre crédit à ses propos[337].

Pourtant, cette avancée les encourage. Éloignés de plusieurs milliers de kilomètres, sans contacts ni relations en Russie, ils ont enregistré deux victoires d'affilée en conversant avec Bronia et Polinkov. Or, ces hommes ont admis qu'ils connaissaient Billy. Mais qu'ont réellement apporté ces échanges ? Les Reilly ont l'impression que Bronia et Polinkov leur cachent quelque chose.

Alors ils se tournent de nouveau vers Polinkov. Bill le joint sur Vkontakte en septembre 2015. Cette fois, il n'utilise pas de traducteur automatique. « *Nous sommes toujours très inquiets au sujet de notre fils, William. Sa mère et moi n'avons pas eu de ses nouvelles depuis quatre-vingt-dix jours.* »

La réponse de Polinkov les stupéfie. Lui aussi rédige son message dans sa langue. « *Je croyais qu'il était déjà rentré.* »

Terry et Bill ne peuvent imaginer que leur fils soit revenu aux États-Unis sans les en informer. « *Absolument pas*, écrit Bill. *Je vous en prie, aidez-nous.*

— Ils m'ont dit qu'ils l'avaient renvoyé chez lui. Je vais de nouveau essayer de me renseigner. »

Les Reilly rongent leur frein. De plus, ils ne savent ni le degré de fiabilité de Polinkov ni ses sources. Leur manque de connaissances sur la situation dans le Donbass les empêche d'appréhender la dynamique des faits. Polinkov n'est qu'un rouage. Il est certes lié à des officiers du renseignement travaillant pour les républiques autoproclamées de l'est de l'Ukraine. Mais ces derniers prennent leurs ordres à Moscou. D'ailleurs, en réalité, il s'agit pour la plupart d'officiers du GRU, le renseignement militaire russe[338]. Ils ont la mainmise sur les informations sensibles relatives au conflit et régulent leur propagation ainsi que leur utilisation en tant que propagande.

Si actif et dévoué à la cause des volontaires que soit Polinkov, il n'est pas omniscient. Il n'appartient ni à l'armée russe ni au GRU. Il sait seulement ce qu'on l'autorise à savoir. Polinkov ne se trouve pas au cœur des opérations du Donbass, gérées à partir du Kremlin, mais en périphérie. Par conséquent, ses connaissances sur la localisation de Billy et son état de santé pourraient bien s'avérer limitées.

Bill écrit à Polinkov afin d'essayer de situer la période où aurait pu se dérouler l'hypothétique expulsion de Billy. « *Savez-vous quand ? J'ai tellement peur. Mikhaïl, avez-vous trouvé quelque chose ? Où est-il ? L'avez-vous trouvé ?* »

Polinkov perd patience. « *Mais merde, vous comprenez pas le russe, ou quoi ?* » Le lien est au bord de la rupture.

Bill ne relève pas le soudain pic de tension et revient à la charge. « *Que voulez-vous dire ? William va bien ? Savez-vous où il se trouve ?*

– *Je vous suggère d'aller poser vos questions à la CIA.* »

Terry et Bill se figent. Leur fils a travaillé avec le FBI, et non avec la CIA. Pour les Reilly, le FBI est un service de police comme un autre. Ses agents ont des cartes de visite. On les voit au tribunal, où, parfois, on leur demande de témoigner. Bref, ils font partie du système judiciaire. Contrairement à la CIA, ce nid d'espions. « *Je ne comprends pas ce que vous voulez dire*, répond Bill. *Nous ne sommes pas de la CIA.* »

Polinkov partage alors un lien vers la page d'accueil du site de la CIA. Il conseille à Bill « *de faire une réclamation au sujet de leur fils disparu* ».

Bill envoie une série de suppliques désespérées. « *Je vous en prie, nous sommes ses parents. Comment vous prouver que nous sommes ses parents ?* [...] *Je vous en prie, pitié, aidez-nous.* [...] *Quand est-il parti ?*

— *Apparemment, il est en vie.* »

Le Russe semble jouer avec les Reilly. D'un message à l'autre, il les fait passer de l'espoir au désespoir le plus complet. *Apparemment, il est en vie* : une phrase à la fois sibylline et désinvolte. Que veut-il dire ?

Mais Bill, lui, est heureux de pouvoir se raccrocher à n'importe quel signe d'espoir. « *Dieu merci*, écrit-il. *Vous savez où ? Avec qui ?*

— *Au FSB* », répond Polinkov.

Le FSB, le renseignement intérieur russe, n'a rien d'un comité de bienvenue. Ce message plonge de nouveau les Reilly dans la confusion la plus totale.

Polinkov se contredit. Il prétend que Billy se trouve sous la garde du FSB alors qu'il affirmait un peu plus tôt que les autorités russes l'avaient expulsé aux États-Unis. Les Reilly ont l'impression que Polinkov brode. Il complique à loisir son récit pour les embrouiller. Mais pourquoi ?

« *Peut-il nous appeler ?* demande Bill

— *Non*, se contente de répondre Polinkov.

— *Sa mère pleure*, continue Bill. *Elle a si peur de ne jamais revoir William. Je sais qu'il en a envie, mais a-t-il le droit de nous écrire ou d'envoyer un e-mail ? N'importe quoi pour réconforter sa mère. Elle est si triste.* »

Bill réessaie une dernière fois : « *Je suis désolé de vous déranger. Je vous en prie, pouvez-vous nous dire quand il a quitté votre organisation ? Pouvons-nous communiquer avec un de ses interlocuteurs ? Nous sommes désespérés.* »

Polinkov ne répond pas. Comme Billy avant lui, il rompt le dialogue avec les Reilly[339].

CHAPITRE 20
BEOWULF

Lorsque, en 2003, il a dû trouver un nom pour son agence de recherches privées, Dimitri Tourine s'est remémoré un livre qu'il avait lu enfant, *Beowulf*. « Je voulais marquer les esprits tout en évoquant la mythologie anglo-saxonne, m'a-t-il confié. Un homme qui n'a pas peur d'aller très loin, jusqu'aux enfers s'il le faut. »

Élevé dans la banlieue de Moscou par une mère biélorusse et un père russe, Tourine a servi dans l'armée soviétique dans les années 1980 avant de sortir diplômé du prestigieux Institut d'État des relations internationales de Moscou. Une institution qui a formé de nombreux diplomates de haut rang et plus d'un espion.

Dans les années 1990, Tourine a travaillé au ministère des Affaires étrangères de la Fédération de Russie. Il a tiré profit des nouvelles libertés de la société russe pour voyager dans le monde entier. Il a parcouru l'Europe à vélo. Il a campé en Islande, en Nouvelle-Zélande et dans tant d'endroits jadis interdits aux citoyens soviétiques. Il a passé du temps aux États-Unis, où il s'est fait des amis à Boston et en Virginie. Comme de nombreux Russes à l'époque, il a ressenti une proximité immédiate avec ce peuple ouvert.

Après avoir visité le monde, Tourine en a eu assez de la paperasse ministérielle. Il n'avait pas envie de grimper les échelons au sein de l'État et se sentait attiré par l'aventure. Il a alors quitté le corps diplomatique en quête d'un travail adapté à la fois à son tempérament et à cette nouvelle ère.

Il a lu de nombreux livres sur le système carcéral russe. La psychologie du détenu l'a fasciné, à l'instar des organisations criminelles, de leurs rituels et de leur hiérarchie. Il a vu combien le crime irriguait la société russe dans son ensemble. Tourine a envisagé de plonger dans le monde de la pègre pour déjouer ses noirs desseins. Il s'est rappelé l'épopée qu'il avait tant aimée enfant et s'est imaginé en Beowulf, le chasseur de démons. Il a alors obtenu l'agrément lui permettant d'exercer la profession d'enquêteur privé.

Toutefois, peu après s'être lancé dans le métier, Tourine a vite déchanté. Car capturer des escrocs russes et en protéger la société ne rapporte pas d'argent, contrairement aux clients occidentaux. La Russie s'est remise de la dévaluation du rouble en 1998 et, dès le milieu des années 2000, les affaires et les liens financiers se sont renforcés de nouveau avec l'Ouest. Tourine a démarché des clients venus de Londres ou de New York pour profiter des perspectives d'argent facile offertes par Moscou, mais qui étaient peu rassurés par leurs partenaires locaux. Tourine a alors fait fructifier son entreprise en aidant des étrangers à déterminer si leurs associés russes travaillaient pour eux-mêmes, pour l'État ou pour une organisation criminelle, et parfois pour les trois en même temps[340].

Pour un homme doté d'une débrouillardise toute soviétique, il s'avère aisé de trouver des canaux d'informations. À l'ouest de Moscou, au marché Gorbouchka, un bazar dédié à l'électronique qui s'étale dans tout un pâté de maisons, Tourine discute avec des vendeurs de télévisions, de portables ou de bases de données de n'importe quel type. Pour 20 dollars, il négocie des registres fiscaux fédéraux, des relevés téléphoniques, des fichiers judiciaires du ministère de l'Intérieur. Les camelots de Gorbouchka et des autres marchés de Moscou achètent des fonctionnaires qui, touchant à peine de quoi vivre, ont eux aussi développé une certaine forme de capitalisme[341]. Ces données brutes permettent à Tourine de trouver informations et relations utiles. Au fil du temps, il a étendu son réseau de contacts au sein des ministères, des commissariats de police et de diverses agences publiques.

Tourine s'est également forgé une seconde spécialité professionnelle, car l'argent n'est pas l'unique tentation moscovite. Des étrangers naïfs l'engagent aussi pour les tirer de situations délicates dans le domaine du cœur. Alors, il prend en filature épouses et petites amies volages pour les surprendre dans les positions les plus compromettantes.

Au bout de quelques années, Tourine a pris conscience qu'il s'éloignait de son idéal du détective privé. Pourtant, il n'éprouvait aucun dilemme moral, car la vie est une longue suite de déceptions. Et survivre peut s'avérer difficile. Devant les séries ou les films américains, il admirait le spectacle des enquêteurs qui se dressent contre les pouvoirs en place, mais ne se reconnaissait pas en eux. En Russie, voler trop près de la vérité peut vite très mal tourner.

Après une dizaine d'années de travail en tant que détective privé, Tourine approche de la quarantaine en sachant qu'il a bien réussi. Certains de ses amis ne sont pas parvenus à s'adapter aux changements de la société et ont connu des coups durs. Quant à lui, son entreprise prospère et il dégage un bon chiffre d'affaires. Et surtout, les causes qu'il voulait défendre ne viennent pas le hanter.

En novembre 2015, Tourine reçoit un message sur le site de l'agence Beowulf. Un certain Bill Reilly lui demande de l'aide pour retrouver son fils disparu.

D'après son expérience, Tourine sait que les dossiers de disparitions sont souvent simples. Le fugueur a souvent des raisons de se faire oublier et choisit le moment où il réapparaîtra. Ou pas. Mais lorsque Bill évoque les liens de son fils avec le FBI, Tourine réexamine la question. Il note que Bill manque de flair en évoquant ce détail qui pourrait mettre la vie de son fils en danger. Peut-être cette affaire est-elle différente ? La résoudre pourrait bien revêtir plus d'importance pour lui que toutes ses enquêtes précédentes. Alors, en son nom, Beowulf accepte.

Tourine parle anglais, ce qui facilite les échanges avec les Reilly. Il étudie les documents qu'ils lui envoient et sa première cible lui semble simple à identifier. Tourine pense qu'il arrivera à tirer davantage d'informations de Mikhaïl Polinkov que Bill n'est parvenu à le faire sur les réseaux sociaux. Entre Russes, ils devraient pouvoir s'entendre.

Quand Polinkov répond au téléphone, Tourine comprend à l'écho et aux bruits parasites que le recruteur se trouve dans le métro. Polinkov explique au détective qu'il se souvient en effet de l'Américain et prétend que les autorités l'ont expulsé. Tourine connaît déjà cette version grâce à ses échanges avec les Reilly. Polinkov lui propose alors d'en reparler un peu plus tard et Tourine, qui ne veut pas le harceler, accepte.

L'expérience lui a montré que la meilleure méthode pour que Polinkov se mette à table consistera à le travailler en douceur.

Tourine transmet un résumé de son appel à Bill et Terry, qui sont convaincus d'avoir fait le bon choix en l'engageant. Il leur explique également que l'un de ses contacts du FSB a retrouvé les traces du train et du vol de Billy dans les bases de données de l'agence.

Tourine imagine un scénario alternatif. La mention par Bill de son lien avec le FBI le fait s'interroger. Billy aurait pu être interpellé en Russie alors qu'il travaillait en secret pour son gouvernement[342].

Pendant des décennies, les autorités soviétiques puis russes ont emprisonné les espions capturés dans des prisons de Moscou ou de la région. Pendant deux ans, au début des années 1960, Gary Powers, un pilote américain, y avait été détenu. Aux commandes de son avion de reconnaissance U-2, il photographiait des sites militaires à très haute altitude. L'appareil volait trop haut pour les batteries antiaériennes soviétiques, ce qui permettait au président américain Dwight D. Eisenhower de nier les faits. Quant au Premier secrétaire soviétique, Nikita Khrouchtchev, qui n'ignorait rien de ces vols, il était furieux. Et lorsque la technologie soviétique a permis d'abattre le U-2 de Powers, Khrouchtchev l'a fait enfermer avant d'organiser un procès-spectacle[343].

Les Soviétiques ont fini par échanger Powers et un autre ressortissant américain contre un colonel du KGB en 1962, mais d'autres agents ont croupi pendant des années dans les geôles soviétiques, puis russes. Tourine pense que si le FSB a arrêté ou interrogé Billy, l'ambassade américaine de Moscou devrait avoir reçu une notification[344].

Tourine apprend d'un haut fonctionnaire qu'un tel document n'est jamais parvenu à l'ambassade. Le détective suggère alors à Bill et Terry que leur fils aurait pu traverser la frontière ukrainienne pour aller dans le Donbass. Il leur envoie un e-mail : « Espérons que nous le trouvions vivant et en bonne santé dans les plus brefs délais. »

Tourine estime que l'enquête nécessite de se rendre dans les endroits visités par Billy. En guise de préparation, le privé passe au bureau moscovite de Vladislav Sourkov, un haut fonctionnaire du Kremlin. Sourkov administre la guerre dans le Donbass et orchestre les mouvements et les activités des groupes armés, tout en gérant les questions diplomatiques[345]. Tourine reçoit un sauf-conduit signé par le cabinet de Sourkov qui lui permettra de se déplacer dans les secteurs les plus sensibles.

« Nous aurons beaucoup de chance s'ils ont seulement renvoyé William en Russie pour le conduire dans un lieu isolé tel qu'un camp de rééducation, écrit Tourine à Bill dans un e-mail, peut-être pour le faire travailler dans une ferme de la région de Krasnodar ou dans le Caucase, car les cosaques ont besoin de main-d'œuvre. » Après la Seconde Guerre mondiale, Joseph Staline avait en effet dispersé les groupes semi-autonomes de cosaques aux frontières du Kazakhstan, de la Russie et de l'Ukraine. Des organisations se réclamant de la tradition cosaque s'étaient reconstituées.

Des camps de rééducation ou de filtration employés par les autorités russes contre la population du sud et de l'est de l'Ukraine après l'invasion de 2022 : cela s'apparente à de la science-fiction pour Terry et Bill. Mais ils font confiance au détective. Il connaît son pays, comme jamais ils ne le connaîtront. Alors, ils l'encouragent. Et tandis que Tourine quitte Moscou en direction du sud, Bill lui répond : « Nous gardons espoir et nous prions pour que toute cette histoire se termine bien[346]. »

*

Le chagrin s'est abattu sur la maison d'Oxford. Dans la journée, si une émission divertit Bill à la télévision, Terry le réprimande aussitôt. « Qu'est-ce que tu trouves de si amusant ? » Et si, à son tour, elle baisse un instant la garde, elle se flagelle. Comment oses-tu rire ? se dit-elle. Il n'y a vraiment rien de drôle.

Les dernières feuilles tombent des arbres, sous un ciel de plomb. La bise souffle, venue du lac. Billy avait promis de revenir à l'automne et maintenant l'hiver approche. Terry et Bill savent que chaque jour qui passe diminue leurs chances de le retrouver. Tandis que Tourine se rend à Rostov-sur-le-Don, ils redoublent d'efforts aux États Unis.

Le FBI et ses agissements leur ont fait perdre une bonne partie de la confiance qu'ils accordaient au gouvernement fédéral, mais il n'en est qu'une composante. Les Reilly prennent conscience qu'il leur faudrait trouver une personne susceptible de les aider au sein du système. Le département d'État, à Washington, assiste des dizaines de citoyens en détresse à l'étranger. Les parents de Billy se remémorent d'ailleurs diverses affaires au cours desquelles les États-Unis ont réussi à obtenir la libération de ressortissants détenus dans d'autres pays. Mais ils ignorent comment amorcer ce processus. Ils croient naïvement que l'État américain, défenseur infatigable, les aidera à retrouver leur garçon.

Bill et Terry téléphonent au département d'État et le standard les oriente vers le bureau des affaires consulaires, qui traite ce genre de dossiers. Matthew Steele, un agent consulaire, décroche. Bill lui explique sa situation délicate. Il a l'impression d'avoir trouvé une oreille compatissante. C'est un soulagement pour Terry et Bill, après l'expérience qu'ils ont vécue avec le FBI.

Steele leur conseille de chercher à obtenir une notice jaune, un avis de recherche lancé par Interpol, l'Organisation internationale de police, basée à Lyon. Si Billy a quitté la Russie et voyage dans un autre pays, la notice jaune pourra aider la police locale à le retrouver. Terry et Bill contactent le shérif du comté d'Oakland, Michigan, qui va faciliter le processus avec Interpol.

Steele communique ensuite avec ses collègues de l'ambassade américaine à Moscou et obtient l'historique des trajets de Billy en train le long de la Volga. Ces documents confirment les informations qui sont déjà en possession des Reilly, par le truchement de Tourine, et leur démontrent que Steele a vraiment pris leur problème à bras-le-corps[347]. Bill et Terry regrettent le temps qu'ils pensent avoir perdu quand ils croyaient encore que le FBI cherchait Billy. En tout état de cause, avec l'aide de Steele, ils ont l'impression de progresser.

Les collègues de Steele de l'ambassade américaine de Kiev interrogent le gouvernement ukrainien, qui ne trouve aucune trace de l'entrée de Billy dans le pays. En parallèle, un fonctionnaire du ministère des Affaires étrangères russe explique à l'un de ses homologues du département d'État qu'il existe des preuves de l'arrivée de Billy en Russie, mais aucune de son départ. Steele et ses confrères agissent en suivant le protocole classique à la lettre. Mais, tandis que les données s'accumulent, sans pour autant apporter de nouvelles pistes, Bill et Terry sont de plus en plus convaincus que la disparition de Billy n'a rien de classique. Ils croient que le FBI y a joué un rôle.

Bill finit alors par raconter à Steele, comme il l'avait fait avec Tourine, que Billy a travaillé pour le FBI. Steele se fige. Selon lui, le lien de Billy avec le Bureau permettra de redoubler les efforts du gouvernement pour le retrouver[348].

CHAPITRE 21

RPD

En arrivant à Rostov-sur-le-Don, au cours de l'automne 2015, Dmitri Tourine se rend immédiatement au bureau local du comité d'enquête de la Fédération de Russie, un corps d'inspection indépendant[349]. Tourine fournit l'état civil de Billy à un fonctionnaire. Ce document va permettre au comité de lancer les recherches dans les hôpitaux, les morgues et diverses bases de données. L'agent reconnaît toutefois que le travail ne commencera pas sans une petite incitation. Tourine saisit l'allusion. Il sait combien la paperasse a tendance à faire la navette d'une agence à l'autre, tandis que les lettres à en-tête s'entassent dans des dossiers poussiéreux. Et, pendant ce temps, les enquêtes piétinent. Il glisse 25 000 roubles à l'officier, quelques centaines de dollars. Ce dernier le rappelle un peu plus tard.

La morgue de l'hôpital pour enfants de Novochakhtinsk, ville russe à environ quatre-vingts kilomètres au nord de Rostov, a enregistré le corps d'un homme correspondant à la taille de Billy. Mais elle vient juste de recevoir le cadavre, cinq mois après la disparition de Billy, et Tourine écarte cette piste. Il écrit à Bill : « Si Billy n'est pas retrouvé d'ici à une à deux semaines, je me verrai dans l'obligation de visiter des endroits tels que les morgues. »

À Rostov, il enquête sur la base et sur les volontaires qui y ont séjourné. Il discute avec un cosaque qui aurait entendu parler d'un Américain présent dans le bâtiment sur le Don. Il se rappelle Billy et lui confie que l'Américain ne s'est jamais intégré. Il croit savoir que Billy a passé la frontière pour rejoindre un bataillon de combattants dans le Donbass. Le commandant de l'unité répondrait à l'indicatif Tchibis[350].

*

Tourine passe la frontière ukrainienne à Novoazovsk, près de la mer d'Azov, en compagnie de soldats et de matériels russes. Leur simple présence dément les affirmations du Kremlin, qui prétend ne pas être impliqué dans le conflit du Donbass. Tourine monte dans un car qui se fraie un chemin difficile vers le nord sur la route 508 et parcourt plus de cent dix kilomètres avant d'atteindre Donetsk, capitale régionale, placée sous le contrôle des séparatistes. Il débarque dans un monde déchiré par la guerre.

Les bombardements ont éventré des immeubles aux façades noircies et ravagé les appartements. Des habitants errent dans les rues, l'air hébété. Des personnes amputées mendient. Un cul-de-jatte réclame une bouteille de vodka à Tourine. Ce dernier prend des photos à l'aide de son téléphone. Il compile un rapport visuel de son travail, preuve adressée aux Reilly qu'il mérite son salaire journalier.

Au ministère de l'Intérieur de la RPD, avenue Bogdan Khmelnitskogo, un fonctionnaire explique à Tourine qu'il jettera un œil sur les registres de police. Par ailleurs, poursuit-il, la morgue municipale accumule le retard dans l'identification des corps, car les personnes qui pourraient les reconnaître ont fui la guerre[351].

Parmi les morts et les disparus, Billy demeure un cas unique. Ou presque. Les Américains ont très rarement connu de graves problèmes dans le sud de la Russie ou dans l'est de l'Ukraine. Du fait, notamment, que peu d'entre eux visitent ces endroits. Au moment de la disparition de Billy, un seul Américain aurait été tué dans le Donbass alors qu'il combattait dans un bataillon pro-ukrainien. (Un autre, observateur pour une organisation internationale, disparaîtra en 2017.) Dans cette partie du monde, les citoyens des États-Unis, même vaguement impliqués dans le conflit, demeurent extrêmement rares[352].

Tourine s'arrête devant le quartier général du ministère de la Sécurité de l'État de la RPD, sa principale organisation du renseignement et du contre-espionnage, connue sous le nom de « MGB[353] ». Il prend quelques clichés du bâtiment, quand plusieurs hommes en sortent et se ruent sur lui. Ils l'entraînent à l'intérieur et l'enferment dans une cellule. L'armée ukrainienne les ayant déjà bombardés, ils traquent ses agents qui effectuent les repérages pour l'artillerie, et Tourine a la tête de l'emploi. Ils prétendent que le Premier ministre autoproclamé de la RPD, Alexander Zakhartchenko, se trouve dans les lieux, accompagné par sa Garde républicaine[354].

Tourine produit le sauf-conduit délivré par les services de Vladislav Sourkov à Moscou puis explique à ses ravisseurs la raison de sa présence en RPD : il est à la recherche d'un Américain disparu. Les officiers du MGB lui font part de la complexité de sa tâche. Moscou est en train de renforcer les brigades de volontaires en les plaçant sous commandement centralisé. De nombreux miliciens se retrouvent désormais bloqués dans des camps dirigés par des chefs qui s'accrochent à leur pouvoir et refusent l'intégration dans la structure militaire de la RPD. Tourine, qui se souvient de Tchibis, le commandant de brigade dont il a entendu parler à Rostov, leur demande où le trouver, dans l'hypothèse où Billy serait une victime collatérale de ces luttes de pouvoir.

Les officiers du MGB relâchent Tourine. Dehors, il hèle un taxi. Direction la route H21, en dehors de Donetsk. Le cosaque avait conseillé à Tourine de se rendre dans deux villages au sud-est de Donetsk, à une trentaine de kilomètres, Starobechovo et Ilovaïsk, où se dresse un point de contrôle militaire.

Le taxi approche du *check-point*, surveillé par des hommes lourdement armés. Dans cette zone de guerre, Tourine a fini par s'y habituer et il connaît sa partition. Il pense que Billy pourrait se trouver dans la caserne qui se situe juste après le barrage routier.

Il sort de la voiture, accoste les miliciens et leur dit qu'il cherche un Américain qui se fait appeler Vassili. Tourine sollicite un entretien avec Tchibis. Les paramilitaires le toisent. Très vite, la situation s'emballe. Sous le prétexte d'assurer sa sécurité, ils insistent pour qu'il reparte chez lui. Tourine observe la route par-delà le barrage et se demande si Billy se trouve dans les environs. Mais il comprend qu'il ne pourra pas aller plus loin.

*

Tourine franchit une nouvelle fois la frontière et rentre à Moscou. Il écrit aux Reilly pour leur raconter son interrogatoire serré, alors qu'il était aux mains du MGB de la RPD. « Si Billy est soupçonné d'espionnage, alors ces mêmes personnes qui m'ont questionné doivent le retenir prisonnier, analyse Tourine. Mais pour quelle raison ? Je n'en suis pas certain. Peut-être leur servirait-il de joker dans le cas de négociations avec l'AU [armée ukrainienne] qui porteraient sur l'échange de prisonniers ? Peut-être, oui. Si c'est le cas, Billy doit être à peu près en sécurité. Ils ne le tortureront pas, ils ne le laisseront pas mourir de faim. »

Les Ukrainiens et les séparatistes ont déjà échangé des prisonniers[355]. Et Billy, du fait de sa nationalité, aurait une grande valeur. La perspective qu'il soit devenu une vulgaire marchandise dans cette guerre bouleverse Terry et Bill, malgré l'affirmation de Tourine, lancée avec une certaine désinvolture, qu'il ne ferait pas l'objet de mauvais traitements.

Le détective s'efforce d'inscrire la situation de Billy dans le contexte plus vaste du conflit. Il évoque le protocole de Minsk, accord international qui prévoit des cessez-le-feu dans le Donbass, mais ces derniers n'ont jamais tenu très longtemps. Il régit également l'échange des prisonniers de guerre. « Mais certains commandants ont peut-être choisi de garder des prisonniers pour assurer leur sécurité personnelle, écrit Tourine, ou parce qu'ils n'ont pas pu récupérer leurs hommes ou leur famille détenus par l'AU et parce qu'ils ont besoin d'un Américain de “valeur” en tant que monnaie d'échange. »

Tourine apporte toutefois une conclusion positive à son rapport. « Aucune autorité de la région n'avait connaissance de cette affaire. Elles devront désormais faire preuve de responsabilité, car elles ne pourront protéger le secret plus longtemps. » Le constat peut paraître naïf, étant donné la brutalité de cette guerre, mais les Reilly s'y raccrochent.

« Je vous en prie, continuez de le chercher, répond Bill. Nous ne savons pas quoi dire, nous ne savons pas quoi faire. Mais, grâce à Dieu, nous le retrouverons[356]. »

*

En parallèle, les Reilly poursuivent leur combat aux États-Unis. Ils appellent les bureaux des sénateurs du Michigan Gary Peters et Debbie Stabenow, ainsi que les services de Mike Bishop, leur représentant à la Chambre. Chaque membre du Congrès dispose d'une permanence chargée de recueillir les doléances de ses administrés[357].

Dès qu'ils contactent un nouvel intermédiaire, Bill et Terry doivent inlassablement répéter leur histoire. Un effort épuisant, mais indispensable. Ils envoient tous les documents en leur possession et partagent les informations dont ils disposent au sujet du FBI. Au téléphone, les équipes qui leur répondent semblent impersonnelles, parfois débordées, comme si l'affaire Reilly n'était qu'une corvée supplémentaire qui ne leur rapporterait pas grand-chose.

Noël 2015 approche et les Reilly ne sont pas d'humeur à le fêter. La disparition de Billy les accapare. Ils l'imaginent dans une prison ténébreuse. Ou bien en train de peaufiner un plan machiavélique pour le compte d'une agence américaine. Ils fréquentent l'église tous les jours, assistent à la messe et prient pour leur fils.

« La tristesse emplit nos cœurs, mais nous gardons la foi, écrit Bill à Tourine vers la fin de l'année 2015. De quel plus beau cadeau de Noël pourrions-nous rêver que le retour de Billy[358] ? »

Le contact de Tourine au bureau du comité d'enquête de la Fédération de Rostov l'appelle. Selon lui, il aurait été difficile de cacher l'enlèvement ou l'assassinat d'un Américain au camp de Rostov, car le ministère de l'Intérieur a pour obligation de suivre à la trace les combattants qui y séjournent. Des enquêteurs du comité ont interrogé de nombreux volontaires et aucun n'a fourni d'informations utiles au sujet de Billy. « Pourquoi ? écrit le détective à Bill. Parce que Billy a quitté la caserne pour se rendre en RDP/RPL [c'est-à-dire à Donetsk ou Louhansk, en Ukraine]. »

Tourine ne peut apporter de preuve à la conclusion qu'il avance, mais, par petites touches, il brosse un tableau d'ensemble. Il affirme avoir « retrouvé 20 à 25 % des pièces du puzzle ».

Trois jours avant Noël, Tourine envoie un message. Un haut responsable du comité d'enquête de Rostov l'a appelé pour lui poser une série de questions sur la RPD. « C'est assez inquiétant », confie Tourine. Ce coup de fil le convainc en effet que le comité d'enquête a réuni les preuves qui montrent que Billy a traversé la frontière et a plongé dans l'anarchie du Donbass.

Toutefois, il ne s'agit que de suppositions. Après tout, ce n'est qu'un disparu de plus dans cette guerre, ce qui complique la tâche de Tourine.

Les autorités n'ont ni l'envie ni même le temps ou les ressources de chercher des indices et d'explorer des pistes. Le cas de Billy reste une énigme en suspens parmi tant d'autres. La seule caractéristique qui le distingue, sa nationalité, fait de lui une curiosité. Ni plus ni moins. Tourine continue son enquête, mais par où commencer ? Quelqu'un sait ce qui est arrivé au jeune Américain… mais qui ? Tourine reprend alors depuis le début.

Après avoir parlé plusieurs fois au téléphone, Tourine et Polinkov finissent par se rencontrer en tête à tête. Le privé, honnête, ne lui cache pas le fait qu'il travaille pour les Reilly. Il s'efforce de rassurer Polinkov en lui affirmant que Terry et Bill ne sont animés que par la volonté de retrouver leur fils. Ils ne cherchent pas de coupable et ne veulent pas porter l'affaire devant la justice.

Polinkov prétend avoir sondé ses contacts après ses échanges avec Bill Reilly, à l'automne, et avoir appris que Billy avait été expulsé. Il affirme compatir à la situation de Terry et Bill, mais ignore comment les aider.

Tourine pense cependant que Polinkov lui cache encore des informations et il s'efforce de se rapprocher de sa cible pour pouvoir les déterrer. Au cours de l'une de leurs conversations, Polinkov a mentionné que sa petite amie cherchait un emploi. Tourine y voit une ouverture et engage la compagne de Polinkov comme secrétaire. Dès lors, les deux hommes sympathisent. Et le recruteur va finir par se confier au détective. Billy n'a pas été expulsé, lui raconte-t-il. L'Américain est détenu par le FSB[359].

Polinkov a déjà donné cette version à Bill durant l'automne et Tourine n'est pas surpris de l'entendre à son tour. Mais quelque chose dans le ton de Polinkov force Tourine à le prendre au sérieux. Il paraît logique que le FSB se soit intéressé de près à un Américain furetant du côté russe pendant la guerre. Le FSB, en tant qu'agence responsable du contre-espionnage, chapeaute la traque des espions. Et ses agents auraient manqué à tous leurs devoirs s'ils n'avaient pas amené Billy dans leur bureau pour une petite discussion.

Tourine rappelle son contact du FSB à Moscou et le presse de faire davantage d'efforts. L'agent du FSB perd patience. Il l'engage vivement à « se détendre[360] ».

Cette réaction pique sa curiosité au vif. En pleine introspection, il s'interroge de nouveau. Les autorités russes cachent-elles sciemment des informations parce que Billy est américain, au moment où les deux pays redeviennent adversaires ?

CHAPITRE 22

LA LISTE

Le FBI et le FSB entretenaient des relations de travail efficaces. Elles avaient commencé assez tôt, dès le début de l'ère postsoviétique. En 1994, la Russie avait accepté la proposition du FBI d'installer un *legat* à l'ambassade américaine[361].

La Russie et les États-Unis avaient des intérêts communs dans leur combat contre le terrorisme, le crime organisé et la surveillance des flux d'argent sale provenant d'Eurasie injectés dans le système bancaire et le marché immobilier américains. Lorsque Viatcheslav Ivankov, dit Yapontchik, un célèbre criminel russe, a émigré à New York, au début des années 1990, pour y poursuivre ses activités, les autorités russes ont alerté le FBI, qui n'avait pas conscience de la signification ni de l'importance de cet événement. Les services criminels du Bureau, toujours focalisés sur la Mafia (la *Cosa nostra* ou LCN, selon la nomenclature du FBI), n'étaient pas préparés à la vague d'ex-détenus soviétiques, à la fois impitoyables et aguerris, qui voyaient la société américaine comme un nouvel eldorado. Grâce à ce premier tuyau, le FBI s'est réorganisé. L'unité LCN a disparu et ses hommes ont été redéployés dans le département de lutte contre le crime organisé eurasiatique[362].

Après le 11-Septembre, les relations entre le FBI et le FSB se sont encore approfondies, notamment à travers l'antiterrorisme, mais, en 2010, elles ont connu un coup d'arrêt. En effet, cette année-là, deux dossiers fédéraux américains ont entraîné des répercussions politiques en Russie.

Un aviateur indépendant de Rostov-sur-le-Don, Konstantin Iarochenko, cherchait du travail en Afrique. Grâce à des intermédiaires, il est arrivé au Liberia, où des trafiquants de drogue avaient besoin de pilotes. Le réseau importait la cocaïne d'Amérique du Sud jusqu'au Liberia, pays devenu une plaque tournante de la distribution internationale. Iarochenko a accepté la mission proposée, mais il ignorait que la DEA enquêtait sur ce cartel depuis que ses chefs avaient prévu de vendre une partie de la drogue sud-américaine aux États-Unis. À l'issue de son arrestation, lors d'une opération qui associait la DEA et la police libérienne, en 2010, Iarochenko a appris sa mise en examen aux États-Unis. Un juge de Manhattan le condamnera à une peine de vingt ans de prison[363].

Les services de sécurité américains n'avaient jusqu'alors jamais appréhendé un ressortissant russe dans un pays étranger pour l'extrader sur leur propre sol afin qu'il réponde de ses actes devant la justice américaine. Les autorités russes, contrariées, ont d'abord cru à une erreur. Iarochenko n'avait jamais introduit de drogue aux États-Unis. Il ne s'y était même jamais rendu. Sergueï Lavrov, le ministre des Affaires étrangères russes, a tenté de convaincre Hillary Clinton, son homologue[364]. Mais les autorités américaines n'ont pas cédé. Peu importe que Iarochenko n'ait jamais fait entrer de contrebande aux États-Unis. Il avait l'intention de le faire. Or « l'entente en vue de commettre une infraction » est une infraction dans le Code pénal américain[365].

Les autorités de Moscou ont donc protesté, puisque les États-Unis imposaient une interprétation juridique américaine à des ressortissants étrangers dans un pays tiers. Il s'agissait, selon la Russie, d'un abus de pouvoir, symptôme de l'usage excessif par les États-Unis de leur puissance diplomatique et économique pour s'en prendre unilatéralement à des citoyens russes. Le ministère des Affaires étrangères russe a dénoncé l'enlèvement de Iarochenko par les États-Unis[366]. L'emprise de la DEA sur le Liberia illustre l'élargissement des missions du FBI au niveau international qui a suivi les événements du 11-Septembre. Chaque agence voulait une part du gâteau global.

Quelques mois après l'interpellation de Iarochenko, le problème s'est représenté, cette fois en Thaïlande. Les autorités américaines se sont substituées à leurs homologues thaïlandaises lors de l'arrestation de Viktor Bout, un ancien interprète de l'armée soviétique, accusé d'avoir vendu des armes pendant des années à des seigneurs de guerre dans toute l'Afrique. Bout est une personnalité si connue que Iarochenko lui-même, alors qu'il ne l'avait apparemment jamais rencontré, s'en était recommandé durant son entretien au Liberia afin de mieux défendre sa candidature. La Russie a perdu sa bataille diplomatique face aux Américains et Bout s'est envolé de Thaïlande menottes aux poignets. La cour fédérale de Manhattan l'a condamné en 2012 à une peine de vingt-cinq ans de prison[367].

Comprenant désormais qu'il ne s'agissait pas d'une erreur, Poutine et Lavrov ont réclamé la libération de Bout[368]. La nouvelle méthode d'application internationale du droit par les États-Unis s'imposait comme une évidence.

Mais, à l'instar des États-Unis, d'autres pays adaptaient également leur approche internationale. Pendant que Poutine prononçait ses discours, le Kremlin envoyait des assassins éliminer des ennemis ou des agents occidentaux. De telles opérations existaient depuis la guerre froide, dans les deux camps. Désormais, la Russie faisait sciemment preuve d'impudence, voire de négligence. Car il s'agissait d'intimider, de terroriser. Il fallait montrer que Moscou relevait la tête, redevenait menaçante. La Russie a également hébergé des cybercriminels qui visaient des entreprises et des investisseurs américains. Moscou a en outre renouvelé ses efforts pour influencer les scrutins aux États-Unis et en Europe en ciblant les électeurs et en finançant des partis alliés.

Les États-Unis, qui encaissaient ces attaques inédites, n'avaient pas dit leur dernier mot. Washington s'apprêtait en effet à tenir la Russie et le régime de Poutine responsables d'infractions présumées commises sur le territoire russe.

En 2009, un comptable russe, Sergueï Magnitski, impliqué dans la dénonciation d'un système de fraude fiscale qui mettait en cause de hauts fonctionnaires russes, est mort des suites de mauvais traitements et de négligence dans une prison russe. En 2012, le Congrès américain a promulgué une loi portant son nom. Elle dotait la Maison-Blanche d'outils permettant de sanctionner les personnalités russes compromises dans cette organisation et dans le décès de Magnitski. Or, la plupart d'entre elles travaillaient pour le ministère de l'Intérieur : il s'agissait de policiers appartenant à une agence fédérale[369].

Lors d'une première salve, Obama a sanctionné dix-huit Russes. Cette loi a aussi offert aux États-Unis la possibilité de cibler des citoyens et des sociétés russes qui n'avaient aucun lien avec la mort de Magnitski, mais qu'on soupçonnait d'être impliqués dans la violation des droits de la personne humaine. En fin de compte, les sanctions américaines s'attaquaient aux affaires et à la politique russe et excluaient des personnalités éminentes du système financier international, en gelant leurs avoirs, par exemple. Les banques occidentales ne pouvaient plus y toucher[370].

La « liste Magnitski », comme on a bientôt appelé ce fichier, exaspérait les autorités russes, ce qui prouvait son efficacité ; elle allait entraîner de graves complications pour les agents du FBI qui œuvraient au sein de l'ambassade américaine de Moscou. Elle a aussi ravivé les tensions qui existaient entre le politique et l'opérationnel. À Washington, en effet, juristes et hauts fonctionnaires cherchaient à étendre la liste sans se préoccuper des conséquences sur la première ligne[371].

D'abord sur une base trimestrielle, le département de la Justice envoyait au *legat* de Moscou, Don Robinson, un inventaire de personnes à ajouter sur la liste Magnitski. Robinson dévoilait le nom des suspects, en toute confidentialité, à ses homologues russes et il leur donnait la possibilité de plaider en faveur du retrait de l'un ou l'autre, avant que le fichier soit finalisé et publié. Côté russe, la plupart du temps, on refusait ces inscriptions. Et Robinson n'y pouvait rien.

« Il s'agissait d'un point de friction continuel, me confiera Robinson plus tard. Et notamment parce que, parmi nos principaux agents de liaison, certains figuraient sur la liste. » S'il admettait l'importance et l'utilité de la liste Magnitski, il devait en même temps gérer des problèmes judiciaires pratiques ainsi que des missions touchant à la sécurité nationale. « Vous voulez leur parler ou non ? Vous voulez inscrire le chef du FSB sur la liste et ensuite que j'aille à la Loubianka [le quartier général du FSB] pour discuter comme si de rien n'était ? On essaie de bosser ensemble. Et là, ça pose un sérieux problème. »

Les affaires Bout et Iarochenko, et surtout la liste Magnitski, ont jeté les bases de la dégradation des relations entre la Russie et les États-Unis. Et en 2014, lorsque la Russie annexe la Crimée et fait passer troupes et matériel dans le Donbass, les liens entre le FBI et le FSB avaient pratiquement été rompus. « Nous sommes tombés de haut, analyse Robinson. Fini le temps où l'on pouvait arriver dans leurs bureaux. “Salut, les gars, j'ai une grosse affaire à Détroit. Un Russe est impliqué. Vous avez quelque chose sur lui ?” Je leur écrivais mes questions sous la forme d'une petite note, la leur remettais, et ça fonctionnait. »

Dès lors que les États-Unis et leurs alliés sanctionnent et pénalisent Moscou en raison des événements de Crimée et du Donbass, le FSB réduit donc ses contacts avec le FBI. Les Russes réclament désormais que chaque requête présentée par l'équipe de Robinson le soit sous la forme d'un document correspondant aux normes du traité d'entraide judiciaire mutuelle (TEJ), qui lie les deux pays. Une requête TEJ ne peut s'affranchir de diverses étapes administratives et doit notamment passer par le département de la Justice américain, puis par le ministère de la Justice russe, qui le ventile ensuite vers les agences russes ad hoc. Robinson et ses collègues du FBI en Russie et aux États-Unis ont l'impression que cette procédure est minutieusement conçue pour ne mener à rien. D'ailleurs, les autorités russes retoquent souvent les requêtes TEJ en prétendant qu'elles n'ont pas été rédigées en bonne et due forme. « La situation n'a fait qu'empirer, constate Robinson. Il n'y avait pratiquement plus aucun contact[372]. »

Les relations entre le FBI et le FSB, ou entre les deux gouvernements, n'ont jamais été faciles, mais la coopération existait. Cette fois, c'en est bien fini. On s'accuse mutuellement. Les réactions montent d'un cran. Fini le temps où une simple discussion entre services de police russes et américains suffisait à pouvoir régler un problème, même des plus épineux. Y compris s'il concernait un membre de l'une des agences en danger sur le territoire de l'autre.

CHAPITRE 23
INCITATIONS

Fin 2015. Les mois ont filé depuis que Terry et Bill ont engagé Dmitri Tourine, le détective privé, et ils ne comprennent pas pourquoi ses rapports ne produisent aucun résultat tangible. Bill presse Tourine : il faudrait qu'il incite les comités d'enquête de la Fédération à Moscou et à Rostov à interroger Bronia le Kalmouk et Mikhaïl Polinkov. Ce qui paraît en effet l'évidence même. Tourine accepte, mais l'avertit des complications probables.

Les enquêteurs russes, lui raconte-t-il, « réagissent de manière appropriée quand les affaires viennent d'en haut ». Or, une telle pression ou une telle influence, poursuit-il, ne pourrait être exercée que par l'ambassade américaine à Moscou. « Nous obtiendrions le maximum d'efficacité si elle présentait une note diplomatique demandant aux autorités russes leur aide pour chercher Billy, conclut le détective. Elles sont capables de retrouver n'importe qui à partir du moment où il existe une volonté politique supérieure. »

Bill et Terry se souviennent alors de ce que leur avait raconté Tim Reintjes, l'officier traitant de leur fils, au sujet du *legat* du FBI à l'ambassade américaine. (Don Robinson, quant à lui, a quitté son poste à Moscou un peu plus tôt cette année-là.) L'effort mérite d'être tenté.

Bill téléphone à l'ambassade américaine de Moscou et plaide son cas devant plusieurs responsables. « Ils me disent toujours qu'ils doivent faire remonter le dossier, explique Bill à Tourine. Et ensuite, ils me racontent qu'ils ne savent rien. »

Tourine appelle son propre contact à l'ambassade américaine et obtient une réaction. « Ils envisagent sans doute une approche alternative », annonce Tourine à Bill. Le diplomate se serait contenté de lui répondre : « Nous ne transmettrons aucune note diplomatique à ce sujet[373]. »

Une nouvelle fois, Terry et Bill sont déconcertés. Ils avaient besoin de ce document pour persuader les autorités russes de lancer une enquête officielle sur la disparition de leur fils. Ils s'interrogent sur l'intérêt d'entretenir une représentation en Russie si elle ne veut pas exercer son influence. En réalité, la fin de non-recevoir de l'ambassade montre à l'évidence que les États-Unis, qui ne disposent plus que d'un crédit très limité en Russie, ont décidé de ne pas le dilapider en portant assistance à Billy.

Puisque l'ambassade ne daigne pas venir à leur secours, les Reilly réorientent leurs efforts vers l'autre moitié du puzzle, côté russe. Ils écrivent au ministère des Affaires étrangères, à Moscou. Ils se mettent aussi en rapport avec la Croix-Rouge. Ils déposent des demandes officielles à chaque agence, chaque autorité dont ils trouvent le contact en ligne. Un avocat russophone du Michigan les aide à recruter un détective privé à Rostov afin de seconder Tourine. L'enquêteur se fait payer, mais ne produit aucun rapport. Les Reilly parlent également avec un capitaine de la police moscovite à la retraite. Il promet beaucoup, mais ne tient pas parole. En tout cas, lui ne les déleste pas de leur argent. Bill envoie une lettre manuscrite « À l'attention du FSB », avec les mots griffonnés de façon irrégulière sur la page[374]. Tous leurs efforts restent vains.

Bill fait aussi parvenir un message à l'ambassade russe de Washington et reçoit une réponse dans laquelle on admet que la situation de Billy est connue des autorités. « Nous savons que le ministère russe de l'Intérieur travaille actuellement sur cette affaire et se mobilise pour localiser votre fils. Des avis de recherche mentionnant des informations détaillées au sujet de William ont été envoyés dans chaque bureau régional de police. Des demandes ont également été dirigées vers les centres de santé dans le cas où votre enfant aurait été hospitalisé. »

Les Reilly sont coincés. Billy est-il à ce point insignifiant aux yeux de ces organismes officiels qu'ils ne veulent pas perdre leur temps à essayer de le trouver ? Ou bien, au contraire, est-il si important que sa disparition représente une menace ?

Quant à Dmitri Tourine, ce privé aguerri, il tire son propre bilan de cette affaire. D'abord, il s'agissait d'un défi inédit, d'une pause bienvenue parmi les filatures de femmes infidèles ; un retour à l'idéalisme de ses débuts et un véritable travail d'investigation. Selon lui, l'affaire a changé de braquet. Jusque-là, il avait rarement connu d'enquête qui soit au-delà de ses compétences, mais, cette fois, le moral s'effondre. Il soupçonne l'existence, tapies dans l'ombre, de forces plus redoutables.

En 2016, Tourine remonte à pied la grande avenue Tverskaïa qui part de la place Rouge et s'élève lentement vers le nord-ouest. Il dépasse les foules de voyageurs massées devant les entrées de métro et celles qui se déversent sur les trottoirs à la sortie des magasins et des cafés. Il pousse la porte d'un théâtre et grimpe à l'étage[375].

À l'intérieur d'un bureau, suspendu au mur, le portrait de Félix Dzerjinski le toise. Ce noble polonais, devenu communiste, a créé en 1917 la Tchéka, première police politique bolchévique. Pendant et après la guerre civile russe, il a commandé la campagne contre les présumés contre-révolutionnaires, qu'il a fait assassiner par milliers sans procès, et a orchestré la « Terreur rouge ». Au fil des décennies et des évolutions administratives, la Tchéka se muera en KGB, qui survivra jusqu'à nos jours en Russie sous le nom de « FSB »[376].

Pendant trente-trois ans, une statue de Dzerjinski s'est dressée devant le siège du KGB, la Loubianka, surveillant la place balayée par les vents. À l'aube des années 1990, avec la disparition de l'URSS, Dzerjinski symbolisait la brutalité du système soviétique. En août 1991, la foule a essayé de déboulonner le monument. Les autorités moscovites ont achevé le travail[377]. Mais les vieilles marottes ont la vie dure. En 2005, la police de Moscou a inauguré un monument à sa gloire dans son quartier général[378]. Dzerjinski est mort en 1926, voici près de un siècle ; pourtant, avec son portrait, bouc broussailleux et sourcils froncés, accroché aux murs des services de sécurité de toute la Russie, il semble toujours présider à leur destinée.

Un ancien haut gradé du FSB rejoint Dmitri Tourine dans le bureau au-dessus du théâtre. Le détective explique qu'il est venu chercher conseil et résume l'affaire Reilly. Un Américain a disparu pendant la guerre du Donbass. Il a travaillé pour l'antiterrorisme au FBI. Des agents du FBI sont passés chez lui dans le Michigan après sa disparition et ont saisi plusieurs de ses appareils électroniques.

Le silence s'abat dans la pièce après la brève présentation de Tourine. « Que feriez-vous ? », demande-t-il.

L'ex-ponte du FSB réfléchit. Il fronce le nez. Et sort sans prononcer un mot. « Sa réaction m'a semblé tellement évidente, me dira Tourine plus tard. Je ne devais pas m'occuper de cette affaire. Restait un petit problème : je l'avais déjà acceptée[379]. »

Tourine ne va pas la lâcher. Au printemps, près de un an après l'arrivée de Billy en Russie, le privé élabore une nouvelle stratégie. Il envoie un e-mail à Bill Reilly et le prévient qu'il a « conçu un plan dont il faudra discuter ». Cette approche inédite s'intéresse à Vladislav Sourkov, l'homme dont les services avaient accordé un sauf-conduit au détective. Sourkov est responsable des échanges de prisonniers de guerre entre Kiev et les forces russes du Donbass. Tourine suggère que les Reilly offrent une « incitation » à Sourkov[380].

Les pots-de-vin, une pratique courante en Russie, graissent les rouages des affaires, de la politique et du crime. C'est d'ailleurs en arrosant des fonctionnaires que Tourine et ses homologues récupèrent la plupart des informations qui leur permettent d'enquêter. Tourine n'est pas le seul à procéder ainsi. Il faut soudoyer les douaniers pour importer une voiture étrangère. Soudoyer pour éviter le service militaire. Soudoyer pour passer les inspections obligatoires des logements. Soudoyer pour changer le nom sur un acte de propriété. Les pots-de-vin, dès lors qu'ils représentent des montants colossaux, deviennent frauduleux, mais, la plupart du temps, il s'agit de petites sommes négligeables, ordinaires. En Russie, on intègre les dessous-de-table au coût de la vie.

Lorsqu'une telle enveloppe est versée, un intermédiaire revendique parfois sa part, jusqu'à 50 % de la transaction. Ce n'est pas pour autant une arnaque. C'est le prix à payer pour faire des affaires. Quant au service demandé, il sera, la plupart du temps, honoré.

Tourine pense donc qu'un dessous-de-table réussira où il a échoué. Il a eu recours à tous ses contacts et il a employé toutes les méthodes d'investigation connues. Il doit faire preuve d'imagination. Or, Vladislav

Sourkov appartient au premier cercle du pouvoir russe. Contrairement à Mikhaïl Polinkov. Sourkov conseille Vladimir Poutine. Sourkov peut trouver Billy. Il peut le renvoyer chez lui. « Cela nous garantira une solution définitive à notre problème », écrit Tourine à Bill. Le privé croit que 8 000 dollars feront l'affaire.

Bill et Terry ne savent pas quoi faire. Ils auraient bien entendu payé avec joie 8 000 dollars, 800 000 même, pour retrouver leur fils. Mais ils ignorent ce que ce dessous-de-table leur rapportera réellement.

Ils ont déjà payé Tourine une vingtaine de milliers de dollars et n'ont pas le sentiment d'avoir avancé. Combien d'argent vont-ils encore devoir verser ? Malgré les rapports et les photos du Donbass qu'ils ont reçus, les Reilly se demandent si leur détective est un jour sorti de Moscou. « J'ai l'impression qu'il se fout de nous », lance Terry à son mari.

Bill hésite à virer la somme, que Tourine s'empresse alors de réduire à 5 000 dollars. Les Reilly ont soudain le sentiment de faire l'objet d'un marchandage. « C'est à ce moment-là qu'on a su, vous voyez », me confiera Bill plus tard. Ils pensent que Tourine a rejoint la longue liste des profiteurs qui abusent de leur désespoir. Ils décident alors de lui retirer l'affaire[381].

*

Billy n'est pas le seul Américain lié à une agence de renseignement de son pays porté disparu dans une contrée hostile. Robert Levinson, ancien agent de la DEA et du FBI, s'est évanoui sur l'île de Kich, en Iran, alors qu'il assurait une mission pour le compte de la CIA en 2007. En 2010, la famille de Levinson a reçu une vidéo qui le montrait en captivité. L'année suivante sont apparues de nouvelles photos du captif, longue barbe grise et cheveux hirsutes. L'enquête interne relative à l'affaire Levinson a établi que la CIA n'aurait jamais dû l'y envoyer. L'Iran, au même titre que la Russie, constitue l'un des environnements les plus dangereux pour le personnel américain.

Durant les mandats du président Obama, le directeur du FBI Robert Mueller ainsi que les attorneys généraux Eric Holder et Loretta Lynch ont gardé le contact avec la famille Levinson. Ils lui ont affirmé que les services de l'État restaient mobilisés[382]. Le premier attorney général de Trump, Jeff Sessions, a soudain fait volte-face. Il n'a pas souhaité prolonger les échanges avec les Levinson sous prétexte qu'il n'était pas du ressort de l'État de les aider. Selon Sessions, Levinson a assumé le risque de se rendre en Iran[383]. Plus tard, l'administration Trump a toutefois augmenté la prime offerte en échange d'informations relatives à la situation de Levinson et sanctionné deux responsables iraniens pour leur participation présumée à son enlèvement[384].

Les États-Unis détournent souvent le regard quand une opération tourne mal, à l'image de ce qui s'est produit après le meurtre de Freddie Woodruff. Officier de la CIA agissant sous couverture en Géorgie au moment où le pays s'efforçait de se détacher de la Russie, il est assassiné en 1993, tué par balle dans sa voiture, à la périphérie de Tbilissi, la capitale. Le gouvernement géorgien a maladroitement tenté d'étouffer l'affaire avant de poursuivre en justice un innocent. Washington, qui s'est contenté d'accepter les rapports des autorités géorgiennes plutôt que de les pousser à enquêter, a sacrifié Woodruff sur ce nouveau champ de bataille post-guerre froide[385].

Ces deux épisodes illustrent l'attitude de Washington à l'égard de deux officiers, Levinson et Woodruff, des professionnels aguerris, l'un tué et l'autre enlevé à l'étranger. Billy ne jouit pas de leur statut. Quoi de plus facile pour Washington que d'ignorer cet électron libre, cet amateur, cette simple CHS ?

Les Reilly affrontent désormais la frustration que de nombreuses familles ont connue pendant des années. En effet, la plupart du temps, les parents d'Américains disparus ou enlevés à l'étranger ne savent pas vers qui se tourner.

Étant donné le nombre d'Américains qui voyagent à l'étranger pour le tourisme ou les affaires, il est inévitable que certains connaissent des problèmes. Chaque mois ou presque, un Américain est enlevé contre rançon ou emprisonné à l'étranger sous une accusation fallacieuse. Sous-traitants du gouvernement. Cadres dans le secteur de l'énergie. Humanitaires. Touristes qui se trouvent au mauvais endroit au mauvais moment. Des Américains travaillent au quotidien dans des pays instables d'Afrique, d'Asie et d'Amérique du Sud, où ils représentent une valeur certaine pour des organisations criminelles liées parfois à la police ou au gouvernement[386].

Il ne s'agit certes pas d'une épidémie, mais d'une préoccupation constante à laquelle, depuis des décennies, l'État cherche à répondre.

La responsabilité de l'assistance des ressortissants américains à l'étranger n'a jamais été clairement établie au sein de l'administration. Chaque cas s'avère différent et les affaires peuvent s'étirer sur plusieurs mois, voire plusieurs années. Les familles des personnes disparues attendent du gouvernement qu'il libère leur proche. Mais il s'agit de dossiers complexes. Certains États, comme l'Italie ou l'Espagne, paient le plus souvent en secret les rançons demandées et contribuent ainsi à créer un marché. Pas les États-Unis, du moins officiellement. Souvent, l'administration fait appel à un représentant extérieur cultivant des liens utiles avec le pays concerné[387].

Dans les années 1980, Jesse Jackson est entré en scène. Leader charismatique du mouvement des droits civiques, candidat à l'investiture démocrate en 1984 et 1988, Jackson critiquait l'état des relations internationales aux États-Unis. Ce qui lui attirait la sympathie de dirigeants internationaux dans des pays hors de la sphère européenne, où il jouissait d'un statut particulier. Cet orateur brillant voyageait beaucoup et savait comment utiliser la presse pour diffuser ses idées.

Or, il était populaire dans certains endroits de la planète où se produisaient des enlèvements d'Américains. Aussi, quand des citoyens des États-Unis se trouvaient injustement incarcérés ou ravis contre rançon, il grimpait souvent à bord d'un avion pour mener des négociations sensibles. Et il s'y rendait généralement de son propre chef, sans consulter quiconque à Washington.

Au cours des années, Jackson a réussi à faire relâcher des ressortissants américains en Colombie, en Gambie, en Irak, en Syrie, et à Cuba, entre autres pays. Il se montrait efficace. Bien entendu, il s'attirait la reconnaissance des familles des personnes libérées, tout en mettant l'État dans une position difficile. À partir du mandat de Ronald Reagan, il a donné du fil à retordre aux administrations successives. Car despotes et organisations terroristes partageaient la table de Jackson avant de diffuser images et vidéos de leurs réunions, ce qui leur permettait de cultiver leurs relations publiques. Un moyen pour eux, mais aussi pour Jackson, de provoquer les États-Unis et d'obtenir une tribune. Le révérend conduisait sa propre diplomatie et a fini par voler la vedette au département d'État et à la Maison-Blanche[388].

Il leur faudra des décennies, mais, en fin de compte, les États-Unis ont officialisé leur approche concernant citoyens américains retenus en captivité à l'étranger. Et elle sera promulguée, incidemment, le jour même de la disparition de Billy Reilly en Russie. Le 24 juin 2015, l'administration Obama crée la Hostage Recovery Fusion Cell (« Cellule mixte de récupération des otages »).

Comme la JTTF, la Cellule de récupération réunit des fonctionnaires d'agences et de ministères divers, dont le département de la défense et le département d'État. Elle organise les efforts pour ramener chez eux les Américains en détresse. Une cinquantaine de personnes travaillent à temps plein dans cette cellule, dont le quartier général se trouve à Washington, au siège du FBI. D'ailleurs, c'est le FBI qui en a pris la tête[389].

En 2018, trois ans après la création de la cellule, une porte-parole annonce qu'elle a contribué à libérer près de deux cents Américains retenus à l'étranger. Mais la cellule ne peut aider tous les Américains en difficulté hors des États-Unis. C'est impossible, en raison de leur nombre. Les responsables doivent faire une sélection du fait des contraintes budgétaires et d'un objectif qui, comme son nom le suggère, reste limité. Elle se concentre sur les otages, c'est-à-dire les ressortissants américains enlevés. Et ceux qui ont disparu, tel Billy, apparemment, ne tombent pas dans ses attributions.

Un autre groupe d'individus non plus : les Américains qui ont rejoint des mouvements étrangers hostiles à la politique des États-Unis, à l'instar des bataillons de volontaires formés en Russie. Ceux-là doivent se débrouiller seuls[390].

Les Reilly n'ont aucune preuve que Billy a rallié une brigade dans le Donbass. Peut-être, en réalité, n'a-t-il pas disparu ? Peut-être a-t-il été arrêté arbitrairement ou pris en otage en Russie ? La cellule, en regroupant plusieurs agences, semble avoir été créée sur mesure pour les Reilly.

Mais Terry et Bill ignorent tout de son existence. Les agents du FBI qui ont promis aux parents de Billy qu'ils recherchaient leur fils ne leur ont pas parlé du principal outil gouvernemental dédié à ces investigations.

Tandis que l'enquête piétine, en ce début d'année 2016, les Reilly, seuls, se fraient un chemin à tâtons dans l'obscurité. Le soir, à Oxford, Bill et Terry se promènent dans les bois. Munis de lampes frontales, ils marchent au crépuscule. Pendant ces marches, en esprit, ils tendent la main à Billy. Ils extériorisent leurs émotions. Ils bavardent avec Billy comme s'il était présent, avec eux, au creux de la forêt. Terry lui dit qu'il n'est pas responsable de la situation dans laquelle il se trouve. Il ne doit pas s'en vouloir. Quant à Bill, il s'excuse. Il exprime enfin à haute voix ce qu'il ressent pour son fils et qu'il n'a jamais réussi à lui dire. « Pendant un bref instant, on regarde la lune à travers les arbres, me confiera Bill plus tard, et on a l'impression de lui parler. Et qu'il nous répond. »

Chaque matin, ils guettent les nouvelles de Billy. Un après-midi à Oxford, Bill trie le courrier lorsqu'il remarque une enveloppe qui porte une adresse de retour familière. Il appelle Terry. « Bishop nous a écrit ! » Il s'agit de Mike Bishop, membre du Congrès, élu de leur circonscription. Bill déchire l'enveloppe. Bishop lève des fonds pour sa prochaine campagne. Pour les Reilly, ce courrier leur prouve que leurs représentants cherchent uniquement le pouvoir, non à défendre leurs administrés.

Toutefois, ils gardent encore espoir en Matt Steele, au département d'État. Steele n'est pas un élu. Son gagne-pain ne dépend pas d'une candidature et d'une victoire aux élections. Il ne va pas leur demander un don. Et Billy, lui aussi, a travaillé pour le gouvernement en tant que source humaine confidentielle du FBI.

Steele appelle les Reilly. Il a parlé à un responsable du FBI, mais n'a aucune information supplémentaire. Il adopte un ton réconfortant, mais leur dit qu'il ne peut plus rien pour eux. Ses appels cessent. Il ne les aidera plus. Peu après, il est muté des affaires consulaires à un autre service du département d'État, fonctionnaire anonyme parmi les vingt-cinq mille qui peuplent cette machinerie bureaucratique[391].

Les Reilly attendaient de Washington ce que Washington ne pouvait leur donner. Du reste, la situation de Billy n'offre pas de solution simple. Obtenir la libération d'un otage ou d'un captif américain retenu par un groupe radical ou un gouvernement étranger nécessite des mois, voire des années de négociations délicates et ces tractations doivent en outre tenir compte de questions plus générales tenant à la diplomatie et aux intérêts de la nation. De plus, ce mécanisme concerne uniquement les dossiers connus, lorsque le prisonnier est localisé ou ses ravisseurs identifiés par les États-Unis. Le cas de Billy s'avère plus complexe. Les Reilly ne savent pas où il se trouve. Et, manifestement, personne en Russie ne cherche à négocier.

Mais ces nuances leur importent peu. Billy a donné cinq ans de sa vie au Bureau. Ses parents avaient cru que le FBI en tiendrait compte. A contrario, il semblerait plutôt que ce lien joue en sa défaveur.

Après avoir épuisé leurs options à Washington, les Reilly sentent une nouvelle émotion les submerger. La colère.

CHAPITRE 24

« M. TRUMP ! »

En décembre, l'année de la disparition de Billy, étant donné que Terry et Bill ne décorent pas leur maison comme ils le font traditionnellement, un voisin les interroge. Ils s'excusent timidement, mais ne s'expliquent pas. Ils ne souhaitent pas se confier. La rumeur enflerait à Oxford et aux alentours et leur attirerait la sollicitude de leurs voisins. Ils passeraient. Voudraient connaître les détails. Ils feraient des suggestions bien intentionnées, certes, mais si exaspérantes, sur la conduite à tenir. Certains se mettraient même peut-être à porter des rubans jaunes*. Bill et Terry veulent gérer la disparition de Billy comme ils l'entendent et, surtout, ne pas être obligés de la rendre publique.

Personne, à l'exception peut-être de Catie, ne peut comprendre ce qui s'abat sur eux, mélange de détresse, de frustration et de rage. Personne ne peut comprendre ce qu'ils ressentent face à l'abandon de Washington. Personne ne peut comprendre la terreur qui les étreint quand ils imaginent où se trouve Billy et ce qu'il subit.

Terry et Bill sont seuls. En revanche, ils ont une télévision. Ils regardent parfois les rediffusions de Seinfeld, mais, en règle générale, le poste est allumé sur Fox News et leur journée s'ouvre souvent sur le talk-show matinal, *Fox & Friends*. Ils éprouvent un véritable attachement pour ce programme, ainsi que pour d'autres émissions de la même chaîne. Les présentateurs et les éditorialistes n'ont pas l'air de porter Washington dans leur cœur, du moins le gouvernement de Barack Obama. Ce qui les rapproche des Reilly.

---

* Symbole de diverses causes aux États-Unis, le ruban jaune a été notamment utilisé lors de la crise des otages américains à Téhéran, en 1979. (*N.d.T.*)

Terry et Bill n'ont jamais ressenti de réel intérêt pour la politique, un sujet de discussion qui les ennuie assez vite. Comme de nombreux électeurs, ils votent à l'instinct lorsqu'il s'agit de décider qui les dirigera. D'ailleurs, ils s'abstiennent assez souvent et ne s'identifient pas à un parti, car le militantisme les écœure. Ils ont l'impression que démocrates et républicains répètent les mêmes vieux programmes depuis des années.

Mais un nouveau genre de candidat se présente à la présidentielle de 2016.

Les Reilly ont regardé et apprécié *The Apprentice*, émission de télé-réalité animée par Donald Trump dans laquelle les participants s'affrontent pour gagner un emploi à son service. Terry et Bill, à l'instar de tant d'autres Américains, considèrent d'abord la candidature de Trump à l'aune de ses émissions. Il joue au concurrent truculent qui fait grimper l'audience, mais ne dépasse jamais les premiers tours. Trump est excessif. Il ne parle pas comme un politicien. Les Reilly le trouvent amusant.

Toutefois, à mesure qu'elle se déroule, entre 2015 et 2016, sa campagne gagne en ampleur et en légitimité. Terry et Bill observent la couverture médiatique très favorable que Fox lui offre. Trump s'invite parfois dans la matinale, *Fox & Friends*, et bavarde avec les animateurs. Il est spontané. Accessible. Et les Reilly le prennent dorénavant plus au sérieux.

Trump ne ressemble pas aux autres professionnels de la politique, que Terry et Bill en sont venus à détester. Il dit que le gouvernement fédéral a déçu le peuple américain. Il dit que le système est truqué, dirigé par des voleurs qui persécutent les plus faibles. Il dit que Washington a trahi ceux qu'il est censé servir. Les Reilly se figurent qu'il leur parle. Ils avaient cru que personne ne comprendrait jamais leur douleur, mais changent d'avis en l'écoutant[392]. En juillet 2016, Trump remporte la primaire républicaine et, pour la première fois depuis la disparition de Billy, un an auparavant, ils se réjouissent.

Le 30 septembre, Terry et Bill se rendent à Novi, à moins de soixante kilomètres au sud d'Oxford, pour voir Trump en personne. Les chants de plusieurs milliers de spectateurs résonnent dans le palais des congrès de Novi. Sur les gradins, on agite drapeaux et banderoles à l'effigie de Trump. Bill et Terry se placent devant la scène. Derrière un pupitre, Donald Trump porte un costume gris et une cravate bleue aux rayures blanches. Sous les projecteurs, il clame devant la foule acquise : « Je suis un outsider et je me bats pour vous[393]. »

Bill et Terry ont l'impression de faire partie d'un mouvement, une lame de fond populaire peuplée d'Américains, frustrés et en colère, abandonnés par la classe politique. Trump parle de changer le système, de reprendre le pays. « C'est l'année où les Américains diront enfin : "Trop, c'est trop", claironne-t-il. Ensemble, nous allons sauver ce pays. »

Bill et Terry pensent qu'il va éliminer la paperasse et la bureaucratie qui les étouffent. Sous sa férule, les fonctionnaires de Washington vont devoir respecter les gens comme les Reilly, leur donner des réponses sincères. « L'arrogance de Washington devra bientôt affronter le juste verdict des urnes américaines », conclut Trump.

Le discours touche à sa fin. Il arpente l'estrade de long en large, applaudissant et saluant la foule. Il descend une volée de marches et défile devant ses partisans pour leur serrer la main. Il s'approche de Terry. Elle saisit sa chance. Elle a rédigé une lettre résumant la situation de Billy. Elle la sort de son sac à main et l'agite à bout de bras. « Monsieur Trump ! Aidez-nous ! Notre fils a disparu. »

Ses paroles se perdent dans la clameur. Après tout, elle n'est qu'une partisane parmi tant d'autres. Impossible de lui parler directement. Trump remonte sur scène et s'évanouit derrière un rideau bleu.

Les Reilly ne se découragent pas. Avoir vu Trump en personne a galvanisé leur foi en lui. Trois mois plus tard, il remporte l'élection présidentielle. Les Reilly lui envoient une lettre à la tour Trump, sur la 5e avenue, à New York, et demandent au président élu de les aider à chercher Billy. Ils ne reçoivent pas de réponse. Mais ils restent déterminés à attirer son attention. À la mi-janvier 2017, ils prennent leur voiture en direction de l'est.

*

Les Reilly passent la nuit dans un hôtel au nord du New Jersey et arrivent à Manhattan le lendemain matin. Ils s'enfoncent à pied dans la ville.

Il leur faut quelques minutes pour s'orienter au milieu des tours de bureaux de la 6e avenue. Au coin de la 48e rue, ils repèrent le News Corp. Ce building de quarante-cinq étages et de cent quatre-vingts mètres de haut est un gratte-ciel minimaliste d'acier et de verre qui abrite le siège de Fox News.

Les Reilly font le tour du bâtiment afin de repérer, au rez-de-chaussée, une grande baie dont les vitres teintées laissent entrevoir les projecteurs et les caméras du studio de *Fox & Friends*. Le programme est diffusé en direct avec, en toile de fond, les rues de New York. Et quand le talk-show commencera, ce matin-là, Terry et Bill prévoient de se placer derrière les présentateurs.

Sur la 48e rue, devant la foule qui se presse pour aller au travail, les Reilly enlèvent leur manteau. Sous le sien, Terry porte un T-shirt blanc qui proclame en lettres rouges : « FILS DISPARU EN RUSSIE ». Et sur celui de Bill : « MONSIEUR TRUMP, AIDEZ-NOUS ». Grâce à *Fox & Friends*, les Reilly espèrent attirer l'attention de l'entourage de Trump. Ils savent leur plan chimérique, mais ils ont le sentiment de brûler leurs dernières cartouches[394].

Alors qu'ils attendent le début de l'émission, Bill et Terry remarquent Anthony Scaramucci dans la rue. Banquier et investisseur, il connaît Donald Trump et son premier cercle. En ce moment même, il l'aide à sélectionner son équipe pour la nouvelle administration.

Les Reilly l'ont reconnu en raison de ses nombreux passages télévisés dans lesquels il apporte son soutien au président élu. Scaramucci arrive à pied de la 5e avenue, où se trouve la tour Trump, qui abrite les bureaux dans lesquels se joue la transition. Il rassemble ses idées pour son prochain entretien sur Fox News quand les Reilly l'interpellent.

Terry parle à toute vitesse, au risque de le perdre, et Scaramucci recule en les voyant. « Sur une échelle de 1 à 10, la mère était à 25 », plaisantera-t-il plus tard. Il essaie de comprendre ce que Terry lui raconte avec son accent prononcé du Michigan. « J'ai cru saisir qu'un gamin avait disparu en Russie, explique Scaramucci. Comme s'il s'était volatilisé. »

Scaramucci promet de revenir discuter avec eux une fois son interview terminée. Quand il sort du News Corp., il retrouve les Reilly, qui l'attendent et lui détaillent la disparition de leur fils et la façon dont le FBI, les autorités et les élus n'ont rien fait pour le chercher. Billy n'a pas donné signe de vie depuis dix-huit mois.

Scaramucci compatit. Après être resté éloigné de la politique, il se trouve désormais très proche du pouvoir. Donc, il est en mesure de leur prêter assistance. Il assure qu'il évoquera leur situation à la tour Trump. Terry lui remet alors un dossier qu'elle a préparé : sa lettre pour Trump, des photocopies des cartes de visite du FBI et du passeport de Billy, un document au sujet de Mikhaïl Polinkov. Scaramucci et Terry échangent leurs numéros de portable.

Les Reilly l'observent qui se fond dans la foule de piétons de Midtown. Ils n'en reviennent pas de leur chance. Scaramucci est le genre de personnes qu'ils cherchent depuis si longtemps, quelqu'un de proche du pouvoir et qui souhaite les aider. Ils en oublient même *Fox & Friends*. Ils n'en ont plus besoin. Ils ont déjà un pied dans le monde de Trump. Ils sont stupéfaits de la facilité avec laquelle ils y sont parvenus. Il leur a suffi d'aller à New York et de traîner devant les studios de Fox News[395].

Scaramucci repart vers la 5e avenue. Les autorités aériennes ont interdit le survol de la tour Trump. Au pied de l'immeuble, sur les trottoirs, des policiers tiennent en laisse des chiens renifleurs, capables de détecter des explosifs. D'autres, qui portent des casques lourds et des fusils d'assaut, surveillent les entrées. Les candidats à des postes au sein des ministères ou à la Maison-Blanche se pressent dans les ascenseurs dorés vers le vingt-cinquième étage, où Trump et son équipe s'efforcent de réunir un gouvernement avant l'investiture officielle, qui aura lieu dans deux semaines[396].

Scaramucci sait qu'il aura du mal à attirer l'attention dans cet environnement survolté. Il prend aussi conscience qu'il s'agira d'un véritable défi de rassembler du soutien dans la future administration Trump au sujet d'une disparition en Russie. Les agences du renseignement américaines viennent en effet d'établir que le Kremlin s'est immiscé dans le cours de la campagne présidentielle. Des journalistes publient des articles qui relatent les rencontres de responsables et même d'espions russes avec certains fidèles de Trump. Ils suggèrent aussi que le Kremlin aurait aidé Trump à gagner la Maison-Blanche[397]. Le fait que Billy ait disparu en Russie ne plaide pas en sa faveur.

Néanmoins, Scaramucci a l'intention de tenir la promesse faite aux Reilly. Il s'introduit dans la tour avec le dossier de Terry sous le bras. Puis il cherche Michael Flynn.

Ancien général de l'armée de terre, Flynn a été choisi par Trump pour diriger le Conseil de sécurité nationale. Il s'agit du groupe de conseillers de la Maison-Blanche et du bâtiment du bureau exécutif Eisenhower, qui assiste le président dans sa conduite de la politique étrangère. En tant que conseiller à la sécurité nationale, Flynn bénéficiera de l'oreille du président et d'une influence sur les différents organes du pouvoir[398].

Dans la tour Trump, Flynn interrompt ses activités pour écouter Scaramucci, qui l'informe des bases du dossier de Billy. K. T. McFarland, conseillère adjointe à la sécurité nationale, se joint à la conversation.

La porosité de la nouvelle administration Trump se révèle tout de même remarquable. Quelques instants auparavant, Terry et Bill traînaient sur la 6e avenue, sans trop d'espoir, portant leurs T-shirts faits maison, avec pour unique intention de les exhiber dans le champ des caméras afin d'alerter le public. En toute simplicité, ils ont réussi à faire passer leur requête au futur conseiller à la sécurité nationale.

Scaramucci conclut sa brève présentation. Flynn et McFarland semblent éprouver de la compassion pour les Reilly, comme Scaramucci avant eux ; pourtant, ils l'éconduisent. Ce n'est pas le moment de s'engager dans une telle entreprise. Pour l'instant, il s'agit de bâtir une nouvelle administration. Ils s'occuperont des Reilly dès qu'ils auront investi la Maison-Blanche.

Scaramucci comprend, sans avoir la certitude que Flynn trouverait un jour le temps de prendre soin de leur dossier. Alors qu'il vient de les rencontrer, Scaramucci ressent une obligation à l'égard des Reilly et il imagine une autre approche pour leur porter assistance. Il se souvient d'un ami croisé dans le monde des affaires[399].

Bob Foresman, vice-président d'UBS, banque d'affaires suisse, a grandi dans la région des Finger Lakes, au nord de l'État de New York. Diplômé de Harvard en études soviétiques, il parle russe et a vécu régulièrement à Moscou depuis le début de ses activités professionnelles, dans les années 1990. Il travaille dans la finance[400].

Au fil du temps et des accords commerciaux, Foresman a tissé des liens solides avec des responsables du Kremlin. Homme pieux, il entretient également des amitiés au sein de l'Église orthodoxe russe, dont les dirigeants sont proches de Poutine. Foresman fait désormais partie des meubles et ceux qui le connaissent ne le soupçonnent plus d'être un espion.

Les connaissances de Foresman sur la Russie, ainsi que son expérience, ont convaincu les conseillers de Trump d'envisager de lui confier des fonctions dans la nouvelle administration. Ils prévoient de le nommer membre du Conseil de sécurité nationale. Certains le verraient même ambassadeur des États-Unis en Russie.

En janvier 2017, Scaramucci contacte Foresman et lui transmet le dossier constitué par Terry Reilly. Foresman appelle en premier lieu Matt Steele, au département d'État.

Steele est honnête avec Foresman. Certes, il compatit à la situation des Reilly, mais il croit savoir que l'administration n'a pas voulu coopérer. Il en ignore les raisons. Foresman comprend vite que le département d'État ne sera pas d'un grand secours étant donné l'état lamentable des relations entre les deux pays. C'est également la conclusion de Steele, qui lui suggère plutôt de passer par ses contacts personnels, en dehors des canaux diplomatiques. Comme Jesse Jackson le faisait jadis.

Foresman acquiesce et se met en rapport avec des individus qui pourraient le renseigner sur la localisation de Billy. Il téléphone à un associé qui jouit d'une certaine influence à Rostov-sur-le-Don. Un autre enquête auprès de ses relations dans le Donbass. Et, tandis que les pistes se déploient, Foresman appelle les Reilly. Lui-même a cinq enfants et l'un d'eux a été adopté dans un orphelinat de Rostov-sur-le-Don, dernière localisation connue de Billy. La détresse de Terry le touche. Il a l'impression de comprendre la douleur et les angoisses de ces parents.

Bill et Terry s'efforcent d'être patients, mais ils ont du mal à contenir leur excitation. Ils ont fini par réussir à contourner à la fois l'obstruction du FBI, la bureaucratie du département d'État et les calculs politiques du Congrès. Le 20 janvier 2017, ils regardent sur Fox la prestation de serment de Trump. Ils ont l'impression qu'enfin la situation se décante, car le changement est imminent.

En effet, le changement arrive, mais pas comme les Reilly le prévoyaient. Peu après l'investiture, des rapports dévoilent que Michael Flynn a menti au FBI et au vice-président, Mike Pence, au sujet de ses rencontres avec des responsables russes. En outre, le département de la Justice enquête sur Flynn et le lobbying qu'il a exercé en secret pour le compte de la Turquie. Flynn reste Conseiller à la sécurité nationale trois semaines avant de démissionner sous la pression. Quant à McFarland, elle le suit peu après[401].

Bob Foresman rencontre lui aussi des obstacles alors qu'il s'efforce d'aider les Reilly. Il s'apprête à contacter Alexandre Volochine, homme d'affaires et politicien russe, premier chef d'état-major de Poutine[402]. Mais, sans avertissement, Foresman revient sur sa décision. Il redoute la réaction de ses puissants contacts russes s'il se mettait à les cuisiner à propos de la disparition d'une CHS du FBI arrivée en Russie avec des intentions suspectes. Foresman lui-même ignore le fin mot de l'histoire et perçoit nettement le risque qu'il prendrait en y étant associé. S'il continue d'enquêter sur l'affaire Reilly, il craint de compromettre sa chance d'obtenir un poste dans le gouvernement de Trump[403].

De nouveau, les Reilly se retrouvent seuls.

*

Terry et Bill ont suivi la chute de Michael Flynn sur Fox News. En 2017, un nouveau drame se joue sous leurs yeux. Trump et le FBI entrent en conflit.

Trump soupçonne les responsables du FBI de comploter pour l'empêcher de devenir président en enquêtant sur des membres de son équipe de campagne pour débusquer les liens qu'ils pourraient entretenir avec la Russie. D'abord, Trump a courtisé James Comey, le successeur de Robert Mueller, qui a repris son costume d'avocat[404]. Mais lorsque Comey a refusé de lui prêter allégeance, il se met à le dénigrer. Le 9 mai 2017, tandis que les investigations s'approfondissent au sujet d'éventuels liens de Trump avec Moscou, il congédie Comey et fait trembler l'establishment politique américain[405].

Huit jours plus tard, une nouvelle bombe éclate. Face à la pression politique, le procureur général adjoint, Rod Rosenstein, désigne une commission spéciale pour enquêter sur les affaires russes et nomme Robert Mueller à sa tête[406]. Le choix de Mueller pique Trump au vif et ce dernier intensifie ses attaques contre le Bureau. Le président s'en prend à une institution dans laquelle les Américains placent leur confiance depuis des générations[407].

Les Reilly apprécient le spectacle ; ils sont reconnaissants à Trump de ne pas les laisser tomber. Selon eux, il mène au FBI la guerre qu'il mérite[408].

Mais ils ne se rendent pas compte que les manœuvres de Trump vont déclencher un jeu de chaises musicales qui aura un impact réel sur leurs efforts. Après le congédiement de Comey, les conseillers de la Maison-Blanche dressent une liste de remplaçants. Le nom de Paul Abbate y apparaît. Ce même Abbate qui dirigeait le bureau de Détroit du FBI au cours des deux années qui ont précédé le départ de Billy et son arrivée au camp de volontaires de Rostov-sur-le-Don[409].

De toute évidence, une source confidentielle humaine telle que Billy se trouve bien en dessous du niveau de responsabilité d'Abbate ; elle est noyée dans le flux des informations et du personnel. Toutefois, Abbate tenait les manettes quand Tim Reintjes, l'officier traitant de Billy, avait décidé de rendre visite aux Reilly à Oxford. Une démarche fort peu classique. Reintjes avait menti à Bill et Terry en affirmant ne pas être au courant du voyage et il avait entraîné d'autres agents du FBI de Détroit dans ses manœuvres. Or, au sein du FBI, organisation réglée comme une horloge, les responsables ne sauraient ignorer de telles méthodes et encore moins les désapprouver. Quel qu'ait été le rang de Billy dans l'institution, les agissements de Reintjes démontrent que ses supérieurs, peut-être même jusqu'à Abbate, comprenaient que la disparition d'une CHS posait un réel problème.

En fin de compte, Trump ne choisit pas Abbate pour remplacer Comey, mais se tourne plutôt vers Andy McCabe. Huit ans plus tôt, ce dernier avait dirigé Andy Arena et Tim Waters pour leur interrogatoire de l'*Underwear Bomber* à Ann Arbor. McCabe, un fidèle de Comey, entre également en conflit avec Trump et le président finit par le limoger, ce qui contribue encore à ébranler la confiance des citoyens dans le FBI.

En août 2017, Trump désigne Christopher Wray, ancien procureur général assistant, à la tête du Bureau[410]. Une fois installé, Wray nomme Paul Abbate assistant du directeur adjoint. Le responsable du FBI qui a chapeauté les dernières années de Billy en tant que CHS et les investigations initiales sur sa disparition devient le numéro trois du FBI. Il se trouve désormais au cœur du processus décisionnel du Bureau[411].

Face aux tirs de barrage constants de Trump, le FBI resserre les rangs. Ses dirigeants ont à cœur d'assurer sa survie. Ce n'est le moment ni pour le FBI ni pour Abbate de déterrer une opération qui a mal tourné sous leur supervision.

Bien entendu, ces manœuvres échappent aux Reilly. Ils perçoivent uniquement l'inanité de leur propre enquête. L'été 2017 arrive. Ils n'ont pas entendu la voix de leur fils depuis deux ans. Et depuis deux ans qu'ils le cherchent, ils l'espèrent détenu dans une cellule, enlevé contre rançon, souffrant, mais vivant. Ils comprennent qu'un jour peut-être il faudra envisager le pire.

Mais, ils résistent à cette impulsion. Ils savent qu'ils doivent faire encore plus. Ils doivent sortir d'Oxford pour le trouver. Le 21 juillet 2017, Terry et Bill montent à bord d'un avion. Destination : la Russie[412].

CHAPITRE 25
DANS SES PAS

Les Reilly récupèrent leurs bagages sur le tapis roulant à l'aéroport de Rostov-sur-le-Don puis se dirigent vers le hall des arrivées, épuisés par le voyage depuis Détroit. Soudain, leur visage s'éclaire. Russell Bentley les attend.

Bentley, la cinquantaine, les yeux verts, porte l'uniforme des combattants volontaires. Des mèches de cheveux blancs et une queue de cheval de la même couleur s'échappent sous les rebords d'un chapeau de brousse. Son Texas natal se trouve bien loin, même pour ce baroudeur. Dans les années 1990, il a écopé d'une peine de prison pour trafic de cannabis. Libéré sur parole en 2008, Bentley accuse le gouvernement et l'Ouest décadent de lui avoir volé sa jeunesse[413].

Lorsque le conflit dans le Donbass éclate, Bentley regarde des vidéos en ligne sur les événements, qu'il analyse comme une guerre de civilisations. Il pense que Poutine incarne le seul dirigeant mondial capable de se dresser contre la tyrannie économique et politique des États-Unis. Bentley s'embarque pour la Russie, passe dans le Donbass et se porte volontaire. Il a servi dans l'armée de terre et se sent à l'aise en présence d'armes. Ses tirades antiaméricaines convainquent les séparatistes, qui l'invitent à se joindre aux combats et lui donnent un nouveau nom de code : Texas, qu'ils prononcent « Tekhas ». Le gouvernement autoproclamé de Donetsk en profite pour médiatiser Bentley, « l'Américain qui a fait le bon choix », sur ses chaînes de télévision.

Les Reilly, toujours en quête de personnes susceptibles de les aider, découvrent ses vidéos et parviennent à le contacter. Dès lors, Bentley s'efforce de les assister. Il interroge ses camarades sur le front. Il passe les informations relatives à Billy à ses relations au MGB de la RPD, l'organisation qui a brièvement détenu Dmitri Tourine, l'enquêteur engagé par les Reilly. Bentley, qui n'apprend pas grand-chose, en conclut que Billy n'a jamais franchi la frontière du Donbass. Selon lui, ce qui est arrivé à Billy est arrivé en Russie[414].

Pour Bill et Terry, il s'agit d'un argument d'autorité et ils finissent par croire que les réponses à la disparition de Billy se trouvent toujours du côté de Rostov. Pour les Reilly, après leurs déboires à Washington et avec le FBI, Bentley apparaît comme leur seul intermédiaire honnête.

Bien qu'ils ne se soient jamais vus auparavant, la rencontre à l'aéroport a le goût de retrouvailles. Car ils ont quelque chose en commun, bien plus fondamental que leur connaissance partagée de la situation de Billy. Terry, Bill et Bentley se méfient du gouvernement américain et croient en outre que le pays les a spoliés. Il a volé la jeunesse de Bentley et le fils des Reilly. Ils sont des Américains en exil dans une contrée lointaine. C'est ici que se joue leur destin.

Bentley s'est rapidement rendu indispensable dans la quête des Reilly, surtout après le congédiement de Tourine. Mais Bentley n'est pas omnipotent et ne connaît que quelques phrases en russe. Heureusement, il vient d'épouser Lioudmila dans le Donbass et elle s'est jointe à lui pour accueillir Terry et Bill à l'aéroport. Au lieu de fêter leur lune de miel, ils ont décidé d'aider les Reilly à naviguer dans le labyrinthe russe. Ce sacrifice va leur attirer les bonnes grâces des parents de Billy[415].

Les Reilly visitent Rostov-sur-le-Don, ville impeccablement planifiée dont les rues se coupent à angle droit et dont les parcs sont boisés. Le Don baigne le centre-ville et ses immeubles. De nombreux chantiers fleurissent dans la cité. En effet, dans un an, la Russie accueillera la Coupe du monde de football et plusieurs rencontres sont d'ores et déjà programmées à Rostov. Un nouveau stade commence à s'élever sur la rive gauche du Don. Bill et Terry, qui savent que Billy a vécu ici, sont rassurés. Rostov n'a pas l'air de présenter de grands dangers[416].

Le plan d'action des Reilly en Russie demeure assez vague. Ils ne prévoient pas de contacter Mikhaïl Polinkov, pensant être allés aussi loin que possible avec lui lors de leurs échanges sur les réseaux sociaux, en 2015. Ils ne demandent pas à rencontrer de diplomates américains à l'ambassade de Moscou. Ils n'ont plus confiance dans le système. Bill et

Terry croient en revanche que des parents éplorés ne laissent personne indifférent et que les épreuves qu'ils traversent leur donneront accès aux individus et aux informations dont ils ont besoin. Ils ne se fient plus qu'à eux-mêmes.

Avec Bentley et Lioudmila, ils se rendent dans un commissariat. Un officier explique à Lioudmila que le cas de Billy concerne plutôt la Croix-Rouge. À l'autre bout de la ville, au siège de la Croix-Rouge locale, une femme lui dit que cette affaire dépasse de loin les compétences de son association. Le lendemain, ils retournent au poste de police. Un nouvel agent leur promet de rester en contact. Bill et Terry ont l'impression de vivre la version russe de ce qu'ils ont déjà expérimenté quand ils tournaient en rond avec les autorités américaines.

Ils s'installent dans un modeste hôtel près d'une rue piétonne du centre de Rostov. Les chambres sont petites et simples. Les résidents partagent une salle de bains sur chaque palier. Ils bavardent avec le propriétaire et lui expliquent la raison de leur séjour à Rostov. Quand ils lui décrivent leur échange avec les policiers locaux, il secoue la tête. Son fils est policier. Il sait qu'ils ne les rappelleront jamais. Selon lui, Lioudmila, leur interprète, devrait les inciter à s'activer.

Afin que Lioudmila représente officiellement leurs intérêts, les Reilly doivent lui donner procuration. Ce qui nécessite la traduction de documents, ainsi qu'un rendez-vous chez un notaire. Chaque étape prend au minimum une journée et de nouvelles phases intermédiaires ne cessent de s'y ajouter. Terry et Bill apprennent sur le tas que, en Russie, la moindre tâche s'accomplit à la fois dans un cadre rigide et au petit bonheur la chance. Et cette association semble conçue pour les épuiser, les faire capituler.

En attendant de recevoir les documents nécessaires pour rencontrer les autorités locales, ils s'aventurent dans Rostov. Ils découvrent les nombreux magasins qui donnent sur la rue piétonne. Une épicerie, une pâtisserie, un café. Un étal qui sert des cafés à emporter ; un autre du kvas, cette boisson à base de pain fermenté qui ressemble à la bière. Bill ne se fait pas prier pour la goûter. Dans les boutiques, les Reilly montrent ce qu'ils veulent, puis lèvent leurs doigts pour indiquer la quantité désirée. Ils trouvent la langue indéchiffrable, mais les Russes amicaux et accommodants. Pourtant, malgré ces échanges agréables, leurs journées restent plombées par l'incertitude. Explorer la piste de Billy dans cette ville étrangère et déroutante leur paraît de plus en plus impossible.

Ils marchent pendant des heures, grimpent puis descendent les hauteurs de Rostov, pensant à Billy. Pourquoi est-il venu ici ? Qu'a-t-il fait pendant son séjour ? Se trouve-t-il toujours dans la région ? Pourquoi les choses devaient-elles être ainsi ? Terry éclate souvent en larmes, la nuit surtout, en rentrant à l'hôtel avec Bill pour se coucher, lorsque les bruits et l'activité s'évanouissent au loin, lorsqu'elle reste seule avec ses songes.

Bill propose toutefois de célébrer ce moment. Quoi qu'il soit arrivé à Billy, il a fait ce que personne n'attendait de lui. Il a eu le courage de suivre son rêve. Terry et Bill imaginent l'excitation qui a dû le gagner alors qu'il le vivait. Ce constat réconfortant leur permet de combler les lacunes qui émaillent ce qu'ils savent du sort de Billy, mais aussi de rejeter au loin l'ombre du désespoir.

Un après-midi, Bentley, Lioudmila et les Reilly franchissent l'entrée d'un immeuble de bureaux situé au sud-est de la ville et s'entassent dans un petit ascenseur. Ils ont rendez-vous au siège du comité d'enquête de Rostov, où ils doivent rencontrer des personnes qui travaillent sur le terrain. Lioudmila sert toujours d'interprète à Bill et Terry, qui racontent de nouveau leur histoire : comment Billy est arrivé en Russie avant de s'évaporer. Ils ouvrent le dossier contenant les reproductions des pages du passeport de Billy et de son visa russe ainsi que des clichés qui le montrent chez lui, ses factures de téléphone et une sélection de messages qu'il a envoyés avant sa disparition. Curieusement, les enquêteurs semblent plus intéressés par Dmitri Tourine, le privé moscovite. Ils demandent combien les Reilly l'ont rémunéré et éclatent de rire lorsqu'ils entendent le montant, environ 20 000 dollars, avancé par les parents. Eux-mêmes sont experts dans l'évaluation de tels services[417].

Bill et Terry pensent de nouveau que Tourine les a escroqués, mais l'échange dévoile une vérité plus inquiétante. En effet, les enquêteurs font partie de ce système entrepreneurial dans lequel policiers et autres fonctionnaires usent de leur position pour négocier des dessous-de-table. Comprenant que les Reilly ignorent ces coutumes locales, ils jouent maintenant franc-jeu. N'ayant reçu aucun paiement, les enquêteurs n'ont pas ouvert de dossier sur Billy. Deux ans ont passé et le comité d'enquête de Rostov n'a rien fait.

Les Reilly cèdent au découragement. Lioudmila invective ces hommes qui ont manqué à tous leurs devoirs. Ils répondent à peine. Ce n'est pas si facile. Tous les indices suggèrent que Billy a traversé la frontière du Donbass, un autre pays, en dehors de leur juridiction. Lioudmila les pousse dans leurs retranchements et, en fin de compte, ils daignent remplir un avis de recherche. Lorsque Bentley, Lioudmila et les Reilly sortent de l'immeuble, la nuit est tombée. Bill et Terry ont l'impression d'avoir remporté une victoire. Si petite soit-elle. Ils comprennent aussi que, en Russie, ils vont devoir explorer leurs propres pistes.

Ils ont parlé avec Suratni, l'Indonésienne avec laquelle Billy avait discuté sur le site de célibataires musulmans. Elle leur a expliqué qu'elle avait échangé des messages avec Billy le jour de sa disparition. Il lui avait envoyé une photo d'une blessure à la jambe, une écorchure, désinfectée à l'aide de teinture d'iode. Aux demandes d'éclaircissement de Suratni, il avait répondu qu'il s'agissait d'un accident de moto. Étant donné le moment où intervient cette blessure, Terry et Bill se figurent qu'il a été maltraité, ce qui aurait pu précipiter la suite des événements. Un nouvel indice. Où va-t-il les emmener ?

Les Reilly continuent de fureter à Rostov, cherchant des responsables. Au cours de l'une de leurs promenades avec les Bentley, ils arrivent sur la rive gauche du fleuve qui traverse Rostov, l'artère qui irrigue l'épopée cosaque de Mikhaïl Cholokhov, *Le Don paisible*. Des véliplanchistes se rassemblent ici. De la steppe méridionale, les bourrasques qui soufflent vers l'est gonflent leur voile et les propulsent à la surface de l'eau.

Sur la plage de sable, Bill se fige soudain. Il a l'impression de connaître cet endroit. Sur son téléphone, il retrouve les photos envoyées par Billy de Rostov en 2015. Une image montre la berge, le pont Vorochilovski, qui enjambe le fleuve, la tour horloge.

En observant la photo, Bill et Terry se rendent compte qu'ils contemplent un tableau identique. Un nouveau pont, bâti pour la Coupe du monde de football, se dresse maintenant près de l'ancien. Sinon, rien n'a changé. Ils comprennent qu'ils se trouvent à l'endroit même où Billy a pris ce cliché deux ans plus tôt. Les pieds ancrés dans le sable, ils n'ont jamais eu l'impression d'être aussi proches de leur but. Billy est passé par ici.

Alors, les Reilly observent le paysage. Non loin, à trois cents mètres, le chantier du stade les surplombe. Et, plus près, un bâtiment rectangulaire de plain-pied, délabré. Du linge suspendu sur les grillages. Des bottes placées contre un mur pour qu'elles sèchent. Des hommes devant la construction, et derrière eux, sur la berge. La plupart boivent des bières. Plusieurs ont l'air ivres. Et lancent des regards torves aux étrangers qui osent s'aventurer parmi eux.

Russell Bentley parle à voix basse aux Reilly. Il sait où ils se trouvent. Il connaît cet endroit. Le camp de volontaires de Polinkov.

Terry et Bill blêmissent, mais perçoivent une occasion. Parmi tous les mercenaires rassemblés ici, quelqu'un est sûrement au courant de ce qui est arrivé à Billy. Au même moment, un paramilitaire descend la volée de marches vers la berge. Il porte un béret et un treillis. Il a des traits asiatiques. Ils comprendront plus tard qu'il s'agissait de Bronia le Kalmouk, l'homme qui gérait la caserne quand Billy s'y trouvait. Les Reilly lui avaient parlé par le biais d'une interprète en 2015.

Bill s'avance, mais Bentley le retient par l'épaule. Il sait ce que Bill ignore. Il sait que le camp regorge d'armes et que ces mercenaires n'ont rien à perdre. Il sait aussi que pour les faire parler ils devraient leur opposer une force supérieure. Mais Lioudmila s'écarte alors du groupe, suivie par Terry, accoste Bronia et lui parle de Billy. Bronia reste évasif, prétend ne rien savoir. Dépassés en nombre, dépassés en puissance de feu, cernés et vulnérables sur cette plage, Terry, Bill, Bentley et Lioudmila battent en retraite. Bentley dit à Bill qu'ils reviendront.

*

L'avion qui les ramène chez eux gagne de l'altitude. À bord, les lumières diminuent. Une douce torpeur s'empare de la cabine. Terry contemple les ténèbres à travers le hublot et pense à la dernière fois qu'elle a entendu la voix de Billy. C'était le long de la Polly Ann, lors d'une balade à vélo. Il l'avait appelée. Il lui avait dit : « Changement de programme. »

Le chagrin l'étouffe. Avec Bill, ils ont tout essayé. Ils ont parcouru le monde. Ils reviennent bredouilles. Elle a l'impression que leur quête est terminée[418].

LIVRE DEUX

CHAPITRE 26
CONTACT

À Washington, en 2017, chaque jour de la semaine, à l'heure de la sortie des bureaux, un cortège d'automobiles s'élance vers le nord sur la 17e rue depuis le bâtiment du bureau exécutif Eisenhower, à l'ouest de la Maison-Blanche. Le vice-président, Mike Pence, assis à l'arrière de l'une de ces longues limousines, se dirige vers sa résidence officielle, située sur le domaine de l'Observatoire naval des États-Unis. À bord de berlines ou juchés sur des motos, les policiers dégagent la route. Gyrophares allumés et sirènes hurlantes accompagnent les véhicules qui contournent Farragut Square, empruntent Connecticut avenue et passent devant le Mayflower Hotel.

Par un sombre après-midi hivernal, au septième niveau d'un immeuble qui donne sur le parc, plusieurs journalistes et rédacteurs, alertés par le vacarme, se précipitent aux fenêtres pour observer le cortège dans la rue en contrebas. Le bureau de Washington du *Wall Street Journal* occupe cet étage depuis plus de trente ans.

Ici, rien de clinquant. La moquette usée est grise. Les tables et les armoires aussi. Sur les murs s'étalent des affiches de campagnes passées. Sur l'une d'elles, on lit « *Reagan Country* » sous le visage rigolard de l'ancien président affublé d'un chapeau de cow-boy. On trouve des posters de FDR, JFK, et RFK*, et un autre où il est écrit « *Goldwater For President* ». Sur un dernier, on invite toute la famille pour voir la parade inaugurale de Richard Nixon en 1973. Encadré également, le texte d'un projet de loi signé à quatre mains par Warren Harding

* Franklin Delano Roosevelt, John Fitzgerald Kennedy, Robert Francis Kennedy. (*N.d.T.*)

et Calvin Coolidge. Juste à l'entrée, un flipper exhibe les visages de Hillary Clinton et Donald Trump, opposés lors de l'élection présidentielle de 2016.

Une série de couvertures du *Journal* apparaît aussi sur les murs. L'une d'elles date du 12 septembre 2001 : « DES TERRORISTES DÉTRUISENT LE WORLD TRADE CENTER ET FRAPPENT LE PENTAGONE EN DÉTOURNANT DES AVIONS DE LIGNE. » À côté, une petite plaque de métal et de bois rend hommage à un journaliste. En 2002, Daniel Pearl enquêtait au Pakistan pour le compte du *Journal* quand des terroristes liés à Al-Qaïda l'ont enlevé, avant de le décapiter[419].

Chaque jour, après être entrés dans les bureaux, les journalistes et les chefs de rubrique du *Journal* passent devant ces deux jalons – le 11-Septembre et Pearl – qui leur rappellent l'importance et les risques du métier qu'ils ont choisi.

La salle de rédaction est ouverte. De rares privilégiés disposent de bureaux vitrés. Plus d'une centaine d'employés travaillent ici. Après celui de New York, le service de Washington est le plus grand du *Journal*, conséquence évidente de sa situation géographique.

De notre immeuble, il suffit de marcher dix minutes à travers Lafayette Park pour arriver à la Maison-Blanche. Lors de la première année du mandat Trump, en 2017, cette proximité a son importance. Car, sous Trump, un scandale, une urgence ou un écart de protocole surviennent toutes les semaines.

La salle de rédaction du *Journal* garde le cap, malgré cette frénésie. Journalistes et chefs de rubrique s'efforcent de tenir le rythme des événements et de concurrencer les quotidiens rivaux. Les dates butoirs s'enchaînent et se recouvrent sans qu'on puisse en voir la fin.

Dans le bureau, carré dans mon fauteuil, je subis des pressions diverses. Je fais partie du département sécurité nationale du *Journal*. Je n'ai pas de rubrique, comme certains de mes collègues qui couvrent le Pentagone, le département d'État ou la CIA. Mes enquêtes et mes récits plongent au cœur de l'événement et s'efforcent d'aller au-delà. Il n'est pas facile de les dénicher ni de leur faire passer le filtre implacable du processus d'édition, mais ce travail me donne l'impression d'être privilégié.

Un vendredi de décembre 2017. Noël approche. Mon nom n'est pas apparu depuis un certain temps à la fin d'un article et je sais que certains commencent à critiquer mon faible rendement. Les sirènes du convoi de Pence s'évanouissent alors que la dernière demi-heure de mon après-midi de travail touche à son terme. Mon téléphone sonne. Bob Foresman me salue.

Je l'ai rencontré grâce à des contacts en Ukraine. Je l'ai croisé pour la dernière fois à Manhattan voilà plusieurs mois. Nous avions déjeuné ensemble dans un café en face de la patinoire du Rockefeller Center. Il avait quelque chose d'important à me dire, mais le moment semblait mal choisi. Le téléphone posé sur l'oreille, j'entends Foresman prendre une inspiration profonde avant de se lancer dans un récit. Ce qu'il en a retenu tout du moins. Un jeune homme du Michigan qui a travaillé pour l'antiterrorisme au FBI a disparu en Russie. Foresman est un orateur à la fois charismatique et sincère ; pourtant, tandis qu'il s'efforce de trouver une explication aux événements traversés par les Reilly, il ne trouve plus ses mots.

La famille est désespérée. Il a tout tenté pour les aider, mais il se heurte désormais à un mur. Nous compatissons à leurs tourments. Il me donne le numéro de Terry. « Peut-être pourrez-vous faire quelque chose », conclut-il.

J'acquiesce. Peut-être, en effet. J'ai vécu à Moscou. Cinq années plutôt intenses. J'ai habité plus tard à Kiev. J'ai fait mon travail de journaliste pendant quinze ans entre ces deux pays que j'ai parcourus de long en large. J'ai voyagé pour le boulot et pour le plaisir à travers l'ex-Union soviétique, où j'ai cultivé des amitiés et entretenu des sources journalistiques. Alors, j'explique à Foresman que je ne pense pas pouvoir apporter des solutions aux souffrances de cette famille. Mais il est vrai que j'ai plus d'atouts dans mon jeu que les Reilly.

Je dispose également du soutien du *Journal*. Sa réputation pourrait encourager certaines personnes à se confier. Mais cet appui ne sera accordé qu'à certaines conditions. Je sais déjà, malgré le peu de détails confiés par Foresman sur l'affaire, que je devrai y consacrer un temps et des efforts considérables si je souhaite en tirer un article. Il s'agit d'un projet ouvert, le type même d'entreprise que ne goûtent guère les chefs de rubrique du *Journal*. Ils veulent de l'information, de l'actualité quotidienne, et ils attendent des journalistes qu'ils produisent de la copie. Alors je vais me pencher sur l'histoire de Billy, mais ne fais aucune promesse à Foresman.

Je pose mon portable d'une main et compose un numéro sur mon téléphone fixe de l'autre. Terry Reilly répond.

Je me présente. Elle étrangle un cri de surprise. Je perçois nettement la panique qui s'empare d'elle. Elle imagine que je lui apporte des nouvelles sinistres au sujet de Billy, comme naguère elle l'avait cru en ouvrant la porte devant l'agent du FBI Tim Reintjes. Je lui explique que je viens d'apprendre la disparition de son fils et que je souhaiterais en savoir plus. Soulagée, elle passe sur le haut-parleur. Bill me dit bonjour d'une voix étouffée, un peu lointaine.

L'appel est bref et Terry et Bill m'ont l'air optimistes quand je raccroche. Ils paraissent heureux qu'un journaliste s'intéresse à Billy. C'est une nouvelle approche pour eux, une nouvelle énergie dans leur quête de plus en plus laborieuse. Après deux ans et demi durant lesquels ils n'ont pas entendu leur fils, leur espoir me semble sincère et grave. Je ne peux qu'imaginer la pression psychologique qui les écrase.

Il faut que je les rencontre en personne. J'en fais un point d'honneur. Début 2018, j'arrive à Détroit. Je loue une voiture à l'aéroport et monte vers le nord. Je suis allé à l'université au Michigan et retrouve le climat que j'apprécie tant. Le sol couvert de neige et de glace, un ciel de plomb, comme si le soleil n'existait pas. Il pleut. J'ai failli manquer Oxford, qui surgit dans la tempête comme une ville du Far West. Je bifurque à l'ouest et j'embrasse le panorama qui donne sur le lac.

Terry et Billy m'accueillent chez eux et je sens qu'ils font un effort considérable pour me recevoir. Ils ont peur. L'espoir qui les animait quand je les avais appelés s'est évanoui. Car l'espoir va et vient. Chaque jour pour eux est un nouveau jour sans Billy. Ils ignorent s'il est en vie. En revanche, ils sont persuadés de ne pas avoir fait tout ce qui était en leur pouvoir. Leur quête les a épuisés, désorientés, a éteint le feu qui les animait. Et maintenant, une autre personne arrive pour fouiller dans les braises.

La porte ouverte dévoile une entrée d'environ deux mètres de long au plafond bas. Sur le côté gauche du séjour se trouvent une salle de bains puis une petite cuisine qui s'achève sur un comptoir et sur le salon avec son canapé, ses fauteuils, sa télévision, et le secrétaire où Billy travaillait sur le PC. Au fond, la fenêtre donne sur le lac où Billy aimait pêcher. La pluie s'est muée en grésil qui s'abat à la surface de l'eau mélangée à la neige. On est mieux à l'intérieur.

Une pâle lumière d'hiver s'invite dans la pièce. Comme Tim Reintjes naguère, je m'assieds sur le canapé. Bill et Terry tirent deux chaises et nous contemplons nos pieds pendant un moment, cherchant un moyen de lancer la conversation. Terry joue avec la croix en argent qu'elle porte autour du cou. Leur chien saute sur ses genoux et me regarde de travers. Lorsque Terry et Bill prennent la parole, l'épuisement et le chagrin semblent étrangler leurs mots.

Dès que nous parlons de l'enfance de Billy, ils se font plus loquaces. Ils évoquent ses problèmes à l'école, son isolement, et la communauté qu'il a trouvée sur les réseaux sociaux. Terry m'explique comment il a appris seul plusieurs langues. Comment il s'est passionné pour la politique internationale. « C'était un intello, quoi ! », s'esclaffe-t-elle, trahissant une fierté toute maternelle. Je note qu'elle utilise le passé. Billy est parti depuis près de trois ans en Russie.

Bill et Terry reconnaissent avec une certaine satisfaction avoir eu un fils différent qui, à sa manière, a réussi. Ils lui portent un amour à la fois très fort et très simple. Ils ne comprennent pas ce qui a pu se produire en Russie. Billy ne ferait pas de mal à une mouche et n'a aucune expérience ni de la guerre ni des armes.

« Il a juste disparu de la surface de la Terre, s'étonne Terry. Sans laisser aucune trace. » Et alors leur vie « s'est arrêtée », poursuit-elle.

« Tout à coup, comme si on avait tiré le frein à main, intervient Bill. Et puis c'est devenu notre unique objectif. »

Ils ont cherché du soutien psychologique en ligne. Ils ont rencontré un couple dont le fils, pareil à Billy, avait fréquenté l'université à Chicago. « Il leur a dit : "On a découvert une nouvelle forêt pluviale quelque part dans les Caraïbes, j'ai tellement envie d'y aller." Alors, il y est allé. Comme ça. Et il n'est jamais revenu. C'était il y a plus de sept ans. » Terry et Bill ont compris qu'ils avaient rejoint un club dans lequel on regrette amèrement d'être entré.

Bill réfléchit un instant. « Le truc, c'est que Billy, lui, n'est pas parti sur un coup de tête. » Bill me confie que son fils avait un véritable objectif et que le FBI a joué un rôle dans ses voyages et dans son destin. « Je repense tout le temps à ce que disait Churchill : “La Russie est un rébus enveloppé de mystère au sein d'une énigme.” Moi, je n'y crois pas. »

Je perçois trois facettes chez Bill et Terry. Ils sont anéantis par l'absence de leur fils. Ils redoutent ce qui lui est arrivé. Et ils s'en remettent au détective privé qui sommeille en chacun de nous.

En fonction de leur humeur et des souvenirs, ils avancent ou reviennent sur la chronologie. Difficile de les suivre. Ils voudraient pouvoir tout partager d'un coup. Ils passent à toute vitesse sur des moments qui me semblent importants. Je les incite à me donner des détails de façon plus linéaire afin que je puisse mieux comprendre le récit. Terry s'excuse. « Parfois, on a tendance à aller plus vite que la musique, parce qu'on a vécu tant de choses différentes », m'explique-t-elle.

Je leur demande pourquoi Billy a décidé de travailler avec le FBI. « Je crois qu'il aimait l'idée d'affronter les méchants, de les comprendre et puis “Boum, je t'ai eu !”, me répond Terry. Il était… à fond, vous voyez. Il voulait agir. Surtout contre l'EI. »

Alors nous évoquons l'enquête sur l'attentat du marathon de Boston, Aws Naser et les conversations que Billy entretenait avec des terroristes internationaux présumés sur les réseaux sociaux. Manifestement, il avait partagé de nombreux détails avec ses parents, sans pour autant tout leur confier. « Il nous disait ce qu'il avait envie de nous dire, analyse Terry.

— À la maison, il chuchotait », précise Bill.

Les Reilly me racontent de multiples anecdotes qui font la part belle aux intrigues et aux incertitudes. Terry décrit le dîner auquel Billy a participé à l'hôtel Embassy Suites, près du bureau de Troy du FBI. Reintjes y était, me dit Terry, avec le Russe évoqué plus tard par Billy sous le nom du « Professeur » ou du « Biologiste ». Les Reilly se rappellent également un quatrième convive. « Billy pensait qu'il était allé en Irak ou quelque chose comme ça. Il avait le visage et les mains brûlés. Billy l'avait trouvé effrayant et ne savait pas dans quel camp il se situait. Peut-être qu'il appartenait à la CIA.

— Un vrai bonhomme, complète Bill.

— Je crois que Billy aurait voulu travailler pour la CIA, intervient Terry. Il en parlait assez souvent. »

Un peu plus tard, Terry rétropédale : « Je sais bien que vous n'allez pas croire tout ce qu'on vous raconte ! »

Ils me montrent une photo que Billy leur a envoyée de Rostov-sur-le-Don. Sur le cliché au grain prononcé, il a les cheveux rasés. Un homme a posé son bras sur ses épaules. Ils sourient devant l'objectif. Terry et Bill n'ont pas découvert l'identité de cet homme et spéculent toujours sur la nature énigmatique des écrits de Billy. « Quand j'y repense, je me demande vraiment ce qu'il voulait nous dire », s'interroge Terry. Je comprends que leur incapacité à résoudre ces mystères ne fait qu'amplifier leur angoisse.

« Il nous a écrit qu'il allait rentrer, précise Bill. J'ai cru qu'il allait partir, faire ce qu'il avait à faire, c'est-à-dire suivre le convoi humanitaire, et puis revenir pour reprendre la fac à Chicago. » Bill poursuit en me confiant qu'il avait acheté une cabane de pêche à Standish, à quelque cent cinquante kilomètres au nord d'Oxford, dans la baie de Saginaw. Billy pourrait y taquiner le doré jaune. « On l'a entièrement recouverte de clins en vinyle ! »

Tandis que j'écoute les Reilly et que je m'efforce de suivre leurs digressions, j'évalue mes propres perspectives. Dois-je m'impliquer ? S'agit-il d'un article pour un quotidien ? Plus Terry et Bill me parlent, plus l'histoire se complexifie. Je leur dis que je peux contacter le FBI, le département d'État, des membres du Congrès, parmi d'autres personnes que je connais ou auxquelles j'ai accès à Washington, Moscou et Kiev. Je m'interroge sur l'effet de persuasion que l'intérêt porté par le *Journal* à cette histoire pourrait exercer sur tous ceux qui n'avaient pas voulu communiquer avec les Reilly. « Vous êtes envoyé par le ciel », me dit Terry. Je lui réponds que je ne peux leur faire qu'une seule promesse : me lancer à corps perdu dans ce dossier. « Si vous ne pouvez pas nous aider, poursuit-elle, je ne sais pas vers qui d'autre me tourner. »

Vient le moment de confirmer les faits de base. Terry me montre les e-mails échangés avec Tim Reintjes afin de me prouver qu'ils avaient été en contact. Elle me tend sa carte de visite. Le numéro correspond à celui écrit sous le nom « Tim » sur le téléphone laissé par Billy. Ce qui établit que Billy a effectivement envoyé des messages au sujet de son voyage en Russie à son officier traitant. Je ne vois rien qui me suggère que les Reilly pourraient essayer de falsifier des preuves.

« J'invente tant de versions différentes dans ma tête, me confie Terry. Elles dépendent de mon humeur. Des fois, je crois qu'il lui est arrivé quelque chose de terrible, parce que je ne comprends pas comment il pourrait en être autrement. Et d'autres fois, je me dis : "Et si c'était une opération de la CIA ?" Des indices pourraient concorder. Bref, je suis perdue[420]. »

Les Reilly me suggèrent que leur fils aurait été recruté par le FSB. Je concède qu'il s'agit d'une éventualité, mais cette théorie révèle surtout, selon moi, le degré qu'atteint leur désespoir. Pour ma part, je ne crois pas que Billy possède le niveau de compétence nécessaire pour faire oublier son origine américaine, obstacle majeur pour une organisation aussi professionnelle et prudente que le FSB. En réalité, cette affaire mérite une analyse dépassionnée. Billy est un adulte responsable. Il a très bien pu se rendre en Russie sur un coup de tête, avant d'aller dans le Donbass pour prendre les armes du côté russe.

Il serait facile de s'éparpiller dans la profusion d'informations partagées par les Reilly. Si je veux m'intéresser à cette histoire, il faut que je comprenne pourquoi Billy est parti en Russie. Puis ce qui lui est arrivé là-bas. Il s'agit des deux questions les plus complexes, et pourtant elles sont à la base de l'enquête. Mon instinct me souffle que résoudre l'un des mystères pourrait débloquer l'autre.

Le lendemain après-midi, je me rends à Dearborn. Je me gare sur le parking d'un Panera Bread, enseigne de restauration rapide au décor de verre et de stuc. Le type même de boutique sans âme auquel Billy souhaitait échapper. En entrant, je remarque une femme, la trentaine, voilée, assise seule à une table. Catie Cherri.

Nous parlons de son frère. « Billy rencontrait les hommes du FBI ici », commence-t-elle d'une voix monocorde. Elle ne montre pas ses émotions et reste très prudente. J'essaie de lui faire baisser la garde. En vain. Elle pense que révéler l'association de Billy avec le FBI pourrait lui causer du tort, encore maintenant, près de trois ans après la disparition de son frère.

Je cherche à connaître son point de vue au sujet du caractère de Billy, à travers ses actes ou par le truchement des gens qu'il a connus, mais je n'ai pas grand-chose à me mettre sous la dent. « Après la fac, il est parti en vrille, m'apprend Catie. Il n'avait plus aucun lien social. »

Elle m'explique la conversion de Billy à l'islam et l'incompréhension de leurs parents face aux choix de leurs enfants. Elle fait allusion à un conflit qui serait devenu la principale motivation de Billy pour découvrir le monde. « Il n'avait qu'une envie : partir. »

Malgré les différends familiaux, Catie parle de Billy dans les mêmes termes que ses parents. Respect et fascination sourdent dans sa voix. Je me rends également compte qu'elle partage de nombreuses opinions avec son frère, des points de vue qu'il s'était lui-même forgés. Elle critique la politique américaine au Moyen-Orient et ne cache pas la révulsion que lui inspire la Pax Americana imposée au monde et désormais moribonde. Elle me dit qu'il est pratiquement impossible pour des personnes de son âge de trouver un travail intéressant dans le Michigan. Les longues heures qu'elle passe à la clinique suffisent à peine à subvenir aux besoins de sa famille. Selon Catie, Billy s'est toujours révolté contre cet état de fait. Elle l'analyse sous un angle plus philosophique. « Il vivait dans une réalité différente de la nôtre. »

Quand Catie imagine ce qui lui est arrivé, elle me parle des e-mails imprimés trouvés sur la table basse du salon à Oxford. « Billy m'a dit que c'était le gouvernement russe qui voulait travailler avec lui, m'affirme-t-elle. Je le sentais euphorique. » Je suppose, sans plus de certitudes, qu'il s'agit d'une conversation entre Billy et Mikhaïl Polinkov ou l'un de ses associés. « Billy ne voulait pas perdre de temps avec les détails, poursuit Catie. Il voulait vivre une grande aventure. Il savait qu'il y aurait des risques, mais il s'en moquait. »

Nous enchaînons alors sur Oxford. Catie regrette qu'une autoroute n'y passe pas. Sa façon sans doute de souligner l'isolement de la petite ville, et surtout son insularité. Elle paraît heureuse de vivre ailleurs et je détecte un soupçon de jalousie à l'égard de la capacité de son frère à mener une existence passionnante, malgré cette terrible crise. D'ailleurs, elle semble résignée à la disparition de Billy et l'évoque comme s'il s'agissait de son destin, voire d'une conclusion qu'il aurait cherchée. « Billy a toujours vu plus loin que nos petites vies[421] », affirme-t-elle.

Je sors de l'entretien avec une perspective élargie sur les événements. Terry et Bill rendent le FBI responsable de la disparition de Billy, tandis que Catie laisse entendre qu'il est allé de son propre chef en Russie. Existe-t-il une voie médiane ? Les deux versions peuvent-elles être vraies ?

À Oxford, deux jours plus tard, je poursuis la conversation avec Terry et Bill. Ils m'expliquent que Billy aurait voulu obtenir un poste salarié au FBI. Les *hommes* l'y auraient encouragé, mais il n'avait plus confiance dans leurs promesses. « Plusieurs fois, précise Terry, il m'a dit qu'ils le prenaient pour un crétin alors qu'il travaillait dur pour eux et n'en retirait aucun bénéfice. »

Au fond de moi, j'émets la théorie selon laquelle Billy a eu besoin de faire ses preuves, d'impressionner ses officiers traitants du FBI afin de se prévaloir de leur soutien pour postuler à un emploi. Terry partage d'ailleurs mon opinion. « Je n'en suis pas certaine, mais je crois qu'il s'est porté volontaire pour la Russie. »

Je vais retourner à Washington afin de commencer à explorer ce matériel pour me faire ma propre idée. Les Reilly me remettent une brassée de documents. Notamment des captures d'écran des messages écrits par Terry et Billy pendant ses voyages en Russie et de ceux échangés avec Reintjes au cours des dix mois précédant son départ. Ils me donnent également la permission de copier les disques durs du PC familial et d'un portable utilisé par Billy.

Ils me fournissent le tout sans émettre de réserve. Ils n'expriment aucune inquiétude quant à l'éventualité de me voir tirer un portrait de Billy ou d'eux-mêmes dans lequel ils ne se reconnaîtraient pas. Ils veulent retrouver leur fils et ils ont besoin d'aide. Je remarque combien leur confiance peut les avoir rendus vulnérables aux manipulations du FBI.

Terry évoque soudain la première visite de l'agent Reintjes à Oxford, lorsqu'il avait prétendu tout ignorer du séjour de Billy en

Russie. « Comment savaient-ils qu'il avait disparu ? s'interroge-t-elle. Pourquoi sont-ils passés chez nous ? » J'admets qu'il s'agit de la question centrale qui mêle l'objectif de Billy à ce qui lui est arrivé. Le FBI a parlé avec lui de son voyage en Russie avant son départ et, plus tard, a de toute évidence appris qu'il avait des ennuis. Étant donné l'affaire et ses enjeux, la coïncidence n'est pas une explication valable.

La lumière du jour décline et nos théories s'envolent. Je leur ai posé assez de questions pour le moment et ils m'ont donné de la matière à étudier. Sur le seuil de la porte, nous nous disons au revoir et je sors dans le froid, sous la pluie oblique. Une main me retient par le bras. Je me retourne. C'est Terry. « Nous savons que vous allez retrouver Billy[422]. »

CHAPITRE 27
RÉTICENCE

Je prends acte de la confiance que m'accorde Terry. Mais ce que je sais de la Russie, du FBI, du monde de l'espionnage et des machinations en tout genre ne m'autorise pas à la partager.

Au début de mes années moscovites, j'ai connu un ancien officier du KGB, Viktor Tcherkachine, qui avait exercé des fonctions élevées dans le contre-espionnage au sein de l'ambassade soviétique à Washington.

Tcherkachine avait servi d'officier traitant pour Robert Hanssen, agent du FBI, spécialiste de l'informatique, qui, pendant une impressionnante période de vingt-deux ans, avait livré des documents classés à l'URSS, puis à la Russie. Hanssen avait fourni des informations à Tcherkachine sur le contre-espionnage mené par le FBI, et notamment des détails sur le tunnel creusé par le Bureau sous l'ambassade soviétique afin d'écouter le personnel. L'URSS payait Hanssen en liquide et en diamants. Les agents du contre-espionnage ont fini par le démasquer en 2011. Hanssen a été condamné à quinze peines de prison à perpétuité. Depuis, il réside dans le pénitencier de très haute sécurité, dit « supermax », de Florence, Colorado, où il partage les lieux avec le responsable de l'attentat du marathon de Boston Djokhar Tsarnaïev, l'*Underwear Bomber*, Umar Abdulmutallab, entre autres terroristes célèbres, espions, traîtres et « capos » du crime organisé[423].

Tcherkachine a également été le traitant d'Aldrich Ames, officier de la CIA et agent double soviétique, puis russe, au cours des années 1980 et 1990. Ames et Hanssen offraient au KGB les noms de citoyens soviétiques retournés par les Américains. Ces révélations ont permis au KGB d'arrêter et d'exécuter plusieurs individus, ce qui a entraîné l'élimination de la plupart des sources américaines en URSS. La CIA est restée aveugle pendant un certain temps en Russie[424].

En Union soviétique, Tcherkachine a acquis une grande notoriété dans un système fondé sur les privilèges, mais également sur l'opiniâtreté. Les officiers du KGB occupaient un rang élevé dans cette société fermée qui tirait une immense fierté de l'adhésion à la cause nationale que le service défendait. Ils bénéficiaient d'avantages : appartements plus grands, voitures, vacances payées par l'État. Leur statut n'a pas survécu à l'effondrement de l'Union soviétique. Et, en Russie, les années 1990 ont vu l'avènement des *biznesmen*, les oligarques. Les ambitieux n'ont plus choisi les services de sécurité. Des officiers du renseignement ont accepté l'argent versé par leurs homologues occidentaux ; certains ont fait défection et emporté avec eux secrets et informations. D'autres ont préféré se suicider plutôt que d'affronter la ruine financière ou morale[425].

Lorsque Poutine est arrivé au pouvoir, en 2000, il s'est mis en devoir d'apporter le changement. Lui-même avait passé des dizaines d'années au sein du KGB, devenu FSB, sur le terrain, puis dans les bureaux. Il avait dirigé le FSB pendant quelques mois, avant qu'Eltsine démissionne et le nomme président. Sous son autorité, les représentants de la loi et de l'ordre, les *siloviki*, allaient de nouveau avoir voix au chapitre[426].

J'ai rencontré Viktor Tcherkachine peu après, en 2002. Officiellement, il ne faisait plus partie du service, mais c'était toujours un homme du KGB. Il n'avait pas fait défection aux États-Unis, malgré les propositions. Toutefois, il avait besoin de gagner sa vie et son passé s'est révélé son bien le plus précieux. Tcherkachine a décidé de publier ses mémoires. Or, nous avions le même agent à New York.

Ce dernier nous a réunis afin que nous écrivions à quatre mains. J'ai rendu visite à Tcherkachine, homme cultivé, grand voyageur aux manières exquises, chez lui, à Moscou, et j'ai rencontré sa famille. Ses récits sur Ames et Hanssen m'ont fasciné. Son charme et sa douceur m'ont profondément marqué, connaissant le jeu mortel auquel il avait participé.

L'éditeur m'a proposé un contrat désavantageux et j'ai dû décliner le projet. Il a trouvé un autre prête-plume et, ensemble, ils ont proposé un livre intéressant, captivant, mais sorti au mauvais moment.

La réécriture de l'accord entre Poutine et les oligarques ne s'est pas faite sans heurts. Mikhaïl Khodorkovski avait accumulé sa fortune grâce aux compagnies pétrolières de Sibérie. En 2003, il est devenu l'homme le plus riche de Russie. Il prétendait avoir tourné la page des excès et des machinations des années 1990 et avait structuré sa société Ioukos selon le modèle des 500 plus grandes entreprises du magazine *Fortune*. Par la même occasion, il a gagné des soutiens à Londres, à New York et à Washington, qui connaissaient peu la Russie et ignoraient les méthodes employées par Khodorkovski pour engranger ses milliards et les conserver. Certes, il n'avait rien d'un saint, mais faisait partie du gratin des hommes d'affaires russes. Or, Khodorkovski finançait des partis politiques russes opposés à Poutine, imaginant que sa richesse et ses relations d'affaires avec l'Occident le protégeraient. Funeste erreur.

En octobre 2003, un commando a pris d'assaut son avion après son atterrissage à Novossibirsk, en Sibérie. L'oligarque a perdu Ioukos et ses milliards avant d'être condamné à purger plusieurs peines de prison dans des colonies pénitentiaires isolées. Il en est sorti une décennie plus tard, brisé[427].

Khodorkovski a servi d'exemple. Du jour au lendemain, Poutine est parvenu à dompter les oligarques et a ouvert la voie aux *siloviki*. Sous le patronage de Poutine, ils se sont mis à jouer un rôle majeur dans les plus grandes industries russes. Or, comme le prix des hydrocarbures flambait dans le monde entier, l'argent a coulé à flots en Russie. Le nouveau poids financier et politique des *siloviki* leur a permis de regagner le statut qu'ils occupaient jadis dans la société soviétique[428].

Les *siloviki* ne se sont jamais départis de leur vision négative des États-Unis. Et, alors qu'ils renouaient avec le succès, ils ont resserré les rangs et repris en main la sécurité de l'État. Ils ont fait revivre le sens du devoir et de la nation dans les services et ont contribué dans le même temps à ranimer une véritable paranoïa de type soviétique dans toute la société. Viktor Tcherkachine, qui ne les avait pas anticipés, s'est retrouvé ballotté par tous ces changements. En rendant public son passé secret, en anglais et, de surcroît, aux États-Unis, Tcherkachine s'est placé en porte-à-faux vis-à-vis du FSB, qui n'a pu empêcher la publication. En faisant pression sur sa famille, ce dernier l'a toutefois contraint à annuler sa tournée de promotion aux États-Unis. Peu importait ce que Tcherkachine avait jadis accompli. On mettait maintenant en doute sa loyauté[429].

Cet épisode illustre selon moi un point crucial. Les années 1990 n'ont été qu'un interlude, un hiatus dans un conflit durable. En réalité, les agences américaines et russes n'ont jamais connu de « détente ». Depuis la reprise en main de Poutine, l'accès aux renseignements sensibles, naguère libre, s'est fortement réduit. Et surtout, comme dans le cas de Billy Reilly, si l'information touche aux États-Unis.

*

J'ai enquêté sur les affaires du FBI pendant des années. J'ai rencontré des agents du Bureau à Las Vegas, Manille, Moscou, New York, Rome, Washington, entre autres, à l'occasion de divers articles. La plupart de ceux que j'ai croisés sur ma route étaient professionnels, dévoués et pleinement conscients des responsabilités qu'ils assumaient. À quelques reprises, certains parmi eux ont trouvé mes reportages intrigants et ont voulu savoir comment j'avais contacté des personnalités de la pègre, où elles se planquaient désormais, qui elles fréquentaient. Ils avaient procédé de même avec Billy. L'un d'eux s'est intéressé de très près à un papier que j'avais écrit sur une figure de la haute technologie russe retrouvée morte, le crâne défoncé. Un meurtre à Moscou jamais élucidé… notamment parce que aucune enquête n'avait été diligentée[430]. Ce genre de rendez-vous s'avéraient complexes, car, même si je restais courtois, il était hors de question que je divulgue mes sources.

En 2010, les agents du contre-espionnage du Bureau ont fait les gros titres de la presse lorsqu'ils ont interpellé un groupe d'espions russes connus sous le nom d'« Illégaux ». Ils appartenaient au SVR, le Service des renseignements extérieurs de la Fédération de Russie, héritier des missions à l'étranger du KGB. La plupart de ces Illégaux travaillaient sous légende aux États-Unis et collectaient des données grâce aux contacts qu'ils entretenaient depuis des années au sein du gouvernement et des affaires. Plusieurs d'entre eux travaillaient et vivaient sous couverture aux États-Unis depuis plus d'une décennie. Le FBI, après les avoir arrêtés (leur cerveau parviendra à s'échapper via Chypre), les a échangés sur le tarmac de l'aéroport de Vienne contre quatre personnes détenues en Russie. Cette affaire a inspiré la célèbre série américaine *The Americans*[431].

La moins expérimentée du groupe, Anna Chapman, mais la plus photogénique, incarne à elle seule le visage de ces Illégaux. La vingtaine, les cheveux teints en roux, sportive. J'ai rencontré Chapman en 2010 et passé beaucoup de temps avec elle pendant plusieurs mois afin de recueillir des informations pour un futur article[432]. Elle tirait profit de sa célébrité et prêtait son nom à diverses entreprises. Elle m'a invité à voyager avec elle à Voronej, ville du sud de la Russie, où elle envisageait d'investir dans le cirque municipal. À Moscou, un peu plus tard, nous sommes sortis d'une projection en avant-première sous les crépitements des flashs des paparazzi. Dans la presse à sensation, le lendemain, j'apparaissais à tort comme le fiancé de Chapman[433].

Cette rencontre était fort distrayante, mais Chapman m'avait semblé très amatrice, une proie facile pour le contre-espionnage du FBI. Le Bureau avait surveillé ses transmissions, passées d'un ordinateur portable dans un coffee shop de Manhattan. Lors d'un rendez-vous, elle avait implicitement confirmé son rôle à un agent sous couverture. Pourquoi le SVR l'avait-il déployée à portée du FBI ? S'agissait-il d'un manque de professionnalisme ou d'un affaissement de l'appareil d'espionnage russe après la fin de la guerre froide ?

Peu après, j'ai connu Guennadi Vassilenko, l'une des quatre personnes échangées par les Russes contre Chapman et les Illégaux. À l'instar de Viktor Tcherkachine, Vassilenko, officier du KGB, se trouvait en poste à l'ambassade soviétique de Washington dans les années 1980. À l'époque, il cultivait une étrange camaraderie avec un membre de la CIA, Jack Platt. Or, Robert Hanssen, la taupe du FBI, avait inscrit Vassilenko sur une liste de contacts qu'il avait fait passer à Tcherkachine. Le KGB avait écarté Vassilenko. En 2005, il est incarcéré en Russie sur une accusation fallacieuse relative à la possession d'une arme. Il y a croupi pendant cinq ans. Lorsque les États-Unis ont cherché des détenus à monnayer contre les Illégaux, le vieil ami de Vassilenko à la CIA, Jack Platt, est parvenu à l'intégrer sur la liste. À la suite de l'échange de Vienne, Vassilenko s'est installé dans une zone rurale de la Virginie, à la périphérie de Washington. Il y construira un sauna dans lequel nous discuterons souvent. La Russie lui manquait, me disait-il. Mais il a fini par se faire à la Virginie, qu'il préférait à la prison[434].

Mes relations avec Vassilenko, Chapman, Tcherkachine et d'autres espions en Russie et aux États-Unis m'ont permis d'appréhender la précarité de leur vie. Un jour, ils bénéficient d'une grande liberté d'action. Le lendemain, usés, mis de côté, ils partagent le même sort funeste et nourrissent de la rancœur. J'ai appris, sans grande surprise, que les agences l'emportent face aux individus, qui cessent d'avoir une existence propre dès qu'ils sont recrutés.

En 2010, j'ai visité le bureau principal du FBI à New York sur Lower Broadway, à Manhattan. J'y ai rencontré les agents de terrain qui avaient identifié, surveillé et capturé les espions russes. Ils voulaient tous me raconter ce succès.

Cinq ans plus tard, je suis revenu au bureau principal de New York afin d'évoquer l'enquête que le FBI conduisait sur la Fifa, la Fédération internationale de football association, dont le siège se trouve à Zurich. Depuis des décennies, la Fifa est défavorablement connue pour la corruption, les fraudes et les dessous-de-table qui la rongent. Pourtant, les polices et les gouvernements – entre autres européens, mais pas uniquement – n'ont jamais fait preuve de beaucoup de zèle dans leurs enquêtes. Deux agents du FBI de New York appartenant au département du crime organisé eurasien avaient appris que la Russie avait peut-être soudoyé des responsables de la Fifa afin d'obtenir l'organisation de la Coupe du monde 2018. Le vaste coup de filet lancé par ces agents, conscients des problèmes qui touchaient l'organisation, avait fait vaciller la tête de la Fifa. Comme avec les Illégaux, le FBI a tenu à rendre publique cette enquête conclue sur des condamnations très médiatisées et qui lui permettait de redorer son blason[435].

En 2015, tandis que le FBI s'attirait les faveurs de l'opinion sur le dos de la Fifa, des investigations menées à Las Vegas entachaient sa crédibilité. L'été précédent, le Bureau avait enquêté sur un ressortissant malaisien, Paul Phua, soupçonné de diriger une organisation de paris sportifs illégaux à l'hôtel Caesars Palace. Phua, figure majeure du jeu, également suspecté de liens avec la pègre chinoise, était sans doute le plus gros bookmaker du monde. Le FBI l'a arrêté en flagrant délit, mais le juge a rendu un non-lieu en raison d'un vice de procédure. Des agents avaient menti pour obtenir un mandat de perquisition[436].

J'ai écrit sur le dossier Phua, sans la participation du FBI. Quand les agents du FBI ont besoin de vous, ils savent se montrer charmants. Mais lorsque vous n'allez pas dans leur sens, ils font de l'obstruction. Pour le FBI, l'affaire Billy Reilly, comme le dossier Paul Phua, ne peut générer qu'une publicité négative. D'après mon expérience avec le Bureau, certes brève et intermittente, je suis convaincu qu'à cette occasion ses portes ne s'ouvriront pas.

Toujours en 2015, j'ai peaufiné mes connaissances sur le FBI. Au printemps, j'ai pris le train de New York à Washington. À l'intersection de Pennsylvania Street et H Street se dressent les sièges du Fonds monétaire international et de la Banque mondiale. Sur le troisième côté de la place se trouvent les bureaux de Wilmer Hale, puissant cabinet d'avocats. J'ai pris un ascenseur, suivi une secrétaire dans un couloir, puis dans un bureau. Derrière une vaste table de travail, un homme s'est levé et m'a tendu la main. Robert Mueller, ancien directeur du FBI.

Mueller présente un profil intéressant. Il a fréquenté des écoles d'élite, St Paul's School et Princeton, alors que sa famille n'était pas particulièrement fortunée. Contrairement à la plupart des étudiants qu'il y a rencontrés, Mueller a combattu au Vietnam dans les marines. Il est revenu aux États-Unis, officier et décoré, et s'est inscrit en droit. Il n'a pas choisi de poursuivre l'aisance matérielle, mais s'est intéressé aux victimes de crimes violents. Mueller est devenu procureur fédéral, avec pour réputation de ne pas se perdre en longs discours[437].

Mueller a démissionné du FBI un an et demi avant notre entretien. Deux ans après, il accepterait de superviser l'enquête sur les liens présumés entre Trump et le gouvernement russe en tant que conseiller spécial. Ces futures épreuves ne tarderont pas. En attendant, Mueller et moi préférons évoquer le passé[438].

Il m'a parlé de son expérience du 11 septembre 2001. Il assistait à un briefing, ce matin-là, dans une salle de conférence du FBI, lorsque des agents sont venus le prévenir de l'attaque de la première tour du World Trade Center. Plus tard, dans un centre opérationnel souterrain, on l'a informé qu'un avion détourné se dirigeait vers Washington.

« Je me rappelle m'être demandé quelle serait la cible, m'a-t-il confié. La Maison-Blanche ? Le Congrès ? Le FBI ? Et où est ma femme ? » Mueller avait pris son poste de directeur du FBI depuis précisément une semaine.

Il m'a ensuite décrit son premier briefing post-11-Septembre dans le Bureau ovale de la Maison-Blanche avec le président George W. Bush. « J'étais préparé et j'ai commencé par lui dire que nous avions installé des postes de commande sur chaque site et que nous passions aux identifications. »

« Alors Bush est intervenu : "Très bien. Mais ce que je voudrais savoir aujourd'hui, c'est ce que le Bureau compte faire pour éviter le prochain attentat." »

« J'avais toujours eu pour consigne d'enquêter après la commission des faits, a poursuivi Mueller. Qu'il me pose cette question m'a fait bondir. Et c'est une question qu'il a réitérée à chaque nouveau briefing. Avec le président Obama, idem. Sans cesse cette même interrogation : "Que fait le Bureau pour empêcher le prochain attentat ?" »

Plus d'une dizaine d'années après le 11-Septembre, nous n'avons parlé que des attentats. Car ils ont changé notre monde. Ils ont changé le FBI. Dans le sillage des événements, il est revenu à Mueller – et non à ses détracteurs – de se montrer efficace. Son dilemme me semblait évident. Mueller, juriste de formation, ancien procureur, ne jurait que par la loi. Or, le 11-Septembre et les circonstances qu'il a engendrées l'ont forcé à s'aventurer sur le terrain extrajudiciaire[439].

« Il était entendu de ne pas se concentrer sur le fait de savoir si un élément particulier était admissible ou non devant un tribunal. Nous devions rassembler des informations éparses afin de reconstituer la mosaïque de ce qui se passe à l'instant T et de ce qui va peut-être se produire à l'avenir, m'a rappelé Mueller. Les indicateurs traditionnels, c'est-à-dire les arrestations, les inculpations et les condamnations, n'étaient tout à coup plus pertinents. Dès lors, une question prévalait : quelle est la menace ? Que savons-nous de la menace ? Qu'ignorons-nous précisément de la menace ? Ensuite, il fallait se jeter à l'eau et combler les interstices. »

Mueller allait superviser ces changements fondamentaux au sein du FBI, qui commençait à s'aventurer en dehors des tribunaux. « Dès lors que le renseignement prend de l'ampleur, a conclu Mueller, on sort de la superstructure judiciaire[440]. »

J'ai rencontré Robert Mueller le 24 mars 2015. Assis dans son bureau du cabinet Wilmer Hale, je n'avais pas encore entendu parler de Billy Reilly. Billy, quant à lui, se trouvait à Oxford et dans moins de deux mois il embarquerait pour la Russie.

Le commentaire de Mueller au sujet de la sortie de la « superstructure judiciaire » a des implications sur Billy et sur mes chances d'apprendre ce qui lui est arrivé. Le FBI est une institution faite de règles, mais Mueller suggérait que, après le 11-Septembre, elles s'étaient assouplies. Les officiers traitants de Billy peuvent échapper à tout contrôle. Et être exempts de tout reproche. Et si c'est le cas, mon expérience avec le FBI m'incite à croire que je n'en tirerai pas grand-chose.

Et, même si je connais bien la Russie, que j'y ai des contacts, je me remémore également la leçon donnée par Viktor Tcherkachine, Vladimir Poutine, les espions et les *siloviki*. Si la Russie a en effet englouti un Américain lié au FBI, les services de sécurité me rendront impossible la mission de le retrouver.

Malgré le risque élevé d'échec, je me dois d'essayer. Je me pose de nombreuses questions sur la gestion de cette affaire par le FBI et j'ai pu constater de visu le désespoir profond des Reilly. Le journalisme, dans ce qu'il a de meilleur, fournit un véritable service public. L'idée même de tourner le dos à cette famille s'apparenterait selon moi à une faute professionnelle. Alors, tout bien considéré, je décide de m'attaquer à leur histoire.

CHAPITRE 28
QUÊTE

Je cherche à comprendre Billy. Je pense que les différentes facettes de sa personnalité sont plus importantes que la somme des éléments factuels qui composent l'investigation. Nous évoluons avec le temps. Nos aspirations changent aussi tandis que nous tentons de les assouvir.

Je réfléchis au rôle que joue l'âge dans nos choix. Billy avait 23 ans quand il a commencé à collaborer avec le FBI, 28 lorsqu'il est parti en Russie. Je me souviens du désespoir qui s'emparait parfois de moi durant cette même période de ma vie et des risques insensés que j'ai pu prendre.

À 23 ans, je vivais à New York et travaillais comme *fact-checker* dans un magazine. Le boulot me stimulait. La rédaction m'a promu. J'ai écrit mon premier article. Je l'ai découpé dans la revue quand il a été publié et l'ai glissé dans un porte-documents noir que j'avais volé au service du courrier.

Je partais en reportage pour les journalistes aguerris qui pondaient nos articles de fond. Je me suis imprégné de leur méthode, et parfois de leurs vices. Les éditeurs m'ont de nouveau laissé écrire. Hunter S. Thompson, verre de Chivas à la main et fume-cigarette dans l'autre, nous a rendu visite un jour. Lors d'une fête de Noël au Flatiron, le patron m'a passé un bras autour des épaules et m'a promis que des occasions en or allaient bientôt arriver. J'avançais. À 30 ans, je travaillerais comme chef de rubrique et, à mes heures perdues, j'écrirais. Je signerais un contrat, participerais aux fêtes de lancement de mon livre. Rêves agréables, que je ne réaliserai pas. Car mon ascension allait soudain s'interrompre.

Et sans raison vraiment rationnelle. À 24 ans, une sensation s'est mise à me titiller. Une idée folle. L'envie de bouger. Un appel.

La voie professionnelle que je m'étais choisie me semblait d'un classicisme affligeant. Je commençais à croire que travailler dans un bureau conduisait à une sorte de pensée unique. J'étais sincère et mon journal de bord de l'époque en témoigne. J'y étalais mes réflexions, peaufinais de nouvelles idées. L'appel se faisait plus pressant. Il est devenu trop puissant, incontrôlable.

J'ai consulté des collègues aguerris qui m'ont donné un conseil avisé : garder mon boulot et continuer. Je ne les ai pas écoutés. Cette aspiration me poussait à aller au-delà de ce qui était raisonnable. Mes besoins avaient changé et j'avais du mal à les assouvir. Je voulais de l'audace dans ma vie. J'ai démissionné.

Je décidai de me colleter avec le monde et j'ai pensé à l'Afrique. J'avais l'impression qu'il s'agissait d'une quête et que son objectif se dévoilerait plus tard. Je pensais aux insectes de Peter Beard, aux *Vertes Collines d'Afrique**. J'imaginais mes propres versions bas de gamme de ce que d'autres avaient déjà réalisé. Mes idées personnelles viendraient plus tard. Lorsque j'ai acheté mon billet pour Cape Town, j'avais l'impression de faire un geste artistique.

J'ai grimpé l'escalier de Houston Street, quatre à quatre ; mon carnet dépassait de ma poche arrière, comme si mes écrits et mes strophes sauvages le gonflaient d'importance. Je suis remonté dans mon studio avec vue sur la place grise et pluvieuse. La décision que je venais de prendre me donnait le sentiment d'être enfin vivant. Je bifurquais. Je répondais à cet appel, sans me dérober, sans l'ignorer, sans le laisser mourir. J'avais 24 ans et ma vie bruissait de sens.

Mes amis du magazine m'ont regardé comme si j'avais perdu la tête. Je ne les imitais plus. J'avais brisé le carcan. Nous buvions parfois un verre ensemble. J'ai couru sous la pluie pour les retrouver au bar. Et puis j'ai compris. Ils me prenaient pour un doux rêveur. Un rêveur trempé et insouciant. Au fil du temps, ils ne m'ont plus invité. J'ai cru qu'ils me manqueraient.

*

* Peter Beard, artiste et documentariste américain (1939-2020) ; *Les Vertes Collines d'Afrique*, récit d'Ernest Hemingway paru en 1935. (*N.d.T.*)

Dans la province du Cap-Oriental, j'ai dormi chez l'habitant, une famille afrikaner. Le père tenait des propos ignobles sur les Noirs tout en se défendant d'être un « racialiste » et, aux premières lueurs de l'aube, j'ai décampé. J'ai loué une voiture pour emprunter la Route des Jardins, qui serpentait à travers les champs de blé en feu. J'ai embarqué des autostoppeurs. Je roulais pour la première fois avec un volant placé à droite et j'ai foncé vers un camion qui arrivait en sens inverse. Cette petite maladresse a failli me coûter la vie. J'ai pris une chambre dans un asile de nuit de Durban et je suis resté éveillé au milieu des grognements nocturnes. Je suis reparti, toujours vers le nord, j'ai privilégié le train.

À Harare, au Zimbabwe, je faisais partie d'une minorité ethnique, une expérience nouvelle pour moi. Un bébé s'est mis à hurler en me voyant, comme s'il avait vu un fantôme, et il s'est réfugié dans les bras de sa mère. J'allais en boîte, je déambulais dans les rues et passais des heures au café. Une nuit, des gens qui avaient besoin d'argent m'ont suivi et m'ont acculé dans une ruelle. J'ai réussi à m'en sortir en palabrant.

Je me suis fait un ami, William, et je n'ai jamais compris ses véritables intentions. Il aurait été vain de tenter d'en savoir plus. J'étais venu en Afrique pour chercher l'aventure. Je devais lâcher prise si jamais je voulais qu'elle me trouve.

Une nuit, William a indiqué à un taxi un lieu situé en dehors de la ville, à plus d'une demi-heure des dernières lumières électriques. Une fois arrivé, William lui a fait signe de s'arrêter sur le bas-côté, est descendu, s'est enfoncé dans l'obscurité. J'ai attendu dans la voiture et le chauffeur s'est mis à paniquer en bégayant qu'il ne fallait pas rester ici. Il faisait demi-tour quand William a surgi des ténèbres, une femme à chaque bras. J'imagine qu'il m'en destinait une.

Autre train, nouvelle direction. On devinait encore les gravures passées sur les vitres des compartiments, les R entrelacés des *Rhodesian Railways*, le chemin de fer de Rhodésie. La locomotive a déraillé en pleine nuit. Nous avons traîné nos affaires le long des voies, à travers les herbes hautes, dans l'obscurité.

À Victoria Falls, j'ai mal évalué le danger. J'avais l'impression de me retrouver dans un piège à touristes classique et sans aucun risque jusqu'au moment où mon canot a chaviré. Sous la surface du Zambèze, j'ai reçu un coup de botte sur la tête. Le temps que je remonte, l'embarcation se trouvait déjà à une cinquantaine de mètres et s'éloignait. De la berge la plus proche, des crocodiles glissaient déjà dans l'eau.

J'ai partagé du poulet rôti dans le train avec deux Marseillais à la barbe hirsute. Ensemble, nous avons campé plusieurs jours dans le delta de l'Okavango. Nous avons parcouru le territoire des lions sous le soleil au zénith, approché rhinocéros et buffles du Cap ; les singes hurlaient dans les arbres en guise d'avertissement. Une nuit que les Français et nos deux guides dormaient sous les tentes, je me suis absorbé dans la contemplation du feu, dans le silence de la savane uniquement rompu par ses crépitements. J'ai pleinement savouré le choix que j'avais fait et jusqu'où ce choix m'avait emmené. Les gars du magazine, à New York, devaient sortir du bureau et se demander ce qu'ils allaient faire ce soir. Un lion a rugi, dans les ténèbres, derrière le feu, à moins de cinq mètres.

Plusieurs fois, je l'ai échappé belle en Afrique. J'étais une cible facile, un novice dans ce monde. Comme Billy, je prenais des risques que je ne savais pas calculer, bien que je m'en sois sorti. Nous avons tous frôlé le danger. Nous avons tous fait des choix qui nous ont fait perdre le contrôle. Nous avons tous été surpris dehors par la pluie.

Durant ces mois d'errance, sans but précis, je n'ai jamais appelé chez moi. Mes parents ignoraient où je me trouvais, ce que je faisais en Afrique et quand je reviendrais, si jamais je revenais. Mon père, inquiet, a même téléphoné au magazine, alors que je n'y travaillais plus. Il questionnait les secrétaires de rédaction qui se le repassaient. J'imagine les plaisanteries qui ont fusé pendant des jours entiers.

Comme Billy, j'étais centré sur moi-même et je suivais mon propre chemin. Billy avait gardé le contact avec ses parents, mais ne leur disait pas grand-chose. Il était égoïste, mais peut-être en avait-il besoin.

CHAPITRE 29
PIGEON

En 2018, de retour à Washington, je sors la matière considérable par les Reilly. La correspondance entre Terry et Billy attire mon attention et je lis les captures d'écran des SMS prises par Terry sur son téléphone.

Entre mai et juin 2015, pendant qu'il était en Russie, mère et fils ont échangé environ trois mille messages. La plupart, classiques, évoquent la famille, les nouvelles du Michigan, le détail des repas, l'humeur du jour ou le sommeil. La seule récurrence que j'observe concerne l'insistance de Terry pour que Billy envisage de rentrer à la maison. Elle commence à lui écrire ce genre de SMS dès son arrivée en Russie. Régulièrement, Billy décourage sa mère, temporise, et lui explique qu'il n'a pas encore prévu de date pour son retour.

Un message attire mon attention. Le 14 juin 2015, dix jours avant le dernier coup de fil de Billy, Terry lui envoie : « Il faut que je te parle. Je suis très inquiète[441]. »

Le caractère urgent du SMS se détache du reste de la correspondance. Le calme retrouvé des messages suivants suggère que Billy a appelé sa mère entre-temps et l'a rassurée. Je téléphone à Terry et lui demande si elle se souvient de cette frayeur. Oui. Il s'agissait d'un problème lié aux cartes de crédit de Billy.

Lors de ma première visite chez les Reilly, Terry et Bill m'avaient expliqué que Billy était régulièrement à découvert et qu'ils avaient dû lui virer plusieurs fois de l'argent. Voyageur international plutôt inexpérimenté, Billy avait mal préparé son séjour et n'avait pas pris assez de liquide. Néanmoins, Terry et Bill m'avaient confirmé qu'il avait ses cartes de crédit. Pourquoi alors ne les avait-il pas utilisées ? La plupart des commerces à Rostov-sur-le-Don, reliés au système bancaire international, les auraient acceptées.

Terry me raconte qu'elle s'est inquiétée en recevant les relevés bancaires de Billy à Oxford, mi-juin 2015. Elle me les envoie par e-mail, et je remarque que, le 20 mai 2015, Billy a effectué trois paiements avec sa carte de la Citibank à Balakovo, petite ville sur la rive gauche de la Volga, à cinq cent soixante kilomètres au nord de Volgograd. Deux achats dans un magasin de téléphones pour un montant de 33 918 roubles, soit 676,83 dollars au taux de l'époque. Le troisième débit, de 11 380 roubles, soit 226,83 dollars, provient d'une boutique d'équipement vidéo. Donc, un total d'environ 1 000 dollars en un seul après-midi. De telles dépenses, qui ne ressemblent pas à Billy, semblent désigner une influence extérieure[442].

*

Plus tard, je découvrirai de nouvelles preuves de cette influence dans une base de données qui rassemble les messages privés échangés sur le réseau social Vkontakte. Un groupe de hackers du nom de « RUH8 », basé à Odessa, en Ukraine, avait en effet piraté les comptes Vkontakte de dizaines de personnes actives du côté séparatiste dans le Donbass. À l'intérieur de cette base de données, j'allais tomber sur un certain Andreï Demtchouk.

Son indicatif, Pirate, convient bien à cet homme qui a servi dans la marine russe et plus précisément dans l'infanterie de marine pendant deux ans en tant qu'opérateur radar à Sébastopol, sur la côte ouest de la Crimée[443].

Depuis la chute de l'Union soviétique, la Russie paie un bail annuel de 97 millions de dollars à l'Ukraine afin d'utiliser la base navale de Sébastopol. Il s'agit d'un accord que la Russie estime déshonorant, bien qu'il soit indispensable, car Sébastopol abrite depuis le XVIIIe siècle la flotte de la mer Noire d'abord impériale, puis soviétique, et enfin russe. Sans Sébastopol, la Russie n'aurait accès ni à la mer Noire ni à la Méditerranée, ce qui, selon la conception de sa sécurité nationale, s'avérerait inacceptable[444]. Pour l'Ukraine, cet accord s'intégrait dans le cadre d'un calcul plus vaste qui tenait compte des difficiles relations qu'elle devait entretenir avec son voisin. À l'époque, il aurait été irréaliste pour

Kiev, avec son armée inexpérimentée et sa marine insignifiante, de vouloir déloger la flotte russe de Crimée, même si elle l'avait souhaité.

Pendant plus de vingt ans, les autorités russes ont déploré les erreurs qui avaient conduit la Crimée, péninsule d'une immense valeur stratégique, à passer dans le giron ukrainien. Nikita Khrouchtchev, venant du sud du pays et dont le destin de premier secrétaire avait commencé dans les cercles communistes de Donetsk, avait donné la Crimée à la République socialiste soviétique d'Ukraine en 1954. S'il s'agissait à l'époque d'une formalité administrative, elle a pris une importance considérable trente-sept ans plus tard, à la chute de l'URSS, lorsque la péninsule est devenue inaccessible à la Russie, à l'exception de la base navale louée[445].

Dans la conscience russe, l'histoire a confié à Moscou un droit de propriété sur la Crimée. Un tableau d'ensemble plus complexe montre cependant que les Russes n'exercent leur autorité sur la péninsule que depuis une date relativement récente, si on la rapporte à son peuplement humain. Les Grecs l'ont dominée, les Ruthènes l'ont contrôlée, Arméniens et Génois y ont vécu, puis les Ottomans l'ont envahie. La Crimée est tombée entre les mains russes au XVIIIe siècle lors des guerres russo-turques. Cet événement, vu sous un prisme chauvin, semble suffisamment éloigné dans le temps pour constituer une véritable origine. Les Ottomans ont en effet cédé la péninsule un an avant la bataille de Bunker Hill*[446]. Pourtant, l'histoire nous montre que les actes de propriété ne sont jamais intangibles.

L'une des plus célèbres batailles de Russie s'est déroulée à Sébastopol. Une force combinée britannique, française et ottomane a assiégé le port durant la guerre de Crimée. La défaite russe, événement marquant de cette époque, va exalter l'identité nationale russe dans les années 1850. Si la Russie perd Sébastopol, elle garde néanmoins la Crimée. Des générations d'enfants russes, puis soviétiques, liront *Les Récits de Sébastopol* de Léon Tolstoï, écrits en 1855, qui narrent son expérience sous l'uniforme, lors du siège. Il avait 27 ans[447].

---

* La bataille de Bunker Hill, en juin 1775, a opposé les Britanniques aux Américains lors de la guerre d'indépendance. Victoire britannique à la Pyrrhus, elle représente l'un des jalons importants vers l'indépendance américaine. (*N.d.T.*)

Andreï Demtchouk, l'homme que j'ai repéré sur la base de données issue de Vkontakte, sert dans l'infanterie de marine à Sébastopol jusqu'en 2007, date à laquelle il est renvoyé à la vie civile et se retire dans sa ville natale d'Oulianovsk, sur la Volga. Marié, il a une fille ; il embrasse une brève carrière de clown et de chanteur. Mais la vie civile n'a rien d'excitant. En 2014, Demtchouk assiste à la bascule des divergences russo-ukrainiennes, en conflit ouvert dans cet endroit qu'il connaît si bien. La Crimée lui manque. L'uniforme aussi[448].

Comme Billy, après lui, Demtchouk contacte Mikhaïl Polinkov, le recruteur, sur Vkontakte et se rend à la caserne de Rostov-sur-le-Don. De là, Demtchouk passe au Donbass pour aller se battre[449].

Demtchouk y reste de 2014 au printemps de l'année suivante, lorsqu'il franchit la frontière en sens inverse vers le camp de Rostov, au moment où Billy Reilly y fait une entrée singulière et remarquée. Plus jeune que Billy d'une année, le dépassant d'une tête, Demtchouk ressemble aux innombrables insurgés que Billy a connus sous forme numérique derrière ses écrans à Oxford. Si proche en âge de Billy, et pourtant déjà aguerri, Demtchouk possède ce que Billy convoite tant : un savoir secret, du panache et sa propre guerre. Deux jours après l'arrivée de Billy à Rostov, il grimpe à bord d'un train avec Demtchouk. Direction le nord.

Voici donc comment débute son séjour le long de la Volga qui avait tant dérouté ses parents. Peu à peu, je comble les vides qui s'intercalent entre les messages adressés à sa mère en 2015.

Un troisième homme se joint à Billy et à Demtchouk, Andreï Kisilev, un autre marin russe qui a grandi avec Demtchouk à Oulianovsk[450]. Ils se ressemblent comme des frères, avec leurs traits slaves et leurs cheveux courts. Mais ils pourraient également ressembler à n'importe quel jeune du Midwest, sans prétention. À une exception près : cette connaissance de la guerre qu'ils portent en eux.

Les chaperons de Billy font état de leur pauvreté et comptent sur lui pour financer leur voyage. Ils lui promettent que Polinkov le remboursera une fois de retour à Rostov. Billy ne fait pas d'histoires, loin de chez lui, avec de nouveaux copains. L'aventure a un prix. Billy loge avec Demtchouk. Ils visitent les villes voisines. C'est Demtchouk et

Kisilev qui prennent, au mémorial de Stalingrad, les photos que Billy a ensuite envoyées à sa mère[451].

Billy parle de plus en plus du Donbass avec ses compagnons. Il avait peut-être compris la dynamique des factions militaires et politiques en ingérant toute l'information ouverte possible, mais Demtchouk, lui, a une perception viscérale de la situation. Il connaît les habitants et il a combattu sur le terrain. Les agences américaines s'efforcent de rattraper leur retard et tentent de pénétrer les réseaux russes de chaque côté de la frontière. À ce stade, tout renseignement humain a une valeur potentielle, ce qui pourrait donc constituer un objectif pour Billy.

Tandis que l'escapade de Billy se conclut, Polinkov entend parler des achats effectués avec les cartes de crédit de l'Américain. Le 31 mai 2015, il écrit à Demtchouk sur Vkontakte. « *C'est quoi ce bordel avec Vassia ?* demande-t-il en utilisant le pseudonyme russe de Billy. *Pourquoi vous l'avez plumé ?* »

Quelques minutes plus tard, il poursuit : « *Tu imagines ce que cet argent aurait pu apporter à l'unité ?* »

Ces messages envoyés voilà des années, toujours aussi vivants, me saisissent. Car je suis persuadé qu'ils constituent la trame du sort de Billy.

Billy et Demtchouk sont revenus à la caserne de Rostov lorsque Demtchouk répond. « *Pour le fric,* écrit-il à Polinkov, *on avait passé un accord.* » Il lui explique qu'il va partir le lendemain de Rostov pour Donetsk. « *Et quand j'y serai, je le rembourserai.* »

Polinkov dresse la liste de ses attentes : « *700 dollars. 11 000 roubles, une carte de crédit. L'argent pour deux iPhone.* » Ces chiffres correspondent précisément aux sommes qui apparaissent sur les relevés de Billy, qui avaient alerté Terry Reilly. « *Il est fauché* », conclut Polinkov. « *Tu trouves pas ça gonflé ?* »

Les messages Vkontakte et les relevés bancaires établissent clairement que Polinkov et ses subordonnés ont pris Billy pour un pigeon. Je me dois donc d'envisager qu'un mobile aussi élémentaire que l'argent puisse expliquer sa disparition.

Faire fonctionner la base des volontaires de Rostov s'avère onéreux. Moscou a financé son établissement et ses premières opérations[452]. Mais, une fois le rêve de la Novorossia oublié, une fois Igor Strelkov tombé en disgrâce, congédié de son poste de ministre de la Défense de la RPD et rappelé à Moscou, les finances du camp se sont dégradées, gérées par des hommes qui manient mieux le fusil que le bilan comptable[453].

Le lendemain de l'échange entre Polinkov et Demtchouk, le 1er juin 2015, Polinkov reçoit un message sur Vkontakte adressé par Bronia le Kalmouk, chargé de la gestion du camp au quotidien.

Il s'agit d'un inventaire de nourriture et d'articles ménagers nécessaires pour la caserne : cuisses de poulet, savon, café, ainsi que quarante produits supplémentaires censés donner du courage aux volontaires en route vers le Donbass. Les cigarettes, avec un montant mensuel de 31 200 roubles, soit 400 dollars de l'époque, représentent le poste le plus coûteux, près du double du deuxième. Le budget de fonctionnement mensuel calculé par Bronia s'élève à 110 000 roubles, environ 1 500 dollars, une somme considérable pour ces Russes sans emploi ou revenu légal.

« *Pour un mois ???* s'étrangle Polinkov. *C'est quoi, ce foutoir ? Je vais regarder ça de plus près.* »

Plus tard en 2015, Bronia écrit : « *Plus un rond, même pas pour acheter du pain.*

— *Je vais devoir mettre la base en veilleuse,* répond Polinkov. *Moi aussi, je suis fauché. J'ai presque deux semaines de retard pour mon loyer*[454]. »

Comme les autres volontaires, Billy ignore tout de ces difficultés financières. Le 3 juin 2015, il contacte Polinkov : « *Je ne sais pas ce qui se passe,* écrit-il. *J'ai payé le voyage à Balakovo et Oulianovsk, deux iPhone pour Pirate et une caméra vidéo. Pirate prétend que vous lui aviez dit que je devais payer et qu'il me rembourserait.*

— *Je n'ai jamais donné cet ordre à Pirate*, réplique Polinkov. *Pour le dire crûment, il t'a entubé.*[455] »

Le vol s'apparente à un mode de vie au camp. Bronia le Kalmouk persuade les nouveaux arrivants d'entreposer leur argent liquide et leur matériel dans un casier à la base. Lorsqu'ils reviennent d'une rotation dans le Donbass, ils découvrent qu'il en manque une partie, voire plus, et Bronia se contente d'un haussement d'épaules. « *Talkies-walkies,*

GoPro, gilets pare-balles, casques lourds, trousses de premiers secours, scie pliante, masque tactique, tondeuse à cheveux, visée laser et son rail, jumelles, écrit un combattant à propos de la base sur Vkontakte. *Ils volent tout ce qui a de la valeur.* »

Billy n'a pas emporté de tels articles avec lui, mais sa contribution involontaire n'en demeure pas moins importante. Trois jours après avoir contacté Polinkov au sujet des achats, Billy est de nouveau victime d'une fraude à la carte bancaire. Le 6 juin, quatre retraits d'argent de 4 769 roubles chacun sont effectués avec sa carte Chase, pour un total de 19 076 roubles, soit 356,12 dollars. Le lendemain matin et les quatre jours suivants, dix retraits apparaissent sur son compte de la Citibank pour une somme de 869,27 dollars[456].

Les arnaques ne s'arrêtent pas là. Lors de ses appels avec Terry, Billy lui apprend qu'il a reçu une carte de presse. Bronia lui a suggéré de se joindre à un convoi humanitaire en tant que vidéaste et lui a expliqué qu'il aurait besoin de payer son accréditation. Or, aucun organisme ne délivre une telle accréditation contre rémunération.

Le 8 juin, Billy écrit à Polinkov : « *Bronia dit que je dois payer 14 500 roubles* [environ 250 dollars] *pour une accréditation presse. OK ?*

– *Si c'est nécessaire, il faudra payer* », répond Polinkov.

Il paraît évident que Billy est manipulé. Au fil du temps, il a certes acquis un vaste savoir livresque sur la Russie et d'autres pays lointains, mais ne connaît ni le terrain ni ses zones d'ombre. À certains égards, il est toujours ce gamin dans sa chambre, le visage éclairé par la lueur de l'écran de son portable, excité à la perspective d'aventures exotiques. Et maintenant qu'il les vit, il en paie le prix.

Peu de leçons sont gratuites et nous apprenons grâce à ce genre d'expériences malheureuses. Il leur faudra quelques semaines, mais Billy et sa mère finiront par admettre que les hommes qui commandent la base de Rostov mènent Billy en bateau. Au cours de plusieurs coups de fil passés à la mi-juin 2015, Billy et Terry inspectent les relevés bancaires de la Chase et de la Citibank. Ils dressent l'inventaire des achats et des retraits que Billy n'a pas effectués. Le total se monte à 2 129,05 dollars, une belle somme pour Billy, qui voyage à l'étranger. Et surtout pour ceux qui tirent l'argent dans les distributeurs de Rostov[457].

Terry et Billy épluchaient encore les comptes le 24 juin 2015, jour de leur dernier appel téléphonique. À ce moment-là, Terry, avec l'accord de Billy, a fait opposition sur ses cartes et se met à lui virer des fonds. Les cartes deviennent inutiles. En un sens, Billy aussi. Car il n'est plus la vache à lait que Polinkov et son groupe pressurent afin de poursuivre leurs opérations.

CHAPITRE 30
CONSPIRATION

En plus des messages qu'elle a échangés avec Billy, Terry m'a procuré la correspondance entre l'agent Tim Reintjes et son fils. Ces SMS révèlent que le FBI savait que Billy souhaitait se rendre en Russie. Assis devant mon bureau de Washington, j'en commence la lecture.

La conversation entre Billy et Reintjes s'avère volumineuse. Entre son début et sa conclusion, plus de trois cents jours se sont écoulés et les deux hommes se sont envoyé près de mille trois cents SMS qui viennent en plus des appels téléphoniques et des rendez-vous fréquents. Ce qui me confirme que leur lien n'a rien de temporaire. Ils ont maintenu un contact étroit et prolongé. Ces SMS montrent un Billy réactif, ingénieux et fiable, un partenaire de confiance dans la lutte contre le terrorisme. Ils constituent également la preuve que Billy est réellement une source humaine confidentielle du FBI.

Je cherche alors des signes de la mise à l'écart que, selon ses parents, Billy aurait ressentie vers la fin de sa relation avec le FBI. Reintjes et Billy partagent des informations opérationnelles portant sur les téléphones mobiles, les systèmes informatiques, les applications de communication et la façon dont Billy les emploie pour son travail au sein du Bureau. Ils discutent fréquemment des fichiers téléchargés par Billy sur Dropbox et de rendez-vous dans des établissements tels que Wendy's et Home Depot. Reintjes demande parfois au jeune homme d'emporter son iPod, car Billy l'utilise afin d'enregistrer ses appels avec des cibles. Dans ce dialogue, je ne trouve aucun indice montrant que la relation se serait dégradée[458].

Je m'efforce alors de dénicher la preuve que le FBI a envoyé Billy en Russie. Reintjes, imprudent, a laissé derrière lui des messages révélant qu'il connaissait l'existence du voyage de Billy. Cette correspondance m'offrira peut-être la possibilité de corroborer cette hypothèse.

Mais non, je ne vois rien. L'essentiel de leurs communications concerne presque exclusivement le terrorisme islamiste fondamentaliste. L'Europe de l'Est n'est pratiquement pas mentionnée.

Terry m'a également confié les deux disques durs utilisés par Billy sur le PC familial et un portable. Seul un fichier sur le millier de documents présents évoque la Russie et le Donbass en profondeur. Sous le nom « DPR* », il offre une analyse de la république autoproclamée.

« Leur idéologie apparaît comme un mélange de nostalgie soviétique, de conservatisme social antioccidental, d'orthodoxie russe et de nationalisme russe. » Billy évoque ensuite l'utilisation par les séparatistes de roquettes Grad et de missiles antichars Kornet. « Les unités combattantes paraissent opérationnelles. Elles semblent attirer surtout d'anciens militaires ; dans la plupart des vidéos, les soldats ont l'air professionnels – il ne s'agit manifestement pas d'hommes à qui on vient de confier une arme (contrairement à ce qui a été observé au début du conflit syrien). »

L'analyse produite par Billy sur les brigades du Donbass est sérieuse, comme il en a l'habitude. En revanche, à l'exception de ce fichier, les disques durs ne contiennent que très peu de documents relatifs à la Russie. Je n'ai aucun indice qui explique pourquoi Billy a fini par y atterrir.

*

Dans ma quête de la preuve que le FBI avait envoyé Billy à l'étranger, je repars au Michigan en avril 2018. J'admets les talents informatiques de Billy. Maintenant, il me faut savoir si ses performances dans le monde réel peuvent avoir influencé l'avis de son agent traitant quant aux capacités de son « commando clavier ».

Je prends un vol pour Muskegon, à l'ouest du Michigan, ville située en face de Milwaukee, sur l'autre rive du lac Michigan. Un surveillant de la prison fédérale Earnest C. Brooks Correctional Facility me fait passer plusieurs portes métalliques puis m'escorte dans la cour.

* DPR : Donetsk's People Republic, c'est-à-dire la RPD, République populaire de Donetsk. (*N.d.T.*)

Il fait doux en ce matin printanier. Des dizaines de détenus soulèvent de la fonte ou discutent autour de tables de pique-nique au soleil. Ils m'observent tandis que je suis le gardien dans un dortoir.

Deux rangées de chambres s'étendent de part et d'autre d'une zone commune aux murs blanchis à la chaux. Des prisonniers entrent et sortent au compte-gouttes. Le surveillant me guide dans une petite pièce vitrée qui abrite une étagère garnie de dizaines de livres fatigués. Assis à la table se trouve Aws Naser, que Billy avait approché pour le FBI en 2012[459].

Naser, fluet, a 29 ans et des traits fins. Nous avons déjà évoqué son affaire au téléphone ou par e-mail, mais je ne lui ai pas encore parlé de Billy, car j'ignorais qui d'autre pouvait écouter nos conversations. J'ai apporté un dossier. J'en sors une photo de Billy. Les yeux de Naser s'éclairent. « C'est Mikhaïl », me dit-il, employant le pseudonyme utilisé par Billy lors de leurs échanges.

Naser me raconte leur premier contact sur sa chaîne YouTube, leur première rencontre et les tentatives de Billy pour le faire parler en choisissant l'islam pour sujet de conversation. « À première vue, il n'y connaissait rien du tout, déclare Naser. J'ai su tout de suite que ses intentions n'étaient pas claires. J'ai senti qu'on essayait de me piéger. » Naser m'explique alors comment il avait pris le volant durant leur seconde rencontre. Il avait lancé le véhicule qui les filait dans une course-poursuite sur Warren Road à Westland, Michigan. Il avait l'impression que Billy « aurait voulu disparaître dans un trou de souris ».

Naser et moi avons parlé plusieurs heures, mais quelques mots ont suffi pour dissiper mes illusions. Billy, opérateur avancé sur les réseaux sociaux, ne trompait personne sur le terrain. Il n'était pas naturel quand il mentait ; il était incapable de contrefaire son identité[460]. Ce qui plaide en sa faveur. Mais, puisqu'il était manifestement inapte à opérer de façon convaincante chez lui dans sa propre langue, je ne vois pas comment ses traitants du FBI auraient pu accepter de l'envoyer en Russie, qui se révèle peut-être l'endroit le plus difficile d'accès pour les opérateurs du renseignement américain. Le FSB a hérité de la très compétente division du contre-espionnage du KGB et les services de sécurité russes sont restés en alerte après l'annexion de la Crimée par la Russie et dès les prémices de la guerre dans le Donbass[461]. Qu'aurait espéré y gagner le FBI ou une autre agence américaine en déployant Billy dans une telle poudrière, étant donné sa déroute sur le terrain avec Naser ?

Je reviens aux messages échangés par Billy et Reintjes. Peut-être y trouverai-je la preuve non que le FBI a envoyé Billy en Russie, mais, au contraire, qu'une rupture dans leur relation l'aurait fait sortir de piste. Je découvre les échanges au sujet de la planification des attentats qui, selon Terry et Bill, auraient définitivement rompu le lien de leur fils avec le Bureau. Le 9 décembre 2014, soit six mois avant son départ pour la Russie, Billy écrit à Reintjes à propos d'une de ses cibles : « *Elle dit que je devrais faire un attentat-suicide ici.*

— *Demande-lui comment elle compte l'organiser et le financer,* réplique Reintjes.

— *Comme celui au Canada. Écraser des gens ou tirer dans le tas.* »

En octobre, cette année-là, un terroriste de l'EI avait percuté au Québec deux soldats canadiens à l'aide de son véhicule. L'un d'eux n'avait pas survécu[462]. Deux jours plus tard, un Montréalais avait tué par balle une sentinelle au Monument commémoratif de guerre du Canada, à Ottawa, avant de mourir dans une fusillade avec des gardes qui se trouvaient non loin et qui avaient accouru du Parlement[463].

« *Elle doit te donner des instructions,* le prévient Reintjes. *N'interfère pas.* »

Deux jours plus tard, Billy lui envoie un nouveau SMS : « *Msg dit juste : "Je sais que tu peux le faire", à propos de l'opé. Dites-moi ce que je dois faire si elle me dit que je dois assurer l'opé seul, ici, genre un petit truc comme à Ottawa.*

— *Continue de dire que tu as besoin d'instructions, de conseils et d'argent* », l'avise Reintjes.

Billy raconte à Reintjes que son contact a reçu l'autorisation pour Billy de mener une opération majeure, ce qui suggère donc qu'une organisation terroriste étrangère essaie de le manipuler.

Ces messages ne prouvent pas que les chemins de Billy et du FBI divergent. Ils paraissent plutôt classiques : le traitant guide sa CHS dans ses conversations avec des nœuds réseautiques afin de collecter le maximum de données. Pourtant, Terry et Bill affirment que leur fils avait considéré son dialogue avec Reintjes comme une menace qui pesait sur sa sécurité. Je ne comprends pas.

En revanche, fin 2014, après ces discussions sur un projet d'attentat à la bombe, je constate plutôt une diminution notable de la fréquence des SMS. Début 2015, Billy et Reintjes ont continué de se voir, mais leurs échanges perdent de leur substance. Billy répond pour la forme aux questions de Reintjes.

Je trouve un fichier sur les disques durs de Billy qui suggère une rupture. En janvier 2015, il a téléchargé un questionnaire en russe destiné aux volontaires. Le groupe de Polinkov exige que les recrues remplissent ce formulaire standard qui mentionne l'expérience au combat, la religion, les dettes, le casier judiciaire, les motivations, et l'adresse dans le maniement des armes. Ni Billy ni Reintjes n'ont jamais parlé de ce document au cours de leurs conversations. Ils n'évoquent ni Polinkov ni les volontaires du Donbass. Manifestement, Billy a franchi seul ce pas[464].

Le 10 mars 2015, Billy envoie son premier message sur Vkontakte à Polinkov. De nouveau, il oublie d'y faire référence dans ses échanges avec son officier traitant du FBI. Je sens sa trajectoire qui s'éloigne de plus en plus du FBI, attirée dans l'orbite des mercenaires russes[465].

*

Des contradictions apparaissent dans les messages de Billy adressés à l'agent Reintjes. Alors que je croyais commencer à comprendre leur relation, je lis un échange qui change complètement la donne.

En novembre 2014, Billy évoque un voyage en Syrie dont il a discuté avec une cible terroriste. Le lendemain, il reçoit un visa turc[466].

Il s'agit de l'itinéraire classique des recrues de l'EI. Un vol vers la Turquie, puis le passage clandestin de la frontière vers la Syrie. Exactement le même parcours que celui emprunté par Daniela Greene, l'interprète germanophone du FBI, lorsqu'elle avait fait défection du bureau de Détroit du FBI pour épouser le rappeur et djihadiste allemand Deso Dogg, alias Dennis Cuppert. C'est la preuve, selon moi, qu'il souhaitait se rendre en Turquie.

Mais il y a plus. Sur l'un des disques durs de Billy, un document de 2013 évoque une conversation sur Skype. « *Il m'a demandé pourquoi je voulais aller en Syrie* », raconte Billy, qui mentionne alors un vol vers

Istanbul, puis un trajet vers Antalya pour rencontrer un passeur afin de franchir la frontière syrienne et d'entrer sur les terres de l'EI. « *Je lui ai dit que j'avais des problèmes pour obtenir un visa et que je devrais peut-être essayer avec un passeport russe ou tenter de m'y rendre avec un convoi humanitaire*[467]. »

Un convoi humanitaire. Cette suggestion retient mon attention. Car il tiendra exactement le même raisonnement face à ses parents dix-huit mois plus tard : intégrer un convoi humanitaire à destination du Donbass. Se porter volontaire dans un convoi humanitaire est une méthode que pourrait employer un agent américain comme Billy pour pénétrer dans une région interdite.

Ces découvertes modifient mes perceptions sur Billy, le dernier stade de sa relation avec le FBI et son voyage en Russie. Sa performance médiocre avec Aws Naser devrait l'avoir disqualifié pour un travail de terrain complexe. Mais le matériel trouvé sur ses disques durs et les messages de Reintjes montrent que le FBI ou une autre agence considèrent encore possible d'envoyer Billy à l'étranger. Une agence américaine aurait pu expédier Billy en Russie, puisqu'il existe des preuves que le FBI avait déjà envisagé de le déployer en Turquie. Or, négocier avec des mercenaires russes en route vers le front du Donbass n'est ni plus simple ni moins dangereux que de se mêler aux recrues de l'EI.

Je crois toujours que la probabilité en est extrêmement faible. Mais je continue d'apprendre ce que le FBI est susceptible de faire ou non.

Je dois résister à l'envie de tirer des conclusions. Néanmoins, l'idée que Billy ait entrepris un voyage personnel en Russie ne paraît pas correspondre avec la teneur des messages qu'il envoie à Reintjes juste avant son départ ni avec la visite ultérieure de l'agent traitant à Oxford. Les mensonges de Reintjes et le moment qu'il a choisi pour rendre visite aux Reilly éveillent un sérieux doute quant à l'attitude du FBI. Si Billy a voyagé à titre privé en Russie et qu'il y est resté sous les radars du FBI, comment se fait-il que Reintjes ait su qu'il avait des problèmes ? Et qu'il ait rendu visite à ses parents ? Et si Reintjes ignorait que Billy vivait parmi des mercenaires russes, pourquoi avait-il demandé aux Reilly dans quel « camp » se trouvait leur fils ?

Une fois recoupés, le visa turc, les messages au sujet du voyage, les convois humanitaires et les agissements de Reintjes en 2015 laissent entrevoir la possibilité de résoudre la question centrale : le FBI a-t-il envoyé Billy en Russie ou Billy s'y est-il rendu dans une quête personnelle d'accomplissement ?

Je sais qui détient la réponse.

★

Tim Reintjes n'est pas mon adversaire. Depuis le lycée, il a toujours voulu entrer au FBI. Pendant des années, il en a parlé ouvertement à ses amis et ses professeurs. Je l'imagine altruiste, voulant défendre la veuve et l'orphelin. Il joue un rôle essentiel dans notre société, une fonction que j'apprécie à sa juste valeur.

Je téléphone au bureau de Détroit du FBI. L'accueil transfère mon appel. Tim Reintjes décroche le combiné et se présente. Je lui dis bonjour, il me rend la politesse. Direct, professionnel. Je lui explique alors que j'enquête pour un article lié à William Reilly, qui a travaillé en tant que CHS pour lui.

Je m'interromps, attentif à toute indication qui m'indiquerait que le sujet de cet appel impromptu le décontenance. Rien.

J'évoque cette fois la disparition de Billy. Je sais que la famille Reilly cherche son fils. Reintjes répond d'une voix calme. « Je ne suis au courant d'aucune demande de renseignements à ce sujet[468]. »

CHAPITRE 31
UNE ÉPREUVE DANGEREUSE

L'intérêt porté par Billy à Amera Lomangcolob pourrait toutefois m'orienter vers un récit alternatif. Avait-elle enflammé son imagination avec ses promesses et ses photos érotiques ? Ou bien avait-il, lui, réussi à l'appâter sous les ordres du FBI ? S'étaient-ils rencontrés ?

Les messages échangés par Billy et sa mère au sujet de la Thaïlande, des débats qu'elle a soulevés et des préparatifs envisagés connaissent diverses nuances. Alors que la frustration de Billy monte à mesure que les retards qui s'accumulent à la base de Rostov menacent son escapade amoureuse, sa résolution se met à faiblir. Terry utilise ses dernières cartouches.

« *N'oublie pas que tu peux encore changer d'avis,* lui écrit-elle à la mi-juin 2015. *Tu as déjà fait un fabuleux voyage.*

— *Je sais bien.*

— *Dis-moi si tu veux que je te réserve un vol pour la maison.* »

Quelques jours plus tard, Terry lui demande s'il désire toujours partir pour sa « *petite excursion risquée* ».

« *Je ne vois pas ce que tu veux dire, elle va vraiment mal,* réplique Billy. *Elle a encore eu un épisode schizophrénique.*

— *C'est hyper dangereux. Je ne plaisante pas. Tu pourrais être tué. Qu'est-ce qu'elle dit ?*

— *Elle délire. Elle me dit de la laisser, qu'elle me hait, des trucs comme ça. C'est pire qu'hier. Oui. Elle me dit que, quand je la renverrai, elle deviendra dingue.* » Lomangcolob semble redouter que Billy l'abandonne à Bangkok après leur brève idylle thaïlandaise.

« *Je suis contente que tu aies changé d'avis,* anticipe Terry, pleine d'espoir. *J'avais un mauvais pressentiment.* »

Malgré tous les efforts de Terry pour le faire rentrer, les lubies de Billy fluctuent sans cesse.

« *Attends un peu,* écrit Billy, *le temps que je voie ce que je fais avec elle.*

— *Oh, non ! Mais, pourquoi ? Mauvaise idée. Dis-lui que tu es malade, c'est tout. Elle a l'air d'une manipulatrice.*

— *Je vais y penser. C'est une épreuve dangereuse.* »

Qu'attend-il de Lomangcolob ? Sur son disque dur, je viens de découvrir des photographies d'Occidentaux, prises à leur insu, dans un centre commercial philippin. Alors, je me souviens des échanges relatifs à la planification par Billy d'un attentat à Détroit. Je ne l'ai jamais rencontré. Il m'est impossible de savoir ce qu'il est capable de faire. Ni Terry, manifestement.

« *Je crois que tu as perdu la tête,* lui écrit-elle en juin 2015.

— *Peut-être.* »

Dans la deuxième moitié du mois de juin 2015, Billy arrive à la croisée des chemins. La date de son vol pour Bangkok approche et un choix s'impose : attendre que son aventure se concrétise de l'autre côté de la frontière ukrainienne ou pourchasser un fantasme en Asie. Aucune des deux options ne plaît à Terry, mais l'escapade thaïlandaise lui semble de plus en plus risquée à mesure que Billy l'évoque.

« *J'ai l'impression qu'elle te rend dingue.*

— *C'est ça, l'aventure,* répond-il.

— *Avoir la gorge tranchée, tu parles d'une aventure ! Je t'en prie, réfléchis. J'ai vraiment peur pour toi.*

— *C'est le meilleur côté de l'aventure.*

— *Réfléchis encore !*

— *OK, je vais y penser.* »

Billy a déjà annulé un voyage en Asie pour aller voir Lomangcolob. Aurait-il le courage de franchir ce pas ? « *L'aventure, d'accord,* prévient Terry. *Mais là, c'est du suicide*[469]. »

*

Été 2018. Je travaille sur l'affaire Reilly depuis six mois. Il m'a fallu tout ce temps pour tirer des éléments tangibles de cette matière, les rassembler logiquement et me faire une idée. Je sens que mes connaissances s'approfondissent. Je comprends que je n'arriverai pas à répondre à certaines des questions les plus essentielles en restant assis à mon bureau de Washington. Les nombreuses pistes de cette affaire mènent toutes en Russie et je sais maintenant que je dois m'y rendre.

Mais d'abord, je monte à bord d'un train pour New York, où j'ai rendez-vous avec un contact de Bob Foresman à l'hôtel InterContinental, sur la 48e rue à Manhattan. Notre tête-à-tête semble l'incommoder, comme s'il prenait un risque en me rencontrant. Dans le hall, il s'assure que mes téléphones sont éteints et rangés.

Il m'apprend qu'il a de la famille à Rostov-sur-le-Don et que ses proches détiennent des postes au gouvernement local. Je vois très bien ce qu'il veut dire. Pour accéder à ce genre de positions, il faut de l'influence à Moscou et des accointances au ministère de l'Intérieur.

« Je les ai appelés, me dit-il, et leur ai parlé de cette affaire. Ils ont enquêté et sont revenus vers moi. Ils m'ont lancé un avertissement : j'ai intérêt à ne plus jamais m'en occuper[470]. »

Ce bref échange me laisse entendre que, en Russie, le dossier qui concerne Billy est non seulement connu, mais si explosif que même des gens au pouvoir craignent d'y être mêlés. Je ne comprends pas. Billy est certes important pour sa famille, mais je n'arrive pas à me le figurer en opérateur de la sécurité nationale d'une grande valeur. Attiré par les prémisses les plus simples plutôt que par des scénarios trop alambiqués, je pars de l'hypothèse que Billy a été victime d'un crime en Russie et qu'il n'est pas au centre d'une affaire d'espionnage.

Mais je ne peux écarter aucune théorie. Toutes les options demeurent possibles. En juin 2018, je réserve un vol pour Moscou. Alors que je suis en route pour l'aéroport international Dulles, dans les faubourgs virginiens de Washington, j'appelle Bob Foresman. Non seulement il propose de m'introduire auprès de personnalités russes, mais il me prodigue un conseil avisé. « Soyez prudent là-bas. Il s'agit peut-être d'une affaire dans laquelle les deux pays partagent la même position. »

CHAPITRE 32

MOSCOU

La lumière du soleil de l'après-midi se teinte de jaune en filtrant à travers les rideaux du salon de thé Tchaïhona N°1, près de l'entrée principale du zoo de Moscou, au pied de l'un des « sept gratte-ciel staliniens ». Je me trouve à Barrikadnaïa, un quartier où les insurgés antitsaristes avaient élevé des barricades lors de la révolution de 1905, préfiguration des événements de 1917[471].

J'écoute les bavardages assourdis quand apparaît Dmitri Tourine, l'enquêteur privé russe embauché par les Reilly, vêtu de façon plutôt décontractée d'une chemise à manches courtes. 45 ans, sportif et sec comme s'il surveillait son régime, il paraît moins. Il sourit à pleines dents d'un sourire plein de malice. Ses cheveux sont bruns et sa coupe bien dégagée au niveau des oreilles ; ses yeux, clairs, expressifs, laissent deviner le baroudeur.

Terry et Bill m'ont fourni le dossier constitué par Tourine. En le passant au crible, j'ai compris qu'il s'était réellement investi dans l'enquête sur Billy entre 2015 et 2016. Il y avait parmi ses notes des pistes iconoclastes ainsi que des contacts stimulants, autorités de Moscou ou de Rostov-sur-le-Don, susceptibles de détenir preuves et informations que seules les relations personnelles de Tourine avaient réussi à débloquer.

Lorsque j'ai parlé aux Reilly de mon projet de me rendre à Moscou, Bill a rappelé Tourine pour la première fois depuis deux ans. Les parents de Billy, comprenant qu'il est dans leur intérêt qu'il reprenne l'enquête, pendant que je la suis moi-même en Russie, l'ont réengagé[472]. Dans leur recherche désespérée du moindre résultat, ils en oublient leurs doutes à son égard. Tourine et moi commandons le déjeuner. Je sens chez lui une motivation qui n'est pas financière, malgré les fonds que Terry et Bill viennent de lui transférer. Deux années après, Tourine s'en veut toujours de n'avoir pu résoudre le mystère.

Il est accessible, ouvert et s'emballe facilement. Je remarque un léger bégaiement. En point d'orgue de chacune de ses anecdotes, sa voix hésite. Il donne l'impression d'être un enquêteur passionné par ses recherches, exalté à la perspective de résoudre une énigme.

Il a joint un responsable du ministère de l'Intérieur et a appris que l'enquête sur Billy avait été interrompue au moins depuis 2016. Malgré les assurances du comité d'enquête de Rostov-sur-le-Don, qui avait affirmé aux Reilly qu'un avis de recherche serait lancé, en réalité ni les Américains ni les Russes n'ont agi depuis plus de deux ans. Nous avons le champ libre, mais je crains que ses pistes ne soient toutes froides. Le chef d'un département du ministère de l'Intérieur lui a promis de faciliter ses contacts avec les nouvelles autorités de Rostov. Le détective et moi projetons de nous y rendre.

Tourine imagine la vie à l'intérieur de la base de Rostov. « Ils savaient oublier leurs frustrations, me confie-t-il. Il y avait une fête tous les soirs au camp. Ils chantaient. Ils jouaient de la guitare. De jeunes femmes passaient leur rendre visite. Elles leur faisaient à manger, attirées par l'uniforme. Sexe, armes, aventure. La liberté, quoi ! Et les filles qui s'endormaient heureuses, sans qu'il y ait eu d'histoires d'argent. » Malgré le portrait pittoresque dressé par Tourine, une caserne de mercenaires n'a rien d'une colonie de vacances. Et je ne vois toujours pas comment Billy cadre avec cette ambiance.

Tourine non plus. « Dans cette affaire, je n'ai pas été en mesure de cerner les motivations de Billy. Il n'avait pas sa place au camp. Ces mercenaires ont perdu leurs illusions et ne comprennent pas le monde moderne. Ils ont des dettes. Des problèmes familiaux. Il y a de l'alcoolisme. Alors ils vont se battre en Ukraine. Billy aussi connaissait une forme de désenchantement. Mais différente. » Le détective prétend connaître la vie dans les prisons russes. Il s'est documenté sur sa face cachée, opaque à tous ceux qui n'y croupissent pas, où règnent criminels mystiques et hiérarchies cryptiques. Il compare l'environnement du camp de Rostov à celui d'un pénitencier russe. « Pression psychologique et humiliation, affirme-t-il. Billy a dû endurer cette facette du caractère russe. » Des mercenaires s'en sont sûrement pris à lui.

Je pense aux arnaques à la carte de crédit subies par Billy, qui, selon moi, nous offrent un aperçu de ce qui lui est arrivé en Russie, mais Tourine me propose une version alternative. « Billy est arrivé en plein lancement d'une vaste propagande télévisée qui accusait les États-Unis d'avoir fomenté la guerre dans le Donbass. Et si la famille d'un jeune volontaire y avait été tuée ? Et s'il s'en était pris à Billy en lui disant que c'était sa faute[473] ? »

Nous élaborons un plan. Tourine va négocier une rencontre à Moscou avec Mikhaïl Polinkov, le recruteur. Puis Tourine et moi descendrons à Rostov pour reprendre la piste abandonnée par le détective deux ans plus tôt.

Après avoir passé tant de temps à développer des théories seul dans mon bureau, j'accueille avec plaisir les échanges avec Tourine. Je ne pouvais rêver meilleur partenaire pour une enquête. Il connaît l'affaire sur le bout des doigts et veut absolument la résoudre. Au fil de sa carrière de privé, il a bâti une relation de confiance avec plusieurs hauts responsables des services de sécurité. Je ne peux pas en dire autant. Tourine apporte également une forme de sérénité à cette entreprise grâce à sa compréhension innée du paysage dans lequel nous nous enfonçons, semé d'embûches et de chausse-trappes.

Les risques inhérents à notre mission n'ont rien de romanesque. Après tout, nous ne creusons pas aux sources de la fortune d'un oligarque, nous n'enquêtons pas sur le complexe militaro-industriel. Nous nous contentons de chercher un jeune homme dont l'expérience et les connaissances limitées n'ont guère de valeur. Pourtant, les questions que nous posons semblent gênantes. Des personnes cachent les réponses et j'ignore jusqu'où elles sont prêtes à aller pour les garder secrètes.

On se doit d'être honnête avec soi-même au sujet du danger. En Russie, de nombreux journalistes risquent le tout pour le tout et sont visés en raison de leurs découvertes. En 2000, Igor Domnikov, journaliste pour la *Novaïa Gazeta*, est mort sous les coups de marteau de son agresseur. En 2004, des assassins ont liquidé Paul Klebnikov, journaliste et éditeur américain, qui enquêtait sur des oligarques, au moment où il sortait de son bureau de Moscou. Deux ans plus tard, Anna Politkovskaïa, spécialiste de la politique du Kremlin dans le nord du Caucase, revenait du marché les bras chargés de courses lorsqu'elle a croisé un homme dans l'entrée de son immeuble moscovite. Deux balles dans la poitrine et une dans la tête ont fait d'elle une martyre de la cause[474]. En 2009, la journaliste et militante des droits de la personne humaine Natalia Estemirova a été enlevée près de chez elle en Tchétchénie. On a retrouvé son cadavre le même jour dans une forêt[475].

Ces journalistes se battent pour changer la société russe. Leurs croisades ont anobli leur vie. Je n'appartiens pas à cette caste, mais l'affaire de Billy me rapproche comme je ne l'ai jamais été des dangers qu'ils affrontent. Étant donné la gravité des problèmes internationaux qu'engendrent les événements du Donbass, révéler le sort de Billy pourrait dévoiler les secrets des services de sécurité russes ou américains.

Je crois, peut-être naïvement, que personne n'a envie de tuer des journalistes. Car un meurtre attire l'attention. D'abord vient un avertissement, un message qui loue votre ténacité, mais regrette que vous vous approchiez trop près d'une information sensible. Pour la plupart des reporters, une simple mise en garde suffit. Une chance de sortir de la scène indemne.

Après le déjeuner, je regarde Tourine qui s'éloigne. J'essaie de ne pas me leurrer au sujet de ses mobiles. Un de mes contacts, doté d'une certaine expérience dans ce domaine, m'a expliqué que les privés russes étaient rarement indépendants à 100 %. Souvent, ils prennent leurs ordres de la police d'État ou de services de sécurité et divulguent uniquement des informations approuvées. Il semble si simple de vendre une belle histoire, surtout avec les manières aussi désarmantes de Tourine. Et, en prime, à un étranger. Peut-être que sa principale mission ne consiste pas à retrouver Billy, mais à découvrir mes intentions et à enregistrer chacun de mes faits et gestes. Je m'interroge sur Tourine. Et Tourine s'interroge sûrement sur moi. Mais il est des questions vouées à rester sans réponse.

CHAPITRE 33
PLACE ROUGE

J'ai sérieusement pensé à séjourner en Russie pour la première fois en 2002. Je discutais avec Angus, un ami qui venait d'accepter un travail à Moscou. Ses histoires de boîtes de nuit, de danseuses de ballet et de relations au bras long m'intriguaient.

Je suis allé à Moscou cet été-là, à un moment particulièrement propice, comme je le comprendrai plus tard. Le rouble s'était effondré quatre ans auparavant. La flambée ultérieure des prix du gaz et du pétrole avait permis à l'économie russe de rebondir[476]. Je trouvais Moscou, ville la plus peuplée d'Europe, à la fois raffinée et tapageuse, un peu comme New York.

Vladimir Poutine, président depuis dix-huit mois à peine, élaborait encore son style. Il s'écoulerait plus de un an avant qu'il procède à l'arrestation de l'oligarque Mikhaïl Khodorkovski. Il jouissait encore des faveurs des Occidentaux. Il paraissait même avoir tissé avec George W. Bush ce qui pouvait s'apparenter à une amitié. Ils avaient passé du temps ensemble dans le ranch texan des Bush[477].

Les Moscovites qu'Angus et ses amis Stefan et Arthur m'ont présentés lors de mon premier séjour étaient assez âgés pour avoir atteint la majorité durant la période soviétique, mais suffisamment jeunes pour pouvoir encore s'adapter. Ils profitaient du capitalisme, tout en se montrant de dignes héritiers du système collectiviste. Ils partageaient. Pleins de vie, pleins d'énergie, ils avaient envie de connaître le monde. Ils ne s'intéressaient guère à l'avenir, mais restaient optimistes. Ils ne n'économisaient pas. Ils brûlaient leur vie. Avec eux, l'amitié paraissait facile et durable.

À Moscou, pour se déplacer, il suffisait de s'avancer sur le bord du trottoir et de tendre la main. Alors, un véhicule venait se garer et, à travers la vitre passager ouverte, on parlait destination et tarif avec le conducteur. Il souriait. « C'est bon pour moi. » On s'asseyait devant, épaule contre épaule, avec le chauffeur qui passait les vitesses de la voiture datant de l'époque soviétique. Son moteur à la peine, elle ne dépassait pas les cinquante en ville, ce qui permettait de bavarder. Et c'est ce qu'il souhaitait. L'argent empoché pour la course semblait accessoire. Il relevait votre accent. Il n'aurait jamais cru que vous étiez américain. Il posait tant de questions. La parole libérée, il jurait, disait parfois n'importe quoi, racontait des blagues salaces. Quand il apprenait que vous habitiez New York, il devenait soudain sérieux, exprimait ses condoléances pour les attentats du 11-Septembre, encore dans toutes les mémoires. Arrivé à destination, vous placiez un billet sur le tableau de bord, lui serriez la main et partagiez un sourire et un regard grave. Sur le trottoir, vous observiez la voiture qui regagnait la circulation avant de disparaître au loin. L'impression de perdre un ami qu'on vient juste de se faire.

Au cours de ce premier séjour à Moscou, j'ai ressenti une agitation familière. J'avais jadis donné de ma personne pour un boulot que j'avais fini par laisser tomber. Je m'étais débrouillé pour refaire ma vie en tant que journaliste indépendant. Je n'avais plus le même âge et je percevais des envies d'une nature différente, le besoin d'affronter de nouveaux défis. Et j'imaginais qu'ils se présenteraient en Russie.

Mon plan, guère élaboré, reposait avant tout sur la chance : apprendre le russe, connaître la ville, vendre quelques articles, commencer un livre, grimper dans le train en marche et voir où il me mènerait. J'ai emménagé à Moscou chez Angus. Il vivait dans une vaste résidence privée qui datait de la fin de l'ère impériale, rue Gagarinski, dans le centre-ville. Elle se composait de nombreuses petites pièces drapées d'une pénombre gothique et une vieille femme, grabataire, entourée d'infirmières, agonisait à l'étage.

Nous habitions une dépendance, une ancienne remise à calèches qui comptait deux niveaux, le premier sans fenêtre et le second très clair, avec sa galerie et son plafond élevé que nous appelions « les loges ». Ses hautes fenêtres donnaient sur un jardin clos de murs chaulés qui culminaient à plus de trois mètres et ceignaient bouleaux et massifs fleuris. Les tours de marbre blanc et le dôme doré de la cathédrale du

Christ-Sauveur, la plus grande église de Moscou, nous surplombaient. La lumière qui inondait le dôme de nuit le faisait ressembler à une immense bougie.

Ce lieu très plaisant ne m'a pas offert une introduction à la Russie des plus traditionnelles. Car, la nuit, l'hôtel particulier se transformait. Lorsque les boîtes fermaient, on se réunissait chez nous pour continuer la fête. Angus connaissait toute la jet-set et notre porte restait toujours ouverte. Le sous-sol se muait en piste de danse et les loges en salons. Les heureux privilégiés dansaient parfois des jours durant. Je les observais vivre cette existence décalée. J'ai appris une nouvelle langue. De nouvelles manières.

Il n'y avait pas beaucoup d'Américains à Moscou. J'en ai rencontré plusieurs qui avaient empoché énormément d'argent grâce à leur flair pour la finance. Ils se pavanaient à Moscou avec leurs voitures et leurs chauffeurs, des femmes accrochées à chaque bras. Ils parlaient de yachts et d'œufs de caille servis au petit déjeuner. Ils disaient qu'ils ne reviendraient jamais dans leur pays, ayant renoncé à ses conventions surannées. Ils appelaient les ministres par leur surnom.

Il n'y avait pas beaucoup de touristes occidentaux non plus. Au cours de leur escapade orientale, ils ne dépassaient généralement pas Prague. Le mur qui entourait la Russie leur semblait trop élevé et Moscou un trop gros morceau.

J'ai écrit des articles pour des magazines de New York. *Vanity Fair, National Geographic, The New York Times Magazine, Playboy*. J'ai envoyé des dépêches de Moscou et du Caucase. J'ai volé en hélicoptère au-dessus de l'Arctique sibérien pour rédiger des papiers sur les oléoducs et les rennes. Dans la banlieue de Vladivostok, j'ai bavardé avec un membre d'un gang local condamné deux fois à la prison à perpétuité pour meurtre. Plus tard, il m'a rendu visite à Moscou, béat d'admiration, et il m'a raconté ses histoires sinistres en buvant des bières.

En Russie, j'ai fait ce que je n'aurais jamais imaginé faire. Mon existence et mon travail fusionnaient. Je tissais des amitiés avec des personnes différentes de moi. J'ai développé une addiction à la diversité humaine plutôt que de chercher le confort de mes semblables. J'avais un sentiment de gratification immense, bien que la déprime m'ait parfois guetté. Je savais qu'il s'agissait de la grande aventure de ma vie. Qu'elle s'achèverait un jour et que jamais je ne revivrais de tels moments. Je suis resté cinq ans en Russie à me nourrir de ces sensations.

Avant la Russie, pareil à Billy, j'étais jeune et malléable. J'avais essayé de combler mes failles, comme il en avait lui aussi ressenti le besoin. Ce besoin de grandir l'avait conduit vers le danger. Aller là où les autres ont peur de se rendre serait son rite de passage. Je ne connaissais que trop bien cet appel.

Billy a fait de la Russie son terrain de jeu, comme moi avant lui, mais, entre-temps, elle a changé. Plus d'une décennie sépare nos deux séjours. À l'instar de nombreuses personnes qui, pourtant, connaissaient le pays, je n'avais pas anticipé ce qui allait se produire. Nous aurions dû le voir arriver. Poutine avait assis son contrôle sur sa « démocratie dirigée ». Cynisme et paranoïa, les traits caractéristiques du dirigeant qui règne depuis trop longtemps, s'étaient emparés de toute la société. Une société de moins en moins libre. La période à la Weimar de Moscou s'est évanouie. Et, sans préavis, c'était fini.

Le Kremlin s'est enhardi. Les classes politiques de nos deux pays se sont affrontées. La Russie est entrée en guerre contre la Géorgie pendant une douzaine de jours en 2008[478]. Puis les crises de Crimée et du Donbass, en 2014, ont envenimé les relations. En 2015, quand Billy est arrivé en Russie, être américain n'était plus une sinécure.

Je suis parti de Russie en 2008, mais j'y suis retourné régulièrement pour écrire des articles. Des séjours toujours édifiants, bien que parfois mélancoliques, voire déprimants. La Russie se voyait confrontée à la perspective immuable d'un dirigeant unique. Liberté de conscience, diversité des opinions, acceptation de la différence, toutes ces notions s'effaçaient progressivement. Le dogme poutinien a tout écrasé sur son passage. Mon pays souffre d'une limitation de la liberté d'expression, mais qui n'a rien à voir avec le retour de balancier qui affecte la Russie.

Les vieux tacots russes, exotiques, ont quitté les rues de Moscou, signe des temps, mais aussi d'une prospérité retrouvée. Les conducteurs ne s'arrêtent plus devant le trottoir quand vous tendez le bras. Pour se rendre quelque part, maintenant, on commande un véhicule sur une application. Et lorsque le chauffeur apprend que vous êtes américain, son instinct combatif se réveille. Il vous met au défi de défendre la politique américaine et vous parle de l'infaillibilité russe. Alors, vous vous souvenez des interactions amicales qui naissaient lors des trajets à Moscou des années plus tôt. Évanouies, elles aussi, avec les années et le changement. La seule chose sensée que l'on puisse dire à propos du changement, c'est qu'il viendra. Alors, contentons-nous des bons moments quand ils sont là.

*

Je prends un taxi devant le salon de thé où j'ai discuté avec Dmitri Tourine. La voiture accélère le long des hauts murs qui ceignent l'arrière du zoo de Moscou. Un ami vit non loin. Je l'avais rencontré lors de mon premier séjour, en 2002, et nous sommes restés proches. À Moscou, on l'appelle « le Général » en raison de son rang au sein d'une agence de l'État. Jadis, la nuit, quand les lions rugissaient, nous sortions de son appartement pour partir en chasse, nous aussi.

Le taxi rejoint le boulevard périphérique qui entoure le centre de Moscou, la Ceinture des jardins. J'enregistre tant de changements. Depuis des années, des milliards de dollars ont été injectés dans les travaux de rénovation. Des amis se plaignaient des chantiers du maire Sobianine : rues et trottoirs défoncés, pistes cyclables, circulation ralentie, retards et saleté. Mais tout a été terminé à temps pour la Coupe du monde[479].

Et la Coupe a commencé. Moscou est en fête. Les fans investissent les bars pour regarder les phases de poules puis se dispersent, au plus près des voitures, et participent au grand carnaval footballistique. Un débat agite le Landerneau : les tifosi sont-ils plus fêtards que les supporters espagnols ? Ou mexicains ? Les jours s'étirent, longs et chauds, sous le soleil. Les succès de l'équipe russe contribuent à la bonne humeur générale.

Le taxi emprunte l'anneau des boulevards, bordé d'arbres, qui ceint le centre historique, et se dirige vers la station de métro Kropotkinskaïa et mon premier domicile moscovite. La voiture entre dans la rue Gagarinski et passe devant le café où je donnais rendez-vous à mes sources. Des couples marchent sur le trottoir étroit. Le taxi approche de l'hôtel particulier où j'avais vécu avec Angus.

Nous longeons la propriété et je tourne la tête pour l'embrasser du regard. Je me prépare à une pointe d'émotion, à la résurgence de souvenirs enfouis. La remise à calèches a disparu. Rasée. La boîte dans le sous-sol, les petits salons dans les loges, les gens, le temps. Enfuis. Comme imaginés.

CHAPITRE 34
WALDEN

Dmitri Tourine m'attend sur le quai de Crimée, qui longe un canal de la Moskova. Il peine à contenir l'excitation suscitée par la nouvelle qu'il vient d'apprendre. « Le dossier de Billy n'est plus à Rostov. Il est sur les bases de données du ministère de l'Intérieur. » L'avis de recherche devient donc fédéral.

Nous nous installons dans un petit café dont nous sommes les seuls clients. Pourtant, Tourine se rapproche et se penche vers moi pour partager ses informations. Ses relations de la police de Rostov lui ont dit qu'elles n'avaient plus la compétence sur l'enquête concernant la disparition de Billy. « Le dossier est à Moscou, me dit-il. Et ce, depuis un certain temps. »

Tourine s'interroge sur le comportement des contacts qu'il cultive au sein des structures de la sécurité de l'État. Ils ont toujours accepté ses pots-de-vin, sans dire un mot, depuis des années. Maintenant, ils lui posent des questions. Une conversation l'a vraiment intrigué ; un échange avec l'une de ses sources qui a accès au Centre d'informations régionales du service principal du ministère de l'Intérieur à Moscou, la Zaits.

L'homme a demandé à Tourine s'il avait bien conscience des implications de ses recherches, « car le nom de Billy est mis en évidence, mais nous ignorons pourquoi ». Tourine m'explique qu'un administrateur de la base a placé une coche rouge devant le dossier, ce qui interdit la diffusion d'informations le concernant. Ce classement s'avère suffisamment dissuasif pour décourager tout fonctionnaire d'essayer d'en tirer un bakchich.

Tourine ne comprend pas pourquoi ses contacts et leurs supérieurs estiment Billy si important. « La police ne fait pas de politique, affirme-t-il. L'important, c'est l'argent. » Il esquisse une délimitation nette entre les policiers (les enquêteurs fédéraux), animés par de simples mobiles financiers, et les calculs plus insidieux des agents du renseignement et du contre-espionnage, qui mettent à exécution les directives du Kremlin. Il en conclut donc que l'embargo sur les informations relatives à Billy n'a pas de mobile financier. Il penche plutôt vers l'intervention d'une autorité politique supérieure.

Tourine s'est procuré les fiches de l'immigration, qui montrent l'arrivée de Billy dans le pays le 15 mai 2015, mais n'ont enregistré aucun départ. En revanche, il faut prendre ces dossiers avec des pincettes. Des années plus tôt, me relate-t-il, les services de l'immigration n'avaient pas réussi à retrouver le document indiquant la sortie du territoire de l'un de ses clients britanniques. Alors qu'il était déjà parti avec Tourine. Les deux hommes s'étaient rendus en Ukraine et, à la frontière, les douaniers avaient simplement oublié de renseigner le système informatique. Tourine suggère que Billy a déjà quitté le pays.

Le détective, l'air absent, griffonne sur l'addition. « Une fois, reprend-il, j'ai fait du kayak sur la Snejnaïa, en Bouriatie, près du lac Baïkal. C'était en 2015. J'ai rencontré un gars du coin. Nous avons bavardé. Il a fini par me demander si je voulais voir les deux Américains qui vivaient dans la région. Ils avaient construit un chalet. »

Tourine décrit la grande steppe centrale de Russie, ses millions de kilomètres carrés de forêts et de rivières, et sa faune plus nombreuse que les rares êtres humains. Il me dit aussi qu'il avait un jour travaillé avec un homme qui aidait des couples américains à adopter des petits Russes. En se rendant à Chita, à quelque trois cents kilomètres au nord de la frontière mongole, il avait croisé le chemin d'un Américain dont le visa avait expiré depuis des années. « Il était devenu gourou, affirme Tourine. Il comptait près de quatre-vingt-dix disciples dans sa secte. Pour certains Américains, débarquer en Russie leur permet de se détourner d'une vie américaine qu'ils ne supportent plus. Peut-être Billy a-t-il choisi d'emprunter cette voie. »

Tourine pose son stylo. Sur l'addition, tout en volutes, un unique mot se déploie. « Walden* ».

---

* *Walden ou la Vie dans les bois*, écrit par Henry David Thoreau en 1854, relate son séjour de deux ans et ses réflexions dans une cabane au milieu de la forêt. (*N.d.T.*)

Nous nous promenons le long du canal vers la cathédrale du Christ-Sauveur. Le soleil cogne. Tourine rassemble les pièces du puzzle pour émettre une théorie cohérente. « Je crois qu'un ordre venu d'en haut a imposé de présenter une couverture. »

Tourine me montre la rivière qui coule entre les berges de granit du canal. « Si tu lances une pierre dans l'eau, elle crée une onde. Mais si tu la jettes dans un marécage, rien, zéro. Avec ce genre de fonctionnaires, j'ai l'impression qu'il est impossible de générer une quelconque réaction. »

Pourtant, il pense pouvoir percer cette couverture et contourner les limites imposées à l'affaire Billy Reilly sur la base de données Zaits. Il a contacté un haut fonctionnaire qui en aurait le pouvoir. « Je le vois dans un jour ou deux, m'apprend le privé. Ensuite, on ira à Rostov. »

Un taxi me dépose devant mon hôtel, plutôt délabré, près de Pritchistenka ulitsa, dans une ruelle dérobée. Avec la Coupe du monde, j'ai eu de la chance d'y trouver une chambre, car tous les hébergements ont été pris d'assaut. Derrière le comptoir, une femme entre deux âges observe mes allées et venues. Alors que je boucle mes bagages pour Rostov, je pense à ce que Tourine et moi nous apprêtons à faire. Après tous ces mois passés à examiner les dossiers au bureau du *Journal*, à Washington, je vais bientôt m'approcher des lieux et des personnes qui détiennent les secrets de la disparition de Billy.

Au café de l'hôtel, situé au deuxième étage, je relis mes notes, la télé allumée sur un drame soviétique. Les clients, penchés, chuchotent en fumant. Le beurre fond encore sur la kacha lorsque la serveuse pose l'assiette sur la table.

Dans ma chambre toute drapée de taffetas vert trône une armoire majestueuse. Par la fenêtre, je vois une femme de service et le veilleur de nuit assis sur un banc, cigarette à la main, absorbés dans la contemplation du gravier qui recouvre la cour. Pendant deux jours, je m'abîme dans mes pensées. Jusqu'au moment où je prends conscience que Tourine ne m'a pas donné de nouvelles. Il ne m'a pas rappelé. Il n'a pas répondu non plus à mes SMS. Comme Billy, il a disparu.

CHAPITRE 35

UNE RÉACTION

Je suis face au dilemme du journaliste à l'étranger bloqué devant sa climatisation pendant que sa facture d'hôtel n'en finit pas de grimper. Ma valise bouclée, prêt à partir, je dois mettre sur pause mon périple à Rostov. Je prolonge mon séjour moscovite d'un jour, tous les jours, au grand désarroi des réceptionnistes, dans l'espoir de voir Tourine réapparaître. Mais, comme il ne se montre pas, l'inquiétude me pèse.

La patience est un art difficile quand il paraît si simple de remuer. Un matin, un peu plus frais que les autres, je vais courir. Je traverse le pont de Crimée, structure d'acier suspendue érigée sous Staline avant-guerre. À ses pieds, le soleil joue sur la Moskova. La circulation s'écoule sur les voies intérieures du pont, les pneus des voitures crissent sur le revêtement rainuré. Je dépasse un jeune couple qui se tient par la main. Puis une femme âgée portant un gros sac sur l'épaule. J'arrive sur l'autre berge et dévale quatre à quatre l'escalier de pierre qui descend dans le parc Gorki, que je traverse, le long du fleuve, vers le couvert des arbres au sud.

Je repasse certains éléments clés de l'histoire de Billy. La lettre lue par Catie, présentée par Billy comme une invitation à se rendre en Russie. L'escapade thaïlandaise pour voir Lomangcoloh. La première visite de l'agent Reintjes chez les Reilly à Oxford. La correspondance entre Mikhaïl Polinkov et Bill Reilly. L'inspection, menée par Mohammed Cherri, des comptes de Billy sur les réseaux sociaux. Ces éléments défient toute conclusion. Je me rappelle les paroles de Bob Foresman au sujet de deux pays ennemis qui trouveraient un terrain d'entente.

Quelques kilomètres plus loin, toujours dans le parc, j'approche du pont Loujnetski, qui traverse la rivière et donne sur le stade Loujniki, l'un des sites des Jeux olympiques de 1980. Au moment où je m'engage sous le pont, un train qui passe dans un fracas de ferraille fait vibrer la structure jusqu'au soubassement de pierre. Un homme surgit de l'obscurité. Derrière moi, j'entends une bicyclette qui arrive. Je pivote aussitôt et remarque une petite fille. Chacun poursuit paisiblement son chemin.

J'ai l'impression de commencer à voir des complots partout. En réalité, la disparition de Tourine peut s'expliquer très simplement. Si de graves problèmes touchent bien évidemment la Russie, elle s'encombre aussi de petits soucis tout à fait triviaux. Je me souviens de l'aphorisme d'un ami : si tu as un problème avec les problèmes, ne viens pas en Russie. Tourine doit être à cet instant même en train d'en régler un. Ou peut-être se remet-il d'une bonne cuite, une *zapoi*. Ça arrive. Et quand ça arrive, personne ne pose de question. En Russie, les absences injustifiées sont monnaie courante. Alors, j'accorde celle-là à Tourine. Et je me remets au boulot.

Doté d'un pouvoir absolu, Poutine est inaccessible. Au contraire échelons intermédiaires sont d'un abord facile. Avoir des amis capables de mettre un coup de tampon sur un document – contre une petite faveur – s'apparente à un mode de vie. Plus tôt en Russie, et notamment à l'époque de l'hôtel particulier Gagarinski, j'avais rencontré des personnes qui travaillaient dans des ministères, les administrations locales, l'armée ou la douane. Sans Tourine, il faudrait que je me débrouille seul.

Je cherche donc à renouer avec de vieilles connaissances. Je les rejoins dans des bureaux, chez elles ou au café. J'évoque mon enquête et attends de voir qui saisit la perche. J'appelle le Général également. Non seulement il a le bras long, mais il a toujours tenu parole. En de nombreuses occasions, il réglait un problème – quel qu'il soit, peu importe sa complexité – d'un seul coup de fil. Des années plus tôt, parce qu'il s'amusait lors d'une soirée, il avait retardé un vol Alitalia en partance de Moscou. Il avait appelé une relation à l'aéroport. Les passagers avaient embarqué, mais l'avion n'avait pas décollé. Il ne s'était élancé sur le tarmac qu'une fois le Général monté à bord. Bien entendu, les passagers n'avaient jamais su la raison de leur retard.

Nous nous retrouvons au restaurant. Cet homme fin, la quarantaine, ne ressemble pas à un général, avec ses longs cheveux châtains qui balaient son front. Nous l'avions pour complice à l'hôtel Gagarinski et son sourire dévoile encore un peu de la malice des jours anciens. Je lui raconte l'histoire de Billy en dînant. Il me demande des dates, les détails de son passeport, des photos. Il va se renseigner.

Un autre jour, je prends le bateau pour Tver au nord de Moscou, à l'invitation d'un ami. Il entretient des relations à la Douma, la chambre basse du Parlement russe, ainsi que dans le monde des affaires, où règnent les commandes d'État et la loi du plus fort. Sa femme et lui, de vieilles connaissances, passent leur week-end dans leur propriété, qui surplombe un méandre de la Volga. Ils possèdent un jardin énorme et un héliport. Accroché au mur du séjour de la maison de maître, un grand portrait encadré de Vladimir Poutine me contemple. Les lèvres pincées, il plisse les yeux.

Je nage dans la Volga avec mon ami avant d'entrer dans le sauna sur la berge. Le visage rougi par la chaleur du *bania*, nous nous asseyons sur le ponton pour regarder les péniches qui naviguent sur ce bras de rivière. Le spectacle des manœuvres au ralenti se déroule en silence à moins de cinq cents mètres. En peignoir, chapeau de *bania* en feutre sur la tête, nous évoquons l'histoire de Billy. « Mais comment se fait-il que personne n'ait un dossier sur lui ? », me demande-t-il. Il promet d'en parler autour de lui.

En revenant à Moscou, je frappe à de nombreuses portes en espérant que l'une d'elles, au moins, s'ouvre. Une expatriée allemande très bien introduite me promet d'interroger ses sources dans la pègre. Devant une bouteille de vodka et des zakouski, Sacha, une vieille relation qui possède des contacts dans le Donetsk, une flotte de limousines et des gardes du corps, propose de m'y emmener. Nous concevons un plan d'action, qui s'évanouira au petit matin, tandis que s'estompent les brumes de l'alcool.

Fin juin, j'appelle Mikhaïl Polinkov.

Je suis encouragé par l'évolution de ses opinions politiques. Sur sa page LiveJournal, l'estime qu'il porte à Poutine et à la structure de pouvoir russe semble se dégrader. Le Kremlin a relevé de ses fonctions Igor Strelkov, l'associé de Polinkov, et a étouffé les pourparlers sur la renaissance de la Novorossia. Moscou affirme qu'elle n'a pas pour intention d'annexer le Donbass, comme elle l'a fait pour la Crimée. Le bassin minier resterait une zone tampon sans statut officiel, pour le moment tout du moins. Polinkov écrit sur sa page que le Kremlin a trahi le mouvement.

« Les coupables de ce qui s'est produit dans les années 1990 dans notre pays prospèrent toujours. Ils se trouvent à la tête du gouvernement et continuent de piller et de violer notre pays et nous-mêmes au profit de leur enrichissement personnel et afin d'assouvir leurs lubies perverses », déplore Polinkov. Il se lamente sur la situation financière catastrophique du mouvement pour la Novorossia et regrette qu'« il n'y ait d'argent que pour les yachts des oligarques et les conflits impérialistes[480] ».

Polinkov est un auteur prolifique et j'espère l'encourager à communiquer davantage. Il me demande de lui envoyer un e-mail qui lui explique mes objectifs. Je m'exécute et reçois sa réponse le lendemain matin. « Veuillez m'excuser, commence-t-il, mais je refuse de vous rencontrer. » Je lui réécris. Je l'appelle. Il ne réagit pas. Mais je ne renonce pas.

Je prends un taxi en direction d'un bureau loué par Polinkov au nom du mouvement Novorossia, rue Nikoloïamskaïa. Cette dernière traverse le district Taganka au centre-ouest de Moscou, juste à l'extérieur de la Ceinture des jardins, dans un bras de la Iaouza. J'entre dans une cour close sur trois côtés par des immeubles massifs. Les numéros manquent. J'essaie de nombreuses portes. Toutes fermées. L'endroit semble désert.

Un tas d'ordures trône au milieu de la cour. Je le fouille du bout de la chaussure. Une cartouche d'encre cassée, une poubelle défoncée, un fauteuil, les vestiges d'un bureau abandonné. Des prospectus jonchent les mauvaises herbes. « Aidez nos héros. » « Faites partie de l'histoire. » En petits caractères, je lis le programme d'une campagne de financement en faveur de l'effort militaire russe en Crimée. Elle remonte à quatre ans. Preuve que je suis au bon endroit, mais que j'arrive un peu tard.

Une porte s'ouvre dans l'un des immeubles et un homme sort sur le palier. Il allume une cigarette. Je lui dis que je cherche le bureau des volontaires. « C'était bien là, me confirme-t-il. Mais ils ont déménagé, il y a un bail. » Mes tentatives ultérieures pour localiser Polinkov se solderont par un échec.

Alors je me penche sur le cas de Bronia le Kalmouk. Car je devine que lui aussi détient son lot de secrets. Mais, de nouveau, je tombe sur une impasse. Administré par les services de sécurité ukrainiens, un annuaire en ligne et en accès libre des combattants du Donbass affirme que Bronia a été « liquidé » voilà un an[481].

Reste une personne à Moscou, en plus de Polinkov et de Bronia, dont je sais qu'elle a croisé Billy. Elena Gorbatcheva, la photojournaliste. Elle accepte de me rencontrer dans un café proche de mon hôtel, rue Pritchistenka. Elle m'entraîne avec elle vers ce jour de mai 2015 où Billy est arrivé en Russie. Elle s'était rendue dans le bureau de Polinkov pour y interviewer des mercenaires serbes. Polinkov l'avait prise à part pour lui demander si elle parlait anglais. « Tu peux m'aider ? J'ai récupéré un gars bizarre qui vient des États-Unis et je ne sais vraiment pas quoi faire de lui. »

Elle me raconte comment, avec Polinkov, elle s'était rendue à la gare de Kazan où ils avaient retrouvé « Vassili » dans un café. Elle m'explique également que Polinkov avait essayé de le dissuader d'aller à Rostov. « Mais rien à faire, poursuit-elle. Il avait déjà son billet de train. » Elle me montre à cet instant des photos de Billy qu'elle avait prises sur le quai.

« Je voulais écrire un article sur Vassili. Mon éditeur m'a demandé d'attendre un peu de voir ce qui allait se passer. Plus tard, j'ai appelé Polinkov qui m'a dit que Vassili avait disparu. »

Impossible de savoir si Gorbatcheva me cache la vérité ou si elle ignore vraiment le sort de Billy. « Si vous découvrez ce qui lui est arrivé, tenez-moi au courant, conclut-elle. J'ai toujours envie d'écrire sur lui[482]. »

Les jours passent. J'espérais que mon expérience de journaliste et mes relations en Russie me permettraient d'obtenir un résultat. Mais cette affaire me résiste.

Un soir, au crépuscule, dans une douce tiédeur, je croise le Général près de l'étang du Patriarche, une pièce d'eau située en plein centre-ville. « J'ai tâté le terrain au sujet de ton Américain disparu », me dit-il.

Nous sommes dans un quartier chic, d'habitude plutôt feutré. Mais, avec la Coupe du monde, des cafés et des restaurants ont pullulé pour satisfaire les visiteurs étrangers qui inondent la ville. Une Ferrari dévale une rue devant une rangée de bars dont la clientèle déborde sur la chaussée. Une foule d'origines diverses, gesticulant dans différentes langues, s'est rassemblée. On parle fort, des cocktails à la main.

Le Général, lui, a grandi dans un Moscou bien différent, une société close. Après la chute du communisme, il avait assisté à l'évolution de la ville. Il avait vu les gens devenir plus libres, plus téméraires, plus connectés au monde. Le Général désigne d'un geste la masse de supporters. « On pourrait être à Paris, déclare-t-il. Ou peut-être à New York ? » Il rit, parce qu'il sait que cette foule n'est qu'un mirage. Sous Poutine, la Russie se replie sur elle-même et se méfie de l'Occident.

« Que pense le FSB de ton projet ? », me demande le Général.

Je lui réponds que je serais surpris que le FSB soit au courant, puisque Billy n'est qu'un novice.

« Des choses étranges se produisent en ce moment, insiste-t-il. J'ai l'impression d'être sur écoute.

— Comment le sais-tu ?

— J'ai un peu l'expérience de ce genre de situations. »

Il a eu des ennuis, effectivement. Mais il y a si longtemps que je les avais presque oubliés. Pour retrouver la liberté, il avait dû vendre sa datcha. Même une personnalité aussi influente que lui n'échappe pas au système des *siloviki*.

Il se fait plus sérieux. « Je suis un patriote soviétique, déclare-t-il. Je refuse de me retrouver dans une sale histoire. »

*

Le lendemain matin, je vais de nouveau courir dans le parc Gorki. J'emprunte l'une des allées intérieures. Au bout de vingt minutes, je remarque un mouvement devant moi. Une camionnette avance dans ma direction, une Mercedes noire aux vitres opaques. Fixée sur son toit, une rampe de gyrophares bleu et rouge.

Avec la Coupe du monde qui bat son plein à Moscou, toutes les branches des services de sécurité russes, la police et l'armée sont en alerte. Comme aux Jeux olympiques d'hiver à Sotchi, en 2014, que j'avais couverts. Partout en ville des policiers se tiennent prêts à intervenir pour prévenir n'importe quelle situation d'urgence, de la bagarre de supporters ivres à l'attentat. Il me semblerait donc très curieux que des unités spéciales ne surveillent pas le parc Gorki.

Je maintiens mon allure et passe devant la camionnette, qui poursuit dans la direction opposée.

Soudain, j'entends son moteur qui change de régime. Je jette un coup d'œil par-dessus mon épaule. Le véhicule fait demi-tour.

Il arrive à mon niveau, puis me double, tourne brusquement et s'immobilise, perpendiculaire au sentier, qu'il bloque. La portière latérale se trouve juste devant moi, prête à s'ouvrir. Quoi qu'il se produise, je serai incapable de l'éviter.

Mais rien. Aucune silhouette cagoulée ne surgit de la camionnette. Je la contourne en passant sur l'herbe qui longe le sentier et continue ma course.

De retour à l'hôtel, je prends soudain conscience de l'absurdité de ce que je cherche à accomplir en Russie. Je suis une brindille au bord d'un grand feu, prête à s'embraser. Je repense à Terry Reilly quand elle m'avait agrippé le bras sur le seuil de sa maison d'Oxford, certaine que j'allais retrouver son fils. Mais jamais je ne trouverai Billy. Et c'était idiot de ma part d'avoir cru que j'y parviendrais.

Je suis toujours dans ma chambre d'hôtel, un peu plus tard, quand mon téléphone sonne. C'est Dmitri Tourine. Enfin, il réapparaît. Mais c'en est fini de son humeur joviale, il semble effrayé.

Le responsable des services de sécurité qu'il devait rencontrer l'a convoqué. Il s'est mis à le sermonner en exigeant de connaître la raison de son entêtement au sujet de l'affaire Reilly malgré les nombreux avertissements que ses subalternes lui avaient adressés. Il a menacé de lui retirer sa licence d'enquêteur privé, entre autres intimidations moins explicites, s'il continuait ses investigations sur Billy.

« Il me faut un peu de temps, dit-il d'une voix tremblante, pour savoir si je suis ou non sous surveillance. Ils sont capables de tout. »

Je lui demande comment nous pourrions continuer l'enquête. « À mon avis, ce n'est plus possible, me répond-il. Nous avons atteint le point où plus rien n'est envisageable. C'est l'impasse. Et si nous poursuivons dans cette voie, je n'ose imaginer ce qui pourrait arriver. À moi ou à mes proches. »

Le débit de Tourine s'accélère. Il s'évertue à me faire passer un message. « Je veux que vous soyez extrêmement prudent, continue-t-il. Admettez par principe qu'il y a quelque chose de très spécial dans cette affaire. N'insistez pas si vous n'êtes pas certain de votre coup, car il y pourrait y avoir une réaction négative. »

Le silence s'abat à l'autre bout de la ligne. Je ne sais pas quoi dire.

Une « réaction négative » : ses propres mots. Impossible pour moi de me méprendre au sujet de ce message. Car c'est un message que de nombreux journalistes avant moi en Russie ont reçu avant de subir de graves mesures de rétorsion. Tourine vient de me délivrer un avertissement.

Tourine ne pourra plus me revoir et il suggère de limiter nos communications. « Étant donné ce qui se passe en ce moment, la police ne prendrait pas toutes ces précautions pour couvrir un crime. »

Je lui demande des explications.

« Il existe une très forte probabilité pour que Billy soit vivant[483]. »

CHAPITRE 36

AVEC EUX

Un taxi me dépose à l'arrière du zoo de Moscou. Je suis perplexe. Billy vivant ? Il n'a pas donné signe de vie depuis trois ans. Tourine ne m'a présenté aucune preuve à l'appui de son affirmation. Peut-être a-t-il reçu pour instruction de me déstabiliser. En tout état de cause, il me faut néanmoins considérer cette éventualité.

Je monte dans l'ascenseur vers l'appartement du Général. J'ai besoin de souffler et de me remettre les idées en place. Nous buvons un verre. Et, tandis que la nuit s'écoule, le Général m'interroge sur mon enquête.

Il voit bien mon embarras. Alors, il émet une suggestion. « Tu te souviens de Nastia ? »

J'ai un trou de mémoire. Nastia est le diminutif d'Anastasia et, en Russie, c'est un prénom plutôt courant. « Hôtel Gagarinski, poursuit-il. Elle y venait souvent. »

Le Général me la décrit et j'essaie de me la remémorer au milieu d'un kaléidoscope de connaissances. Nastia était décoratrice. Elle avait conçu l'intérieur du Shambala, une boîte de nuit moscovite au thème indien, depuis longtemps fermée[484]. « Nastia, insiste le Général, tu te souviens ? »

Un visage me revient, élégant et fin, encadré de cheveux bruns.

Le Général prend son téléphone et me montre une photo sur l'écran. Une petite image floue extraite d'un réseau social. Je reconnais cette personne venue du passé, Nastia Mikhaïlovskaïa.

Elle arbore un treillis kaki et une expression sévère. Elle caresse un bébé lynx lové contre elle. Je comprends pourquoi le Général a pensé à Nastia. J'ai vu tant de clichés semblables sur le portable de Billy, des hommes accoutrés de la même façon, fusil en bandoulière et félin exotique sur les genoux. Sur sa photo de profil, Nastia affiche la pose caractéristique de l'activiste, du radical, du combattant pour la liberté. « Eh oui, acquiesce le Général, elle est avec eux maintenant. »

*

Il Pomodoro, restaurant italien. Le sempiternel match de foot passe sur un petit écran. Je suis en train de lire la carte lorsque Mikhaïlovskaïa se faufile dans l'entrée. Elle me dévisage de ses grands yeux verts.

Nous nous asseyons à l'extérieur, sur le trottoir, sous un voile gonflé par le vent qui tamise le soleil. Mikhaïlovskaïa s'installe avec son chien, de taille moyenne, revêtu d'une épaisse fourrure blanche, qui se couche à ses pieds avec l'assurance du chasseur. Il s'appelle Sever – « nord », en russe. Il est à moitié husky.

« Et l'autre moitié ?

— Loup. »

Mikhaïlovskaïa et moi nous étions fréquentés jadis. Nous faisions partie de la *tusovka*, la jeunesse bohème. Jadis. Avant que les relations s'enveniment entre nos pays. Maintenant, j'ai l'impression qu'un fossé nous sépare. Le général affirme qu'elle traîne « avec eux ». Inutile d'interpréter.

Mikhaïlovskaïa me raconte qu'elle s'est impliquée dans le Donbass depuis le début ou presque. Elle s'y rend régulièrement. Elle apporte nourriture et vêtements pour les civils. Elle organise également des sorties pour les enfants. Je me doute qu'il y a plus, mais je comprends que je ne tirerai rien d'elle en lui mettant la pression. Nous commandons une pizza.

Je sais ma motivation noble, mais Mikhaïlovskaïa n'a aucune raison de le croire. Ses yeux furètent en quête d'indices qui trahiraient mes intentions et tombent sur le livre que j'avais emporté pour passer le temps. Posée sur la table, *Vie et Destin**, une fresque censurée qui a pour toile la Seconde Guerre mondiale. Nastia scrute la couverture d'un air absent. Elle me demande ce que je sais de Dostoïevski. Je ne suis pas là pour parler littérature, mais il faut bien commencer quelque part. Je

---

* *Vie et Destin*, de Vassili Grossman, écrit en 1962, publié pour la première fois en 1980 en Suisse, ne paraîtra qu'en 1989 en Russie. (*N.d.T.*)

sens qu'elle s'adoucit suffisamment pour accepter de changer de sujet. « Je cherche un Américain qui a disparu à Rostov, lui dis-je alors. Ou peut-être dans le Donbass.

— Et qu'est-ce qu'il faisait là-bas ? », m'interroge-t-elle, l'air intéressé.

Je prépare une version allégée de l'histoire de Billy. Je viens à peine de débuter que Mikhaïlovskaïa déplie son bras et de sa main tendue me touche le poignet. « Il était au camp de Rostov ? s'enquiert-elle. Non. Impossible.

— Il a envoyé des photos à ses parents. Il était bien là-bas. J'en suis persuadé.

— Mais comment y est-il allé ?

— Il a rencontré un certain Polinkov en ligne. »

Nastia se carre dans son fauteuil pour digérer l'information. « Mikhaïl ? »

Elle le connaît. Elle les connaît tous.

Mikhaïlovskaïa a servi d'attachée de presse pour Strelkov, l'officier du GRU présumé qui a déclenché la guerre dans le Donbass. Elle m'explique que Strelkov était le chef de Polinkov, un fait que je sais véridique.

À mon tour, je m'enfonce dans mon fauteuil, étonné par ces connexions qui se font jour. Mikhaïlovskaïa est la personne que j'espérais trouver, un guide dans ce monde clandestin. Je m'efforce de rester calme, de crainte qu'une trop grande agitation ne révèle mon jeu. Ce n'est pas le moment d'abattre mes cartes.

Nastia parle bien anglais et je lui demande où elle a perfectionné ce talent. Son père, membre du KGB, avait pour mission de surveiller la scène théâtrale moscovite, me raconte-t-elle. En effet, acteurs et auteurs ont de tout temps exprimé des lubies dangereuses. Adulte, elle a voyagé aux États-Unis, où elle distribuait des films russes pour le compte du ministère de la Culture. Elle organisait des projections, interviewait des personnalités américaines pour les quotidiens et magazines de Moscou, a voyagé à l'ouest et au sud, a vu du pays. Proche du service des affaires culturelles au consulat (une couverture classique pour les espions), un père au KGB… Je sais ce qu'un tel pedigree signifie, mais m'abstiens de tout commentaire. Car ces chemins que je vais emprunter vont peut-être me mener à Billy.

Au moment de la seconde guerre de Tchétchénie, au début des années 2000, Mikhaïlovskaïa s'est rendue dans le Caucase. Plus tard, en 2014, elle a travaillé avec Strelkov sous les ordres d'Alexandre Douguine, idéologue et nationaliste russe très influent au Kremlin. Strelkov s'est occupé du financement initial de la base des volontaires de Rostov-sur-le-Don. « En réalité, il s'agissait d'un point de ralliement, pas d'un camp d'entraînement. L'entraînement se déroule en RPD, pas à Rostov. D'habitude, les recrues ne restent que deux ou trois jours dans le dortoir avant de passer en RPD. » Le fonctionnement décrit par Nastia correspond aux informations que j'ai déjà recueillies.

« Mais pourquoi est-il arrivé là ? », me demande-t-elle. Je réponds que je n'ai pas de véritables certitudes. « Et sa famille ? Elle l'a cherché ? »

Je lui raconte les efforts déployés par les Reilly, qui doivent traîner le fardeau des choix de leur fils. Mikhaïlovskaïa évoque sa fille, mariée, qui vit aux antipodes, en Australie. Elles se voient rarement. Nastia me parle également d'un fils qui va bientôt entrer à l'université. Je sens une pointe de nostalgie maternelle. Mais je me trompe peut-être.

Mikhaïlovskaïa propose de se joindre à mes recherches, de m'introduire auprès des bonnes personnes, de m'aider à trouver des réponses.

Son offre me paraît bien trop séduisante. Étant donné son passé et le cercle dans lequel elle évolue, je doute que nos objectifs coïncident. J'imagine que je suis une cible qui lui a été assignée. En Russie, pour une mission telle que la mienne, on choisit un chaperon, une personne du cru, plutôt dans des dispositions amicales, même s'il ne joue jamais réellement cartes sur table. Ce chaperon sert à dévier les coups tout en jouant le rôle d'informateur. Le Général y avait-il pensé avant de me suggérer de la contacter ?

Je l'ignore et, en réalité, peu importe. Il m'en faudra un de toute façon. Aucun moyen d'y échapper. Au moins, elle, je la connais. J'imagine alors qu'opérer aux côtés de Nastia pourrait m'octroyer une liberté retrouvée, malgré l'avertissement délivré par Tourine.

Le soleil s'est couché. Nous marchons dans des ruelles calmes, à peine troublées par une voiture qui déboule parfois sous les cônes de lumière jaune des réverbères. Nous arrivons devant l'immeuble de Mikhaïlovskaïa, puis le dépassons et empruntons le quai qui borde le canal. Elle tient toujours Sever en laisse.

« Que faisait Billy là-bas ? » Elle prononce son nom avec l'accent russe, « Biiilly ».

J'aimerais le savoir moi aussi.

Elle me dévisage. « Je me demande quel est ton véritable objectif. Vous, les Américains, vous êtes sournois. »

Je ne la quitte pas des yeux. Je dois lui donner quelque chose. Je n'ai aucun intérêt à jouer à l'espion, à garder des informations qu'elle pourrait déjà connaître. « Le FBI est lié à cette affaire », lui dis-je.

Elle détourne le regard. « Peu importe. » En réalité, ni elle ni moi ne pouvons savoir les véritables intentions de l'autre. Tout ce que nous avons, c'est que nous avons partagé. « Je me souviens de toi à l'hôtel Gagarinski », conclut-elle[485].

CHAPITRE 37
TROU NOIR

Mikhaïlovskaïa et moi envisageons de nous rendre à Rostov, mais d'abord, je dois aller à Kiev. Je vais m'efforcer de contacter mes sources au sujet de Billy. Dans cette partie du monde se trouvait une moitié ukrainienne de ma vie.

J'ai visité l'Ukraine pour la première fois en 2002, la même année que mon voyage initiatique en Russie. Un camarade américain, Arthur, et sa fiancée kiévienne, Lesya, m'avaient invité à leur mariage. Je me suis fait assez vite beaucoup d'amis en Ukraine, étrangers ou locaux. Les habitants étaient chaleureux, bienveillants, épris de contact et heureux de le conserver, toujours disponibles pour le dîner, un week-end dans une datcha, une virée nocturne.

Lorsque je vivais en Russie, je me suis souvent rendu en Ukraine, après un bref vol à partir de Moscou ou dans ces trains de nuit qui offrent tant d'anecdotes pittoresques. Je ne me suis pas contenté de visiter Kiev, je suis allé à Donetsk, Kharkiv, Simferopol, Odessa, Marioupol, Lviv et ailleurs à l'écart des grandes villes. La relation que j'ai tissée avec l'Ukraine était aussi forte que mon lien avec la Russie. Plus tard, j'ai d'ailleurs vécu un an à Kiev et quand je suis reparti pour New York, j'ai failli le faire avec une femme.

À cette époque, quand on m'interrogeait, je parlais de Kiev comme une « Moscou *light* », la version allégée de la même boisson. De mon point de vue allogène, ces deux métropoles fonctionnaient à peu près selon les mêmes règles, les mêmes us. Quant aux différences, il fallait plus de temps et d'intuition à un étranger comme moi pour les distinguer. Je me suis vite rendu compte, toutefois, que Moscou était une ville dure, d'une taille écrasante, où la force et les affiliations claniques prévalaient. Kiev, plus petite, plus verte, plus douce, semblait peut-être plus provinciale. Les risques moins élevés. Les habitants moins enclins à l'esbroufe. De nombreux Russes veulent absolument que vous sachiez combien être russe revêt un caractère spécial, tandis que les Ukrainiens que j'ai connus ne me donnaient pas l'impression de ployer sous fardeau de l'histoire. L'un de mes amis m'a dit un jour que si Moscou était l'équivalent de New York, alors Kiev serait Détroit.

Mais les différences s'avéraient bien plus profondes, comme je m'en étais bientôt rendu compte. L'un de ces deux pays, l'Ukraine, certes gangrénée par la corruption politique et économique, était une démocratie véritable, aux scrutins parfois surprenants. Des citoyens engagés, régulièrement déçus par leur classe politique, luttaient pour avoir leur mot à dire. Quant à l'autre, il se sclérosait sous la dictature et le culte de la personnalité. La corruption, si elle ne prenait pas de formes spécifiques, le nécrosait jusqu'à la moelle. La Russie, tout en vantant la résistance et la singularité de son peuple, réduisait au silence, par la peur, la majorité de ses habitants. À l'époque où j'habitais dans cette partie du monde, il paraissait difficile d'anticiper que ces différences aboutiraient à la guerre. Peut-être ne voulais-je tout simplement pas l'accepter. L'indépendance avait fini par bercer l'Ukraine de l'illusion que la Russie laisserait faire.

En avril 2014, après le choc du soulèvement initial dans le Donbass, le président par intérim, Oleksandr Tourtchynov, a lancé ce que Kiev a appelé une « opération antiterroriste ». La contre-offensive a si bien réussi et a repris tant de territoire aux séparatistes que, à la fin août de la même année, Moscou a dû envoyer artillerie et personnel, ce que certains observateurs ont qualifié d'invasion. Les insurgés ont regagné du terrain, mais leur offensive n'est pas parvenue à faire fléchir Kiev. Une ligne de front d'environ trois cent trente kilomètres s'est figée[486].

Alors que j'arrive à Kiev au cours de l'été 2018, le conflit dans le Donbass contre la Russie et ses supplétifs dure depuis plus de quatre ans. J'ai décidé de me rendre à Kiev en présumant que les Ukrainiens auraient des raisons de révéler des informations que les Russes cachaient. Je commence à poser des questions au sujet de Billy, de Bronia, et des autres protagonistes. Je rencontre plusieurs journalistes kiéviens. Je parle à des fonctionnaires dans les agences du gouvernement qui administrent les fichiers de prisonniers et gèrent le renseignement. Je leur explique que Billy est peut-être détenu de l'autre côté de la ligne de front. Leurs recherches n'aboutissent pas.

Je me dis alors que j'aurais plus de succès en Ukraine si je contactais des personnes liées à la Russie. Un après-midi, une camionnette noire m'attend devant l'hôtel Hyatt. L'homme au volant porte une oreillette. Il me conduit dans un immeuble de bureaux situé à la lisière d'un parc et me remet entre les mains d'un second homme à oreillette. Sans un mot, je le suis. Nous entrons, prenons l'ascenseur et, en sortant, il me confie à un troisième gorille, également équipé d'une oreillette. Je m'assieds dans un bureau rempli d'icônes orthodoxes, lorsque Andrii Derkatch arrive.

Le père de Derkatch, Leonid, polarise l'opinion en Ukraine. Cet officier du KGB, proche de Leonid Koutchma – deuxième président de l'Ukraine, responsable de la mise en place du système de corruption politique qui gangrène encore le pays aujourd'hui –, a servi pendant vingt ans au KGB de Dnipropetrovsk, dans l'Est de la république soviétique d'Ukraine. Des rumeurs faisant état de liens avec le crime organisé ont couru pendant des années au sujet de Leonid Derkatch, qui a également dirigé le Service de sécurité d'Ukraine, le SBU, l'équivalent du FBI[487].

Andrii Derkatch, député à la Verkhovna Rada, le Parlement ukrainien, est surtout connu comme le digne héritier de son père. Diplômé en droit de l'institut Dzerjinski du KGB à Moscou, devenue l'Académie du FSB, il n'a jamais pu se défaire de l'accusation selon laquelle il appartiendrait au FSB, ou du moins serait l'un des nombreux agents russes qui œuvrent en Ukraine pour saboter les plans de guerre et l'unité nationale. Il a toujours réfuté ses allégations.

Derkatch symbolise le dilemme central de l'Ukraine. Dans le combat éternel du pays contre son puissant voisin, il s'avère difficile de comprendre dans quel camp se trouvent les législateurs, les officiers de l'armée ou les responsables gouvernementaux. Et même quand des individus poursuivent manifestement des intérêts russes, leur influence politique ou économique leur permet souvent d'agir à visage découvert.

Derkatch dirigeait un réseau de télévision et produisait une émission d'investigation. Plus tard, lors du mandat de Trump, il s'acoquinera avec Rudolph Giuliani, l'ancien maire de New York, devenu l'avocat de Trump. Tous deux ont conjointement rendu publique l'information, qu'ils prétendaient confirmée, selon laquelle Joe Biden – alors vice-président d'Obama et futur vainqueur de la présidentielle 2020 – et son fils Hunter avaient commis des fraudes en Ukraine. À l'époque de la vice-présidence de son père, Hunter Biden avait effectivement gagné des sommes colossales tandis qu'il siégeait au conseil d'administration d'une compagnie d'énergie ukrainienne empêtrée dans des affaires de corruption. Le dossier sorti avec Giuliani manquait de cohérence et, malgré les maladresses de Hunter Biden, Derkatch, compte tenu de sa réputation douteuse, a plutôt contribué à le décrédibiliser[488].

Pour moi, Derkatch incarne l'un des principes fondateurs du journalisme : le droit du journaliste d'interviewer quiconque. Plus qu'un droit, un devoir. On doit parler à tout le monde, y compris à des espions présumés. Parfois, ils en savent beaucoup. Au journaliste d'en extraire une vérité. Il faut toutefois veiller à ne pas être utilisé. En travaillant pour le *Journal*, j'ai régulièrement rencontré des personnes qui partageaient des informations fausses. Mais je reste ouvert à la discussion. On ne sait jamais ce qu'on va entendre.

La filiation de Derkatch, homme plutôt extraverti, lui a causé du tort. Après avoir suivi cette théorie d'hommes à oreillette, je m'assieds face à lui. Mais je ne suis pas au bout de mes surprises ; une cacophonie bizarre règne dans le bureau de Derkatch. Je remarque une enceinte portable posée sur la table qui diffuse un bruit blanc. Le son d'une dizaine de conversations conçu pour déjouer les écoutes.

Derkatch me tend un dossier sur Billy Reilly. Parmi les documents, j'ai la surprise de trouver une photocopie de la principale page du passeport de Billy. Des données concernant ses trajets en train en Russie. Et même un fac-similé de sa dernière facture téléphonique. Aucun des ministères ukrainiens que j'avais joints ne m'avait fourni de telles informations. Je suppose qu'il a obtenu ces documents par l'intermédiaire de ses contacts en Russie. Lorsque j'interroge Derkatch sur leur origine, il hausse les épaules. « On dirait qu'il s'est fourré dans un sacré pétrin[489]. »

J'appelle Oleg Babanine, qui gère les relations publiques de Viktor Medvedtchouk. Après avoir été chef de l'administration présidentielle durant le mandat de l'ancien président Koutchma, il est redevenu simple député de la Rada. À l'instar de Derkatch, Medvedtchouk est connu pour ses liens avec Poutine, qui serait le parrain de l'une de ses filles. Depuis 2014, il a organisé plusieurs échanges de prisonniers entre Kiev et les séparatistes et je pense qu'il serait susceptible de déposer une demande côté russe au nom des Reilly[490].

Lorsque je m'entretiens avec Babanine dans un café, il part battu. « C'est extrêmement difficile, voire impossible ; s'ils n'ont pas envie de vous parler, ils ne vous parleront pas. »

Si Billy a disparu dans le Donbass, et non à Rostov, quelqu'un sera au courant. Mais y solliciter de l'aide de si loin me semble impossible, et je songe à m'y rendre. Ce ne sera pas une partie de plaisir. Le travail de reporter en Russie est jalonné d'épreuves rocambolesques. Mais enquêter dans le Donbass au sujet d'un Américain porté disparu en pleine guerre se fait à ses risques et périls.

Les offices de presse des États fantoches de la RPD et de la RPL ont délivré des accréditations à de nombreux reporters durant les premières années du conflit. Elles offraient certaines garanties. Les pouvoirs locaux voyaient plutôt les visites d'un bon œil, mais, en 2018, lorsque je postule, leur politique a changé. Désormais, les républiques autoproclamées les distribuent au compte-gouttes. Même les journalistes russes n'y vont plus. Mes demandes sont rejetées.

Pourtant, il existe toujours un moyen de se rendre quelque part. Pénétrer au Donbass via la Russie paraît encore possible, puisque l'Ukraine ne contrôle plus la frontière avec son voisin. Mais Kiev proscrit cette méthode illégale d'entrée sur son territoire souverain et interdit de séjour pendant plusieurs années ceux qui s'y essaient. Professionnellement, je dois impérativement pouvoir me déplacer en Ukraine. Si j'employais cette approche, j'exposerais mes confrères du *Journal* à la même sanction.

Il existe une dernière option pour pénétrer au cœur du conflit. Monter à bord du train entre Kiev et Kramatorsk, à l'est, puis prendre un véhicule et descendre à Donetsk, à une centaine de kilomètres au sud. Pour emprunter cet itinéraire, je dispose d'une carte de presse attribuée par l'Opération des forces conjointes, l'organe militaire et politique de Kiev qui administre l'effort de guerre ukrainien.

Avant-guerre, j'ai visité plusieurs fois le Donbass. Je connais Donetsk ainsi que les stations balnéaires de la mer d'Azov. Mais je n'y suis pas retourné depuis le début du conflit, depuis que le chaos s'est emparé de la région. Mes amis de Kiev me dissuadent de m'y rendre maintenant, sans être réellement au courant de ce qui s'y passe. Or, je veux prendre une décision en toute connaissance de cause avant de réserver un billet pour le train de Kramatorsk ou d'y renoncer.

Je connais depuis des années les frères Konstantinovsky, Slava et Alex. Faux jumeaux de 57 ans, environ un mètre quatre-vingts, exaltés, ils parlent sans filtre. Avec leur crâne rasé à blanc, ils me font penser à Yul Brynner. Les Konstantinovsky ne peuvent se défaire de rumeurs insistantes au sujet de relations avec le milieu ou d'exploits criminels, même s'ils les ont toujours niés. Ils ont possédé pendant des années deux établissements parmi les plus chics de Kiev, Concord et Decadence. On leur donne souvent le surnom de « frères Karamazov », en référence au roman de Dostoïevski. D'ailleurs, dans l'adaptation cinématographique de 1958, c'est Yul Brynner qui tenait le rôle principal[491].

Les Konstantinovsky aiment raconter des anecdotes. À Brooklyn, des décennies plus tôt, ils travaillaient pour la sécurité d'une boîte de nuit. Slava avait éteint sa cigarette dans l'œil d'un client récalcitrant. Il concède toutefois qu'il ne réagirait plus de la même façon maintenant qu'il a arrêté de fumer…

En 2006, les frères ont appris que l'un de leurs rivaux avait mis leur tête à prix. Ils se sont cachés dans un appartement à Kiev le temps que la police locale et le FBI interpellent l'homme qui, semble-t-il, voulait les liquider[492].

Dès le début des événements de Maïdan, en 2014, les Konstantinovsky se sont jetés dans la mêlée. Slava, alors député à la Rada, a rejoint la commission parlementaire de la sécurité nationale. Il a formé et financé un bataillon armé pour combattre les séparatistes et les forces russes dans le Donbass. Les Konstantinovsky savent naviguer dans les milieux les plus violents et connaissent mieux que quiconque le terrain sur lequel se déroule la guerre.

Un soir de l'été 2018, je m'entretiens avec Slava au Concord, l'un de ses restaurants. Des hommes à l'air sérieux dans leurs vestes bien coupées et des femmes qui attirent le regard bavardent dans la salle aux éclairages tamisés. Les lueurs d'une bougie jouent sur les traits anguleux de Slava, assis en face de moi. Je lui raconte l'histoire de Billy Reilly et mon espoir de le localiser. Je veux le sonder au sujet des méthodes qui me permettraient d'entrer et d'opérer dans le Donbass.

Il me répond que je risque probablement d'être enlevé. « C'est le Far West, là-bas ! En pire. »

Sa réaction me surprend. Slava n'est pas du genre timoré. Au cours des années que j'ai passées dans cette partie du monde, j'ai appris que les règles ne sont que des suggestions, mais que l'argent et les relations personnelles font office de loi. Équipé des deux, avec un peu de détermination, tout devient possible. Je dis alors à Slava qu'il est important de trouver des réponses pour Terry et Bill et que je ne crains pas de prendre quelques risques.

Mais il ne change pas d'avis. Il me décrit les sous-sols du Donbass qui servent de centres de torture. Il me rappelle que les insurgés ont perdu tout sens des proportions.

Je cherche des failles dans son raisonnement. Le presse de me proposer des alternatives. Je suggère que ses gros bras me défrichent le terrain.

« Si tu vas là-bas, me dit-il sans détour, tu ne vas rien trouver et, au mieux, tu t'en sortiras vivant. Mais ça n'arrivera pas. Parce que c'est les pieds devant que tu vas revenir[493]. »

Je comprends que je n'irai pas plus loin. Le Donbass est désormais un trou noir.

Le lendemain après-midi, je reçois un appel de mon patron, Paul Beckett, le rédacteur en chef du *Journal*, à Washington. Je briefe Paul sur mon travail et sur ce qui me reste à accomplir. Il m'encourage, tout en campant sur ses positions. « Il faut que tu commences à envisager de plier les gaules et de revenir. »

J'ai encore le temps de jouer un ou deux coups. J'embarque sur un vol à destination de la Russie. Nastia Mikhaïlovskaïa m'attend.

CHAPITRE 38
COSAQUES

L'avion de l'Aeroflot s'arrête devant le terminal de l'aéroport Platov de Rostov-sur-le-Don. Je me lève de mon siège, situé dans la rangée numéro un. Je suis le premier dans la file. L'hôtesse ouvre la porte de la cabine. De l'autre côté, plusieurs agents de police en uniforme se déploient sur la passerelle, tandis que leur chef pose un pied dans l'avion.

Il salue l'hôtesse. « Tous les hommes doivent présenter leur passeport en descendant, ordonne-t-il d'un ton brusque. Faites l'annonce. »

Elle s'exécute et des murmures s'élèvent parmi les rangées de sièges.

Le flic se tourne vers moi et je lui tends mes papiers. Je n'imagine pas être la cible de cette démonstration de force. Mais elle prouve combien je redeviens vulnérable face aux autorités locales dès lors que je remets les pieds en Russie à la poursuite de Billy. Il fronce les sourcils et continue de parcourir les pages. Une femme derrière moi chuchote : « Vous savez ce qui se passe ? » Un homme lui répond, pince-sans-rire : « Bienvenue à Rostov. »

Les yeux du policier s'attardent toujours sur mon passeport, puis il secoue la tête. Je comprends qu'il n'avait pas prévu de tomber sur un ressortissant américain. Alors il me le rend avec l'air de celui à qui je viens de faire perdre un temps précieux. Bientôt, je monte dans un taxi qui se dirige vers Rostov-sur-le-Don.

*

En 1749, l'impératrice Élisabeth Ire, fille de Pierre le Grand, a su qu'une colonie se dressait le long du Don, aux frontières de l'empire, où esclaves affranchis et Ottomans faisaient du commerce sans pour autant payer les taxes afférentes. Élisabeth a alors installé un fort et un octroi à l'endroit où le delta du Don se jette dans la mer d'Azov.

Une cité y a prospéré et a pris le nom de l'évêque de Rostov, ville sur l'anneau d'or au nord de Moscou, terre fertile qui regroupait des cités historiques. À l'aube du XIXe siècle, la seconde Rostov, située sur le Don, est devenue une métropole commerciale, et a dû être renommée afin de la différencier de la première ville[494].

La population majoritaire de Rostov-sur-le-Don, les cosaques, se composait en grande partie de serfs affranchis, de fugitifs et de hors-la-loi qui avaient rejoint les marches de l'Empire[495].

Une poignée d'armées cosaques a essaimé le long de grands fleuves, le Dniepr, le Don et la Volga. En 1648, Bogdan Khmelnitski, appartenant à la petite noblesse de l'est de l'Ukraine et commandant d'une révolte cosaque, a délogé les propriétaires terriens polonais et massacré leurs régisseurs juifs. Six ans plus tard, Khmelnitski a signé le traité de Pereïaslav avec l'Empire. Il a fait allégeance au tsar et lui a octroyé une large portion de l'Ukraine actuelle.

Les cosaques, sabreurs et cavaliers de grand talent, ont défendu les frontières encore floues de l'Empire en échange d'une autonomie partielle. Tout à la fois chevaliers, cow-boys et bandits de grand chemin, ils écumaient la steppe[496].

Bien plus tard, les cosaques sont entrés en conflit avec le système soviétique qui avait émergé après la guerre civile. Les Soviétiques ont mis un terme au contrat qui accordait un statut spécial aux cosaques et les ont soumis au collectif. À cette époque est parue en plusieurs tomes l'épopée cosaque *Le Don paisible.* La publication s'est étalée entre 1928 et 1940. Même Staline, qui réprimait pourtant les cosaques, s'est laissé gagner par ce récit de la vie cosaque au cours des guerres et des révolutions. Mikhaïl Cholokhov était si proche du pouvoir qu'il a fini par être surnommé l'« écrivain de Staline »[497].

Lors de la Seconde Guerre mondiale, des unités cosaques se sont battues dans les rangs soviétiques, tandis que d'autres, qui s'efforçaient de reconquérir leur autonomie perdue, se sont rangées du côté du Reich. Lors de l'invasion de 1941, les nazis ont pris Rostov-sur-le-Don, l'ont perdue une semaine après, et l'ont regagnée pendant l'été 1942. Ils y ont exterminé l'ensemble de la population juive, environ vingt-sept mille personnes ; c'est le plus important massacre de la Shoah commis sur le sol russe. Pendant six mois, les occupants ont fait miroiter à de nombreux cosaques les perspectives de l'indépendance[498].

Les troupes allemandes se sont enfoncées vers les champs pétrolifères de Bakou, mais ont essuyé un revers. Les Soviétiques avaient en effet déployé dans la steppe autour de Rostov-sur-le-Don une cavalerie d'un nouveau genre, les T-34, un char de combat pourvu d'un blindage avancé et d'un canon puissant. Une vingtaine d'exemplaires sortaient chaque jour des usines repliées derrière l'Oural. Les Allemands ont battu en retraite. Le moment est alors venu pour les cosaques de payer la facture[499].

Staline les avait déjà séparés en traçant une frontière à travers leurs terres entre une entité administrative côté russe et, de l'autre, la République socialiste soviétique d'Ukraine. Mais les cosaques redoutaient le pire, car le maître du Kremlin voulait se venger de leur collaboration avec l'Allemagne nazie. Il allait chercher à les éliminer en les déportant ou les massacrant[500].

Les cosaques du Don devront attendre la Perestroïka pour trouver à nouveau voix au chapitre à Rostov-sur-le-Don, mais leur mode de vie avait disparu. Poutine se fera l'avocat de leur réhabilitation. Le sujet de la collaboration des cosaques avec l'occupant reste toujours trop sensible, près de quatre-vingts ans après les faits, pour être mentionné lors des conversations avec les habitants. Le mythe a pris le relais. Le mythe du cosaque du Don présoviétique, le cavalier des steppes, indépendant, mais loyal, prêt à se sacrifier, qui patrouille sur la frontière, sabre au clair. À l'aéroport de Rostov, les passagers peuvent admirer une vidéo qui montre des cavaliers traversant les champs de blé sur fond de musique épique.

Quand la guerre a éclaté dans le Donbass, elle augurait d'une nouvelle ambition pour les cosaques, la réunion de leurs terres ancestrales qu'un décret de Staline avait séparées. Dans ce conflit, tous ceux qui se réclament de l'héritage cosaque se tournent vers le passé et en appellent à leur prédécesseur pour faire revivre l'esprit de la cavalerie[501].

*

Un hôtel de Rostov, sur la rive gauche du Don, donne forme à cet idéal cosaque. Le personnel du Petrovsky Prichal (« Le Quai de pierre »), revêtu d'uniformes d'époque, de couvre-chefs et de tuniques, affecte un professionnalisme qui confine à l'austérité. Les canons au bout de la jetée qui donne sur le Don font feu chaque soir[502].

Le naturel cosaque, percutant et résolu, pivot de l'identité russe, caractérise également sa classe politique. Les murs des salons de billard du Petrovsky Prichal affichent les photos encadrées du ministre des Affaires étrangères Sergueï Lavrov et de l'ancien président Dimitri Medvedev lors de leur visite, ainsi que celle de Poutine, qui y a séjourné au début de son règne, quand il façonnait encore son style de commandement.

Poutine est également au centre du sujet qui passe aux actualités sur la télévision du hall lorsque j'entre. Le journaliste de la chaîne d'État évoque la rencontre entre le président et Donald Trump qui se tiendra bientôt à Helsinki. Le présentateur annonce que l'une des questions débattues devrait tourner autour de l'affaire Maria Butina. Grâce à des relations cultivées au sein de la National Rifle Association (NRA*), Butina, citoyenne russe vivant aux États-Unis, a participé à de nombreuses réunions du Parti républicain, dont elle a rencontré des responsables ainsi que des candidats aux élections nationales. Or, des procureurs fédéraux américains l'ont suspectée de travailler pour le compte d'un banquier proche du Kremlin afin d'influencer la politique américaine.

Alors que la rumeur commençait à circuler à Washington au sujet de Butina, j'ai échangé des messages avec elle et projeté de l'interviewer. Je voulais en savoir davantage sur ses activités et m'efforcer de comprendre si elle servait réellement les intérêts du Kremlin ou s'il s'agissait d'une nouvelle Anna Chapman – ou d'un Billy Reilly –, bref d'une amatrice. Mais le FBI m'a devancé et l'a interpellée à Washington en juillet 2018, quelques jours avant les pourparlers d'Helsinki entre Poutine et Trump.

Butina plaidera coupable d'avoir été une agente qui travaillait pour un gouvernement étranger et sera expulsée. Les autorités russes feront d'elle leur égérie et joueront les vierges effarouchées face au traitement « inhumain » que lui avaient réservé les États-Unis. Butina deviendra

* La NRA est le puissant lobby proarmes des États-Unis. (*N.d.T.*)

membre de la Douma, élue du parti de Poutine. Lorsque la Russie envahira l'Ukraine, en 2022, et lancera une campagne visant les civils, Butina enregistrera des vidéos de soutien sur les réseaux sociaux[503].

Butina me paraissait bien trop ouverte, trop maladroite. Ses efforts semblaient voués à attirer l'attention du contre-espionnage du FBI et c'est effectivement ce qui a fini par se produire. Après tout, peut-être est-elle en phase avec son temps, cette époque où un second couteau comme Billy peut se retrouver impliqué dans des questions de sécurité nationale.

Derrière l'hôtel se trouve un quai, une longue jetée qui donne sur le Don, couvert d'une vaste voile blanche en guise d'auvent. Nastia Mikhaïlovskaïa patiente à une table. Sever, son chien, est assis sur le ponton, à ses pieds.

Elle discute au téléphone, elle parle de Billy. « Un Américain, oui. Il est arrivé avec Polinkov. »

Elle raccroche. Elle échangeait avec un agent russe de la sécurité régionale. « Il dit qu'on ne peut rien faire, m'explique-t-elle. Le FSB n'a jamais détenu quelqu'un pendant trois ans. »

Je lui demande si son contact a spéculé sur le sort de Billy. « Oui. Il pense qu'ils ont torturé Billy pour lui arracher des informations et balancé son corps en RPL ou en RPD. »

*

Le lendemain matin, Mikhaïlovskaïa et moi sortons de l'hôtel à pied en direction de l'ouest sur la berge, sous un ciel clair et lumineux. Elle porte un sarong bleu et longe l'eau, ses pieds effleurant à peine la surface. Sever, son chien, court en soulevant des gerbes de sable.

Je parle à Nastia de son interlocuteur. À quel point est-il sérieux au sujet de Billy et de la torture ? « Ils procèdent ainsi. C'est leur moyen d'obtenir des informations. Ils les emmènent dans des caves. »

Dans le conflit du Donbass, victimes d'enlèvement et prisonniers de guerre sont souvent détenus dans des caves ou des sous-sols de chaque côté de la ligne de front. Les ravisseurs les y entassent, les affament, les maltraitent. Certains y disparaissent. À Washington, alors que j'enquêtais sur un autre dossier, j'avais rencontré un milicien ukrainien. Il avait perdu la vue et les mains, mais avait survécu plusieurs mois dans l'un de ces centres de détention du côté séparatiste avant d'être échangé. Le *podval* (« sous-sol », en russe) charrie ce genre d'histoires sinistres.

Des rapports du renseignement révéleront plus tard, parmi d'autres incidents, que lors d'une opération spéciale, en avril 2014, des groupes commandés par Igor Strelkov avaient enlevé Volodymyr Rybak, conseiller municipal de Horlivka, à cinquante kilomètres au nord de Donetsk, et Youri Popravka, étudiant à l'Institut polytechnique de Kiev. Leurs corps avaient été retrouvés dans un affluent de la Donets. Ils avaient reçu des coups de couteau ; ils avaient été brûlés, éventrés[504].

Je suis Mikhaïlovskaïa. Je veux lui faire confiance. Nous marchons depuis un kilomètre environ lorsqu'elle emprunte un sentier qui s'éloigne de la plage vers le sud. Nous arrivons dans un bosquet. Devant nous se dresse la Rostov Arena, le stade érigé pour la Coupe du monde pour une somme avoisinant les 300 millions de dollars. L'équipe du Brésil y a joué quelques jours auparavant.

« On se rapproche », me promet Nastia[505].

Elle désigne un petit chemin. Plusieurs voitures sont garées devant un groupe de bâtiments massés autour d'un grand entrepôt métallique rouillé. Des vedettes militaires gisent en cale sèche. Plus nous avançons, plus la végétation se densifie sur la piste encadrée de chaque côté par de hautes clôtures. Je me sens un peu claustrophobe. Je m'apprête à faire demi-tour quand plusieurs bergers allemands jaillissent de l'entrepôt et s'élancent vers nous en aboyant. J'ai l'impression que Mikhaïlovskaïa vient de me tendre un piège.

Une voix masculine rappelle les chiens, qui rebroussent chemin. Un homme sort de l'entrepôt. Le torse puissant, il porte une chemise d'uniforme bleu clair. Il agite les bras puis les croise devant lui plusieurs fois. « Zone interdite ! », hurle-t-il.

Nous nous sommes trompés de direction.

Je suis Mikhaïlovskaïa vers la plage et nous continuons vers l'ouest. Le long du fleuve, nous passons devant plusieurs groupes de personnes qui prennent le soleil sur des chaises pliantes. Des véliplanchistes bordent leurs voiles multicolores pour profiter du moindre souffle de vent.

Soudain, je le vois.

La tour horloge. Le pont Vorochilovski. L'endroit même où Billy avait pris les clichés qu'il a ensuite envoyés à sa mère à Rostov, en mai 2015. Nous accélérons et, une vingtaine de mètres plus loin, nous tombons dessus. La caserne de Mikhaïl Polinkov.

Bâtiment bas d'un étage et demi, il mesure une quarantaine de mètres de long sur quinze de large. Il vient d'être repeint en bleu. Je me souviens des photos du camp au pic de la guerre du Donbass. Il y en avait de nombreuses sur les réseaux sociaux. On y voyait Bronia ou des volontaires devant les rambardes. Des photos de groupe, aussi, sur l'escalier. Mais maintenant, il n'y a plus personne.

Mikhaïlovskaïa appelle et un homme sort du bâtiment. Puis un autre. La quarantaine, costauds sous leurs T-shirts délavés, les cheveux en brosse. Nastia leur dit qu'elle connaît Bronia et Polinkov. L'un des paramilitaires place sa main en visière pour se protéger du soleil et la dévisage. L'autre ne me quitte pas des yeux.

« On a dû déménager », affirme le premier. Il montre la Rostov Arena, dont le toit est visible à travers les arbres.

Les pays qui accueillent la Coupe du monde, les Jeux olympiques ou les événements sportifs internationaux majeurs font souvent disparaître taudis et quartiers chauds avant que les supporters débarquent afin d'améliorer leur image. La Russie a dû s'occuper d'un problème différent. Le Kremlin a affirmé à de multiples reprises qu'il n'était pas impliqué dans la guerre du Donbass, que la RPL et la RPD menaient leur propre insurrection. Or, le camp de volontaires de Rostov brouillait le message. Les tifosi ne devaient pas voir[506].

Mikhaïlovskaïa essaie d'en savoir plus, mais les deux hommes ne paraissent pas intéressés. En fin de compte, elle leur demande s'ils ont entendu parler d'un Américain, Vassia, ou Billy, ou William, qui aurait fréquenté la caserne quelques années auparavant. Ils haussent les épaules.

Je me rapproche du fleuve et contemple la tour horloge sur l'autre berge. Au loin, les voitures traversent le pont en direction du centre-ville ; le bruit des moteurs est quasi inaudible. Billy s'était tenu au même endroit. Il rongeait son frein, frustré par son incapacité à passer dans le Donbass.

Son existence s'était jouée ici. En avait-il conscience ? Il aurait pu se faufiler hors du camp une nuit, prendre un train pour Moscou et un vol pour rentrer chez lui. Mais il ne l'avait pas fait. Il aurait pu embarquer sur un bateau au port de Rostov, comme il aimait tant le faire, et descendre jusqu'à la mer d'Azov, puis la mer Noire et la Méditerranée. Non. Avoir voyagé en Russie ne lui avait pas suffi. Billy voulait plus. Plus pour lui ou pour une agence américaine. Les ambitions de Billy l'avaient rendu vulnérable. Ici, sur cette plage.

En 2015, l'approche russe vis-à-vis du Donbass s'est modifiée. Lorsque les forces ukrainiennes avançaient et regagnaient du territoire, la Russie consolidait son dispositif et injectait troupes et ravitaillement pour assister et diriger les séparatistes et les brigades de volontaires. Les aspirants chefs politiques et militaires du Donbass s'attiraient les faveurs de Moscou aussi vite qu'ils les perdaient. D'ailleurs, un certain nombre d'entre eux ne sont pas morts dans leurs lits. Wagner, une société militaire privée récemment formée, a renforcé la capacité du Kremlin à nier sa participation[507].

Le grand public a découvert l'existence du groupe Wagner en février 2014, lors du désarmement des militaires ukrainiens en Crimée. Wagner avait en effet fourni certains des soldats sans insigne – les « petits hommes verts », comme on les appelait – qui en sont venus à incarner la présence russe dans la péninsule.

Après la sécurisation de la Crimée, plusieurs centaines de mercenaires Wagner ont accouru à l'Est au moment du déclenchement des combats dans le Donbass. Si les sociétés militaires privées pullulent dans le monde, et que la plupart appartiennent ou emploient d'anciens militaires américains, il s'agissait d'un phénomène inédit en Russie. Qui a pris l'Occident par surprise. Le mercenariat, illégal dans la Fédération de Russie, est passible de quinze ans de prison. Mais les lois russes, comme aux États-Unis, peuvent être contournées dès qu'il est question de protéger les intérêts supérieurs de l'État[508].

Puisque Wagner n'appartient pas officiellement aux forces armées russes, le Kremlin peut prétendre ne pas exercer de contrôle sur le groupe. Ce qui coïncidait avec la position de Poutine, qui affirmait que la guerre du Donbass demeurait un problème interne à l'Ukraine. Bien que les États-Unis et l'Union européenne aient appliqué des sanctions contre les entreprises et les dirigeants russes, en raison de leur intervention dans le Donbass, la dissimulation de ses activités par la Russie a compliqué la réaction internationale.

Wagner, certes efficace, ne disposait toutefois pas de personnel en nombre suffisant, et encore moins de spécialistes. La société militaire privée avait sans cesse besoin d'hommes, notamment pour étendre ses missions vers la Syrie, en soutien de Bachar al-Assad[509].

Wagner avait donc besoin de recrues, de chair à canon. Et ses agents avaient eu vent d'un endroit où ils pouvaient trouver des individus correspondant au profil, sachant manier les armes et n'ayant pas froid aux yeux : la base de volontaires sur les berges du Don, à Rostov. La Syrie, ce pays qui fascine Billy, joue également un rôle dans son destin.

*

Mes doutes au sujet de Mikhaïlovskaïa m'assaillent. Savait-elle que la caserne serait vide ? S'agissait-il uniquement de me faire perdre mon temps, de m'user, en m'offrant ce pis-aller ?

Trouver le camp désert semble toutefois l'avoir motivée. Les jours suivants, la nuit aussi, elle ne lâche plus son portable, retrouve d'anciens contacts, s'en fait de nouveaux. Elle téléphone souvent à l'homme des services de sécurité qui a mentionné le *podval*. Il s'appelle Valery. Je fais de mon mieux pour espionner leurs discussions.

Le ton de leurs conversations semble indiquer qu'il n'est pas disposé à nous aider. Mikhaïlovskaïa doit l'y pousser. « Vous avez des enfants, Valery, lui dit-elle une fois, alors que nous traversons Rostov de nuit. Peu importe qu'il soit américain ou russe. Et si c'était votre fils ? »

Alors qu'elle exprime parfois son antipathie à l'égard des États-Unis, je continue de m'interroger sur ses intentions. Un soir, assis sur le ponton du Petrovsky Prichal, nous regardons le soleil se coucher sur le Don. « L'Amérique est notre ennemie, lance-t-elle soudain. Dès que les États-Unis arrivent quelque part, ils entraînent dans leur sillage la mort et la destruction. Irak, Afghanistan et Libye, où ils ont tué Mouammar Kadhafi. Nous sommes contre la politique qui consiste pour les États-Unis à régner sur le monde. »

Je garde mes opinions pour moi. J'ai depuis longtemps perdu tout intérêt à mener une discussion politique en Russie. Je sais bien que mon pays mène des opérations militaires extérieures qui défient toute morale. Les États n'ont rien de moral. Mikhaïlovskaïa assène des vérités définitives et refuse de reconnaître les souffrances que la Russie inflige à l'Ukraine. Elle considère le président russe, à l'instar de la plupart de ses concitoyens, comme un être parfait.

« Regarde », me dit-elle, avant de se tourner vers Sever, le chien.

« Poutine ! » Aux aguets, il bondit sur ses pattes. « Poutine ! », répète Nastia. « Poutine ! » Sever penche la gueule en arrière et laisse échapper un long hurlement. Une plainte déchirante.

Pendant tout mon séjour en Russie, j'ai correspondu avec Terry Reilly, qui, avec Bill, continue de me fournir des renseignements. Car ils ont déjà emprunté la plupart des chemins que je parcours à mon tour. Quelques jours après mon arrivée à Rostov, Terry m'apprend qu'elle a conçu un nouveau plan d'action avec Bill. Coincés entre deux dates fatidiques, le troisième anniversaire de la disparition de Billy, en juin 2015, et ses 32 ans, ils ont décidé de se lancer à l'assaut du FBI.

Les Reilly se rendent donc à Détroit. À l'accueil du FBI, ils parlent à une femme assise de l'autre côté d'une paroi de verre à l'épreuve des balles. Ils demandent à parler avec Tim Reintjes.

L'employée se lève de son fauteuil, disparaît, puis revient. « Il n'a pas de nouvelles informations, leur dit-elle.

— Mais *nous*, nous en avons *pour lui*, rétorque Bill.

— Il vous rappellera s'il souhaite s'entretenir avec vous », les rembarre la réceptionniste.

Les Reilly sortent de l'immeuble avec l'impression d'avoir encore perdu une bataille.

Alors qu'ils rentrent à Oxford, Terry me téléphone, hors d'elle. Elle hurle : « Quel lâche ! Assis derrière son petit bureau, il n'a même pas eu la décence de venir nous parler. Le gouvernement ne nous a jamais aidés. Jamais ! » Elle éclate en sanglots, mais se ressaisit vite, me montrant une nouvelle fois ce curieux mélange d'émotions qui caractérise les Reilly. Souvent, ils se sentent vaincus, errant dans ce labyrinthe de miroirs déformants. Mais l'amour qu'ils ressentent pour leur fils les ragaillardit bientôt. « Jamais on n'abandonnera », me promet Terry[510].

La détermination des Reilly m'inspire. Après avoir discuté avec Terry, je presse Nastia Mikhaïlovskaïa de me proposer d'autres options grâce à son réseau. Elle me dit qu'elle doit se rendre bientôt dans le Donbass, mais promet qu'elle continuera de m'aider. Elle négocie une rencontre qui pourrait relancer l'enquête.

Nous sommes assis sur le ponton, un soir, quand son portable sonne. Valery, son contact lié aux services de sécurité russes, appelle. Mikhaïlovskaïa me lance plusieurs coups d'œil pendant la conversation, comme s'ils parlaient de moi. Elle rit, donne du : « Oh, non, Valery », d'un air faussement effarouché. Lorsqu'elle raccroche, je lui demande ce qu'elle trouvait si drôle.

« Il a voulu savoir si j'étais avec l'Américain. Et puis il m'a dit : "Il est encore en train de fouiner ? Il n'est toujours pas au fond d'un *podval* ? »

Je la regarde fixement.

« Oh, ça va. Il plaisantait[511]. »

CHAPITRE 39
UN PAYS DIFFÉRENT

Dans un petit ascenseur, je monte au cinquième étage, vers le bureau de Rostov du comité d'enquête du ministère de l'Intérieur. Lorsque je m'avance dans l'entrée, pas de vitres pare-balles, pas de réceptionniste, mais un couloir austère au plafond bas où s'alignent plusieurs portes fermées.

J'essaie l'une d'elles. Elle s'ouvre. Deux hommes se disputent de chaque côté d'une table. Ils s'interrompent et m'orientent vers un autre service. J'y trouve un militaire, la cinquantaine, l'air apathique sous son épaisse moustache noire, coincé derrière son bureau. Je lui dis que je souhaite parler à l'enquêteur qui travaille sur le dossier Billy Reilly.

Il bondit sur ses pieds. Son visage s'empourpre soudain. Il me pointe du doigt. « William ? » Je suis navré de le décevoir, mais au moins, je suis tombé au bon endroit.

Il me dirige alors vers une troisième porte. Assis derrière son bureau, un officier aux cheveux blond-roux, la trentaine. Il porte une chemise couleur lavande et des épaulettes aux étoiles dorées. Accrochés au mur, les portraits de Poutine et de Dzerjinski nous contemplent.

Autour de lui, deux hommes et deux femmes d'une vingtaine d'années regardent un album photo. Dans le même mouvement, ils lèvent la tête vers moi. J'ai l'impression d'avoir interrompu la réunion de rédaction du journal du lycée. Ils me semblent tous bien jeunes pour enquêter sur des crimes en Russie.

Le supérieur se présente, Sergueï Chvetsov, et salue avant de me serrer la main.

Je lui parle du dossier Reilly. Il le supervise, mais n'en sait pas grand-chose. Chvetsov m'explique que l'affaire lui a été attribuée depuis moins d'un mois. Il remplace un collège, Alexandre Ganus, qui l'avait ouvert, mais ne travaille plus dans le service. Je lui demande où je pourrais le trouver. Il n'en a aucune idée.

Je n'obtiendrai pas de réponses franches de la part du comité d'enquête, mais plonge dans mon enquête. Je voudrais savoir ce qui, selon lui, est arrivé à Billy. Chvetsov pense qu'il a franchi la frontière vers l'Ukraine. « Et, dans ce cas, nous ne pouvons plus rien faire, dit-il. C'est un pays différent. » Ce dossier présente sans cesse de nouvelles occasions de se défausser.

Pour me prouver qu'il n'a rien à cacher, Chvetsov demande à l'un des subordonnés de prendre une chemise dans une étagère près de la porte. Elle déborde de documents. Des centaines. Des ficelles passent à travers des trous percés dans chaque feuille, maintenant l'ensemble. On dirait un vieux menu, mais il s'agit du dossier Billy Reilly constitué par le comité d'enquête.

J'imagine déjà sa grande valeur. Je sens l'aubaine. Si personne, vêtu d'un uniforme ou disposant du moindre pouvoir, n'avait fait l'effort de retrouver Billy, je pourrais être le premier à avoir pour objectif clair d'en extraire des indices.

Alors que je tends la main vers le dossier, Chvetsov interrompt mon geste. Il faudra d'abord que je remplisse un formulaire. Il me suggère de rappeler plus tard dans la semaine[512].

Je passe les jours suivants à Rostov à chercher chaque endroit mentionné sur les relevés de cartes bancaires de Billy. Une supérette, Auchan, et M. Video, un magasin d'électronique. Je visite la banque où il est venu récupérer les transferts Western Union envoyés par sa mère pour le remettre à flot. La grande gare ferroviaire d'où Billy s'est rendu dans la Volga n'a rien de particulier. Quant au dépôt de banlieue où Tchikatilo, le tueur en série connu sous le nom de « Monstre de Rostov » ou de « Boucher de Rostov », avait sélectionné certaines de ses victimes à la fin de la période soviétique, il est isolé, lugubre.

Au Smirnov, le café situé derrière le camp de Polinkov où les volontaires avaient laissé leur ardoise à Billy, je bois une bière avec le propriétaire, qui ne se souvient pas d'un Américain. Dans la ville poussiéreuse, sinistre et peu ensoleillée, les habitants attirent toujours l'attention sur le magasin de la rue Bolshaïa Sadovaïa, qui, du temps de l'URSS, ne vendait que du lait. Rostov regorge de curiosités, traces d'un passé révolu.

Je vois Billy qui marche dans ces mêmes pas, embrasse les mêmes vues, et j'imagine l'effet qu'elles ont pu avoir sur lui. Il n'avait jamais vécu si longtemps éloigné de chez lui. À Rostov, il avait sûrement compris combien la vie peut être différente lorsqu'on la voit sous un autre angle – voire bizarre, mais aussi étrangement semblable, alors que nous nous pensons uniques. À Rostov, ses fantasmes d'aventure s'étaient évanouis, remplacés par de brèves surprises et une grande monotonie.

Il faut que j'en apprenne davantage sur l'existence qu'a menée Billy ici. Quelqu'un pourrait peut-être m'aider à combler les vides. Je contacte un détective privé et lui donne rendez-vous sur le parking d'un centre commercial. Il me tend une feuille de papier. Une adresse y est écrite.

Dans le centre-ville, j'emprunte une ruelle qui débouche sur une cour. Je tombe sur une tour résidentielle et sur son concierge. Dans l'entrée, lorsque je lui demande Alexandre Ganus, il me montre la fenêtre. Dehors, un homme fait les cent pas, le portable collé à l'oreille. La discussion semble animée.

Ganus, ancien membre du comité d'enquête de Rostov, a dirigé les investigations sur la disparition de Billy. En 2017, il avait pris les dépositions de Terry et Bill, venus dans ses bureaux accompagnés par Russell Bentley et sa femme, Lioudmila. C'est Ganus, officiellement du moins, l'enquêteur de Rostov qui avait abattu le plus de travail sur l'affaire Billy Reilly.

Ganus, grand, fin, les cheveux courts, doit avoir une trentaine d'années. Lorsqu'il raccroche, je me présente et lui explique que je connais les parents de Billy. Il semble surpris. Mais se ressaisit vite. En tant qu'enquêteur, il doit être habitué aux rencontres les plus étranges.

Même s'il ignore où il se trouve, il sait au moins ce que le comité, voire le ministère de l'Intérieur et peut-être le FSB, pense de l'affaire. Il pourrait m'aider à disperser l'écran de fumée. S'il le voulait.

Ce qui n'est pas le cas. Il se caparaçonne. Il me dit que la loi russe interdit d'évoquer les détails d'un dossier en dehors du cercle familial de la victime. Il en appelle au protocole. Mais ne ferme pas complètement la porte. « Je pourrais vous aider, chuchote-t-il. Je pourrais obtenir des réponses. »

Je lui demande comment il compte procéder.

« Je connais du monde dans le Donbass.

— C'est là que Reilly a fini[513] ? »

Ganus regarde au fond de la cour, les yeux dans le vide. Il semble peser ses mots. Il me dit que tout travail mérite salaire. J'aurais dû m'y attendre, mais je suis tout de même déçu. Ganus a besoin d'argent, je le comprends. Mais personne n'aura-t-il donc pitié des Reilly ? Toute une faune aux intentions peu claires les entoure. Dmitri Tourine avait été rémunéré par les Reilly, sans produire de résultats tangibles. J'ignore le mobile qui anime Mikhaïlovskaïa, mais il existe. Indubitablement. Moi-même, j'en ai un : je rassemble de la matière pour un article. Pendant ce temps, Terry et Bill souffrent.

Je préviens Ganus que je ne paie jamais pour des informations.

Plus tard, je donnerai son numéro aux Reilly. Ils l'appelleront avec l'aide d'un interprète. Ganus leur demandera de lui virer 10 000 dollars sans avancer aucune preuve qu'il ait des éléments nouveaux à leur fournir. Ils refuseront[514].

Après avoir quitté Ganus, je me concentre de nouveau sur le dossier d'instruction. Je téléphone à plusieurs reprises à Chvetsov, mais, chaque fois, j'obtiens la même réponse : essayez demain.

Je vais manquer de temps. Paul Beckett, mon patron du *Journal*, m'a encore appelé et je sens que sa patience a atteint ses limites. Je suis parti de Washington depuis plus de un mois. Ce qui manifestement n'est pas suffisant pour avoir une chance de résoudre le mystère Reilly, car ce genre de travail nécessite persévérance et diligence. En revanche, si je veux continuer à le faire pour le *Journal*, il faut que je rentre.

Lorsque le taxi me dépose devant le comité d'enquête, Chvetsov marche sur le trottoir, flanquée par ses assistantes. De toute évidence, il revient de son déjeuner et mâchouille un cure-dents. Il me gratifie d'un sourire narquois, manifestement surpris de me voir encore en ville. De retour dans son bureau, il me jette le dossier de Billy comme s'il concédait une défaite.

J'ouvre la chemise. J'en photographie le contenu à l'aide de mon téléphone. Je travaille le plus vite possible, avant que Chvetsov ne change d'avis. Au passage, je jette un œil sur chaque document. J'en reconnais certains pour les avoir déjà en ma possession. Photocopies du passeport de Billy. Clichés envoyés chez lui. Toutefois, la plupart me sont inconnus : formulaires sur papier à en-tête de diverses agences gouvernementales russes, tamponnés, signés, contresignés.

De retour sur le ponton du Petrovsky Prichal, je parcours mes trouvailles. Je comprends assez vite que le dossier de plus de trois cents pages aurait pu être réduit à un quart de cette taille. Car il contient surtout des demandes adressées à des organismes étatiques, des accusés de réception montrant que ces requêtes ont été transférées à d'autres agences, et les refus de les traiter de la part de ces dernières. Bref, une boucle fermée ne produisant que l'apparence d'une activité tangible. Dans cet océan bureaucratique surnagent toutefois quelques trésors.

De la masse de documents que j'avais extraits des disques durs de Billy et des messages échangés avec Terry, il ressort qu'il paraissait très lié à Amera Lomangcolob, nœud terroriste présumé, même si la nature de la relation ne semblait toujours pas très claire. L'escapade asiatique, quoi qu'ils aient prévu de faire ensemble, aurait pu fournir une explication à la disparition de Billy. Il n'aurait pas réapparu en Russie, puisqu'il se serait trouvé en Thaïlande. Le vol que Terry lui avait réservé partait de Moscou et faisait escale à Doha, au Qatar. Et tandis que je feuillette le dossier du comité d'enquête, je tombe sur un document de l'ambassade des États-Unis au Qatar.

Il établit que le Qatar ne détient aucun enregistrement relatif à l'arrivée de Billy. J'en ai maintenant la preuve, Billy a raté la première étape de son escapade thaïlandaise. Donc, Billy n'a jamais retrouvé Lomangcolob en Thaïlande. Les appels à la raison maternels que Terry avait répétés au fil de ses conversations téléphoniques ou de ses SMS avaient épargné à Billy une crise potentielle en Asie.

Un nouvel imprimé présent dans la chemise contient une information que je cherche depuis des mois. Les données de localisation GPS du téléphone utilisé par Billy en Russie. Je ne peux les faire vérifier de façon indépendante, mais elles attestent qu'il a continué à transmettre jusqu'au 3 juillet 2015. C'est-à-dire, selon le fuseau horaire russe, huit jours après la dernière discussion avec ses parents.

Cette fiche établit que, durant les huit jours qui séparent la fin de ses communications avec ses parents et sa dernière activation, le portable bornait à Rostov. Et pas dans le Donbass. Preuve, peut-être, que Billy n'a pas passé la frontière ukrainienne. Toutefois, le fait qu'il n'ait manifestement plus le contrôle du téléphone auquel il était tant attaché me semble décourageant. Je réfléchis à ces huit jours manquants. Une période critique[515].

Je m'interroge aussi sur la signification de toutes les informations contenues dans le dossier d'instruction du comité d'enquête. Il peut s'agir d'un faux, une trace écrite conçue pour me conduire à des conclusions erronées. En revanche, dans le cas où ces documents seraient authentiques, alors Billy n'a jamais quitté Rostov. Peut-être a-t-il décidé de couper le cordon avec ses parents, ou qu'il a été séparé de son téléphone. Si cette hypothèse douche mes espoirs, elle ne conclut cependant pas l'enquête. Je pense à ce que Tourine m'a dit. Billy, selon lui, est probablement en vie. Je veux y croire.

Plusieurs hommes vêtus d'une tunique cosaque passent devant ma table vers le bout du ponton. En les regardant s'éloigner, je me rends soudain compte qu'il manque un élément crucial dans le dossier. Tourine avait affirmé aux Reilly et à moi-même que le comité d'enquête de Rostov avait interrogé les volontaires. Je trouve le résumé d'un unique interrogatoire.

Le témoin s'appelle Vyatcheslav Korchounov, résident de Krasny Souline, dans l'oblast de Rostov. Ganus s'est entretenu avec lui en octobre 2017, soit plus de deux ans après la disparition de Billy.

Au cours de l'interrogatoire, Korchounov évoque d'abord sa propre histoire. Lorsque les combats ont commencé en Ukraine, en 2014, il a décidé de rejoindre la brigade Rome, dans laquelle il a pour indicatif Funt*. Korchounov affirme avoir été déployé dans le Donbass, à Sverdlovsk, dans l'oblast de Louhansk. En 2015, la date

* C'est-à-dire « livre », ancienne unité de masse russe. (*N.d.T.*)

exacte lui échappe, il s'est retrouvé à Darevka, toujours en RPL. Un jour, un groupe de mercenaires s'est rassemblé dans un champ.

Le résumé de l'interrogatoire cite alors Korchounov : « J'ai croisé un Américain. Il se faisait appeler William Paul Reilly. Je l'ai rencontré par l'intermédiaire d'autres volontaires qui parlaient anglais. Je parle un peu anglais, mais pas très bien. »

Je m'arrête net. Ce compte rendu d'un présumé témoin prouverait que Billy a passé la frontière vers l'Ukraine. Je reste sceptique, mais ces mots résonnent en moi. Billy avait-il coupé les ponts avec Oxford pour plonger dans la guerre ? Cet endroit où il avait toujours voulu se retrouver, au milieu d'un conflit armé, là où l'histoire s'écrit. Tout ce que je sais à propos des hommes qui mènent cette bataille et au sujet de Billy souligne leurs différences criantes. Pourtant, interrogé par Ganus, Korchounov déclare avoir vu Billy.

« William disait qu'il avait suivi la guerre en Ukraine sur les chaînes d'informations et qu'il souhaitait s'engager dans une brigade de volontaires, poursuit le témoignage. J'avais vraiment envie de connaître les impressions d'un étranger sur la Russie et l'Ukraine et je suis resté longtemps avec William. »

Korchounov rapporte que le groupe de volontaires a passé toute la journée à Darevka. « Puis nous avons formé des brigades et j'ai été déployé à Raevka, RPL. J'ignore où la brigade de William a été envoyée. Et je ne l'ai pas revu. Plus tard, j'ai appris que William combattait près de l'aéroport de Donetsk. Ensuite, je n'ai plus entendu parler de William. »

Je relis ce document plusieurs fois. J'essaie de m'en imprégner. La mention de l'aéroport de Donetsk me semble curieuse. D'un coût d'environ 860 millions de dollars, achevé deux ans avant le déclenchement des hostilités, il représentait le symbole du dynamisme économique de la région. Dès le début du conflit, chaque camp s'est efforcé de contrôler cette cible stratégique. Les combats, âpres, ont entraîné sa destruction ainsi que de lourdes pertes humaines[516].

Je me remémore alors ce que Bronia le Kalmouk avait raconté à l'interprète des Reilly au téléphone. Billy était « 300 », blessé. Mais je sais par ailleurs que les affrontements autour de l'aéroport se sont conclus en janvier 2015. Soit quatre mois avant l'arrivée de Billy en Russie.

Toutes ces références établies par Korchounov sentent décidément la fausse piste. Cette bataille confuse pourrait en effet servir à couvrir n'importe quelles situations, parmi lesquelles une disparition, voire une mort inexpliquée.

D'étranges éléments émaillent l'interrogatoire. Korchounov mentionne Oxford, Michigan, ainsi que Terry et Bill, nommément. Billy aurait-il partagé ce genre d'informations avec un étranger ? Je n'en suis pas convaincu. Et s'il n'avait croisé Billy qu'une fois, et brièvement, se serait-il souvenu de ces détails ? Qui plus est lors d'un entretien mené par Ganus, plus de deux ans après la supposée rencontre dans un champ à la lisière de Darevka ? En outre, Korchounov admet ne pas bien parler anglais. Quant au russe parlé de Billy, il était médiocre. Comment aurait-il communiqué ? L'inclusion du nom complet de Billy paraît également curieuse. Mais dans une culture où le patronyme figure obligatoirement sur les documents officiels en plus du prénom et du nom de famille, c'est peut-être normal. Je tiens compte de l'éventualité selon laquelle Ganus lui-même aurait inséré ces détails, non pour tromper, mais pour ajouter des éléments permettant une identification. Ce faisant, il aurait altéré la déposition de Korchounov.

Les possibilités et les contradictions du témoignage de Korchounov me font tourner la tête. La dernière ligne de l'entretien semble ainsi parfaitement calculée : « J'ai une très bonne mémoire des visages[517]. »

Le témoignage de Korchounov prouve soit que Billy a réussi à rejoindre le champ de bataille, soit que Ganus est complice de la création d'un faux. Dans les deux cas de figure, Korchounov m'offre une nouvelle piste prometteuse.

Ce qui complique mon dilemme pratique. Il faut que je le trouve pour l'interroger moi-même. Mais Mikhaïlovskaïa m'a appelé pour me dire qu'elle était parvenue à négocier l'important rendez-vous dont elle m'avait parlé. Je ne peux rester plus longtemps sur le terrain si je veux garder mon boulot. Paul Beckett m'a rappelé à Washington.

D'après mes calculs, je n'ai le temps d'accomplir qu'une seule mission.

CHAPITRE 40

SUR LA ROUTE

L'autoroute M4 et ses deux fois quatre voies s'élance dans l'immense steppe pour rallier Rostov-sur-le-Don à Moscou. Andreï, le chauffeur, préfère fumer plutôt que de discuter. Je dois compter sur le paysage, vierge de toute affiche publicitaire, pour trouver une distraction. Nous le sillonnons, nous nous y fondons. À l'approche des villes, de petits étals de bois poussent sur les bas-côtés et proposent fruits et légumes. Du poisson séché suspendu tête en bas sur des cordes à linge. Des panneaux : « Miel à vendre ». Puis nous laissons les villes derrière nous.

Des champs de tournesol, cultivé pour l'huile, fleurissent soudain. Au-delà s'étend une plaine, ocre et nue, après la récolte du blé. Sur des verstes et des verstes, le paysage offre un spectacle magnifique. Loin, au nord-est, la nuée sombre lâche des trombes d'eau sur la terre. Nous roulons pendant des heures vers le soleil.

Dans ma poche, mon téléphone vibre. Un message de la sécurité au *Journal*. Mes confrères et moi couvrons parfois des guerres ou des révolutions et le quotidien veille sur nous. L'assassinat de Daniel Pearl, notre journaliste enlevé au Pakistan en 2002, a marqué nos esprits au fer rouge. Au cours des dernières années, le *Journal* n'a plus laissé autant de liberté d'action à ses reporters sur le terrain. Avant mon voyage en Russie, j'ai accepté d'avertir notre responsable de la sécurité des contacts et des rendez-vous dangereux que je risquerais de prendre. La veille de mon départ de Rostov, nous avons tous les deux examiné de près les antécédents de mon chauffeur et validé l'itinéraire. Grâce à une application téléchargée sur mon téléphone, je l'ai autorisé à me géolocaliser. Et, tandis qu'Andreï continue de rouler, aux États-Unis, l'équipe épie ma progression. L'un de ses membres prend régulièrement des nouvelles et me demande de confirmer que tout va bien.

Cette surveillance ne me dérange pas. Mais, tandis qu'Andreï et moi nous enfonçons plus profondément dans la steppe, je me rends compte que notre équipe de sécurité ne pourrait pas faire grand-chose si jamais un problème survenait. Elle connaîtrait certes ma dernière localisation, mais pas grand-chose de plus. Personne ne viendrait m'exfiltrer. Et la situation délicate dans laquelle Billy s'était fourré montre toute l'étendue de l'incompétence et de l'impuissance du département d'État en cas de coup dur en Russie. Sortir des sentiers battus m'apparaît toutefois comme l'unique moyen pour résoudre le mystère qui entoure sa disparition.

Nous roulons pendant quatre heures vers le nord de Rostov lorsque Andreï quitte l'autoroute et emprunte une petite voie en direction de Vechenskaïa, ville natale de Mikhaïl Cholokhov, l'auteur du *Don paisible*[518].

Andreï doit réduire notre vitesse en raison des nids-de-poule, si nombreux et si profonds qu'ils nous forcent à avancer au pas. À bord, la radio ne reçoit plus de signal et se contente de grésiller. Au loin, la route s'enfonce dans des terres incultes.

Nous nous éloignons d'une bonne centaine de kilomètres de la M4. Alors que nous cherchons notre chemin, nous tombons sur un bâtiment massif situé en retrait de la voie. Nous nous garons devant. À l'intérieur, un homme aux cheveux blancs se déplace au ralenti derrière sa caisse. De rares articles parsèment les étagères. Sur un comptoir, des *boubliki*, sorte de bagels un peu denses, enveloppés dans des sachets en plastique. L'employé nous sert un café dans un gobelet en papier. 10 roubles, environ 1 cent. Dehors, le vent se lève et mugit en passant à travers les murs lézardés.

Je pense à Alexandre Soljenitsyne, élevé à Rostov-sur-le-Don, pauvre et orphelin de père. En 1971, un an après avoir remporté le prix Nobel, il avait décidé d'accompagner un ami en voiture dans la région. Ils s'étaient arrêtés dans un établissement de ce genre.

Après être revenu dans son véhicule et avoir repris son excursion, Soljenitsyne s'était senti mal. À l'hôpital, les médecins qui l'avaient examiné avaient trouvé des traces de brûlures sur son corps sans pouvoir ni les expliquer ni soulager sa douleur. Ils avaient émis un pronostic très réservé. Mais Soljenitsyne s'en était sorti et cet épisode a encore renforcé le mythe qui l'entourait. Après la chute de l'Union soviétique, un lieutenant-colonel du KGB à la retraite a révélé dans ses mémoires les détails d'une rencontre entre un parapluie à la pointe enduite de poison et l'auteur, dans un magasin, au bord de la route. Il s'agissait bien d'une tentative d'assassinat[519].

Au cœur de la steppe, j'ignore les risques que je cours. Tout ce que je connais, c'est notre destination. Les instructions paraissaient simples. Roulez jusqu'à ce que vous voyiez le char, à l'embranchement des routes de Vechenskaïa et Bokovskaïa. Le café se trouvera de l'autre côté de la voie.

Andreï écrase une cigarette. Il dit que nous approchons.

Nous reprenons notre chemin sur la chaussée grêlée de nids-de-poule. Une heure de plus. Le paysage défile dans toute sa splendeur, sans l'ombre d'un relief. À l'horizon se dresse une forme artificielle.

Un char, un T-34, comme prévu, érigé au sommet d'un piédestal, monument à la gloire de l'Union soviétique. Ce T-34 qui avait arrêté l'avance de la *Heer*, l'armée de terre allemande, interrompt maintenant la nôtre.

Non loin, je repère le café, derrière un bosquet. Un panache de fumée gris s'élève au-dessus de sa cheminée. Une enseigne défraîchie oscille dans la brise, sous la banne. « Cuisine au feu de bois ». Garée devant, une berline Volga blanche. Cette scène, dans ce lieu reculé, battu par les vents, me fait penser au Far West, avant le chemin de fer. Avant la loi.

Je sors de la voiture et m'approche du café. Je remarque maintenant devant le bâtiment une cour entourée d'un muret de pierre. À l'intérieur, des tables de pique-nique brûlent sous le soleil de l'après-midi.

Assis devant l'une d'elles, un homme, la trentaine, et, en face de lui, un garçon d'environ 10 ans. Ils portent des vêtements de travail, comme des paysans qui reviendraient des champs. Ils mangent en silence.

Une troisième personne se trouve dans la cour, un autre homme devant une autre table. Le visage rond et les traits asiatiques. Veste et pantalon de treillis camouflés. Des étoiles métalliques qui brinquebalent sur ses épaulettes. Il hoche la tête lorsqu'il me voit.

Devant lui, trois assiettes blanches, vides, étincellent de graisse. Il vient juste de finir un repas, pantagruélique, à l'évidence. Il mâchonne un dernier morceau puis s'essuie la bouche d'un revers de la manche. Il m'invite à m'asseoir sur le banc en face de lui.

Je serre sa main replète. Ce qui déclenche le tintement des médailles épinglées qui s'entrechoquent. Le mouvement attire mes yeux et je vois l'étiquette qui porte son nom, cousue sur le côté gauche de la veste : « Bronia ».

J'ai refusé de partir en quête de Vyatcheslav Korchounov pour accepter la rencontre négociée par Nastia Mikhaïlovskaïa, car, en fin de compte, Bronia le Kalmouk n'a pas été liquidé, comme le prétendaient les Ukrainiens. Le chef du camp de volontaires de Rostov-sur-le-Don me dévisage, assis en face de moi.

Les agents des services de sécurité ukrainiens répandent souvent de faux rapports pour démoraliser l'ennemi et n'hésitent pas à appeler en Russie pour relater le faux décès de parents qui se battent toujours, en réalité, sur le front. La guerre psychologique fait rage.

Bronia est trapu, et bien vivant. Sa ceinture tente de contenir une panse dilatée. Des cicatrices d'acné grêlent ses joues. Il rase ses cheveux presque à blanc. Il est pratiquement édenté. Je ne vois qu'une dent qui semble pendre mollement de sa gencive, comme si elle allait tomber.

Bronia ne me paraît pas à l'aise, ses yeux papillonnent. Il me dit qu'il doit partir, revenir au camp qu'il a transféré, de Rostov, dans une ferme non loin du café. Il attrape une canne en bois.

« Attendez », lui dis-je. Je n'ai pas fait tout ce chemin pour rien. « Il faut que je vous montre quelque chose. »

Je lève mon téléphone. Il s'agit de l'une des photos d'Elena Gorbatcheva prise dans la gare de Kazan, à Moscou, le jour où Billy est arrivé en Russie, en mai 2015. En voyant le cliché, son visage s'éclaire. Il agite son index devant l'écran. « C'est Vassili ! », beugle-t-il. Pour le moment, il met de côté son envie de partir.

Comment a-t-il rencontré l'Américain ? « À Rostov, à ce moment-là, il y avait beaucoup de monde en treillis, me répond

Bronia. Il a sans doute demandé à l'un de ces gars où il devait aller. J'avais pas mal d'étrangers dans le camp. Français, Italiens, Australiens et Américains. Vassili s'est pointé un matin. Polinkov ne m'en avait jamais parlé. Il est arrivé. Et il est reparti deux jours plus tard. Puis il est revenu. »

Un paquet de cigarettes traîne sur la table, des Donskoy Tabak, papier brun, bout doré. Il en extrait une, qu'il allume, et tire dessus. Entre ses doigts épais, elle me fait penser à un cure-dents. Il décrit Billy au camp de Rostov. Il affirme qu'il fréquentait des durs. « Il voulait de la "bonne vodka russe". S'il commençait à en boire, il avait du mal à s'arrêter. Il était bourré tout le temps. »

Billy ne buvait pas. En tout cas, selon sa famille. Mais l'aventure nous encourage à essayer des nouveautés.

« Il y avait plein de gens différents à la base, continue Bronia. Des poivrots, des toxicos. Des cinglés. Des mecs dangereux, aussi. » Bronia me raconte que de nombreux mercenaires avaient repéré un pigeon en Billy et lui volaient son argent.

Une partie de ce que me dit Bronia est vraie. Je le sais. Mais serait-il sincère sur les éléments les plus importants de l'histoire ? Je lui demande ce que Billy est devenu.

« Vassia voulait aller dans le Donbass, affirme Bronia. Mais surtout pas qu'on tamponne son passeport à la frontière. Parce que, de retour chez lui, la CIA l'aurait arrêté. » Bronia éclate de rire et, de nouveau, toutes ses médailles vibrent. « Alors je lui ai dit qu'il y avait un autre moyen. »

Bronia baisse la voix, sur le ton de la confidence. « Et puis il m'a dit qu'il ne voulait pas se battre. »

Je m'étais attendu à un Bronia vantard, amateur de faux-fuyants, mais j'ai l'impression qu'il me confie la vérité. J'insiste. Que voulait faire Billy s'il ne souhaitait pas se battre ?

Bronia, soudain, ne fait plus attention à moi. Il regarde par-dessus mon épaule.

Le père et son fils sont partis. Trois hommes entrent dans la cour. Grands, sportifs, les cheveux en brosse, habillés de façon décontractée avec des vêtements neufs, sûrement achetés en ville. Ils s'asseyent non loin de nous et se mettent à discuter à voix basse. Ils sont assez près pour nous entendre.

Leur irruption dans le café semble énerver Bronia. Il change de ton. Il parle plus fort maintenant, il fanfaronne. « J'ai donné un casque à Vassili. Et un gilet pare-balles, un holster d'épaule et une tenue camouflée. »

Je rappelle à Bronia qu'il vient de m'assurer que Billy ne voulait pas se battre. Il me rembarre et change de sujet.

Le long de la frontière, les séparatistes prennent périodiquement le contrôle de portions de terrain par lesquelles ils font passer personnel et matériel dans le Donbass. On appelle ces filières des « couloirs noirs ».

« Il y avait d'autres étrangers avec Vassili, poursuit Bronia. Je leur ai dit de laisser leur carte SIM parce que les Ukrainiens les triangulent et ajustent leurs missiles dessus. Le couloir noir s'est ouvert. Ils sont montés à bord d'une camionnette rouge, donnée par Strelkov. Et ils ont franchi la frontière. »

Je lui demande où elle est allée une fois dans le Donbass. Bronia m'explique que les commandants assignent ensuite les étrangers à des brigades combattantes.

Si Bronia dit vrai au sujet de Billy qui aurait été confié aux commandants locaux, son récit corrobore la déposition de Viatcheslav Korchounov devant le comité d'enquête, et en particulier sa description du regroupement des volontaires près du village de Darevka.

Je parle du témoignage de Korchounov à Bronia, mais il secoue la tête et met en doute sa véracité. Soudain, il chuchote. « Vassili était naïf, me dit-il. Je lui avais dit de ne pas fréquenter ces gars. » Bronia décoche un regard aux hommes assis à la table voisine. Je connais ces rivalités entre factions dans le Donbass : combattants locaux, opérateurs du renseignement russe et autres se battent pour le pouvoir, l'argent ou une idéologie.

Bronia semble se reprendre et, de nouveau, il change de ton et de direction. « Il a sûrement dû participer à un assaut et ils l'ont enterré quelque part en RPD. Tu sais ce qui reste d'un corps sur lequel un char vient de rouler ? » J'essaie de séparer les faits de la fiction dans les propos de Bronia quand il récupère vivement son paquet de cigarettes. « Je vous ai raconté tout ce que je savais. »

Avec difficulté, il se met debout, attrape sa canne en bois et claudique, voûté. Je l'escorte et nous sortons de la cour en passant devant les trois hommes. Ils ne lèvent pas les yeux.

Bronia pose sa main sur le capot de la berline Volga blanche. Le modèle préféré des apparatchiks soviétiques, signe extérieur de rang et d'influence. Des décennies plus tard, la Volga traîne toujours cette réputation, à l'instar du T-34, symbole d'une gloire révolue à laquelle de nombreux Russes refusent de renoncer.

Bronia, la respiration sifflante en raison de l'effort qu'il a consenti pour revenir vers sa voiture, regarde par-dessus son toit vers la plaine et l'horizon. Le soleil commence à décliner, mais ses rayons obliques le forcent à plisser les yeux.

« Pourquoi Vassili est venu ici ? s'interroge-t-il. Pour l'aventure ? Il aurait pu aller n'importe où près de chez lui pour chercher l'aventure. Mais pour quelle raison a-t-il fait tout ce voyage jusqu'en Russie ? » Bronia me donne l'impression de pleurer Billy, comme s'il savait qu'il avait disparu.

Mais, tout à coup, il chasse cette idée. Il en a une autre et il éclate de rire. « Ce serait mieux de faire la guerre à l'Amérique, me dit-il. Moi, je voudrais aller sur la 5e avenue. C'est là qu'Angelina Jolie habite, non ? » Il me regarde d'un air interrogatif. Je hausse les épaules. « J'irais la niquer. »

Bronia monte dans sa Volga blanche. Je l'observe disparaître au loin[520].

Andreï et moi nous éloignons du café. Je lui indique le bas-côté. Il faut que je note le maximum de détails dans mon carnet avant de les oublier.

Il y a les faits et leur articulation. Et il y a des interstices où je crois que se cache la vérité au sujet de Billy. Je recueille la version de Bronia relative à l'entrée de Billy dans le Donbass et me remémore de nouveau le témoignage de Korchounov, mais ne leur accorde qu'un crédit partiel. Je pense aux trois hommes dans le café. Venaient-ils nous surveiller ? Je pense aux voiles de secret qui s'accumulent en Russie. J'écris dans mon carnet ; mes réflexions foisonnent et s'entremêlent.

Mon téléphone vibre. Le service de sécurité du *Journal* me demande un rapport. « Vous comptez rester longtemps à côté du char ? »

À travers le pare-brise, je vois Andreï, une cigarette au coin de la bouche, adossé au T-34.

CHAPITRE 41
WASHINGTON

Je retourne à Washington en juillet 2018, armé d'informations et d'une crédibilité renforcée. Il est temps maintenant pour moi de prendre contact avec les élus des Reilly au Congrès. Billy a disparu depuis plus de trois ans et le voile de mystère qui entoure cette disparition touche au FBI. Il mérite d'avoir un avocat qui plaide sa cause à Washington.

Mes objectifs restent modestes. Je ne m'attends pas à convaincre les sénateurs du Michigan Gary Peters et Debbie Stabenow de téléphoner à Christopher Wray, le directeur du FBI. Et je sais pertinemment que leurs services ne peuvent résoudre tous les problèmes qui leur sont soumis. Ils sont débordés par leur travail en commission, l'élaboration des textes législatifs, les manœuvres politiques pour remporter les scrutins au Sénat, les campagnes électorales et les réclamations de leurs administrés. Comme la Cellule de récupération des otages, ils doivent opérer une sélection. En outre, ils avaient essayé d'aider les Reilly des années plus tôt. En vain. Mais avaient-ils fait le maximum ? Si je pouvais leur soutirer une ou deux pistes afin de les exploiter seul, il s'agirait d'une victoire.

Je n'ai pas poursuivi de carrière à Washington et je fais sans doute preuve de naïveté.

Je rencontre les services de presse des sénateurs Peters et Stabenow, qui ne me proposent pas grand-chose. Ils refusent d'organiser des réunions informelles et off avec des collègues plus aguerris qui auraient pu connaître de précieux détails sur l'affaire et l'implication du FBI. Je juge vraiment démoralisant de ne pouvoir obtenir, dans mon propre pays, que si peu d'informations au sujet de la disparition de Billy. Et, pire, personne ne semble avoir de compte à rendre.

Alors, j'imagine un autre moyen.

Sous le dôme du Capitole, derrière le mur le plus proche du perchoir du président de la Chambre des représentants des États-Unis, le speaker, se trouve une antichambre, le *Speaker's Lobby*, ou « vestibule des présidents ». Les portraits des présidents de la Chambre des représentants décorent les murs de cette longue pièce rectangulaire éclairée par d'immenses lustres. Plusieurs portes mènent directement du vestibule dans l'hémicycle.

Seuls les représentants peuvent pénétrer dans la Chambre, inaugurée dans les années 1850, mais les citoyens ordinaires ont le droit de patienter dans le vestibule et de passer des messages aux représentants par le truchement des huissiers. Un requérant peut ainsi écrire une note et la donner à un huissier, qui la remet ensuite aux parlementaires présents dans l'hémicycle. Dès lors, ces derniers comprennent qu'un citoyen demande une audience privée dans le vestibule des présidents. Selon certaines sources, c'est ici, dans le *Speaker's Lobby*, que la pratique du lobbying politique a commencé.

Aujourd'hui encore, il possède l'élégance feutrée d'un club élitiste. La tradition, au charme désuet, qui consiste à transmettre les notes existe toujours, mais l'accès au vestibule a été restreint.

Le grand public ne peut en effet plus y pénétrer et, curieusement, les attachés de presse des membres de la Chambre des représentants non plus. En revanche, les journalistes accrédités peuvent y entrer. Le vestibule des présidents s'avère ainsi l'un des rares endroits au Capitole où un reporter peut s'adresser directement à un élu, seul et sans son équipe, dès lors qu'il répond favorablement à la note remise par l'huissier[521].

Été 2018. Un huissier entre dans la Chambre des représentants pour remettre ma note et, quelques minutes plus tard, Mike Bishop arrive dans le vestibule des présidents. Il appartient au Parti républicain et représente le huitième district du Michigan depuis 2015. Juriste, courtier en immobilier, il est membre de la commission de la Justice de la Chambre, chargée, entre autres, de superviser les activités du département de la justice et du FBI. Après la disparition de Billy, ses services avaient passé quelques appels pour le compte des Reilly. Son siège à la commission de la justice avait offert à Bishop des informations et un éclairage pertinents[522].

Je fais un signe à Bishop et lui relate l'histoire, maintenant bien rodée, de Billy. Bishop, les sourcils froncés, digère les informations. « C'est la première fois que j'en entends parler », me confie-t-il.

Il m'explique qu'il a l'habitude des réunions avec le FBI et déplore les réponses incomplètes dont les responsables du Bureau se contentent trop souvent devant la commission de la justice. « C'est très compliqué de traiter avec le FBI », regrette-t-il en m'avouant que le Bureau s'efforce toujours d'échapper à toute supervision.

Bishop a connu la même obstination avec le département d'État. Un an auparavant, en Tanzanie, il s'était rendu à l'ambassade américaine afin d'aider la famille de l'un de ses administrés, une femme morte lors d'un safari. « L'ambassade m'a rembarré, me dit-il. Sous prétexte qu'il ne fallait pas risquer de compromettre les relations américano-tanzaniennes. Et je suis membre du Congrès ! » Exaspéré par le gouvernement, Bishop, qui semble compatir à l'épreuve traversée par les Reilly, affirme qu'il se tient prêt à les aider. Il me met en relation avec l'un de ses assistants[523].

Ce dernier m'appelle et me raconte qu'il s'est déjà efforcé d'assister les Reilly voilà plusieurs années. À l'époque, le département d'État ne lui avait fourni aucune information pertinente. Il avait également fait pression sur l'ambassade américaine de Moscou afin qu'elle coordonne ses efforts avec le ministère de l'Intérieur russe. Mais, cette fois, le côté russe n'avait pas réagi.

On doit pouvoir faire plus. J'appelle Bishop. Nous parlons à plusieurs reprises. Il me semble sincèrement dépité et aussi préoccupé que moi face aux esquives incessantes du FBI pour éluder les questions les plus embarrassantes. « Le FBI contrôle le narratif, m'explique-t-il. Il exerce également sa maîtrise sur les preuves et peut nous raconter ce qu'il veut. Et nous n'avons aucun moyen de le réfuter[524]. »

★

Mike Bishop, membre du Congrès américain, siège à la commission de la justice de la Chambre des représentants, qui supervise le FBI et n'arrive pas à obtenir de réponse au sujet de Billy à Washington. Dès lors, comment, moi, y arriverais-je ?

Je l'ignore, mais je me dois de persévérer. Je pense qu'Andy Arena peut me fournir un éclairage précieux. Agent spécial, il était chef du bureau de Détroit du FBI lorsque Billy s'est engagé. En outre, Arena avait joué un rôle crucial dans l'évolution de la doctrine d'emploi par l'agence des sources et des informateurs après les révélations du scandale Whitey Bulger.

Arena a quitté le FBI en 2012 et peut donc maintenant parler en toute liberté. Il habite toujours à Metro Detroit, où il dirige la commission criminelle de la ville, un conseil consultatif sur la police et le maintien de l'ordre. Contrairement à de nombreux agents et responsables que j'ai rencontrés, qui se sentaient menacés par d'éventuelles révélations, Arena me paraît sincère.

Nous évoquons les leçons de l'affaire Whitey Bulger. « Mal gérée, une source peut très vite générer de sérieux problèmes, commence-t-il. Il ne faut jamais se fier à une source. Jamais. Les agents se sentent trop en confiance. Jusqu'au moment où ils découvrent que leur informateur les double. » Arena soulève alors la possibilité que Billy se soit embarqué dans une opération clandestine en Russie.

Lorsque j'évoque ensuite les détails les plus étranges de l'affaire, j'ai l'impression qu'il change d'avis. Il se focalise sur la première visite de l'agent Tim Reintjes chez les Reilly. « On ne se déplace pas sur un coup de tête, affirme-t-il. Il y a évidemment une cause. » Je l'encourage à développer sa théorie.

« Cet élément donne le sentiment qu'ils étaient en contact et que ce contact a été rompu. Ou que la source les a appelés pour leur dire qu'elle était en difficulté. Soit ils avaient connaissance d'un problème, soit ils soupçonnaient la source. Il se peut aussi que cette découverte les ait fait paniquer. Bref, il peut s'agir d'un raté[525] », conclut Arena.

Étant donné son rapport étroit avec le FBI et le bureau de Détroit, la franchise d'Arena me paraît stupéfiante.

Je téléphone à d'autres agents. Le cas de Billy rappelle pour l'un d'eux, que je rencontre, des exemples de source confidentielle du FBI accaparée par la CIA pour être déployée à l'étranger. « C'est un coup de la CIA, affirme-t-il au sujet de Billy. Le FBI n'en a strictement rien à foutre de l'Ukraine et de la Russie[526]. » Il est vrai qu'une CHS, par le truchement de contacts entre officiers de la CIA et agents du FBI, notamment au sein des JTTF, pourrait travailler pour la CIA.

Un ancien officier de la CIA accepte de déjeuner avec moi au Prime Rib, un restaurant de viande de K Street, à Washington. Dans un décor feutré, un pianiste âgé joue des standards de jazz. L'ancien officier m'explique alors la notion de couverture non officielle.

Le grand jeu de l'espionnage connaît des règles observées par chaque adversaire afin de maintenir une forme de respect et de mesure. La CIA place des agents qui ont une couverture de fonctionnaire au sein des ambassades américaines, souvent dans les services culturels ou politiques. En occupant ce poste officiel, ils endossent comme une sorte d'uniforme qui officialise leur allégeance. Il s'agit de permettre aux agences de contre-espionnage locales de savoir qui est qui. Et c'est ainsi que se joue ce jeu. Un agent de la CIA nommé à un poste officiel au sein d'une ambassade reçoit donc une couverture, elle aussi, officielle. Le pays hôte peut le harceler, contrarier ses plans, mais, puisque la CIA affiche son respect des principes, les règles de modération en vigueur le protègent généralement d'une arrestation, voire d'un sort plus sinistre.

Ce qui n'est pas le cas de la couverture non officielle, lorsque l'agent ou la source de la CIA dans un autre pays est déployé hors du cadre diplomatique. Entreprise des plus risquées, elle revient à passer derrière les lignes ennemies en civil. Pendant des siècles, les États ont exécuté ce genre d'espions. Les Illégaux russes avaient procédé ainsi aux États-Unis et c'est l'une des raisons qui avait conduit le FBI à tant ébruiter l'affaire. La CIA se réfère aux personnes qui travaillent sous couverture non officielle en tant que *Non-Official Cover* (NOC).

« Par définition, un NOC ne peut être ouvertement lié au gouvernement américain, m'explique un ancien officier de la CIA lors d'un déjeuner. Et ces NOC n'ont aucune échappatoire. » Au sujet de Billy, cette éventualité me paraît peu crédible. Un tel engagement me semblerait bien trop périlleux pour quelqu'un qui dispose de ses capacités. Mais je ne peux pas non plus l'écarter d'un simple revers de la main. « S'il est un NOC et que les Russes l'ont pris, leur réaction sera très ferme. Ils ne le relâcheront jamais[527]. »

À Washington, les coups de fil, les cafés et les déjeuners génèrent une conversation des plus enrichissantes, mais ne me fournissent qu'un contexte général. Aucune des personnes que je rencontre ne connaît directement le dossier de Billy. Ce qu'elles me racontent reste de l'ordre de la pure spéculation. Armé d'une meilleure compréhension de ces sujets, je m'en retourne à la matière de mes investigations, cherchant l'information qui me permettrait de prouver l'implication du FBI dans le voyage de Billy en Russie.

Le Guide du FBI sur les règles en matière de source confidentielle humaine décrit la méthode que doit utiliser un agent pour envoyer une CHS dans un autre pays. Le processus, complexe, fortement encadré, nécessite le consentement de nombreux services et divisions. Une fois la source déployée, le Guide souligne que, « en règle générale, un employé basé à l'intérieur du pays a pour interdiction de contacter une CHS quand la CHS se trouve dans un pays étranger[528]. »

Cette assertion me rappelle les échanges entre Billy et Reintjes dans la correspondance découverte par les Reilly après la disparition de leur fils. À la fin de cette conversation, le 14 mai 2015, la veille du départ de Billy, Tim Reintjes l'interroge : « *WhatsApp, Skype, Viber ?*

— *Dès que j'ai téléchargé les applis,* lui répond Billy. *Je vous transmets l'info.* » Plus tard, la même nuit, Billy envoie de nouveau un SMS à Reintjes : « *Pour les applis, ce sera le nouveau numéro de téléphone*[529]. »

Ce dernier message éveille ma curiosité. J'appelle Catie Cherri, la sœur de Billy. Catie me dit que, avant de partir, Billy n'était pas certain que le portable qu'il utilisait dans le Michigan fonctionnerait en Russie. Je sais, grâce à mes nombreux voyages, qu'à l'époque ce n'était effectivement pas le cas de tous les appareils américains. Billy avait donc acheté un nouveau téléphone avant son vol pour Moscou. Il s'était assuré de choisir un modèle opérant sur le système cellulaire russe[530].

Le dernier échange entre Billy et son agent traitant suggère ainsi qu'ils avaient prévu une méthode de communication qu'ils emploieraient une fois Billy arrivé en Russie. Ce plan me semble outrepasser les limites imposées par le Guide.

Au FBI, organisation fondée sur les manuels, les protocoles et les directives, il est toujours possible de trouver des règlements alternatifs.

Le guide des CHS offre ainsi 195 pages assez denses. Si les agents parviennent à le lire jusqu'au bout – en plus de leurs autres lectures obligatoires –, ils doivent admettre que certaines règles, peu claires, laissent le champ libre à l'interprétation. Voire en contredisent d'autres.

« Malgré toutes les directives énoncées dans le manuel des CHS du FBI, l'ensemble reste plutôt obscur », reconnaît d'ailleurs Don Robinson, l'ancien *legat* du FBI.

Ce guide, tout en posant l'interdiction de communiquer avec une CHS à l'étranger, prévoit également une clause qui l'autorise dès lors qu'il s'agit « d'une condition du succès ou de la sécurité de l'opération ». Et, tandis que je le parcours, je trouve de nombreuses failles.

Le manuel affirme ainsi que les services techniques chargés des opérations fourniront « la méthodologie applicable et les outils disponibles pour établir la communication », ce qui permet à un agent de « communiquer un plan de communications d'urgence [...] à une CHS se déplaçant pour des motifs opérationnels[531]. »

Enterrées au fond des règlements se trouvent les permissions de les enfreindre. Il s'agit peut-être du raisonnement qui a conduit Tim Reintjes à rendre visite aux Reilly à Oxford en 2015. Les directives du guide, associées aux messages envoyés par Billy à son traitant, suggèrent en effet que Reintjes avait échangé avec Billy durant son voyage et que le FBI avait ainsi appris qu'il avait rencontré un problème en Russie.

*

Alors que j'examine les documents tout en faisant jouer mes relations gouvernementales, je communique toujours avec Nastia Mikhaïlovskaïa en Russie. Nastia, l'associée d'Igor Strelkov, m'avait permis de rencontrer Bronia le Kalmouk au nord de Rostov. Avec elle, j'essaie de remonter de nouvelles pistes.

Je reste aux aguets et me garde de toute naïveté, étant donné les antécédents *siloviki* de Mikhaïlovskaïa. Mais je n'avance guère aux États-Unis et c'est bien en Russie que Billy a disparu. Or, elle connaît des individus qui ont accès aux informations.

Durant l'une de nos conversations, elle me suggère d'entrer en relation avec Valery, son contact des services de sécurité russes. Celui qui, en plaisantant, voulait me jeter au fond d'un *podval*. Je lui envoie un SMS et nous engageons la discussion. J'ignore qui il est. Ou pourquoi il paraît si amical. Je me contente de suivre la piste.

Il me dit s'appeler Valery Prikhodko. Il dirigerait dans la région de Rostov une ONG qui lutte contre la radicalisation religieuse, le Centre d'assistance à l'État contre les activités extrémistes[532].

Prikhodko m'explique que les soixante-sept membres de l'association travaillent dans plusieurs villes russes. Ils aident la police à localiser des Russes disparus lors de la guerre du Donbass de leur propre chef ou non, environ mille cinq cents au cours des cinq dernières années.

Son groupe traque certains indésirables qui ont commis ou caché des crimes durant ce conflit impitoyable. Détenus en cavale, fugitifs ou individus recherchés, patients mentalement instables. Ses agents, répartis dans les territoires disputés et le long de la frontière, ont réussi à en intercepter de nombreux et ils les ont ramenés en prison en Russie. La mission de l'ONG et son objet semblent assez contradictoires et je me demande pourquoi il me parle.

D'abord plutôt formelles, les discussions deviennent très vite familières. Prikhodko plaisante et jure comme un charretier. Est-il un nouvel obstacle placé délibérément sur mon chemin ? Je ne saurais le dire. Je continue de converser avec lui, tout simplement parce que lui continue de se confier[533].

Un matin, Mikhaïlovskaïa m'appelle pour me demander de lui envoyer une copie des empreintes digitales de Billy. Prikhodko les aurait sollicitées. Je téléphone à Bill et Terry, qui me répondent qu'ils en ont déjà cherché, mais qu'il n'en existe aucune. Toutefois, je me remémore un détail. Les Reilly m'avaient relaté que Billy, au moment où il travaillait pour le FBI, avait demandé un permis de port d'arme.

Le standard de la police d'État du Michigan confirme mon intuition. Toute demande pour un permis de port d'arme au Michigan s'accompagne obligatoirement d'un jeu d'empreintes digitales du requérant[534].

Aucun service de police n'aurait l'idée d'effacer des empreintes une fois qu'il les a en sa possession. La police et le FBI compilent en effet d'énormes bases de données à des fins d'identification de corps anonymes ou de criminels. L'État du Michigan conserve ainsi toutes les empreintes. Je suis certain d'y trouver celles de Billy.

Toutefois, je ne peux faire la demande ; seul un membre de la famille en a le droit. Terry et à Bill remplissent alors un formulaire. La police d'État du Michigan envoie aux Reilly un fichier numérique qui contient les empreintes de Billy, que je transfère à Valery Prikhodko[535].

Ces empreintes répondront peut-être à la question de la localisation de Billy, mais pas à celle du véritable mobile de son voyage, qui m'échappe encore.

Un peu plus tard, je parle avec Don Robinson, ancien agent devenu *legat* du Bureau à Moscou. Robinson a quitté cette fonction au milieu de l'année 2015. Il ne se souvient plus exactement de la date de son départ, mais nous établissons ensemble qu'il occupait encore son poste lorsque Billy est arrivé en Russie, en mai de la même année. Dans l'hypothèse où il le souhaiterait, Robinson pourrait me confirmer si le FBI a officiellement détaché Billy en Russie. Car il le sait sûrement.

Robinson, en tant que *legat*, m'explique qu'il a approuvé des voyages de CHS en Russie. Toutefois, en 2015, en raison des événements de Crimée et du Donbass l'année précédente, ainsi que de la détérioration des relations entre les deux pays, le FBI a pratiquement suspendu le déploiement de CHS en Russie. Robinson affirme que de telles opérations « s'avéraient extrêmement limitées… on ne peut plus rares. Même après approbation, elles auraient été réduites à la collecte passive de données secondaires. Par exemple, imaginons une CHS opérant en territoire américain qui se serait rendue en Russie pour voir sa famille. Elle n'aurait pas reçu de mission, mais aurait été débriefée à son retour. »

Après l'annexion de la Crimée, poursuit Robinson, l'ambassade américaine de Moscou « est devenue très frileuse, et même nos agents de liaison officiels se trouvaient sur la sellette, les mains liées. Bref, je n'imagine pas un scénario où nous aurions ne serait-ce qu'essayé d'obtenir le feu vert. »

Lorsque je lui dresse une ébauche du profil de Billy, Robinson affirme que l'envoi d'une telle source en Russie, notamment après 2015, aurait été immédiatement retoqué au quartier général du FBI. Si lui-même avait reçu une requête de ce type, il s'y serait opposé. « J'aurais sans doute appelé l'agent traitant pour lui demander s'il lisait les journaux et s'il était vraiment certain de son affaire. Puis, je lui aurais fait comprendre qu'il s'agissait d'une très mauvaise idée. »

Robinson poursuit son explication. Il aurait ensuite transmis cette requête au chef de poste, c'est-à-dire au plus haut responsable de la CIA à l'ambassade de Moscou, dont l'identité doit rester confidentielle. « À cette époque, le chef de poste titulaire, lui non plus, n'aurait jamais autorisé ce déploiement, atteste Robinson. Je peux vous l'assurer. »

Robinson me présente ensuite les nombreuses démarches que les responsables de l'ambassade auraient entreprises pour évaluer cette demande d'envoi d'une CHS en Russie.

Une commission restreinte se serait réunie à l'ambassade, en présence du *legat* et du Regional Security Officier (RSO, le « responsable régional de la sécurité ») de l'ambassade. Le RSO, qui travaille au sein des services de sécurité diplomatique du département d'État, est responsable de la sécurité du personnel diplomatique et consulaire. En 2015, poursuit Robinson, un membre du Secret Service* était également stationné à l'ambassade, ainsi qu'un employé des Homeland Security Investigations, la branche chargée des enquêtes au sein du Department of Homeland Security (« département de la sécurité intérieure »). Selon l'ancien *legat*, ces deux fonctionnaires se seraient joints à l'hypothétique réunion. L'ambassadeur ainsi que son premier collaborateur, le Deputy Chief of Mission, y auraient aussi participé. La demande d'envoi d'une source confidentielle humaine en Russie intéresse donc les strates les plus élevées de la voie hiérarchique.

Une fois la commission réunie, le *legat* aurait défendu au nom du FBI le déploiement de la CHS, présenté les objectifs de mission et les besoins opérationnels, ainsi que les risques connus et un plan de secours.

Cet aperçu fascinant sur le fonctionnement de cette machine administrative montre combien la police, le renseignement et la diplomatie s'entremêlent entre les murs d'une ambassade américaine afin de

---

* Agence gouvernementale chargée, entre autres missions, de la protection des personnalités politiques américaines ou des représentants américains à l'étranger. (*N.d.T.*)

peser les coûts et les bénéfices d'une opération. Ce qui me confirme évidemment que le gouvernement américain aurait pris au sérieux la perspective du détachement d'une CHS en Russie. « Cette demande aurait dû arriver au sommet de la hiérarchie avant d'être approuvée, conclut Robinson. En dernier ressort, la décision serait revenue à l'ambassadeur[536]. »

Je contacte des diplomates de haut rang, parmi lesquels John Beyrle, ambassadeur des États-Unis en Russie de 2008 à 2012. Beyrle vient du Michigan, ce qui me porte à croire qu'il s'intéressera au dossier des Reilly. Homme affable, il s'inquiète du sort de la famille, mais, comme tant d'autres, ne connaît pas l'affaire et prétend ne pas pouvoir trouver les informations que je cherche. Lors d'un voyage ultérieur à Moscou, j'évoquerai l'histoire de Billy avec l'ambassadeur américain Jon Hunstman et un haut fonctionnaire. Informés de l'affaire Reilly, ils affirmeront n'avoir rien à y ajouter[537].

J'espère obtenir un nouveau son de cloche avec John Tefft, qui a occupé trois postes différents avant de débarquer à Moscou en novembre 2014. Tefft est devenu ambassadeur des États-Unis en Russie en 2015, au moment où Billy est arrivé dans le pays et y a disparu.

Nous échangeons des e-mails en 2018. Je lui envoie le plan d'un article sur lequel je travaille et lui demande si nous pouvons discuter. « Je me souviens de ce dossier dans les grandes lignes, m'écrit Tefft, mais ne me rappelle pas tous les détails. » Il me conseille de prendre contact avec le service des affaires consulaires du département d'État. « Désolé[538] », conclut-il.

Tefft me dit se remémorer le dossier, alors que Don Robinson prétend n'avoir jamais entendu parler de Billy Reilly. Robinson ne sait pas ce qui s'est produit ; toutefois, il m'a affirmé sans ambages : « Je peux vous assurer avec un degré très élevé de certitude que ce voyage n'a pas été dûment approuvé. Même si une demande officielle m'avait été adressée, ce qui n'a pas été le cas, je vous garantis également qu'elle n'aurait pas été entérinée au niveau de l'ambassade. »

Il paraît difficile de contrer l'argument circonstancié avancé par Robinson. Pourtant, lui-même reconnaît ne pas être au courant. Il ne présente qu'un contexte général. Aucune précision au sujet de Billy.

Après ces mois d'enquête, je cherche toujours des personnes qui posséderaient des détails sur cette affaire insaisissable.

En fin de compte, après de nombreuses tentatives, je parviens à entrer en contact avec la Cellule de récupération des otages, l'unité interagences chargée de l'effort des États-Unis pour la récupération de leurs ressortissants en captivité à l'étranger. Son quartier général se trouve dans l'immeuble du FBI, sur Pennsylvania Avenue.

Ma source au sein de la cellule me confirme que le dossier de Billy y est connu. Elle me répond aussi que mes demandes « font tiquer ». Quelqu'un aurait également affirmé : « Il y a beaucoup plus à dire qu'il n'y paraît[539]. »

*

Plus j'avance dans ce labyrinthe de miroirs, plus ce que je crois comprendre de cette affaire se déforme. Et, dix mois après le début de mes recherches, à l'automne 2018, arrive la réunion dont je savais pertinemment qu'elle devait se produire un jour ou l'autre.

Un après-midi, je sors du *Journal* avec Paul Beckett, le chef de notre bureau de Washington. Nous passons la Maison-Blanche, descendons Pennsylvania Avenue, qui nous mène vers l'est, au niveau de la mairie. Le siège du FBI surgit devant nous.

Le J. Edgar Hoover Building possède le charme d'un séparateur d'autoroute. Brut, austère, le quartier général du FBI ne présente pas la solennité des autres monuments de Washington. Sa façade à huit niveaux de béton ocre s'étend sur un bloc le long de Pennsylvania Avenue. Des fenêtres carrées la perforent à intervalle régulier et m'évoquent une énorme râpe à fromage posée sur la tranche. À mi-chemin entre la Maison-Blanche et le Congrès, le bâtiment se dresse comme une forteresse de près de deux cent quatre-vingt mille mètres carrés[540].

J'ai prévenu des responsables du FBI que j'allais bientôt publier un article au sujet de Billy. Mais je sollicite également leur aide. Le FBI communique régulièrement avec des journalistes, même si cette affaire, je le comprends bien, ne produira sans doute pas une réaction des plus encourageantes. Je sais d'expérience que le Bureau ne dispose que d'une marge de manœuvre très limitée à l'égard de l'information. Mais il est parfois dans son intérêt de corriger ou de confirmer les données collectées par les journalistes. J'espère aussi que l'attention portée par le Bureau à l'histoire de Billy maintiendra celle du *Journal*.

Le FBI pourrait en outre me détourner de mes fausses pistes. J'accepterais volontiers une explication alternative à la première visite de l'agent Tim Reintjes chez les Reilly à Oxford. Jusque-là, mon enquête n'en suggère pas, mais ce rendez-vous permettra peut-être au FBI de la clarifier.

Paul et moi sommes convenus que la discussion restera « en off ». Concession inutile, car le FBI, via son service de presse, ne partagera aucune information. Les responsables refusent ma demande de parler avec Reintjes. Plus tard, Brian Hale, sous-directeur aux affaires publiques du FBI, présentera l'unique commentaire prononcé officiellement par le Bureau sur l'affaire Billy Reilly.

Hale m'écrira dans un e-mail : « Le FBI n'a jamais ordonné à William Reilly de voyager à l'étranger afin d'accomplir une quelconque mission pour le compte du FBI[541]. »

CHAPITRE 42
IMPACT

Si Terry et Bill ont depuis longtemps fait une croix sur le FBI, ce n'est pas le cas de l'agence, qui reprend soudain contact avec eux. Les Reilly n'ont pas parlé avec un représentant du Bureau depuis trois ans. Ils reçoivent, peu après mon rendez-vous au siège, un appel de l'agent superviseur Timothy Waters[542].

Waters avait interrogé Umar Abdulmutallab, le Nigérian qui avait déclenché un explosif caché dans ses sous-vêtements dans un vol Amsterdam-Détroit de la Northwest Airlines le jour de Noël 2009. Cette séance, à laquelle Andy Arena avait participé, avait eu lieu dans la chambre d'hôpital d'Abdulmutallab, à Ann Arbor. Il s'agissait de la première application du nouveau programme du FBI d'interrogation des détenus, *High Value Detainee Interrogation Program*[543].

En 2015, au moment de la disparition de Billy, Waters travaillait au sein de la division des opérations du FBI. Devenu agent principal, il chapeaute le bureau antiterroriste de Détroit. Formé à West Point*, Waters a la réputation d'être discipliné et de s'en tenir aux règles. Il possède une expérience longue de plusieurs décennies des interrogatoires et de la gestion des sources. Cette reprise de contact va sans doute pouvoir bénéficier de son intelligence et de sa détermination[544].

Terry et Bill se méfient de la soudaine attention que Waters leur porte après avoir été ignorés pendant si longtemps par le Bureau. Ils acceptent néanmoins de lui parler, impatients de savoir ce que le FBI pourrait leur apprendre. Le 17 septembre 2018, Waters leur téléphone.

---

* École militaire américaine qui forme les officiers de l'armée de terre. (*N.d.T.*)

Il leur dit que « Billy a disparu des radars ». Et guère plus. Les Reilly le rappellent quelques jours plus tard et le pressent de leur donner des détails[545].

« Nous n'avons absolument aucune information sur la localisation actuelle de votre fils, annonce-t-il d'emblée. Nous savons qu'il a communiqué avec vous. Et qu'il s'est dirigé au sud de Moscou. C'est tout. Nous n'avons rien d'autre.

— Savez-vous que Tim Reintjes a demandé à Billy son itinéraire juste avant son départ ? l'interroge alors Bill. Est-ce que vous êtes au courant ? Est-ce qu'il vous a parlé du trajet de Billy ?

— Je vais le solliciter à ce sujet, répond Waters. Mais ce n'est pas comme si… En réalité, je ne peux pas vraiment entrer dans les détails. Nous pensons que ce qui est arrivé n'a rien à voir avec ce qu'il a pu vous raconter. »

Ce que le FBI pense ? C'est exactement ce qu'ils cherchent à savoir. « Nous, tout ce qu'on veut, c'est le retrouver. On le cherche depuis trois ans. Et on n'a pas d'autre…

— Je sais, l'interrompt Waters. Franchement, monsieur, je vous le dis sans détour. Nous n'avons aucune information à ce sujet. Aucune. Et, vous savez, nous avons procédé à des… vérifications… notamment. Et nous n'avons pas d'informations. Voilà à quoi ça se résume.

— Mais alors, qu'est-ce que vous avez ? insiste Bill.

— Rien dont je puisse vous entretenir, monsieur, réplique Waters. Vous savez, certains détails sont confidentiels et doivent le rester. Je n'ai pas la latitude de vous les révéler. »

Les Reilly enragent. Pourquoi le FBI leur parle-t-il si des mesures de confidentialité l'empêchent de divulguer les informations ? Le FBI affirme souvent qu'il ne peut révéler « ses sources et ses méthodes ». Il s'agit d'un mur qu'il érige entre les citoyens et l'information. Or, le FBI reste le seul juge de ce qu'il déclassifie ou dissimule. Les agents peuvent cacher ce qu'ils veulent et user de n'importe quel prétexte pour le faire. Dans l'hypothèse où le FBI ou une autre agence serait coupable de la disparition de Billy, alors il pourrait dissimuler les preuves de son implication. Bill et Terry se demandent pourquoi Waters a repris le contact s'il continue de censurer les faits.

« Écoutez, rétorque Waters, je n'essaie pas de vous cacher quoi que ce soit, parce que je sais – enfin, je ne *sais* pas, mais je peux essayer de comprendre votre souffrance et tout ce que vous endurez. Je suis au courant de cela et je le comprends. Maintenant, de notre point de vue, votre fils a fait un voyage privé qui n'a absolument rien à voir, rien à voir du tout, avec le FBI. Je pense qu'il est parti en vacances, qu'il a visité Moscou ou la province russe. C'est ce que nous croyons. Alors, quand il a rompu le contact et que vous avez commencé à en parler parce que vous ne le retrouviez pas, nous aussi, nous avons reçu un choc. Franchement, nous avons vérifié et, en résumé, nous ne savons pas où se trouve votre fils. »

Waters paraît sincère, mais il se contredit. Si le FBI ignore la raison du voyage de Billy et la manière dont il a disparu, il ne peut détenir d'informations confidentielles. Le FBI ne peut être à la fois aveugle et clairvoyant.

Les parents se concentrent alors sur ce qu'ils savent. « Le lendemain suivant son départ, relate Bill, ce Tim Reintjes, qui n'était jamais venu chez nous, tout à coup, il a débarqué.

— J'ai en ma possession une version différente de cet événement, rétorque Waters. J'ai des documents qui nous offrent un autre éclairage. »

Bill ignore les propos de Waters et n'insiste pas sur le caractère incriminant de ce qu'il vient de révéler. De quels documents parle-t-il ? Que montrent-ils ? Car Reintjes est vraiment passé à Oxford. Il a donné aux Reilly sa carte de visite. Terry et lui ont échangé des e-mails.

Au téléphone, il est facile pour Waters de nier ou de noyer le poisson. Bill et Terry pensent qu'ils obtiendront de meilleurs résultats en tête à tête. Alors Bill retourne habilement la discussion. « On pourrait peut-être se retrouver quelque part, dit-il. On ne vit pas loin, à Oxford, vous savez.

— Vous cherchez à nous soutirer des renseignements, intervient Waters. Mais nous n'avons aucune information qui pourrait vous aider à… Nous n'avons aucune information sur ce que votre fils faisait en Russie. Rien, zéro.

— Mais je ne comprends pas, rétorque Bill. Billy vous a donné son itinéraire, je ne vois pas ce qu'il y a de si secret. Hein, dites-moi ?

— Au sujet de l'itinéraire, reprend Waters, je vais vous dire. Celui dont nous avons connaissance allait de Moscou en Pologne, en passant par Kiev. Nous ignorions qu'il devait se rendre dans le sud. Nous n'avions aucun détail sur ce projet, alors, vous savez, si c'est le cas, c'est qu'il suivait son propre programme, que nous ne connaissions pas. Bref, c'était un voyage privé. Et nous n'avons aucune information supplémentaire. »

Billy n'a jamais dit à ses parents qu'il avait prévu de visiter Kiev ou la Pologne. Ces destinations n'apparaissent dans aucun des messages envoyés par Billy à sa mère durant son séjour russe. Toutefois, il ne s'agit pas d'une preuve. Billy s'est plusieurs fois arrangé avec la vérité. Et cette fâcheuse habitude jette un doute légitime.

Bill et Terry orientent de nouveau la discussion sur Tim Reintjes. « Pendant trois ans, raconte Bill, nous nous sommes demandé comment Tim savait qu'il s'était volatilisé le jour même de sa disparition, vous comprenez ? » Il s'agit de la question centrale. Et si les Reilly avaient besoin d'une confirmation de son importance, Waters va la leur fournir.

Car il hésite. « Ah, vraiment. Est-ce que… Eh bien… C'est… C'est… »

Waters a interrogé l'*Underwear Bomber*. Plus tard, il dirigera le bureau de Détroit. Pourtant, il ne parvient pas à cacher sa nervosité.

« Écoutez, je vais me rapprocher de Tim pour lui demander des détails, reprend Waters, qui se ressaisit. Alors, nous pourrons peut-être nous retrouver autour d'une table afin d'en parler. »

La question de Bill a sidéré Waters au point qu'il invite les Reilly à une entrevue qui s'avérerait sans doute très inconfortable pour le FBI[546].

*

Cinq jours après la conversation téléphonique avec Tim Waters, le 26 septembre 2018, Terry et Bill descendent à Détroit. Ils empruntent Michigan Avenue, grande artère qui traverse le centre-ville. Les migrations des troupeaux de bisons, pendant des milliers d'années, ont tracé cette route et les Chippewa, les Fox, les

Potawatomi et les Sauk l'ont à leur tour suivie en quête de gibier. La piste des Sauk, du nom que lui ont donné les anglophones plus tard, est devenue un chemin fréquenté à cheval par les marchands, les trappeurs et les colons. De la rivière Détroit jusqu'à Chicago, cette grande voie de circulation traversait un Midwest sauvage, depuis longtemps disparu[547].

À la place de ce paysage se dresse désormais une ville de bitume où le trafic dense sinue au pied d'immenses tours. Sur Michigan Avenue, à cinq blocs de son intersection avec Woodward Avenue et le parc Campus Martius, le centre névralgique de la métropole, s'élève un monolithe gris, le Patrick V. McNamara Federal Building, immeuble de vingt-sept étages et de quatre-vingt-douze mille mètres carrés, véritable fortification de béton armé dans le style brutaliste des années 1970. Le bâtiment abrite plusieurs agences fédérales, dont le FBI. Un drapeau américain flotte sur le parvis[548].

Pour les Reilly, cette construction symbolise physiquement le FBI : à la fois impersonnel et menaçant. Elle avait attiré Billy et modifié le cours de sa vie. Ses parents s'y étaient déjà rendus, au cours de l'été, quand Reintjes avait refusé de les recevoir. En franchissant la porte-tambour pour pénétrer dans le hall, ils ressentent un frisson familier. Le pot de terre contre le pot de fer.

En pensant à Billy, ils se forcent à avancer vers une entrée latérale réservée au FBI. Ils rejoignent Tim Waters dans un salon. À côté de lui se trouve l'agent Reintjes.

Terry lutte pour maîtriser ses émotions. Les années ont passé depuis leur dernière rencontre avec Reintjes. C'est l'agent du FBI qui connaît le mieux Billy. Il l'a dirigé. Il a utilisé les informations qu'il recueillait. Ils se sont parlé presque chaque semaine pendant des années. Impossible de ne pas créer un lien avec son partenaire dans une relation si suivie. Les Reilly souffrent d'autant plus du comportement de Reintjes. Terry le dévisage, essaie de le regarder droit dans les yeux, mais Reintjes détourne le regard.

Tim Waters accompagne le groupe dans son bureau. Les Reilly veulent tirer le meilleur parti de cette chance unique, décrochée au bout de trois ans, cette occasion de confronter le FBI à ses responsabilités.

Ils s'asseyent et Waters prend d'emblée la parole. « Je vais vous apporter des renseignements confidentiels », commence-t-il. Waters explique qu'au cours de l'année le FBI a modifié sa politique relative aux informations données aux proches des CHS en difficulté. Par le passé, dit-il, certaines de ses familles ont porté leur combat devant la presse. Ce qui a généré une publicité négative que le Bureau préfère désormais éviter. Terry et Bill, patients, écoutent Waters et attendent la confidence promise.

« Il faut que vous sachiez, lâche-t-il, qu'un journaliste du *Wall Street Journal* est en ce moment même en train de fourrer son nez un peu partout. Si la presse apprend que Billy a travaillé pour nous, la situation pourrait devenir très dangereuse, continue Waters. Billy pourrait même être tué. »

Pendant plus de trois ans, le FBI a nié avoir connaissance de ce qui était arrivé à Billy en Russie. Waters lui-même le leur a répété à de multiples reprises au téléphone, jusqu'à la semaine dernière. Et maintenant, le même individu insinue que le FBI possède des informations pertinentes et leur laisse entendre que Billy serait vivant.

Mais les Reilly n'y croient pas. En revanche, ils comprennent la raison du retrait précipité du Bureau en 2015, de ses mensonges et de la confusion qu'il a entretenue, de ce labyrinthe de miroirs déformants dans lequel il les a entraînés. Le FBI ne s'intéresse pas à Billy. Il n'est qu'une simple CHS, un outil jetable une fois usé. En réalité, le FBI se préoccupe uniquement de sa réputation.

Alors, sur un ton ferme, Waters leur demande : « Avez-vous parlé à ce journaliste ? »

Les Reilly ne sont pas préparés à cette question. Ils ne savent comment réagir pour préserver au mieux leur intérêt. Alors, Bill lâche une demi-vérité. « Deux, trois fois.

— Lui avez-vous parlé de nous ? insiste Waters.

— Un peu », se contente de répondre Bill.

Waters change de tactique. Il leur concède que leur fils était très apprécié. « Billy travaillait pour nous sur Internet. Il était ce qu'on appelle une source. Il parlait très bien russe et a été extrêmement utile à notre pays. Il a abattu une tâche phénoménale. »

Les Reilly demandent ensuite si le FBI rémunérait Billy. Waters se tourne vers Reintjes. « À l'occasion, répond-il. Pour l'essence, un peu de matériel. Le temps passé. »

Bill sent qu'il s'agit du moment pour interroger Reintjes et se tourne vers lui.

« Quel itinéraire vous avait fourni Billy ? »

Reintjes n'a jamais admis avoir eu connaissance du voyage de Billy en Russie. Et maintenant que Bill lui pose une question directe à ce sujet, il tergiverse. « Il m'a dit qu'il allait à Moscou, puis à Kiev et en Pologne », reconnaît-il. C'est la première fois qu'il convient d'avoir discuté avec Billy avant son départ pour Moscou.

« Il voulait rendre visite à sa tante Kathie en Pologne, poursuit Reintjes. Il m'a dit que vous, ses parents, alliez le retrouver là-bas. Il souhaitait également voir son arrière-grand-père Joe à Kiev. Il avait prévu de séjourner à l'hôtel Kosmos de Moscou pendant deux jours. Puis au Cosmopolitan de Kiev. »

Billy a bien une tante Kathie, la sœur de Terry. Mais elle vit dans le Michigan et souffre d'un handicap physique qui réduit sa mobilité. Billy, à plusieurs reprises, a dû se précipiter à ses côtés pour l'aider à se relever. Les Reilly l'imaginent mal se rendre en Pologne. Par ailleurs, Terry et Kathie se parlent souvent et cette dernière n'a jamais mentionné un quelconque voyage en Europe.

En revanche, ils ne se connaissent aucun parent à Kiev nommé Joe et n'avaient jamais prévu d'y retrouver Billy. Ils n'avaient même jamais évoqué le sujet avec lui au cours de leurs échanges de SMS.

De nouveau, il reste toutefois la possibilité que Billy ait procuré un itinéraire bidon au FBI afin de dissimuler ses véritables intentions. Soit Billy avait menti à l'époque, soit le FBI ment maintenant. Ni le Bureau ni Billy ne se sont avérés très fiables.

« Quand avez-vous parlé à Billy pour la dernière fois en Russie ? demande Bill à Reintjes.

— Jamais, lui répond-il. C'est le protocole, pour des questions de sécurité.

— Alors, comment avez-vous su que Billy avait disparu ? »

Comme il n'avait pas eu de nouvelles depuis des semaines, Reintjes affirme qu'il avait vérifié le fichier des entrées sur le territoire et s'était rendu compte que Billy n'était pas rentré aux États-Unis. Il ignorait en outre que Billy avait rompu toutes communications avec sa famille. « Ma visite chez vous est une coïncidence », prétend-il.

La réponse de Reintjes à cette question centrale, couplée à son mensonge sur sa connaissance du voyage de Billy en Russie, semble bien hypocrite aux Reilly. « Quand avez-vous parlé à Billy pour la dernière fois ? l'interroge alors Bill.

— Quelques jours avant son départ en Russie », affirme Reintjes. Mais ils savent que c'est faux. Le soir, la veille de son vol pour Moscou, Billy était sorti pour retrouver Reintjes.

« Vous n'avez pas discuté la veille de son départ ? Le soir ? insiste Bill.

— Peut-être », répond Reintjes.

Les Reilly lèvent les bras au ciel, convaincus que jamais Reintjes ne jouera franc-jeu avec eux. Il ne concédera que des demi-vérités.

Les parents de Billy disposent d'une ultime carte à jouer. « Qui est Amera Lomangcolob ? », demande Bill. Reintjes et Waters échangent un regard. « C'est une affaire en cours, n'est-ce pas ? s'enquiert Waters auprès de Reintjes.

— C'est confidentiel, en effet[549] », lui répond Reintjes.

À la fin de la réunion, les Reilly sortent de l'immeuble du FBI, désorientés. Mais le FBI n'en a pas fini avec eux. Les semaines suivantes, ils reçoivent de nouveaux appels téléphoniques. Waters et Reintjes se déplacent également à Oxford. Et, de plus en plus, les discussions tournent autour du *Journal*.

« Si vous parlez au journaliste, nous ne pourrons plus vous donner d'informations confidentielles », déclare benoîtement Waters au cours de l'une de ces conversations. Bill et Terry ont l'impression que le FBI leur propose un compromis, un marchandage. Waters leur explique ensuite qu'un article paru dans le *Journal* créerait une friction entre le FBI et ses homologues russes. « Ils vont penser que nous leur avons envoyé un espion. » Waters demande aux Reilly de persuader le *Journal* de ne pas mentionner le FBI si jamais un papier sur Billy sortait.

Mi-octobre 2018, Waters insiste de nouveau auprès de Terry et Bill : « Pouvez-vous obtenir du journaliste qu'il n'écrive pas son article ? Nous allons essayer de parler de Billy aux Russes. Mais si la presse s'empare de cette histoire, ils vont croire qu'il était un agent du FBI[550]. »

Les Reilly ne croient pas que Waters s'exécutera. Plus ils discutent avec lui, plus les mobiles du Bureau leur paraissent évidents. « Nous avons eu suffisamment de problèmes avec notre image dernièrement, déclare ainsi Waters lors d'un appel. Nous ne voulons pas d'une autre publicité négative[551]. »

L'espoir que la prise de contact du FBI avait suscité chez les Reilly s'évanouit. Terry et Bill comprennent désormais que le Bureau n'a jamais eu l'intention de partager des informations au sujet de leur fils. Ils en concluent que Waters a rétabli le contact avec eux uniquement pour gérer la crise imminente et les inciter à m'empêcher de publier un article.

Mais je l'ai déjà écrit.

Bien que j'ignore ce qu'est devenu Billy après qu'il a rompu le contact, en juin 2015, je sais qu'il est temps de coucher son histoire sur le papier. Près de un an s'est écoulé depuis que Bob Foresman m'a appelé pour me parler de Billy. J'ai sérieusement écorné mon capital professionnel en poursuivant cette enquête pendant si longtemps. Je dois donc sortir un article à partir des faits que j'ai rassemblés, même si je ne suis pas certain de la conclusion que je dois lui apporter. Paul Beckett a relu les diverses versions. Nous la soumettons au comité de rédaction de New York.

Parfois, il faut terminer un projet tout en connaissant ses lacunes. Les éditeurs me répondent qu'il faudrait une conclusion. Mais je ne peux faire réapparaître Billy d'un coup de baguette magique et l'article ne paraît pas.

Je résiste à l'envie de croire que j'ai pris un risque professionnel insensé en cherchant Billy plutôt que de me consacrer à d'autres projets. Je n'ai pas dit mon dernier mot.

Un soir de décembre 2018, je bois un verre dans un bar de Washington avec un ami, ancien procureur fédéral. Nous parlons de l'affaire Reilly lorsqu'il se souvient qu'il est invité à une réception.

Je ne m'attendais pas à me rendre au département de la justice. Le taxi nous dépose devant le ministère, sur Pennsylvania Avenue, dont le style néo-classique contraste avec celui de l'immeuble du FBI, de l'autre côté de l'artère.

Le chef de la division antiterroriste du DOJ, Mike Mullaney, prend sa retraite après plusieurs décennies au service de l'État. Il a supervisé toutes les poursuites fédérales en matière de terrorisme depuis plus de dix ans. Dans une immense salle, une centaine de personnes discutent en buvant cocktails et bières. Mon ami me présente. Je rencontre des procureurs, des enquêteurs, d'autres fonctionnaires chargés d'appliquer la loi fédérale. La plupart ont participé aux principaux procès terroristes de notre époque[552].

Je croise le juge fédéral qui a poursuivi Khalid Cheikh Mohammed, terroriste d'Al-Qaïda, emprisonné à Guantanamo. Au Pakistan, en 2002, il avait revendiqué la décapitation de Daniel Pearl, le reporter du *Journal*[553].

Le volume sonore baisse à intervalle régulier au moment où des invités portent un toast à Mullaney. J'essaie de suivre, mais j'ai l'impression d'être un intrus. Je ne comprends pas les blagues d'initiés. Je sens mon attention et mon énergie qui s'effondrent, quand un homme, que je reconnais, sort de la foule et, à son tour, lève son verre. Paul Abbate.

Abbate, l'agent spécial, chef du bureau du FBI de Détroit en 2015, l'année du voyage de Billy en Russie. Abbate est depuis devenu le numéro trois du Bureau, l'assistant du directeur adjoint.

Je n'en reviens pas de cette chance. Quelques semaines plus tôt, j'étais passé par la grande porte sans rien obtenir de tangible. Et maintenant, je tombe sur cette occasion en or, convoitée par tous les journalistes, la rencontre avec une source insaisissable lors d'un événement mondain. À l'instar de ma visite dans le vestibule des présidents, au Capitole, ni chargé de communication ni attaché de presse ne viendraient entraver mon approche. J'ai la chance unique de pouvoir obtenir des réponses au nom de Terry et Bill.

De l'autre côté de la pièce, j'étudie Abbate pendant son allocution. Au-dessus de son front haut, ses cheveux courts commencent à grisonner. Il porte un costume sombre et formule ses remarques sur un ton institutionnel dont l'aridité correspond bien à la nature du travail qui l'associe à Mullaney. Car les agents du FBI opèrent de concert avec les procureurs du DOJ. Les premiers ne pouvant réussir sans les seconds. Et inversement.

Abbate fait l'éloge de Mullaney et, tandis qu'il évoque la sécurité nationale et ses idéaux, je pense à Billy. Dans cette vaste salle se trouve le cœur battant du ministère de la Justice et du FBI. L'État paraît parfois monolithique, mais il se compose de toutes ces personnes. Et, parmi elles, certaines pourraient aider Terry et Bill. Seulement si elles le souhaitaient.

L'aimable bavardage reprend dès la fin du discours d'Abbate. Je fends la foule pour m'approcher de lui. Je l'appelle. Abbate se retourne vers moi et me lance un sourire désarmant.

Tim Reintjes était l'agent traitant de Billy et au-dessus de lui se trouvaient ses supérieurs et ses responsables. Il existe une hiérarchie et donc une chaîne de responsabilité. Au sommet de laquelle, à Détroit, à l'époque, trônait Abbate. Il ne la connaissait probablement pas, mais une CHS avait disparu en Russie pendant son mandat. Abbate portait une part de responsabilité.

Je commence à évoquer les grandes lignes de l'affaire Billy Reilly, mais je n'ai pas le temps de la développer, car Abbate m'interrompt. « J'ai entendu parler de l'histoire sur laquelle vous travaillez. »

J'ai un mouvement de recul. Je n'ai jamais rencontré Abbate. Étant donné le poste qu'il occupe, il est soumis à un flot continu d'informations. Je ne comprends pas comment il pourrait avoir connaissance d'un article, pas publié encore, au sujet d'un dossier obscur qui date de plus de trois ans. Et, alors, je me souviens de l'insistance de Tim Waters auprès des Reilly pour qu'ils fassent de leur mieux pour m'empêcher de le publier. Je comprends soudain que Waters exécutait simplement des ordres venus d'en haut.

Je veux m'assurer d'avoir bien saisi Abbate. « L'affaire Reilly ?

— Je suis au courant », s'empresse-t-il de répondre.

Il se penche vers moi et baisse d'un ton. « Pouvons-nous parler en off ? » Il a géré mon intervention avec une telle dextérité que j'ai l'impression qu'il m'attendait.

Nous discutons un certain temps, mais Abbate ne révèle rien, ne confirme rien. Il reste courtois et affable, mais je comprends combien je me berçais d'illusions. Comme toutes les autres personnes présentes à cette réception du DOJ, Abbate a passé des années à bâtir sa carrière et à manœuvrer pour accéder au pouvoir. Billy Reilly représente une menace pour ces fonctionnaires, comme Abbate, qui ont beaucoup à perdre dans cette histoire[554].

Trois ans plus tard, en 2021, Paul Abbate connaîtra une autre promotion ; il supervisera les enquêtes ainsi que le renseignement intérieur et international au sein du Bureau. Avec cet avancement, il obtiendra un nouveau titre, directeur adjoint du FBI. Bref, le numéro deux[555].

Je sors du département de la justice et rentre à pied chez moi. Abbate ne m'a donné aucune piste. En revanche, il m'a offert un élément crucial. Il m'a fait comprendre que l'affaire Billy Reilly, loin d'être aussi insignifiante que l'affirme le FBI, s'avère suffisamment inquiétante pour être en tête des préoccupations du numéro trois du Bureau.

CHAPITRE 43
FUSIONNÉES

Après une année d'enquête journalistique, je n'ai pas trouvé de conclusion pour les Reilly. L'histoire de Billy continue de me ronger. La nuit, au creux du lit, incapable de la sortir de mon esprit, je visualise ce qui aurait pu se produire dans les heures qui ont suivi les derniers appels et messages de Billy.

« Changement de programme, avait-il dit en 2015 à ses parents qui se promenaient à vélo sur la piste cyclable Polly Ann à Oxford. Je suis à fond ! »

Quels nouveaux projets avait-il en tête et comment allait-il les réaliser ? Avait-il franchi la frontière pour se rendre dans le Donbass, comme le maintiennent Bronia et Korchounov ? Que s'était-il passé pendant les quelques heures qui séparaient cet état d'excitation de sa disparition ?

Je réfléchis souvent à la souffrance que doivent supporter Terry et Bill. Septembre 2018 vient de passer et ce mois marquait le 32e anniversaire de leur fils. J'ai du mal à l'imaginer sur la pente qui devait l'amener à la quarantaine. Je sais que ses parents pensent sans cesse à ces années perdues. Bill Reilly m'explique qu'il « balance entre le désespoir le plus profond et la haine la plus féroce. Fusionnées, elles deviennent comme une seule et même émotion. »

Fin 2018. Un matin, à l'aube, j'ouvre les yeux. Je suis à Washington, chez moi. Dans mon lit. Et pourtant, je suis désorienté. Il fait encore nuit dehors et j'entends la pluie qui tombe doucement. Une lueur glauque éclaire ma chambre. Projetée par l'écran d'un téléphone, elle illumine le plafond et l'appareil vibre sur la table de chevet. C'est le son qui m'a réveillé.

J'attrape le portable. Il est 5 h 30.

Des notifications. Nombreuses. Un tourbillon d'activité alors que je dormais. J'essaie de comprendre ce qui se passe.

Nastia Mikhaïlovskaïa a tenté de m'appeler de Russie. Immédiatement, mes pensées se tournent vers Billy. Je lis le SMS de Mikhaïlovskaïa. « Il faut que tu téléphones à Valery. Il n'arrive pas à te joindre. »

Mikhaïlovskaïa ne m'a jamais incité à contacter directement Valery Prikhodko. C'est sûrement important. Je me redresse, m'assieds et cherche son numéro.

Inutile. Il vient de m'envoyer un SMS. Un unique mot. Les cinq lettres en cyrillique se gravent sur ma rétine. Нашел – « Trouvé ».

CHAPITRE 44
TROUVÉ

J'appelle Valery Prikhodko en Russie. Dès que je lui ai fourni les empreintes de Billy découvertes grâce à la demande de permis de port d'armes qu'il avait effectuée dans le Michigan, des membres de son organisation ont épluché les bases de données biométriques russes. Prikhodko m'explique qu'ils ont établi une correspondance. Ces empreintes appartiennent à un corps non identifié[556].

Je ne suis pas convaincu. Les probabilités sont tellement faibles. Comme trouver une aiguille dans la botte de foin de la guerre du Donbass. En revanche, il paraît toujours possible que l'information donnée par Prikhodko soit incomplète, voire forgée de toutes pièces. Il pourrait avoir trafiqué des documents. J'ignore encore ses véritables intentions ainsi que le rôle que Mikhaïlovskaïa et lui jouent dans cette histoire. Peut-être y a-t-il un corps, mais j'ai du mal à croire qu'il puisse s'agir de celui de Billy.

Prikhodko m'envoie les empreintes russes. Je reçois une fiche standard, le papier divisé en carré, le texte en russe apparaissant au-dessus. Il n'y a que huit empreintes, les deux derniers carrés restant vides[557].

Je le préviens que je réclamerai une analyse indépendante pour confirmer la correspondance. Si les empreintes concordent, il me fera parvenir un nouveau document. Un rapport d'autopsie.

Tout va trop vite. Billy a disparu voici plus de trois ans et demi. Soudain surgissent à l'improviste des empreintes et un rapport d'autopsie.

Mes pensées se tournent vers Bill et Terry et je soupèse l'information tragique qui est peut-être en ma possession. Et si les empreintes sont encore un nouvel écran de fumée ? Mais si elles sont authentiques ?

Je décide de ne pas partager la nouvelle avec eux pour le moment. Je ne veux pas leur infliger un tel choc tant que je n'ai pas demandé une analyse indépendante ni reçu les résultats. J'ai conscience des hauts et des bas que traverse Terry. Je ne vais pas lui dire que son fils est mort pour l'informer plus tard que la conclusion de notre laboratoire ne corrobore pas celle de Prikhodko. J'ai besoin d'une certitude.

Si l'analyse indépendante révèle une correspondance, il faudra en outre que j'étudie le rapport d'autopsie au cas où il contiendrait des éléments en contradiction avec les caractéristiques physiques de Billy. La présence de tatouages et de piercings ou simplement un écart significatif dans son poids et sa taille rendraient la lecture des empreintes équivoque.

Paul Beckett et moi convenons que si la conclusion s'avère exacte, alors je prendrai le premier vol pour Détroit et monterai à Oxford pour l'annoncer en personne aux Reilly. C'est la moindre des choses.

L'Académie américaine des sciences médico-légales me dirige vers un laboratoire de Collinsville, Mississippi, Ron Smith and Associates. Je téléphone à John Byrd, directeur des analyses chez Ron Smith. Diplômé de sciences médico-légales, il a travaillé avec le Colorado Bureau of Investigation. Je lui explique que je cherche à comparer le jeu d'empreintes du Michigan à celui qui provient de Russie. Je lui envoie les deux fichiers. Il lui faudra environ une semaine pour conduire les analyses approfondies que nous lui demandons[558].

Sept jours plus tard, Byrd me fait parvenir un rapport qui contient un grand nombre de données et de chiffres. Je le parcours en diagonale jusqu'à la page de conclusion. « Les empreintes présentées dans la pièce n°1 et les empreintes présentées dans la pièce n°2 appartiennent à la même personne[559]. »

Un style froid, direct. Une seule phrase qui en dit long. Billy n'est plus.

Voilà. C'est incontestable. Mais je ne suis pas né de la dernière pluie et j'appelle immédiatement Byrd pour lui poser une question.

Prikhodko ou ses affidés en Russie auraient-ils pu utiliser le jeu d'empreintes de la demande de permis de port d'armes du Michigan que je leur avais adressé pour le dupliquer et l'insérer sur une fausse fiche dactyloscopique ? Oui, c'est l'évidence même. Le jeu d'empreintes russe a peut-être été fabriqué afin de taire ce qui est vraiment arrivé à Billy ou de cacher sa localisation actuelle.

Byrd m'explique que c'est impossible. En effet, la surface prise en compte dans la fiche de Prikhodko est plus importante. Les empreintes russes, plus grandes, contiennent plus d'informations que les celles du Michigan. Byrd me certifie qu'il s'agit bien de deux jeux d'empreintes différents, relevés à un moment différent, mais appartenant à la même personne[560].

J'en informe Prikhodko, qui m'envoie le rapport d'autopsie.

Rempli dans une morgue de Charkhtersk, dans le Donbass, le dossier décrit le cadavre non identifié d'un homme d'une trentaine d'années, roulé dans une bâche en plastique. Il évoque la rigidité cadavérique. Le corps est « froid au toucher ». Je parcours les pages, incapable de continuer. Comment vais-je l'apprendre à Terry et à Bill[561] ?

Beckett et moi convenons qu'il n'y a pas de temps à perdre. Je dois passer voir Terry et Bill. Je réserve un vol pour Détroit.

Je suis assis devant mon bureau du *Journal* à Washington, dans la même chaise qui m'a vu répondre à Bob Foresman l'année précédente lorsqu'il m'a parlé pour la première fois de Billy Reilly. Le rapport d'autopsie remplit l'écran de mon portable. Je le contemple. Je crains d'en apprendre davantage.

Mon téléphone vibre. Un SMS de Terry Reilly. « Très important. Merci de me rappeler. »

*

Après avoir envoyé les conclusions de l'examen des empreintes à Prikhodko, lui-même ou quelqu'un de son entourage a divulgué l'information à un journaliste dans le Donbass.

Russell Bentley, le Texan, a lu un papier dans la presse locale qui affirme que Billy Reilly, un combattant américain, avait été tué. Bentley a transmis le lien de l'article aux Reilly[562].

Je l'ignore pour l'instant, mais j'ai conscience qu'un grave événement vient de se produire. Je me prépare au pire.

Je porte un lourd secret, tandis que je traverse la salle de rédaction et laisse derrière moi mes collègues qui s'activent sur leurs claviers. Au fond du bureau, j'entre dans la petite pièce que les journalistes utilisent pour passer leurs coups de fil confidentiels. Une fenêtre, un canapé, une table et une chaise. Je ferme la porte.

J'appelle Terry, le téléphone collé à l'oreille, j'écoute les sonneries.

Trouvé. Et lui, Billy, qu'avait-il trouvé en Russie ? Sa découverte en valait-elle le prix ? Je pense à Dmitri Tourine, le privé russe, et à notre déjeuner sur le quai de Crimée. J'ai gardé dans une boîte sous mon bureau l'addition sur laquelle il avait griffonné « Walden ». Je pense aux nombreux lacs et ruisseaux de Sibérie et l'amour de Billy pour la pêche, quand il sondait les flots pour détecter le moindre mouvement. Pourquoi Billy n'était-il pas allé en Sibérie ? Pourquoi n'était-il pas simplement revenu chez lui ? Et puis, avant tout, pourquoi s'était-il rendu en Russie ?

Terry répond. Elle me dit bonjour d'une voix chevrotante. Elle met le haut-parleur. Bill et moi nous saluons.

Terry est impatiente de me révéler ce qu'elle vient d'apprendre grâce à Bentley. « Nous avons vu des articles russes », commence-t-elle. Elle chuchote comme si elle voulait que je l'interrompe et que je nie tout en bloc. « Est-ce que… est-ce que vous en avez entendu parler ? » Sur la dernière syllabe, sa voix se fait implorante.

« Oui, je suis au courant. »

Je me souviens de notre première conversation, voilà un an, alors que Terry avait cru que je lui apportais des nouvelles tragiques. Je me souviens du temps dans le Michigan en ce mois de février, quand je leur avais rendu visite chez eux à Oxford et que j'en étais ressorti, sous la pluie battante, lesté des confidences d'une mère.

Je me concentre de nouveau sur l'appel téléphonique. J'explique à Bill et Terry que Valery Prikhodko m'a contacté.

« Hmm, hmm », acquiesce Terry.

Je lui dis que Prikhodko m'a transmis des empreintes qui appartiennent à une victime non identifiée. Que j'ai envoyé les deux jeux en ma possession à un spécialiste afin qu'il les compare. « Il m'a appelé hier soir avec les résultats. »

Bill et Terry étouffent un cri.

Je cherche les bons mots. Il n'y en a pas. Il reste seulement ce que je sais.

« Ils correspondent. »

Un instant est un intervalle de temps très court, mais tout ce que vous chérissez peut y tenir. Et il y a un instant de silence de l'autre côté de la ligne. Suffisant pour que Terry et Bill comprennent que tout est perdu.

Terry hurle : « Oh, mon Dieu, non ! Non ! Oh, non ! Mon Dieu ! »

Bill pousse des cris incohérents.

« Non, mon Dieu ! s'époumone Terry. Pas mon Billy !

— Je ne sais pas quoi dire, intervient Bill. Même pas quoi faire.

— Je veux qu'ils rapatrient le corps de mon Billy.

— Billy ! rugit Bill.

— Oh, mon Dieu, pourquoi nous ? Pourquoi, mon Dieu ! », s'écrie une nouvelle fois Terry en sanglotant. Et la communication coupe.

CHAPITRE 45
ONZE JOURS

Je m'envole pour Détroit le lendemain matin. Puis roule jusqu'à Ann Arbor et l'école de médecine, située sur le campus nord de l'université. C'est ici que l'*Underwear Bomber* s'était refait une santé en 2009 avant d'être condamné à la prison à perpétuité.

Je patiente dans l'entrée d'un bâtiment universitaire. Bientôt, le Dr Jeffrey Jentzen, cheveux et bouc poivre et sel, me rejoint. Chef du service des autopsies au sein du département de pathologie de l'école de médecine de l'université du Michigan, médecin légiste en chef du comté de Milwaukee pendant vingt et un ans, il a pratiqué plus de six mille autopsies. En plein scandale pendant le procès des meurtres de Jeffrey Dahmer, en 1992, les examens de plusieurs victimes du tueur en série réalisées par Jentzen ont aidé l'accusation à déchiffrer ces crimes[563].

Valery Prikhodko m'a envoyé ce qu'il déclare être une photo de l'autopsie du corps non identifié à partir duquel a été prélevé le jeu d'empreintes russe. Assis à côté de Jentzen, j'affiche le cliché sur l'un de mes téléphones avant de le lui tendre. Sur l'image, un visage masculin, apparemment européen, barbe et cheveux bruns. Il m'est impossible de savoir si je regarde Billy, étant donné son état de décomposition.

Sur un autre portable, je retrouve la photo de Billy prise par Elena Gorbatcheva sur le quai de la gare de Kazan à Moscou, en mai 2015. Je la lui montre afin qu'il puisse établir une comparaison.

Certes, elle n'aura rien d'un examen scientifique. Mais c'est tout ce que j'ai en ma possession. Jentzen me dit alors qu'il ne pourrait me certifier qu'il s'agit bien du même homme, à moins d'avoir accès au cadavre. Il note toutefois l'aspect de la barbe, du nez et du front sur les deux clichés. « Les caractéristiques faciales sont cohérentes », affirme-t-il.

Il se concentre sur la photo de l'autopsie. « La décomposition me semble assez classique. Sous des températures normales, il serait mort depuis trois à cinq jours, peut-être un peu plus. Je suppose qu'il a été retrouvé dans l'eau[564]. »

En effet, le rapport précise que le corps non identifié a été repêché dans un bassin de retenue. Localisé non en Russie, mais dans le Donbass. Billy avait donc fini par passer la frontière. Ou son corps y avait été emmené.

Le village de Dibrivka se situe en Ukraine près de la Russie, à environ quarante kilomètres au sud-ouest de Darivka, l'endroit où Viatcheslav Korchounov avait témoigné avoir rencontré Billy lors d'un regroupement de volontaires.

La fiche dactyloscopique envoyée par Prikhodko mentionne que le corps anonyme a été retrouvé à Dibrivka le 10 juillet 2015. Soit environ seize jours après le dernier contact de Billy avec ses parents.

Cette donnée permet de formuler une équation simple. Si, comme le Dr Jentzen l'estime, la personne non identifiée est morte cinq jours au plus avant sa découverte, alors Billy aurait péri aux alentours du 5 juillet 2015.

Je sais que je frôle la conjecture, mais m'entête dans cet exercice. S'il s'agit bien de Billy et si les informations présentées dans la fiche et le rapport d'autopsie s'avèrent rigoureuses, Billy aurait été en vie près de onze jours après que ses parents ont perdu le contact avec lui.

Les documents de Prikhodko me laissent toujours aussi dubitatif, en raison de l'éventualité que le côté russe fabrique un récit. Mais toutes les précisions qui apparaissent me permettent de relier des faits qui semblaient jusque-là isolés. Onze jours. Billy avait-il été vivant durant cette période ? Une réponse positive à cette question enverrait le FBI sur le banc des accusés.

La première visite de Tim Reintjes à Oxford suggère qu'il savait que le cours de la vie de Billy à Rostov avait été altéré d'une façon ou d'une autre. Le FBI et le gouvernement américain n'ont certes pas les mains libres en Russie, mais ils y maintiennent une présence. Au moment où Billy a le plus besoin du gouvernement pour lequel il a travaillé, Reintjes tergiverse et finasse chez ses parents. Alors qu'il aurait dû porter assistance à Billy, Reintjes essaie de gérer la crise qui pourrait rejaillir sur le Bureau. C'est précisément le comportement que le FBI attend de ses agents après le scandale Whitey Bulger. Si une CHS s'écarte du droit chemin, le traitant doit couper les ponts. Maintenant, j'aimerais présenter mes déductions à l'homme qui a contribué à édicter cette politique.

Plymouth se situe à vingt-cinq kilomètres au nord-est d'Ann Arbor par la Route 14. Je retrouve Andy Arena dans une boutique de bagels. Il a travaillé sur les suites à donner à l'affaire Bulger et, plus tard, il a dirigé le bureau de Détroit du FBI. Lors de l'une de nos conversations téléphoniques, il avait affirmé que Billy avait peut-être été victime d'un « raté » du FBI. Pourtant, maintenant, face à la forte probabilité que Billy soit mort en Russie ou en Ukraine, Arena change soudain d'avis.

« Ce genre de garçons, commence-t-il, nous l'aurions dissuadé. Je ne crois pas possible que ce bureau local, étant donné la façon dont il était dirigé, ait pu lui donner sa bénédiction pour une telle expédition. »

Je rappelle à Arena les messages envoyés par Reintjes et sa visite au domicile des Reilly. Arena secoue la tête. Il m'accorde que cette preuve ne joue pas en faveur du FBI. Toutefois, il rejette l'idée d'un complot.

« Il a dû s'escrimer pour que cet individu sache qu'il n'était ni un employé ni un agent du FBI, précise-t-il. Il lui a sûrement dit : "Si tu le fais, tu le fais seul." Après Whitey Bulger, les CHS ont été minutieusement conditionnées pour bien connaître leur rôle. »

Arena me confirme toutefois que, au fil du temps, quelques sources de Détroit ont voyagé vers des destinations dangereuses, contre l'avis du FBI. « Et si on leur demandait ce qu'il leur arrivait, elles répondaient : "Il faut vraiment que j'y aille. Ma sœur est malade." »

Arena hausse les épaules. « On fait le maximum quand on traite une CHS, conclut-il, mais, parfois, elles prennent la tangente[565]. »

Billy était un adulte, responsable de ses actes. Il paraît facile de l'oublier étant donné l'amour dont Terry et Bill entouraient leur enfant. Leur enfant, certes, mais un homme aussi. Il avait fait ses propres choix.

Je me rends maintenant à Ypsilanti, dans la banlieue est d'Ann Arbor, où Catie et Mohammed Cherri viennent d'emménager. Catie enchaîne toujours de longues heures de service à la clinique, tandis que Mohammed s'est reconverti dans l'apiculture. Ils ont eu un autre fils, qui joue avec son frère aîné dans le salon pendant que nous discutons.

Je leur explique l'analyse des empreintes et j'évoque quelques détails du rapport d'autopsie. Catie pose peu de questions et ne réagit guère. Les yeux rivés sur le sol, elle s'abrite derrière son scepticisme, peu disposée, manifestement, à croire mes conclusions[566].

Enfin, je retourne à Oxford, où je retrouve les Reilly sur le pas de leur porte. Je m'assieds sur le canapé du salon, pour cet entretien qu'aucun de nous n'aurait voulu avoir.

Terry et Bill ont l'air épuisés. Ils ne parlent pas beaucoup. Je sais déjà que je ne resterai pas longtemps. Je leur remets des copies de l'acte de décès, du rapport d'autopsie et de la fiche d'empreintes fournis par Prikhodko.

Le chef médecin légiste du raïon de Charkhtersk, en République populaire du Donetsk, a rempli le certificat, signé par Olga Iermichkina, médecin légiste. Plus tard, j'échangerai des messages sur les réseaux sociaux avec Iermichkina. Elle me confirmera s'être rendue à Dibrivka et avoir été présente lorsque le corps non identifié avait été repêché dans la retenue d'eau[567].

Le rapport décrit un homme non identifié, âgé de 30 à 35 ans, et indique comme cause du décès « coups et blessures ayant entraîné la mort ». Le document stipule également que la blessure fatale a été provoquée par « un instrument tranchant et piquant ». La mort elle-même est survenue en raison d'une « hémorragie », du fait des « multiples plaies pénétrantes sur le côté droit du thorax, suivies par une plaie pénétrante ayant touché le poumon droit ». Il semblerait que Billy ait été poignardé à mort.

Iermichkina affirme donc dans le certificat de décès que le corps qu'elle a examiné présente sept blessures par arme blanche, l'une d'elles, plus profonde que les autres, étant responsable de l'hémorragie. Si cet homme est bien Billy, alors cette information démontre qu'il n'est pas tombé au combat, car il n'a pas souffert d'une blessure par balle, d'un éclat d'explosif ou d'un effet de souffle. Il est mort alors qu'il était proche de son tueur, tué de ses mains mêmes.

Le compte rendu rapporte que le corps a été trouvé nu, enveloppé dans plusieurs couches de plastique. Des parpaings attachés à l'aide de cordes à ses jambes et à sa tête devaient le faire couler, mais ils ne l'ont pas lesté suffisamment. Le cadavre flottait à la surface du réservoir, ce qui a permis sa découverte.

Je fais allusion à ces informations, mais n'en discute pas avec Bill et Terry. C'est trop, et trop tôt. J'ai traduit les documents russes afin qu'ils puissent les lire s'ils le souhaitent.

Terry s'intéresse aux empreintes, comme moi avant elle. Sont-elles réelles ? Sont-elles vraiment celles de Billy ? Auraient-elles pu être prélevées sur une personne vivante ? Elle imagine que Billy est détenu en Russie et que ces faux ont été forgés afin de cacher sa captivité.

Terry espère encore qu'il est en vie. Alors que nous nous penchons sur les preuves, pour ne négliger aucune piste, elle reformule la question. Comme sa fille, elle ne veut pas abandonner Billy[568].

Je n'ai pas la réponse à l'interrogation de Terry, mais je sais où nous pourrons la trouver. Prikhodko prétend qu'il existe une tombe[569].

CHAPITRE 46

LES DERNIERS KILOMÈTRES

Des fleurs festonnent les stèles du grand cimetière de Charkhtersk, déposées par les proches du père, du frère, de l'épouse ou de l'enfant mort au cours de la guerre du Donbass. Une seule tombe, simple monticule de terre, n'en porte pas. Une croix, deux planches de bois percées d'un clou, et deux mots inscrits : « Homme inconnu ».

7 mai 2019, en lisière d'un village de mineurs du Donbass. Une berline avance vers le cimetière. Terry et Bill descendent de la voiture dans l'air glacial. Bill marche difficilement, mais ne laisse pas sa hanche artificielle le ralentir. Terry, qui porte un T-shirt et un jean défraîchi, approche de la tombe. Elle s'agenouille et parle la tête baissée. « Nous sommes venus pour te ramener à la maison. » Le vent emporte le murmure d'une mère.

Les fossoyeurs se mettent au travail. Les bêches pénètrent dans le sol et leur raclement contre les silex qui affleurent résonne dans le cimetière. Bill et Terry observent le tas de terre prélevée dans le trou qui monte progressivement. Bientôt, les hommes abandonnent leur pelle et deux d'entre eux descendent.

Une boîte surgit, le cercueil en contreplaqué des corps non identifiés. La terre collée s'écaille tandis qu'ils le hissent à la surface. Les planches se désolidarisent soudain et le cercueil se désagrège en révélant à Terry et Bill un sac noir en plastique. Ce qui reste de leur fils[570].

★

Accompagnés par Russell Bentley, les Reilly transportent la dépouille de Billy dans une camionnette. Ils franchissent la frontière russe puis se dirigent vers Rostov-sur-le-Don, où, avec l'aide des fonctionnaires du département d'État de l'ambassade de Moscou, ils remplissent les documents nécessaires pour le rapatriement du corps aux États-Unis. Mais il reste un détail crucial. Un test ADN.

Terry soumet un prélèvement buccal au laboratoire médico-légal de l'agence de Rostov du ministère de la Santé. Il le compare à une dent prélevée sur le corps de Charkhtersk et établit une correspondance avec une certitude de 99,99 %. Les Reilly prévoient cependant de refaire une analyse aux États-Unis.

À Rostov, ils embauchent un entrepreneur de pompes funèbres qui, pour leur premier rendez-vous, arrive vêtu d'un T-shirt orné d'un crâne humain sérigraphié. Il les accompagne ensuite au cabinet du médecin légiste, où ils patientent sous une toile qui représente deux tigres bondissant au-dessus d'une femme nue alanguie. L'absurdité de ce qu'ils vivent ne les atteint plus. Le chagrin les brise[571].

Je les rejoins à Rostov. Je leur suggère une expédition, le temps qu'ils obtiennent les documents officiels. J'ai organisé un rendez-vous avec Valery Prikhodko.

Les Reilly et moi reprenons l'itinéraire que j'avais emprunté l'année précédente pour aller voir Bronia le Kalmouk. En chemin, nous nous arrêtons dans un café et buvons du kvas dans des gobelets en plastique. Terry lève le sien et porte un toast. « Que nous parvenions à retrouver les assassins de Billy ! »

À Kamensk-Chakhtinski, moins de cent cinquante kilomètres au nord de Rostov, nous nous asseyons sous un énorme lustre à la table d'un restaurant. Prikhodko ne tarde pas. Nous avons souvent parlé au téléphone, mais je le vois pour la première fois. Une bonne quarantaine, les cheveux grisonnants en brosse, de corpulence moyenne. En tournant le poignet pour allumer une cigarette, il révèle un tatouage passé. Une araignée court le long de l'intérieur de son avant-bras gauche.

Terry et Bill remercient Prikhodko d'avoir pu établir la correspondance des empreintes qui a mené à la découverte de la dépouille de leur fils. Il se contente de leur répondre : « Nous connaissons les responsables. »

Ses associés et lui auraient identifié un groupe d'individus qu'ils croient impliqués dans le meurtre de Billy. « Nous connaissons leurs noms et prénoms, affirme-t-il. Nous les ferons passer au détecteur de mensonges. Nous appréhenderons tous ceux qui restent en vie. Ils sont sous notre surveillance en ce moment même. »

Les Reilly n'avaient pas imaginé pouvoir obtenir justice si vite pour Billy.

Prikhodko nous apprend qu'il a entendu parler de Billy dès sa disparition, en 2015. « Mais j'ignorais que quelqu'un s'y intéressait. À l'époque, personne ne le cherchait. » S'il dit vrai, il confirme alors que les autorités américaines n'ont fait aucun effort.

Je tente à plusieurs reprises de soutirer des informations sur les personnes qu'il soupçonne. En vain. À défaut, je le questionne à propos d'un éventuel mobile. « Nous avons entendu parler du FBI, répond Prikhodko, et nous nous sommes mis à travailler sur cet angle. Mais s'il y avait eu le moindre lien, ils nous auraient approchés. » Je sais ce qu'il évoque à mi-mots. Le FSB. « Et rien. Je pense qu'il s'agit d'un simple braquage. Peut-être qu'ils se sont engueulés. Peut-être qu'ils étaient bourrés. »

Prikhodko ne parlera pas davantage cet après-midi-là et, quelques jours plus tard, je reviens à Kamensk-Chakhtinski, dans l'espoir qu'il se mette à table. Nous nous retrouvons dans un bar de motards, le *Légendes de l'URSS*, non loin d'un musée à la gloire de la période soviétique qui surplombe la M4. La circulation dense ne s'interrompt jamais, comme Prikhodko qui fume des cigarettes russes à la chaîne. De l'autre côté de l'autoroute se dresse un motel ; sur son parking, des pièces d'artillerie obsolètes et un char T-34 nous contemplent[572].

Je tâte le terrain, j'essaie de me faire une idée de ses relations et de ses capacités. Prikhodko me dit avoir été officier de la police des frontières à Rostov. Il m'explique que ses supérieurs moscovites lui ont ordonné de créer son organisation antiextrémiste avant le déclenchement du conflit dans le Donbass. « Peut-être qu'ils s'y préparaient. »

Il me montre un automatique. Je croyais qu'il dirigeait une association humanitaire. « Oui, bien sûr », me répond-il en m'adressant un clin d'œil.

Prikhodko prétend ne pouvoir parler des assassins présumés de Billy tant qu'il ne les aura pas appréhendés. J'ai bon espoir, mais je reste prudent. Qu'aurait-il à gagner en menant les Reilly en bateau ?

Je lui demande si la mort de Billy a un rapport avec une agence gouvernementale. Prikhodko grimace. « Quel intérêt pour eux de le supprimer ? feint-il de s'interroger. Ils lui auraient parlé d'abord. Ils auraient essayé de le retourner. Mais le liquider ? Pour quoi faire ? »

Nous contemplons les camions qui brinquebalent sur l'autoroute et remontent au nord vers Moscou[573].

*

Viatcheslav Korchounov se dresse sur la route, souriant, et le soleil joue sur sa dent en or. Terry, Bill et moi avons fait le chemin jusqu'à Krasny Souline, village au nord de Rostov, pour voir l'homme qui prétend avoir parlé à Billy lors du regroupement des volontaires à Darivka. Nous voulons mettre son récit à l'épreuve.

Korchounov, la quarantaine, ne dépasse pas un mètre soixante et arbore la brosse très courte des paramilitaires. Il est agité, comme quelqu'un qui revient du front.

Nous avançons vers sa maison de plain-pied au toit en tôle. Dans la cour, une remise. Un robinet, haut perché, pourrait servir de douche. Accrochée au pignon, la pochette tachetée d'un album de MC Hammer, *Please Hammer, Don't Hurt 'Em*.

À l'intérieur, de petites pièces sombres. L'épouse de Korchounov, menue, porte ses cheveux châtains en chignon. Natalia nous observe avec des yeux ronds. « Nous n'avons jamais reçu d'Américains chez nous ! » Korchounov lui coule un regard en biais. Elle baisse la voix et la tête. « D'ailleurs, je crois qu'il n'y en a jamais eu à Krasny Souline. »

Terry et Bill s'asseyent devant la table de la cuisine et je les rejoins. Un chat tigré bondit sur le rebord de la fenêtre derrière nous et se met à jouer avec la queue de cheval de Bill. Korchounov verse de la vodka dans de petits verres, lève le sien et trinque à Billy. Nous buvons.

Natalia nous sert ensuite un potage oukha à la carpe dans de grands bols. Des arêtes dépassent de la surface couleur vase du liquide saumâtre. Le regard de Terry, implorant, passe de la soupe à Bill.

Sur les réseaux sociaux, Korchounov a posté des dizaines de photos du front où il apparaît en treillis avec son fusil d'assaut parmi d'autres hommes armés vêtus de la même façon. Je connais ce genre de clichés où les soldats non professionnels posent avec peu de naturel pour immortaliser leur rupture de ban.

Korchounov verse la deuxième tournée et je saisis ce moment pour lui demander ce dont il se souvient au sujet de Billy. Je dois sonder les lacunes qui émaillent son récit.

En juillet 2015, commence-t-il, une centaine d'hommes se sont retrouvés dans une clairière, en plein soleil. Les chefs de brigades discutaient entre eux pour savoir comment les répartir au mieux. C'est dans ce cadre que Korchounov a croisé Billy.

« J'étais impressionné que quelqu'un fasse tout ce chemin et traverse l'océan pour venir se battre à nos côtés, poursuit-il. Pour moi, c'était un frère. Un guerrier. » Il lève de nouveau son verre.

Je lui demande alors pourquoi il s'est retrouvé face au comité d'enquête de Rostov. « Un des policiers est venu voir l'ataman* du bataillon Rome et l'a interrogé pour savoir si l'un de ses hommes avait déjà vu William. J'ai répondu "oui". »

Les détails que m'apporte Korchounov me déconcertent. Comment se fait-il, au bout de quatre ans, en plein milieu d'un conflit, qu'il se souvienne de sa rencontre, à la fois unique et brève, avec cet étranger ? Je le presse de me répondre sur ces points. Il s'excuse, car sa mémoire lui joue des tours, ce qui plaide d'autant plus en faveur de mes doutes. En effet, il se rappelle les éléments qui apparaissent dans son témoignage, mais pas le reste.

Il tente de s'expliquer. « Vous voyez les pièces montées avec de petits personnages au sommet. Comme dans les mariages ? On ne voit que ça. Eh bien, c'est l'impression que William m'a donnée. »

Quelle étrange image. Billy dans cette clairière, à la dérive, à part, prisonnier de son destin. Billy comme un ornement, un trophée. « Dans ce genre de groupe, précise Korchounov, tout de suite, on remarque les plus faibles. »

* Chef cosaque. (*N.d.T.*)

Il sert une nouvelle tournée de vodka. La troisième revêt toujours une signification particulière et nous ne trinquons pas. « À tous ceux qui sont tombés[574]. »

*

Le cimetière nord de Rostov s'étend sur plus de quatre cents hectares, ce qui en fait la plus vaste nécropole de Russie dans sa partie européenne, avec plus d'un demi-million de tombes[575].

Près de l'entrée principale se trouve le bâtiment où se pratiquent les embaumements, parmi d'autres rites funéraires, à l'évidence, comme le démontrent le panache de fumée noire et l'âcre odeur de mort que dégage une cheminée tandis que nous approchons, les Reilly et moi.

Plusieurs semaines auront été nécessaires, mais les documents dont ont besoin les Reilly sont enfin en ordre. Un employé des pompes funèbres et un menuisier s'occupent du cercueil de Billy. Le croque-mort engagé par Terry et Bill arrive, vêtu du même T-shirt.

Je le suis dans une pièce où un thanatopracteur prépare un corps étendu sur une paillasse. Il porte un tablier noir et tient une palette de peintre. À l'aide d'un fin pinceau, il mélange diverses couleurs sur le dos de sa main. Puis il trace des lignes noires sur le front du cadavre revêtu d'un uniforme de colonel.

L'embaumeur m'apprend qu'il a reçu la dépouille de Billy ramenée par les Reilly du Donbass plusieurs semaines auparavant. Il avait ouvert le cercueil et observé ce qu'il contenait. « Il n'y avait pas grand-chose, me confie-t-il. Un crâne. Et des os. C'est tout ce qui restait de lui[576]. »

Je m'éloigne et retrouve le croque-mort qui introduit Bill et Terry dans une chambre froide. Je les suis.

La pièce entièrement recouverte de carrelage blanc n'aurait pas déparé dans la cuisine d'un restaurant. L'air est frais et sec. Sur le sol repose une femme âgée vêtue d'une robe d'intérieur. Immobile, elle semble faire la sieste. Près d'elle, le corps d'un vieillard, la mâchoire béante comme celle du spectre de Jacob Marley*. Une fine couverture turquoise est tirée jusqu'à son menton comme s'il allait attraper froid.

* Le premier fantôme qui vient visiter Scrooge dans *Un chant de Noël*, de Dickens. (*N.d.T.*)

On s'attend à trouver ce genre de corps dans une morgue, les dépouilles de personnes ayant vécu de longues vies. L'ordre naturel des choses. Mais mourir jeune est une tragédie inacceptable. L'histoire de l'existence de Billy se résume à la somme de tout ce qu'il ne fera jamais.

Au fond de la pièce gît une caisse en aluminium préparée pour un transport international. À l'intérieur se trouve la dépouille de Billy. Les Reilly s'en approchent lentement. Ils posent la main dessus. Terry tombe à genou à côté du cube de métal lisse, qu'elle observe. « Ils l'ont emballé comme une machine, se lamente-t-elle. Jamais je n'aurais cru te ramener à la maison dans ce truc-là !

— Au moins, on le ramène », lui chuchote Bill.

Terry s'effondre sur la caisse. Elle la prend dans ses bras, se presse contre elle, comme si elle voulait étreindre Billy une dernière fois. Ses sanglots résonnent dans la pièce carrelée, tandis que Bill lui passe la main dans le dos. « Il n'est pas là, murmure-t-il. Son âme s'est envolée. »

Les jours s'écoulent jusqu'au départ, mais il nous reste une dernière mission. Bill, Terry et moi avons trouvé un salon de tatouage dans le centre de Rostov-sur-le-Don. Je trouve un vinyle de Johnny Cash et le mets sur la platine. Bill et Terry s'asseyent chacun leur tour devant le tatoueur. Ce dernier tatoue « Billy » entouré du symbole de l'infini à l'intérieur de leur poignet droit. Leur premier tatouage depuis leur rencontre à Détroit. Un moyen d'avoir toujours Billy auprès d'eux.

Nous sortons du salon et prenons un taxi qui navigue dans la circulation de l'après-midi. Nous nous garons devant un bar et descendons de la voiture. « J'y crois pas ! », s'exclame Bill en observant la façade, sur laquelle s'étend, en lettres latines, le nom de l'établissement. Le bistrot s'appelle « Billy ». Les Reilly et moi, nous nous asseyons face à la route et buvons des bières dans de grandes chopes[577].

*

Le 14 juin 2019, près de quatre ans jour pour jour après avoir perdu le contact avec Billy, Terry et Bill atterrissent à Détroit avec sa dépouille dans la soute d'un A320 de la Delta Airlines.

« Je me souviens quand on l'a déposé ici. Et quand on lui a dit au revoir, déclare Terry en descendant de l'avion. Et je me rappelle combien de fois il m'a répété de ne pas m'inquiéter. »

Terry et Bill titubent dans le hall de l'aéroport, comme frappés par un insupportable sentiment de finitude. « C'est incroyable d'être rentrés », murmure Terry. Ils tournent le dos à leur calvaire russe, mais il fera toujours partie d'eux désormais. Leur effort pour ramener Billy s'achève bientôt.

Tante Kathie et oncle Jim attendent dans un entrepôt de la Delta, au nord des terminaux passagers, un avion-cargo blanc peint sur la façade. Catie et Mohammed sont présents eux aussi. Catie est enceinte d'un troisième enfant. Elle va bientôt donner naissance à un garçon qu'elle appellera Bilal, en l'honneur de son frère disparu[578].

Un employé de la maison funéraire de Lake Orion, dans le nord de l'État, près d'Oxford, se tient non loin de l'entrepôt, vêtu d'une veste et d'une cravate sombres. De l'autre côté de la route, un avion décolle et, tandis qu'il s'élève dans le ciel, ses réacteurs vrombissent en émettant le bruit d'une feuille de papier déchirée[579].

Un manutentionnaire sort la caisse métallique qui vient d'arriver de Rostov-sur-le-Don. Le voyage lui a laissé des éraflures et des bosses. Bill et Terry ont déjà vécu cette scène, mais les autres sont confrontés pour la première fois à la preuve de la mort de Billy. En voyant le cercueil de son frère, Catie gémit.

Les parents de Billy observent l'employé des pompes funèbres qui roule la bière vers une camionnette noire. Il la rentre dans le véhicule par le hayon. Les six membres de la famille s'étreignent spontanément. Les bras s'entremêlent tandis qu'ils échangent des serments et sanglotent.

L'employé sort du parking et se dirige vers la I-94 pour les derniers kilomètres que Billy va parcourir avant de rentrer définitivement chez lui.

ÉPILOGUE

Post mortem

Au cours de l'été 2019, Bill et Terry Reilly engagent Universal Forensics, une société de Clarkston, Michigan, à une vingtaine de kilomètres au sud-ouest d'Oxford, pour comparer les ADN. Des techniciens réalisent un prélèvement buccal sur Terry et recueillent un échantillon d'os provenant de la dépouille ramenée du Donbass.

En août 2019, Universal Forensics envoie les résultats : « Il ne peut être exclu que la mère présumée soit la mère de l'enfant. La probabilité qu'elle soit la mère biologique atteint 99,9 %[580]. »

Ce rapport établit donc avec une quasi-certitude absolue l'identité du corps ramené par les Reilly. Billy Reilly est mort et ses parents ont retrouvé sa dépouille mortelle. C'est un fait que j'accepte. Toutefois, mes efforts ne s'arrêtent pas là.

Le 11 octobre 2019, le *Journal* publie mon article sur Billy Reilly[581].

Les Reilly lisent l'article et Terry me dit qu'il « raconte bien la vérité de ce qui s'est passé ». Certes, ils le vivent mal, car il réveille chez eux tous ces événements tragiques. Ils se sont dévoilés et ont révélé cette histoire en échange de la lumière que pourrait jeter cette enquête sur le mystère du meurtre de leur fils. Il est temps maintenant d'engranger les dividendes de cette exposition médiatique.

J'ai foi dans l'influence du *Journal*. Quelque part, quelqu'un détient les informations dont nous avons toujours besoin. Un flot de lecteurs me joignent par e-mail, notamment une personne habitant Kansas City, au Kansas, qui a bien connu Tim Reintjes. Ce contact ne mène à rien, mais une nouvelle aubaine se présente.

Trois jours après la publication, le 14 octobre, l'homme qui avait plusieurs fois échappé à Bill et Terry, et bien sûr à moi-même, se dévoile enfin. À son insu, Mikhaïl Polinkov va nous aider à révéler le sort funeste de Billy.

★

L'article du *Journal* qu'il vient de lire incite Polinkov à raconter sur son profil LiveJournal que, à Rostov-sur-le-Don, Billy était « populaire », avant d'ajouter : « Enfin, disons plutôt que son portefeuille était populaire. L'un des volontaires lui avait même organisé une petite visite de la Russie. Ils s'étaient rendus à Oulianovsk, entre autres destinations[582]. »

Il publie plusieurs captures d'écran d'un échange sur la messagerie privée de Vkontakte, avec notamment « Vassia l'Étranger ». Ces messages, ceux-là mêmes que Bill, Terry et Mohammed ont lus quand ils ont accédé au compte de Billy quelques jours après sa disparition, m'encouragent à poursuivre. Car ils accréditent les commentaires publiés par Polinkov. Et me font envisager d'autres possibilités.

Vkontakte est devenu incontournable dans la vie de la plupart des russophones. Un grand nombre de volontaires dans le Donbass postent des photos sur la plate-forme et correspondent par le truchement de sa messagerie. Or, ces combattants et leurs chefs ne s'avèrent guère disciplinés quant à leurs communications et partagent régulièrement des informations sensibles sur ce réseau social. Je pense connaître un moyen d'accéder à d'autres conversations sur Vkontakte.

★

La Russie et l'Ukraine s'affrontent depuis longtemps dans le domaine électronique, mais cette cyberguerre s'est amplifiée depuis 2014. Plusieurs groupes de hackers ukrainiens ont dirigé des attaques contre les Russes et les séparatistes du Donbass. Une organisation connue sous le nom de « Cyber Alliance ukrainienne[583] » a ainsi pénétré dans les serveurs du ministère de la Défense russe. RUH8, un groupe de hackers affilié à l'alliance pirate, a visé les comptes Vkontakte des individus qui poursuivaient les intérêts russes en Ukraine. Après avoir lu le commentaire de Mikhaïl Polinkov sur Billy, j'ai appris par des sources ukrainiennes que les hackers du RUH8 avaient piraté son compte Vkontakte en 2016. Et qu'ils s'étaient emparés de toutes ses conversations enregistrées depuis des années[584].

Le RUH8 a ainsi pu compiler une base de données, les *VK Leaks*, en associant les messages récupérés, en particulier ceux de Polinkov, avec de nombreux autres profils. RUH8 a ensuite hébergé le cache sur un site public. Les échanges privés de Polinkov et des membres du mouvement Novorossia pourraient me fournir un éclairage rétrospectif sur leurs intentions et leurs agissements. Mais, en les cherchant, je me rends compte qu'ils ont disparu.

Le collectif RUH8 est en plein procès. La cyberpolice ukrainienne, après une descente dans ses locaux en février 2020, a confisqué les disques durs et effacé la base sur l'hébergeur. Il en reste toutefois des bribes en ligne[585].

D'abord, je reste sceptique. Notamment en raison de la possibilité que les renseignements américains ou ukrainiens aient forgé ces *VK Leaks*, du moins en partie, afin de présenter des versions des événements favorables à leur cause dans le Donbass. Cependant, plus j'explore la base de données partielle, plus elle me convainc. Je parviens à localiser les messages où Billy et Polinkov discutent de la logistique de leur rencontre à l'aéroport de Moscou. Les mêmes que ceux qu'a publiés Polinkov sur LiveJournal.

*

Et ma confiance se renforce encore lorsque je tombe sur les messages échangés par Polinkov et Elena Gorbatcheva, la photographe qui a immortalisé Billy à la gare de Kazan à Moscou. « À quand l'entretien avec le séparatiste texan ? », écrit-elle à Polinkov, le 14 mai 2015, soit la veille de l'atterrissage de Billy en Russie. Elle confond Billy avec Russell Bentley, l'homme de Dallas qui se battait côté russe dans le Donbass et a ultérieurement aidé les Reilly.

« Il ne s'agit pas de l'Américain dont je t'ai parlé, la corrige-t-il. En revanche, c'est peut-être un espion. »

Le message de Polinkov me stupéfie. Un espion ?

« Il faut qu'on trouve un endroit pour le torturer et se débarrasser de lui, écrit Polinkov le lendemain matin. Tu connais un bon sous-sol, avec les outils nécessaires ? »

Étant donné le sort de Billy, la lecture de ces lignes me glace, mais je suppose que Polinkov souhaite simplement plaisanter avec Gorbatcheva.

L'usage qu'il fait des parenthèses fermantes à la fin de chaque phrase marque l'humour. Humour noir ou déclaration d'intention ?

★

Ailleurs dans le cache, je trouve des messages d'Andreï Demtchouk, dont l'indicatif est Pirate, le combattant russe qui a accompagné Billy lors de son séjour dans la Volga. Le 22 mai 2015, c'est-à-dire au milieu du voyage, Demtchouk écrit à Polinkov : « L'Américain te dit "Hello". » Il inclut une photo de Billy en T-shirt noir, les cheveux ébouriffés, assis sur un banc, par un jour ensoleillé.

« Pirate ?, s'enquiert Polinkov.

— Il crève d'envie d'aller à Donetsk, continue Demtchouk. Il en parle tout le temps. » Le lendemain : « Il commence à me gonfler. Et où ? Et quand ? Et quoi ? Est-ce que je suis ton otage ?

— Ah, mec, tu aurais dû y penser quand tu l'as pris en otage, rétorque Polinkov.

— Il stresse déjà parce qu'il veut s'occuper des problèmes politiques de Donetsk. Il me prend la tête. » La correspondance change de ton. « Tu sais que l'Américain travaille pour la police dans le service de l'antiterrorisme ? demande Demtchouk. Chez lui, là-bas. Et dire qu'il crève d'envie d'aller à Donetsk.

— Oui, il m'en a parlé. T'inquiète. On va s'en occuper. »

Cette mention de police et de l'antiterrorisme me sidère. Un échange entre Polinkov et un autre utilisateur des semaines avant l'arrivée de Billy à Moscou semble en fournir une explication.

« Un vulgaire imposteur nous parle, écrit l'homme le 1er avril 2015. Il est censé être un Américain et faire partie du FBI. »

Comment connaissait-il la relation de Billy avec le Bureau ? Je relie cet élément avec les messages de Demtchouk et je ne peux qu'en conclure que Billy, en Russie, avait confié à Polinkov et d'autres qu'il avait travaillé avec le FBI. Pourquoi Billy a-t-il divulgué ce fait ? Ne comprenait-il pas comment les membres des cercles nationalistes russes percevraient une personne affiliée de près ou de loin avec le Bureau ? Je dois envisager ces messages dans le contexte du travail effectué par Billy pour le FBI. Pendant des années, il a contacté des cibles, a obtenu des invitations de leur part. Il a infiltré des réseaux en apparence impénétrables. Il aurait pu faire de même avec Polinkov et son entourage pour le compte d'une agence américaine. Toutefois, sa révélation me semble bien naïve et paraît l'avoir compromis avant même son arrivée en Russie.

« Qu'est-ce qu'on va en faire ? continue l'utilisateur de Vkontakte. On pourrait peut-être jouer un peu avec lui et l'attirer ici ? En même temps, on sera peut-être décoré pour avoir capturé un espion ?

— Allez, c'est parti », répond Polinkov.

« OK, je vais l'appâter et lui dire de venir à Moscou. » Ce passage me rappelle la découverte par Catie Cherri d'un document imprimé chez ses parents. Billy lui avait dit à cette occasion que des Russes « voudraient qu'il y aille [en Russie] ».

« Le plus drôle, continue l'homme, c'est la façon dont ce type du FBI s'est présenté : Vassili l'Ukrainien.

— Ouais, les Ukrainiens essaient certainement de nous entuber, conclut Polinkov. Enfin, c'est bon pour moi. On y va. » Polinkov et ses associés ont attiré Billy en Russie.

Comme l'arrivée de Billy approche, Polinkov écrit sur une messagerie de groupe Vkontakte : « Que dois-je faire avec l'espion ? En attendant, j'avance.

— Celui du FBI ? l'interroge un utilisateur.

— Oui, celui qui doit venir d'Amérique et qui est du FBI ou équivalent, répond un troisième.

— Bon, je vais improviser », affirme Polinkov.

Quelques jours plus tard, Billy arrive à la base de Rostov-sur-le-Don. Son comportement et sa nationalité surprennent tous les mercenaires. Au même moment, un nouvel utilisateur écrit sur Vkontakte : « Il n'a pas besoin de ressembler à un super soldat. Je le soupçonne déjà d'être un super espion. Primo, il faut l'envoyer au Smersh pour vérification. »

Le Smersh se réfère à une agence de contre-espionnage créée lors de la Seconde Guerre mondiale afin d'éliminer les infiltrés nazis. On dit que Joseph Staline lui-même aurait inventé le nom, tiré du russe *smert shpionam* (« mort aux espions » dans sa translittération anglaise). Staline a dissous l'organisation après-guerre et a réparti sa mission au sein de l'appareil de sécurité de l'État. De nos jours, en Russie, ceux qui pratiquent le contre-espionnage – ou rêvent de le faire – utilisent encore ce nom sous forme de plaisanterie. Dans les premiers livres de James Bond, le Smersh est le principal ennemi de l'agent britannique.

En voyant cette référence au Smersh, je me rappelle mon déjeuner avec un ancien officier de la CIA et notre discussion au sujet des agents sous couverture non officielle, les NOC. Mais il m'est impossible d'imaginer que la CIA ait recruté Billy pour travailler en tant que NOC en Russie tout en l'autorisant à divulguer son affiliation au FBI à des nationalistes russes sur des messageries Vkontakte. Billy est tombé dans un piège.

« Il faut le contrôler, écrit un utilisateur à Polinkov. Je parie que c'est un cheval de Troie.

— Et, moi, je trouve où, le Smersh ? répond Polinkov.

— Envoie-moi un message privé avec tout ce que tu sais sur lui et tout ce qu'il a écrit, déclare un autre utilisateur. Finalement, c'est un personnage beaucoup plus intéressant que prévu. »

*

Le 20 mai 2015, Polinkov écrit à Elena Gorbatcheva qu'il a envoyé Billy avec « les gars du GRU du RPD pour une petite excursion. » Le fait qu'il mentionne le GRU, c'est-à-dire le renseignement militaire, attire inéluctablement mon attention sur Andreï Demtchouk, alias Pirate.

Demtchouk apparaît sur des photos en uniforme de la Garde républicaine de la RPD, émanation du renseignement militaire de la république autoproclamée. Tandis que Billy assouvissait sa passion pour l'histoire et les voyages et rendait hommage aux sacrifices consentis à Stalingrad, il se trouvait en réalité sous la surveillance étroite de l'appareil de contre-espionnage commun à la Russie et au Donbass.

Le 22 mai 2015, au cours du séjour de Billy dans la région de la Volga, Polinkov écrit à Demtchouk et emploie une formule familière pour évoquer le FSB, le *kontor*, « bureau », en russe. « Parle au FSB, déclare-t-il. Ils te diront quoi faire. »

En même temps, Polinkov converse avec un autre utilisateur de Vkontakte.

« Mes hommes de la branche d'Oulianovsk du FSB pourront le récupérer, écrit l'individu. La question est maintenant tranchée !

— Vassia a toujours des affaires à la base, note Polinkov.

— Il aura son uniforme de prisonnier, de toute façon, répond l'autre utilisateur. Il n'aura pas besoin de ses vêtements. En tout cas, nous avons prévu un programme intéressant en ce qui le concerne. Je te l'exposerai si tout est approuvé. »

*

Pendant plusieurs années, je me suis demandé pourquoi Billy était resté à la base de Rostov tandis que les autres volontaires passaient dans le Donbass. Les messages Vkontakte et les billets de Polinkov ultérieurs expliquent ces atermoiements.

Le 3 juin 2015, Billy écrit à Polinkov via Vkontakte : « Ils disent que je serai soldat, mais j'ai réfléchi et je veux faire un film. Je n'ai aucune expérience de l'armée. » Polinkov rassure Billy. Personne ne le forcerait à combattre. Il lui dit également qu'il est en attente d'une décision à son sujet.

« Nous n'étions pas certains que Vassia était réellement un agent des services secrets américains, écrit Polinkov sur son LiveJournal en octobre 2019, mais nous nourrissions déjà de sérieux soupçons. Pendant quelque temps, nous l'avons laissé mariner à la base. »

Un mot de Bronia le Kalmouk adressé à Polinkov le 18 juin 2015, moins de une semaine avant la disparition de Billy, indique que le contre-espionnage russe délibère toujours. « Ils demandent de patienter, tant que l'Américain est là, pour savoir comment ils vont s'en occuper, écrit Bronia. Ils peuvent continuer à travailler, ils aideront, même. »

*

UNE CHAÎNE D'AGENTS

Au moment où je crois avoir réalisé une découverte capitale grâce aux messages de Vkontakte, ils disparaissent soudain. Je n'en trouve plus aucun en ligne. Je ne peux plus faire remonter ma chronologie avant le message de Bronia.

En revenant sur la base de données partielle, je note un échange le 10 septembre 2015 entre Elena Gorbatcheva et Polinkov. « Tu m'as bien dit que Vassia était sous surveillance afin qu'il puisse nous conduire à ses principaux contacts ?) », lui demande-t-elle.

La mention que Gorbatcheva porte aux « principaux contacts » de Billy fait écho à la version des événements formulée par Polinkov dans son billet d'octobre 2019 sur LiveJournal, où il avait noté que « les oncles du FSB sont venus à la base et ont embarqué Vassia. Plus tard, ils m'ont déclaré qu'ils avaient pu remonter une chaîne d'agents grâce à Vassia ».

Polinkov prétend que des membres des services de sécurité russes ont arrêté Billy et que ce dernier a révélé l'identité de sources, d'agents ou d'officiers liés aux États-Unis et opérant en Russie.

« Soupçonné d'espionnage, il était détenu par nos services spéciaux, poursuit-il. Selon mes informations, une chaîne de ses contacts de la CIA a été dévoilée. Il est venu en Russie, puis dans le Donbass, sous leurs ordres. D'après ce que j'ai compris, il travaillait en réalité pour la CIA et le FBI s'occupait des détails de la mission. »

Ce billet de Polinkov éclaire son évocation de la CIA dans les messages adressés à Bill en 2015. Si péremptoires que soient ses affirmations, Polinkov ne possède sans doute aucune preuve pour les étayer. Il n'est pas une source directe et fiable susceptible de confirmer la prétendue affiliation de Billy à la CIA ou le rôle du FBI dans son voyage. Reste qu'il paraît difficile d'ignorer son récit.

« Sans entrer dans les détails, de nombreux Ukrainiens essaient sans cesse de nous infiltrer, conclut Polinkov. Il ne s'agit pas du premier espion démasqué par [notre groupe], mais du premier espion américain. »

★

INVASION

Le 24 février 2022, la Russie lance une opération à grande échelle pour envahir l'Ukraine. Les premières bombes tombent dès l'aube et me réveillent à l'hôtel Hyatt de Kiev. Je n'arrive pas à comprendre pourquoi Poutine a pris une décision aussi imprudente. En revanche, il met en œuvre ce qu'il avait formulé dans son discours de Munich, en 2007. Il lui aura fallu quinze ans, mais dans l'intervalle il s'est accroché au pouvoir et entraîne d'une main ferme son pays dans une guerre injuste. Je sais les malheurs qu'elle provoquera en Ukraine[586].

Je passe les mois suivants à écrire sur le conflit dans des villes et villages ukrainiens, je parle à des militaires, à des responsables gouvernementaux et à des citoyens ordinaires. Je suis témoin des attaques sur les civils perpétrées par les Russes. Début avril 2022, j'entre à Boutcha, non loin de Kiev, au moment où les forces locales la reprennent. Deux miliciens hissent les couleurs ukrainiennes sur la mairie. Pendant des heures, ce jour-là, puis toute la semaine suivante, je vois les cadavres des civils assassinés par les soldats russes, certains démembrés, d'autres calcinés. Ils les ont abandonnés à la putréfaction dans les rues[587].

Contrairement aux millions d'Ukrainiens morts, déplacés ou luttant contre l'armée russe, j'ai le privilège de pouvoir laisser la guerre derrière moi. Je reviens aux États-Unis, où j'ai le loisir de réfléchir. J'ai passé une vingtaine d'années à cultiver des amitiés en Russie et en Ukraine. Maintenant, la première essaie d'éradiquer la seconde. Je prends conscience des illusions que j'ai entretenues pendant des années au sujet des intentions russes. J'apprends aussi que l'histoire ne doit pas seulement être lue.

Cette guerre suscite de vives émotions en moi. Mais elle fait naître également une considération bien plus pratique.

Au cours de l'été, je reçois un message de mon contact du RUH8, le groupe de hackers ukrainien à l'origine des *VK Leaks*. Après l'invasion russe, en 2022, les responsables ukrainiens des agences de sécurité ont sollicité le RUH8 pour pirater des comptes russes. Ma source me confie également que les autorités ukrainiennes leur ont rendu les disques durs des *VK Leaks*. Il m'envoie un lien. Après deux ans de recherche, j'ai enfin accès à la base de données intégrale.

Je me rends compte que je possède déjà une grande partie du matériel dont j'ai besoin, ces messages privés qui illustrent les dangers encourus par Billy en Russie en 2015. Cachée au sein de cette masse de données, toutefois, se trouve une conversation d'une immense valeur.

Le 8 juillet 2015, environ deux semaines après la disparition de Billy, Mikhaïl Polinkov demande à un groupe de relayer un mot de Bronia, le responsable du camp de Rostov. « Il a reçu un coup de fil de

Denis, l'agent du contre-espionnage qui a cueilli Vassia, écrit-il. Il dit que l'affaire est grave. »

Vassia est le pseudonyme russe de Billy, mais qui est Denis ?

Le moment où intervient l'appel mentionné par Polinkov me paraît très évocateur : deux jours avant la découverte, le 10 juillet, dans une retenue d'eau du Donbass, d'un corps anonyme qui serait plus tard identifié comme appartenant à Billy.

Polinkov contacte de nouveau le groupe pour lui expliquer qu'il a échangé avec Denis.

« [Denis] dit qu'il y a un rapport avec une tentative de franchissement de la frontière par un couloir noir. » Polinkov se réfère aux points de passage officieux qui s'ouvrent périodiquement entre la Russie et l'Ukraine. « Il dit que nous devons parler à ses chefs, c'est-à-dire le contre-espionnage de Rostov. »

Polinkov explique ensuite que les agents du contre-espionnage russes ont obtenu des informations de Billy. « Il a avoué et a livré ceux qui devaient l'exfiltrer. » J'imagine Billy enfermé dans une cellule, attaché, battu, racontant n'importe quoi pourvu que la douleur cesse.

Les membres du groupe Vkontakte comprennent que les services de sécurité russes exigent la fermeture du camp de volontaires. « C'est comme ça qu'ils les remercient d'avoir capturé un espion », déplore l'un d'eux.

Ces messages révèlent les pièces manquantes du tableau. Denis, un agent du contre-espionnage russe, a interpellé Billy sur la base le 25 juin. C'est donc l'événement qui a mis un terme aux communications entre Billy et ses parents. Au cours des deux semaines suivantes, que Billy a passées, du moins au début, dans les geôles des services de sécurité russes, quelque chose a mal tourné. Le 8 juillet 2015, Denis a ordonné à Bronia de fermer la caserne de Rostov, dernier endroit où Billy s'est rendu, peut-être pour effacer les traces du FSB. Deux jours plus tard, le cadavre de Billy est retrouvé en Ukraine.

La chronologie ne ment pas. Les événements sont cohérents. Les services de sécurité ont placé Billy en détention. Moins de douze jours plus tard, il était mort. Je veux savoir qui a mis cette chronologie en mouvement.

★

Dans le groupe de discussion Vkontakte, Mikhaïl Polinkov, contre toute attente, a diffusé le numéro de téléphone de Denis, l'officier des services de sécurité.

Ce qui me permet de lancer une recherche inversée en saisissant le numéro de Denis dans la base de données d'une application d'identification de l'appelant.

Ces applications, employées afin de présenter le numéro d'appelants inconnus, fonctionnent en téléchargeant les répertoires de contacts de tous les utilisateurs, ce qui offre la possibilité d'assigner des noms aux numéros. L'application les enregistre ensuite dans des bases de données de plus en plus complètes.

La base contient le numéro de Denis, ainsi qu'un nom. Je vais donc pouvoir recouper l'information.

En ligne, je trouve également une base de données piratée comprenant noms et numéros de téléphone des utilisateurs de Yandex, entreprise russe comparable à Uber qui fournit des services de taxi et de livraison de repas. En commandant à manger sur Yandex, Denis a dévoilé son identité.

Le numéro partagé par Mikhaïl Polinkov sur le groupe de discussion Vkontakte le 8 juillet 2015 correspond au nom présent sur l'application d'identification de l'appelant et sur Yandex.

L'officier du contre-espionnage russe qui aurait arrêté Billy dans le camp de volontaires de Rostov-sur-le-Don, le 25 juin 2015, et provoqué sa disparition, s'appelle Denis Alexandrovitch Palyeny.

L'année suivante, Palyeny apparaîtra dans le magazine russe Обзор (« *Analyse* »). Il s'agit d'une revue publiée par le Centre national d'informations sur la neutralisation du terrorisme et de l'extrémisme sur Internet et dans le milieu éducatif. (Ce nom ressemble à celui de l'organisation de Valery Prikhodko, qui avait établi la première correspondance des empreintes.) Un article dans le numéro de décembre de Обзор présente D. A. Palyeny parmi un groupe de « représentants du Service fédéral de sécurité de la région de Rostov[588] ». S'il faut en croire Обзор, Denis Palyeny travaillait pour le FSB. Mikhaïl Polinkov l'a confirmé sur les réseaux sociaux.

En somme, les preuves tendent à montrer qu'une agence du gouvernement russe, le FSB, a liquidé Billy. Sa mort n'est pas la conséquence d'un crime ou d'une altercation alcoolisée. Elle revêt une signification bien plus importante.

*

Le mystère qui planait encore sur l'intervalle de onze jours entre la fin des communications de Billy en Russie et la découverte de son corps dans le Donbass s'éclaircit. Denis Palyony a emmené Billy en détention. Le service de contre-espionnage russe l'a retenu en captivité. Le rapport d'autopsie complète ensuite le récit.

Les coups de poignard assénés à Billy ont provoqué une hémorragie. Il a été déshabillé et enveloppé dans une bâche en plastique, peut-être pour éviter que le sang souille le plancher du véhicule qui lui a fait passer la frontière vers l'Ukraine. Des poids ont été attachés au corps de Billy afin de le couler. Puis il a été jeté dans le réservoir proche du village ukrainien de Darivka.

La fin de Billy ne devait poser aucun problème : un corps non identifiable se décomposant au fond d'une retenue d'eau dans le Donbass. Billy devait se dissoudre dans l'abîme de la guerre. Mais quelqu'un a salopé le boulot. Et a mal attaché les parpaings. Seule la chance nous a permis de retrouver Billy.

Après le 11-Septembre, la transformation du FBI en agence de renseignement internationale n'a pas échappé aux pays hostiles aux États-Unis. Les agents du FBI et leurs sources opèrent désormais dans le monde entier et ne sont plus de simples policiers. Certains les considèrent dorénavant comme des infiltrés, des provocateurs, des espions sans uniforme, des NOC, bref des cibles légitimes qui peuvent être traitées sans ménagement.

Les messages Vkontakte et les billets de blog de Polinkov suggèrent fortement que, en juin 2015, les services de sécurité russes ont décidé d'éliminer un agent du renseignement américain, peu importe que Billy Reilly l'ait réellement été ou non. L'opération comportait un risque calculé reposant sur l'hypothèse que la liquidation de Billy n'entraînerait pas de représailles. Au moment de la mort de Billy, tandis que l'agent Tim Reintjes rendait visite aux Reilly et leur cachait la vérité, le gouvernement américain avait déjà passé une nouvelle CHS aux pertes et profits.

Je me souviens de ce matin de l'été 2018, alors que j'étais attablé sur la terrasse de l'hôtel Petrovsky Prichal de Rostov-sur-le-Don avec Nastia Mikhaïlovskaïa. Je lui avais demandé ce qu'elle imaginait du sort réservé à cet Américain disparu en Russie. « Ils ont torturé Billy pour lui arracher des informations avant de balancer son corps en RPL ou en RPD. » À l'époque, il ne s'agissait que d'une théorie parmi d'autres. Je me rends maintenant compte que Mikhaïlovskaïa, étant donné ses contacts et son expérience, comprenait comment certains problèmes se réglaient.

Si je pars du principe que ses derniers jours se sont déroulés ainsi, j'ai besoin de savoir si Billy, qui prenait son mal en patience à la base de Rostov cet été 2015, avait conscience que sa vie ne tenait qu'à un fil. À la fin de l'après-midi du 23 juin 2015, juste avant sa disparition, Billy avait écrit à Polinkov sur Vkontakte : « Il faut qu'on parle. Je sais pas ce qui se passe ici.

— J'ai discuté avec Bronia, l'avait rassuré Polinkov. Il m'a dit que tu allais partir avec un convoi humanitaire.

— Vous savez quand ?

— Dans la semaine. »

Mais, à cet instant, après un mois rempli de promesses vides, Billy avait compris qu'il y avait un problème. Les horaires affichés sur les messages privés divulgués par les *VK Leaks* indiquent que cinq minutes se sont écoulées avant qu'il ne réponde à Polinkov. Le temps qu'il faut pour exprimer une peur diffuse.

Billy lui avait écrit : « Des volontaires disent que je suis un espion. »

⋆

UNE DERNIÈRE QUÊTE

Le cimetière catholique du Saint-Sépulcre de Southfield, Michigan, entre Oxford et Détroit, s'étend sur plus de cent quarante hectares soigneusement entretenus. Le long des allées qui serpentent entre les pelouses, les chênes et les pins, près de quarante mille âmes reposent dans leur dernière demeure[589].

Billy avait aidé à porter le cercueil de son grand-père Marvin au Saint-Sépulcre. Derrière le volant, au ralenti, j'observe les tombes de Marvin O'Kray et de sa femme, Irene, la mère de Terry Reilly. Je vois des fleurs encore fraîches, sans doute déposées par Bill et Terry.

Je continue d'avancer sous le feuillage automnal, passe devant des stèles imposantes, de vastes mausolées et l'humble monument de Jay Sebring, une victime des massacres Tate-LaBianca*. Comme Billy, Sebring est mort jeune, loin de chez lui, pour rien, avant d'être rapatrié dans le Michigan. Combien d'autres vies parmi toutes ces sépultures avaient-elles été ainsi abrégées ?

Je sais que Bill et Terry songent désormais à ce qu'ils ont perdu. Ils espéraient une arrestation en Russie ou une révélation du FBI, mais leur expectative s'est muée en mépris. Il n'y aura pas de justice pour Billy, seulement des faux-fuyants et le déni.

J'appelle les Reilly, tous les ans, à l'occasion, entre autres, de l'anniversaire de Billy. Avec Terry, nous retraçons ce que Bill et elle ont enduré et les expériences que nous avons vécues ensemble. De temps en temps, nous rions en repensant aux bizarreries croisées sur le chemin d'une découverte que nous aurions tant voulu ne pas faire. Je sais que nous avons partagé des épreuves qu'il est difficile d'expliquer aux autres. Et parfois à nous-mêmes.

Depuis 2017, je me suis tant investi pour relater la vie de Billy que je ne me suis pas réellement demandé si j'avais bien fait de me lancer dans cette quête. La première fois que j'ai vu Terry, elle était certaine que je retrouverais son fils. En fin de compte, j'avais découvert que Billy n'était plus.

Quand nous bavardons au téléphone, à un moment donné, Terry se réfugie dans le silence. Bill et elle passent toutes les semaines sur la tombe de Billy et la couvrent de fleurs. Terry me dit qu'elle compense les quatre ans durant lesquels la sépulture de Billy dans le Donbass avait été négligée, sans bouquets ni visites familiales, dans ce cimetière qui se

* Meurtres commis par les adeptes de Charles Manson en 1969. (*N.d.T.*)

dresse au milieu d'une terre lointaine. « C'est bien qu'il soit à la maison », dit-elle. Et c'est le seul moment où elle semble joyeuse. Un jour, je leur ai demandé s'ils auraient préféré ignorer la vérité au sujet de Billy. « C'est mieux de savoir », m'a répondu Bill.

Je me gare au bord d'une allée qui longe la dernière section au fond du Saint-Sépulcre. Au-delà, je remarque une clôture, une route et un feu de circulation. La pluie ne cesse de tomber.

Un bouquet à la main, je traverse le champ de tombes, petites et rectangulaires. Bien alignées, elles dépassent à peine de la pelouse et l'herbe en recouvre certaines. D'autres surnagent dans une flaque d'eau. Je continue d'avancer précautionneusement en lisant l'une après l'autre les inscriptions sur les stèles, dans cette parcelle de terre vaste comme le parking d'un centre commercial. J'ai l'impression de repartir à la recherche de Billy.

Je remarque, au fond du cimetière, une pierre tombale isolée.

Elle s'élève à près de un mètre au-dessus du sol. Massive, en forme d'enclume, une épaisse dalle horizontale en coiffe le sommet. Le nom « REILLY » apparaît gravé en majuscule sur la tranche.

« Nul adieu n'a été prononcé. Nous n'avons pas eu le temps de te dire au revoir. Nous ne savions même pas que tu étais parti, Dieu seul sait pourquoi. »

Je m'assieds sur une grande pierre plate, près de la tombe, et me recueille. Billy était un adulte. Il a exprimé ses propres choix. Le FBI ou une autre agence l'avait-il envoyé en Russie, comme le suggèrent les messages des *VK Leaks* ? Billy avait-il vraiment sympathisé avec ces Russes, ou avait-il simplement suivi sa fascination pour un monde en pleine mutation ?

Un bosquet d'arbres, non loin, se dresse vers le ciel. Je suppose que, un jour plus clément, ensoleillé, ils apporteront de l'ombre à la tombe de Billy. La pluie aussi peut être source de réconfort. Ses gouttes effleurent les pétales des fleurs violettes déposées par ses parents.

Terry et Bill ont offert à leur fils un monument funéraire émouvant. Je les vois qui s'asseyent sur cette même pierre et essaient de se remémorer comment Billy souriait ou parlait, d'imaginer ce qu'il leur raconterait. Peut-être entendent-ils sa voix ? Croient-ils qu'il est avec eux ? Je sais qu'ils n'ont pas trouvé de véritable réconfort. « Ça ne s'améliore pas, m'a dit un jour Terry au téléphone. Je croyais qu'avec le temps ça irait mieux. Mais, non. »

Je m'approche de la tombe. Accroupi, je place mon bouquet sur une pierre au ras du sol, là où apparaissent les années de naissance et de mort de Billy. Terry et Bill ne vont pas tarder. Ils remarqueront sans doute mes fleurs et sauront que quelqu'un pense à Billy et lui a rendu visite. Je me relève et fais demi-tour, sous la pluie. Jeunes, nous cherchons notre voie. Bientôt, nous apprenons qu'il n'est pas de grande destinée, mais seulement une vie à mener.

POSTFACE

Après la publication de l'article du *Journal*, en 2019, les sénateurs Peters et Stabenow se sont associés à la représentante Elissa Slotkin (qui avait ravi le siège de Mike Bishop l'année précédente) pour réclamer une enquête sur l'affaire Reilly. Tous trois ont écrit à l'inspecteur général du département de la Justice une lettre dont voici un extrait :

> *Nous sommes extrêmement préoccupés par le manque de transparence du FBI et par les informations contradictoires qu'il a transmises au sujet de la connaissance qu'il avait du voyage de Billy et de sa disparition ultérieure en Russie. À ce jour, le FBI ne s'est pas rendu disponible pour répondre aux questions relatives à la disparition et à la mort de Billy, malgré les demandes réitérées d'information et de rendez-vous émanant de plusieurs permanences du Congrès.*

La lettre continue ainsi :

> *Nous requérons par conséquent de vos services qu'ils lancent une enquête approfondie sur les questions en suspens. [...] L'enquête devra également déterminer si le FBI dissimule des informations sur la disparition et la mort [de Billy] et s'il a suivi les protocoles et procédures en vigueur. [...] Il nous paraît essentiel qu'une enquête indépendante soit menée. Nous vous prions de bien vouloir vous pencher immédiatement sur cette question.*

J'espérais un tel développement depuis le début de mon enquête journalistique. J'avais rempli de nombreuses requêtes au titre du Freedom of Information Act (Foia*) auprès du DOJ, du FBI et de

---

* Cette loi oblige les agences fédérales à communiquer leurs documents. Elle souffre toutefois de nombreuses exemptions touchant à la sûreté de l'État. (*N.d.T.*)

la CIA. Je n'avais obtenu aucune réponse. Avec un avocat du *Journal*, j'avais, en vain, fait le siège du DOJ. La loi oblige seulement les agences et les départements fédéraux à conduire une « recherche raisonnable » de l'information en réponse à une requête au titre du Foia. En outre, ils sont seuls juges de leurs efforts.

Une lettre adressée par le Congrès possède une valeur bien plus élevée. Elle exerce une pression à la fois institutionnelle et publique sur le DOJ et le FBI.

Toutefois, les mois se sont écoulés sans apporter aucun résultat. Puis une année. À cette époque, les équipes de Peters, Slotkin et Stabenow m'avaient affirmé que l'inspecteur général du DOJ n'avait toujours pas répondu à leur courrier de 2019.

J'ai rempli une nouvelle requête au titre du Foia, qui visait cette fois l'inspecteur général du DOJ, et, au printemps 2021, j'ai reçu un dossier de quarante pages. Je connaissais la plupart des documents qu'il contenait. Il y avait également plusieurs e-mails.

« La question mérite d'être débattue », note un membre du cabinet de l'inspecteur général du DOJ dans un e-mail du 4 février 2019, le lendemain du dépôt de la lettre signée par les parlementaires du Michigan réclamant une enquête. « Nous en avons la capacité. »

Je découvre un échange d'e-mails à partir du 4 février 2020, soit trois mois plus tard. « Auriez-vous le temps, au cours des prochains jours, de me présenter les documents dans le Scif [*Sensitive Compartmented Information Facility*] ? », demande un fonctionnaire à un autre. « Je les ai sur disque. »

Je n'ai jamais su ce qu'il y avait sur le disque mentionné dans les e-mails. Mais je sais qu'un Scif est une pièce sécurisée dans laquelle des personnes qui détiennent des habilitations de sécurité gouvernementales peuvent prendre connaissance en toute confidentialité de documents classés. J'en conclus qu'un élément relatif au dossier de Billy a été classifié, ce qui vient encore une fois contredire les déclarations du FBI au sujet de l'insignifiance de Billy.

Au cours de l'automne 2022, j'ai contacté les bureaux de Peters, Slotkin et Stabenow et j'ai eu la confirmation que, trois ans après l'envoi d'une demande d'enquête sur Billy, le gouvernement n'avait toujours pas répondu.

De nouveau, j'ai tenté ma chance au FBI. Après avoir révélé que j'écrivais ce livre, j'ai sollicité un rendez-vous au siège afin de partager mes dernières découvertes. Le FBI a décliné.

En 2021, après l'avoir cherchée pendant des années, j'ai fini par localiser Amera Lomangcolob. Elle apparaissait sur les listes électorales de l'élection présidentielle aux Philippines. Elle avait voté à l'étranger, plus précisément du consulat philippin en Arabie saoudite. J'ai réussi à la joindre par l'intermédiaire de l'une de ses amies. Par ce truchement, Lomangcolob m'a dit qu'elle avait lu l'article du *Journal* de 2019 sur Billy. Elle souhaitait oublier le passé.

« Elle mène une existence tranquille, m'a écrit son amie par SMS. Elle aussi était une victime. Elle était jeune et a été aveuglée. Elle l'a appris à ses dépens. Ne l'attirez pas de nouveau dans ce monde chaotique. Elle ne veut plus être impliquée avec qui que ce soit. Elle a une nouvelle vie et une famille. Laissez-la en paix. »

En novembre 2022, j'ai su qu'Aws Naser, l'homme d'origine irakienne vivant dans le Michigan que Billy avait contacté pour le compte du FBI, devait répondre de nouvelles accusations. Dans le cadre d'une enquête d'une JTTF, les procureurs fédéraux du Michigan l'ont accusé d'avoir tenté d'apporter une aide matérielle à l'EI de 2011 à 2017 et d'avoir été en possession d'un engin explosif. Il risque une peine de trente-cinq ans de prison. James A. Tarasca, l'agent spécial à la tête du bureau de Détroit du FBI depuis la retraite de Tim Waters, fin 2021, a déclaré au sujet des charges qui pèsent sur Naser que « le FBI ferait tout ce qui est en son pouvoir pour protéger les Américains sur le territoire national et à l'étranger ».

Dmitri Tourine, le privé moscovite embauché par les Reilly, doute encore de la mort de Billy. Lorsque nous avons conversé fin 2022, il contestait les correspondances des empreintes et de l'ADN. Selon lui, Terry et Bill avaient exhumé le « cadavre d'un sans-abri » dans le Donbass. Il s'agirait d'une machination complexe afin de faire de Billy un agent opérant sous légende. Tourine évoque désormais Billy sous les traits d'un « formidable espion vivant quelque part en Russie sous une nouvelle identité, avec un nouveau passé ». Tourine prédit qu'il réapparaîtra dans dix à quinze ans au cours d'une opération d'espionnage américaine.

Valery Prikhodko, l'homme qui a réalisé la première correspondance d'empreintes, continue de soutenir que la mort de Billy résulte d'un crime banal, voire d'un accident, et n'a rien à voir avec les services de sécurité russes. Il m'a demandé de persuader Bill et Terry de ne pas lancer de campagne pour obtenir justice en Russie.

J'ai contacté Denis Palyeny, l'individu identifié dans les messages Vkontakte piratés comme étant l'officier de la sécurité qui a arrêté Billy au camp de Rostov en 2015. Le numéro de Palyeny qui apparaissait dans la messagerie n'a jamais répondu. À ce moment-là, au cours de l'été et de l'automne 2022, la guerre en Ukraine faisait déjà rage et les connexions étaient plus difficiles à établir. Je lui ai envoyé un e-mail début 2023, sur une adresse liée à son numéro de portable, pour l'informer de la parution de mon livre et de mes découvertes. Je n'ai pas reçu de réponse.

Mikhaïl Polinkov, le recruteur, a enfin accepté de parler de Billy Reilly au téléphone en septembre 2022. Polinkov confirme le piratage de son compte Vkontakte et la divulgation de ses messages, ce qui m'a permis de reconstituer la manipulation dont a été victime Billy, orchestrée par Polinkov, entre autres, en Russie et au Donbass. « Ils sont vrais, bien entendu, affirmait-il dans un message. Je n'ai rien à cacher. Rien n'a été modifié. »

Comme Tourine, Polinkov ne croit pas aux conclusions des analyses sur les empreintes et l'ADN. « Je sais avec certitude que Billy a été relâché, assure-t-il. Il a peut-être essayé de traverser seul [la frontière]. Ils n'avaient pas besoin de [tuer Billy]. Ils préféraient le garder en vie. »

REMERCIEMENTS

Que Terry et Bill Reilly reçoivent ici l'expression de ma profonde gratitude. Les Reilly, d'ordinaire plutôt secrets, ont accepté de partager leur calvaire et m'ont accordé leur confiance. Moi, un étranger. Tout le long de nos innombrables appels téléphoniques, de nos multiples messages et rendez-vous, leur volonté n'a jamais faibli, malgré la pression psychologique qui pesait sur eux alors que nous percions les couches de mystère qui entouraient la disparition de Billy. Soumises à ce genre de tourments, des familles renoncent. Pas les Reilly.

Catie et Mohammed Cherri ont répondu à mes innombrables questions et m'ont ouvert leur vie pour m'aider à comprendre Billy. Je les remercie de leur patience et de leur contribution précieuse à l'histoire de Billy.

Paul Beckett, rédacteur en chef au bureau de Washington du *Wall Street Journal*, a conduit ce projet au sein du quotidien. Il a vu, comme je l'avais vu, le potentiel narratif qui reposait au fond de cette affaire. Paul a encouragé mes investigations, m'a accompagné dans cet enchevêtrement complexe et a guidé les différentes moutures de l'article. Je lui dois toute ma reconnaissance.

Robert Ourlian était le rédacteur en chef adjoint spécialiste de la sécurité nationale au *Journal* quand j'ai enquêté puis rédigé l'article. Il m'a donné le temps et le soutien nécessaires pour que j'obtienne des résultats. Sam Enriquez, de l'équipe responsable de la page de couverture du *Journal*, a collaboré à la construction et à l'amélioration de la version publiée, sous la supervision de Matthew Rose ; merci à tous les deux. Jathon Sapsford, rédacteur en chef adjoint du *Journal* à Washington, m'a offert un soutien à la fois pertinent et essentiel. Merci aussi à Jeanne Cummings, également rédactrice en chef adjointe à Washington, pour ses conseils avisés et sa préparation désintéressée des appels à soumission.

Au *Journal*, encore, Lisa Schwartz m'a fourni des pistes précieuses et m'a aidé dans mes recherches, à l'instar de Jared Malsin et Jude Marfil. Merci à Nathan Puffer, le responsable de la sécurité stratégique de Dow Jones, et à l'équipe de Princeton qui me suivait à la trace en Russie.

Je remercie mon collègue et ami du *Journal*, Alan Cullison, pour son soutien journalistique, sa sagacité et sa bienveillance.

Merci à Michael Siconolfi et Christopher Stewart, de l'unité d'enquête du *Journal*, de m'avoir encouragé à rejoindre le *Journal* voici plusieurs années.

David Granger est l'agent dont j'ai longtemps rêvé. Partenaire inventif, il m'a aidé à concevoir la proposition que j'ai soumise pour pouvoir écrire cet ouvrage et a orchestré le processus qui lui a permis de trouver un éditeur. Tandis que le livre prenait corps, David s'est montré un camarade loyal.

Je remercie Vanessa Mobley, qui a travaillé chez Little, Brown, pour son enthousiasme inébranlable à l'égard de ce projet et pour ses conseils éditoriaux dans les premières versions. Pronoy Sarkar s'est profondément impliqué et m'a fait bénéficier de son talent de conteur en enrichissant le côté humain de ce livre, tout en le défendant et en lui apportant ses ressources inépuisables. Merci à Pronoy et à Maria Espinosa, pour ses lectures et son soutien.

Je remercie Michael Noon et Mike Fleming, chez Little, Brown, pour leur travail sur la production et l'édition, ainsi que Chris Nolan pour sa relecture du point de vue juridique. Je suis également reconnaissant à Alyssa Persons, Katherine Akey, Gianella Rojas et Sarah Maymi, des départements marketing et publicité ; ils ont permis d'éclairer le lecteur sur notre travail et sur l'importance de l'histoire de Billy.

Un tel ouvrage ne pourrait voir le jour sans les contributions désintéressées des personnes qui œuvrent dans le renseignement ou la police. Andy Arena, Carlos Fernandez, Kenny Leahman, Don Robinson, John Sipher et de nombreux agents et officiers de la CIA, du FBI ainsi que d'autres agences américaines ont répondu avec beaucoup de patience à mes questions devant d'innombrables cafés ou au cours de multiples appels téléphoniques. Ils m'ont aidé à comprendre un environnement conçu justement pour ne pas être compris par ceux qui ne font pas partie du sérail.

Merci à Jim O'Kray et Kathy O'Kray d'avoir partagé leurs réflexions sur leur neveu. Merci également à Guy Schlachter, Chaz Laflamme, Drew Robertoy, Kathy Lewis, entre autres personnes qui ont connu Billy au lycée, ainsi qu'à l'ancien rédacteur en chef de l'*Oxford Leader,* C. J. Carnacchio. Walt Power et Shardul Shah m'ont aimablement expliqué la vie dans la région de Détroit au sein de diverses communautés ethniques. Merci à l'ambassadeur John Beyrle et à l'ex-représentant Mike Bishop.

Cet ouvrage a bénéficié du labeur et de la créativité de plusieurs chercheurs, et notamment de Michael Sheldon, dont la compréhension des brigades de volontaires russes et des événements dans le Donbass, en plus de ses compétences numériques et de son ingéniosité, a été primordiale pour déchiffrer des parties essentielles de ce mystère. Helena Jensen, Zoe Best, Daria X. et Ksenia K. ont également effectué des recherches importantes. Florin Safner a dépassé mes espoirs en concevant les cartes qui illustrent les allées et venues de Billy.

Tom Colligan et Milana Mazaeva ont vérifié les informations présentées dans le manuscrit et m'ont aidé pour établir l'appareil de notes. J'ai bénéficié de leur soutien essentiel compte tenu de l'ampleur du matériel et des sujets traités dans l'ouvrage. Qu'ils en soient remerciés.

Merci à Bob Foresman de m'avoir raconté l'histoire de Billy et de m'avoir régulièrement soumis ses réflexions au sujet de l'attitude des États-Unis et de la Russie à l'égard de cette disparition. Quant à Anthony Scaramucci, il m'a expliqué les rouages de l'administration Trump.

Toute ma gratitude à Robert Kœnig pour son aide en Ukraine ainsi que pour son soutien et ses encouragements au fil du temps. Merci à David Friend pour sa sagesse et son amitié fidèle.

Merci à Angus Roven, Stefan Wathne, et Arthur et Lesia McCallum, qui m'ont guidé sur cette route, voilà des années. Alex Lareneg, Andreï Chestopalov et Dmitri Tourine m'ont procuré un appui important en

Russie et m'ont livré leur perspective sur ce pays. Les ultimes conclusions de cette enquête sont liées aux efforts fournis par Anastasia Mikhaïlovskaïa et Valery Prikhodko.

Je tiens à exprimer ma reconnaissance à Charley Dane pour sa lecture du manuscrit et son amitié fidèle depuis de longues années. Pour leurs aides variées, je remercie également Paul Pelletier, Mika « Iceman » Immonen, Natalie Gryvnyak, Alexander Sulla, Natalka Pisnya, Elena Postnikova, Alexander Ulanov, Preston Mendenhall, Vyacheslav Konstantinovsky, Zamir Gotta, Shimeng Zhang, Alexander Toulbou, Anna Dyachenko, Serhiy Bosak, Suratni, le Dr Jeffrey Jentzen, Darko Skulsky, Michael Perry, Mark Parekh, Mark Halaway, Leon Beker, Mark O'Keefe, Jess Randall, Caleb Santana, et OJ Lima.

Merci mille fois à Brian Best pour nos discussions sur l'Ukraine ; merci à Natacha et à lui pour le séjour à Londres. Merci enfin à Craig, à Ulrica et aux enfants pour le séjour à West, lorsque ce livre n'était qu'une page blanche.

*

Note sur la translittération : l'orthographe du nom des lieux reste un sujet très sensible en Ukraine pour certaines personnes. Dans ce livre, la plupart du temps, j'ai adopté la charte du *Wall Street Journal*, avec une exception notable. J'ai en effet employé l'exonyme depuis longtemps accepté de la capitale ukrainienne, « Kiev », translittération du toponyme russe, plutôt que la version ukrainienne « Kyiv ». Il ne s'agit pas d'une proclamation politique, mais d'un choix utilitaire. « Kiev », pour moi, n'est pas une translittération du russe, mais un nom plus facile à prononcer.

BIBLIOGRAPHIE

Paul Klebnikov, *Parrain du Kremlin. Boris Berezovski et le pillage de la Russie*, Robert Laffont, 2001

La Chronique de Nestor, Ernest Leroux, éditeur, 1884

Serhii Plokhy, *Aux portes de l'Europe. Histoire de l'Ukraine*, Gallimard, 2022

Mikhaïl Cholokhov, *Le Don paisible*, Omnibus, 1999

Timothy Snyder, *Terres de Sang. L'Europe entre Hitler et Staline*, Folio Histoire, 2019

Alexandre Soljenitsyne, *L'Archipel du Goulag*, Points, 2021

Lawrence Wright, *La Guerre cachée. Al-Qaïda et les origines du terrorisme islamiste*, Robert Laffont, 2007

INDEX

Personnes

INDEX

NOTES

Chapitre 1 – La gare

1. Elena Gorbatcheva, entretiens avec l'auteur, 2018.
2. Patrick Jackson, "Ukraine War Pulls in Foreign Fighters", BBC News, 1er septembre 2014, https://www.bbc.com/news/world-europe-28951324
   — Mikela Yakkarino, "International Brigades", *Novoe Vremya*, 23 mars 2015, https://newtimes.ru/articles/detail/96255
   — Mark Galeotti, *Armies of Russia's War in Ukraine*, Osprey Publishing; Illustrated edition (18 juin 2019).
3. "Three Station Square", ministère russe de la Culture, https://www.culture.ru/institutes/12243/ploshad-trekhvokzalov
   — David Kramer, "Russian style in architecture as a search for the national soul", *Moskvich*, 28 avril 2021, https://moskvichmag.ru/gorod/russkij-stil-v-arhitekture-kak-poisk-natsionalnoj-dushi
   — "A snake Zilant that disappeared from the main tower of the Kazan railway station in Moscow has been found", Moskovskaya Gazeta, https://mskgazeta.ru/obshchestvo/najden-zmej-zilant-ischeznuvshij-s-glavnoj-bashnikazanskogo-vokzala-v-moskve-7799.html
   — "Construction of the Kazan railway station in engravings by Vadim Dmitrievich Falileev and drawings by Nikifor Yakovlevich Tamonkin", Our Heritage, Russian Federal Agency for Press and Mass Communications, N° 74, 2005, http://www.nasledie-rus.ru/podshivka/7403.php
4. Elena Gorbatcheva et Mikhaïl Polinkov, messages sur Vkontakte.
   — Gorbatcheva, entretiens.
5. Mikhaïl Polinkov, *Une vérité de soldat : blog politico-militaire*, LiveJournal, articles, https://polynkov.livejournal.com
   — Mikhaïl Polinkov, compte sur Vkontakte, https://vk.com/polynkov?t2fs=43da76e4b16c3d5844_2
   — Anastasia Mikhaïlovskaïa, entretiens avec l'auteur, 2018.
   — Mikhaïl Polinkov, entretien, 2022.

6. Elena Gorbatcheva, photographies, 2015.
7. Gorbatcheva, entretiens.
8. « Le Don paisible », train. Voir : https://avia-mir.ru/poezda/poezd_tihiyi_don
9. « Highland Park », site de la société Ford, https://corporate.ford.com/articles/history/highland-park.html
   — Peter Behr, "Silence on the Line at Dodge Main (1914-1980)", *The Washington Post*, 13 juillet 1980, https://www.washingtonpost.com/archive/business/1980/07/13/silence-on-the-line-at-dodge-main-1914-1980/a757ab4a-3609-423a-a054-90ad4eb7fd7a
10. C. J. Carnacchio, ancien rédacteur en chef de l'*Oxford Leader*, entretien avec l'auteur, 2021.
   — Thaddeus De Witt Seeley, *History of Oakland County Michigan: A Narrative Account of Its Historic Progress, Its People, Its Principal Interests, Volume 1*, Lewis Publishing Company, 1912, p. 242-250, https://www.google.com/books/edition/History_of_Oakland_County_Michigan/vtzsq71gpFAC?hl=en&gbpv=0
11. Terry et Bill Reilly, entretiens avec l'auteur, 2017-2022.
12. Catie Cherri, entretiens avec l'auteur, 2018-2022.
13. Terry et Bill Reilly, entretiens.

Chapitre 2 – Au jour le jour

14. Jim O'Kray, entretiens avec l'auteur, 2018-2022.
   — Terry et Bill Reilly, entretiens.
15. Walt Power, habitant de Détroit, entretien avec l'auteur, 2022.
16. Nathan Bomey and John Gallagher, "How Detroit Went Broke", *Detroit Free Press*, 15 septembre 2013, https://www.freep.com/story/news/local/michigan/detroit/2013/09/15/how-detroit-went-broke-the-answers-maysurprise-you-and/77152028/
   — Thomas J. Sugrue, *The Origins of the Urban Crisis: Race and Inequality in Postwar Detroit* (New Jersey : Princeton University Press, 1996).
17. Terry et Bill Reilly, entretiens.
18. Terry et Bill Reilly, entretiens.
19. Willis F. Dunbar, George S. May, *Michigan: A History of the Wolverine State,* Eerdmans Publishing Company, 1995, https://www.google.com/books/edition/Michigan/HqGWEAnByeMC?hl=en

— C. J. Carnacchio, ancien rédacteur en chef de l'*Oxford Leader*, entretien avec l'auteur, 2021.

—Thaddeus De Witt Seeley, *History of Oakland County Michigan: A Narrative Account of Its Historic Progress, Its People, Its Principal Interests, Volume 1*, Lewis Publishing Company, 1912, p. 242-250, https://www.google.com/books/edition/History_of_Oakland_County_Michigan/vtzsq71gpFAC?hl=en&gbpv=0

20. "Polly Ann Trail History", Welcome to the Polly Ann Trail, http://pollyanntrailway.org/index.php/about-ourtrail/polly-ann-trail-history
21. Terry et Billy Reilly, entretiens.
22. Christopher Singleton, "Auto Industry Jobs in the 1980's: a decade of transition", *Monthly Labor Review*, février 1992, https://www.bls.gov/opub/mlr/1992/02/art2full.pdf
   — James Risen, "GM to Close 11 Midwest Plants, Cut 29 000 Jobs", *Los Angeles Times*, 7 novembre 1986, https://www.latimes.com/archives/la-xpm-1986-11-07-mn-15593-story.html
23. Terry et Bill Reilly, entretiens.
24. "Michigan", Arab America Foundation, https://www.arabamerica.com/michigan
   — James Risen, "Thousands of Lebanese Fleeing Warfare Flood Into U.S., Particularly Detroit Area", *Los Angeles Times*, 23 septembre 1989, https://www.latimes.com/archives/la-xpm-1989-09-23-mn-605-story.html
25. JoEllen McNergney Vinyard, *For Faith and Fortune, The Education of Catholic Immigrants in Detroit, 1805-1925*, University of Illinois Press, 1998, p. 182, https://archive.org/details/forfaithfortunee0000viny
26. Power, entretien.

Chapitre 3 – Désamour

27. Attestation de service militaire, National Archives and Records Administration ; reçu à Saint-Louis, Missouri le 3 juin 2021.
   — Archives, Sons of Liberty Museum, Dallas, Texas
28. Terry et Bill Reilly, entretiens.
29. Terry et Bill Reilly, entretiens.

Catie Cherri, entretiens.

30. Catie Cherri, entretiens.
31. Catie Cherri, entretiens.
32. Terry et Bill Reilly, entretiens.
   — Catie Cherri, entretiens.

33. Billy Reilly, Illinois Institute of Technology, candidature, juin 2014.
34. Terry et Bill Reilly, entretiens.
35. Terry et Bill Reilly, entretiens.
   — Kathy Lewis, Notre-Dame-des-Lacs, professeure, entretien avec l'auteur, 2018.
36. Guy Schlachter, entretiens avec l'auteur, 2018-2021.

Chapitre 4 – Cataclysme

37. Jeanne Cummings et David Rogers, "Bush Demands bin Laden Be Turned Over, Tells U.S. Military 'The Hour Is Coming'", *The Wall Street Journal*, 20 septembre 2001, https://www.wsj.com/articles/SB1000993322479443320?mod=ig_911archives
38. Toby Harnden, *First Casualty: The Untold Story of the CIA Mission to Avenge 9/11*, Little Brown, 2021.
   — Henry A. Crumpton, "The CIA in Afghanistan 2001-2002", CIA Direcrate of Operations, Archives.gov, https://www.archives.gov/files/declassification/iscap/pdf/2012-041-doc01.pdf
39. Terry et Bill Reilly, entretiens.
   — Catie Cherri, entretiens.
40. Catie Cherri, entretiens.
41. Lettre de candidature pour l'université, master d'informatique. Disque dur des Reilly, dossier : *bstatement.pdf*.
42. Chaz Laflame, entretien avec l'auteur, 2018.
   — Drew Robertoy, entretien avec l'auteur, 2018.
   — Guy Schlachter, entretiens.
43. Guy Schlachter, entretiens.
   — Chaz Laflame, entretiens.
44. Catie Cherri, entretiens.
45. Reza Aslan, *No God but God*, Random House, 2005.
   — Karen Armstrong, *Muhammad: A Prophet for Our Time*, HarperCollins, 2006.
46. Drew Robertoy, entretiens.

Chapitre 5 – Conversion

47. Catie Reilly, entretiens.
48. "President's Remarks in Pontiac, Michigan", transcription, Maison-Blanche, 27 octobre 2004, https://georgewbushwhitehouse.archives.gov/news/releases/2004/10/20041027-15.html

49. "Iraq war illegal, says Annan", BBC News, 16 septembre 2004, http://news.bbc.co.uk/2/hi/middle_east/3661134.stm
50. Terry et Bill Reilly, entretiens.
    — Catie Cherri, entretiens.
51. Guy Schlachter, entretiens.
    — Laflame, entretiens.
    — Robertoy, entretiens.
52. Mohammed Cherri, entretiens.
    — Catie Cherri, entretiens.
53. Terry et Bill Reilly entretiens.
    — Catie Cherri, entretiens.
54. William Reilly, Our Lady of the Lakes Parish School (école paroissiale Notre-Dame-des-Lacs), bulletin scolaire, imprimé le 2 octobre 2019.
55. Terry et Bill Reilly, entretiens.
56. William Reilly, bulletin scolaire.
57. William Reilly, Oakland University, relevé de notes, secrétariat de l'université, remis le 8 mai 2012.
    — Terry et Bill Reilly, entretiens.
58. Terry et Bill Reilly entretiens.
    — Catie Cherri, entretiens.
59. Catie Cherri, entretiens.
60. Catie Cherri, entretiens.
61. Terry et Bill Reilly, entretiens.
    — Catie Cherri, entretiens.
62. Catie Cherri, entretiens.
63. Plainte du FBI : Criminal Complaint, U.S. v. Luqman Ameen Abdullah, et al., US District Court, Eastern District of Michigan, Case : 2 h 9 -mj-30436, déposée le 27 octobre 2009.
    — Niraj Warikoo, "FBI's killing of Détroit Muslim leader 10 years ago haunts communities", *Detroit Free Press*, 28 octobre 2019, https://www.freep.com/story/news/local/michigan/2019/10/28/ten-years-fbi-imam-luqmanabdullah-death-dearborn/2451750001
    — "Eleven Members/Associates of Ummah Charged with Federal Violations", archives du FBI, 28 octobre 2009, https://archives.fbi.gov/archives/detroit/press-releases/2009/de102809.htm.
64. Catie Cherri, entretiens.
    — Mohammed Cherri, entretiens.
65. Catie Cherri, entretiens.

Chapitre 6 – Siège

66. "FBI Files on Umar Farouk Abdulmutallab", *The New York Times*, 22 février 2017, https://www.nytimes.com/interactive/2017/02/22/world/document-Umar-Farouk-Abdulmutallab-Documents.html
67. Andy Arena, entretiens avec l'auteur, 2018-2021.
68. Andrew G. McCabe, *The Threat: How the FBI Protects America in the Age of Terror and Trump* (New York : St. Martin's Press, 2019), p. 104-105, 111-114.
69. "Committee Study of Central Intelligence Agency's Detention and Interrogation Program", Report of the Senate Select Committee on Intelligence, D. Feinstein, présidente, 2014, https://www.intelligence.senate.gov/sites/default/files/publications/CRPT-113srpt288.pdf
    — Shane O'Mara, *Why Torture Doesn't Work: The Neuroscience of Interrogation*, Harvard University Press, 2015
70. McCabe, *The Threat*, p. 105, 111.
    — Tim Weiner, *Enemies: A History of the FBI* (New York : Random House, 2012), p. 447.
71. McCabe, *The Threat*, 112-113.
72. McCabe, *The Threat*, 112-113, 119.
    — Scott Shane, "Inside Al Qaeda's Plot to Blow Up an American Airliner", *The New York Times*, 22 février 2017, https://www.nytimes.com/2017/02/22/us/politics/anwar-awlaki-underwear-bomber-abdulmutallab.html
73. 9/11 Commission Report, p. 352.
74. Anciens agents du FBI, entretiens avec l'auteur, 2018-2022.
    — McCabe, *The Threat*, p. 60-61
75. Paul Pelletier, ancien procureur fédéral des États-Unis, entretiens avec l'auteur, 2018-2022.
    — McCabe, *The Threat*, p. 58
76. Tim Weiner, *Enemies: A History of the FBI* (New York : Random House, 2012), p. 11-12.
77. "Palmer Raids", FBI.gov, https://www.fbi.gov/history/famous-cases/palmer-raids
    — Weiner, *Enemies*, p. 20-22.
78. "FBI's Compliance with the Attorney General's Investigative Guidelines (Redacted)", Office of the Inspector General, 2005, chapitre 2, https://oig.justice.gov/sites/default/files/archive/special/0509/chapter2.htm

— Weiner, *Enemies*, p. 74, 95-96.
79. Ryan Grim et Jon Schwarz, “A Short History of US Law enforcement infiltrating protests”, *The Intercept*, 2 juin 2020, https://theintercept.com/2020/06/02/history-united-states-government-infiltration-protests
80. “FBI’s Compliance with the Attorney General’s Investigative Guidelines (Redacted)”, Office of the Inspector General, 2005, chapitre 3 : Attorney Generals Guidelines Confidential Informants, https://oig.justice.gov/sites/default/files/archive/special/0509/chapter3.htm
81. Arena, entretiens.
82. “Everything Secret Degenerates: The FBI’s Use of Murderers as Informants”, House Government Reform Committee, U.S. House of Representatives, 3 février 2004, https://www.congress.gov/congressional-report/108thcongress/house-report/414/2
    — Dick Lehr et Gerard O’Neill, *Black Mass: Whitey Bulger, the FBI, and a Devil’s Deal* (New York : PublicAffairs, 2012).
83. Arena, entretiens.
84. Press Briefing by Attorney General William French Smith on the Cabinet Council Meeting on Drug Enforcement Matters, White House Office of the Press Secretary, 30 août 1984, https://www.reaganlibrary.gov/public/digitallibrary/smof/counsel/roberts/box-019/40-485-6908381-019-0062017.pdf
    — Pelletier, interviews. Jim McGee, “The Rise of the FBI”, *The Washington Post*, 20 juillet 1997, https://www.washingtonpost.com/archive/lifestyle/magazine/1997/07/20/the-rise-of-the-fbi/07c009a3-ddb0-4e6a-81bd-91bc0aa3c996
85. “Everything Secret Degenerates”, Committee on Government Reform 2004, *Everything Secret Degenerates: The FBI’s Use of Murderers as Informants*. Washington, USA, https://www.govinfo.gov/content/pkg/CRPT-108hrpt414/html/CRPT-108hrpt414-vol1.htm
86. “Uniting and Strengthening America by Providing Appropriate Tools Required to Intercept and Obstruct Terrorism (USA Patriot Act) of 2001”, Section 201, U.S. Congress, https://www.congress.gov/107/plaws/publ56/PLAW-107publ56.pdf
    — Weiner, *Enemies*, p. 437.
87. Neil Lewis, “Traces of Terror: The Inquiry; Aschcroft Permits F.B.I. to Monitor Internet and Public Activities”, *The New York Times*,

31 mai 2002, https://www.nytimes.com/2002/05/31/us/traces-terror-inquiry-ashcroftpermits-fbi-monitor-internet-public-activities.html

88. Robert S. Mueller, III, biographie, https://www.fbi.gov/history/directors/robert-s-mueller-iii
89. 9/11 Commission Report, p. 423.
90. 9/11 Commission Report, p. 424.
91. Andy Arena, entretiens.
92. Janet Reitman "I Helped Destroy People", *The New York Times Magazine*, 1er septembre 2021, https://www.nytimes.com/2021/09/01/magazine/fbi-terrorism-terry-albury.html
    — Yassir Fazaga, et al. v. Federal Bureau of Investigation et al., Declarations of Craig Monteilh, US District Court for the Central District of California, Case No. : SA CV 11-00301 CJC (VBKx), 23 avril 2010 - 12 octobre 2011, https://www.supremecourt.gov/DocketPDF/20/20-828/185460/20210730194627462_20-828ja.pdf
93. Arena, entretiens.
94. Arena, entretiens.
95. Dan Eggen, "FBI Agents Still Lacking Arabic Skills 33 of 12,000 Have Some Proficiency", *The Washington Post*, 11 octobre 2006,https://www.washingtonpost.com/archive/politics/2006/10/11/fbi-agents-still-lackingarabic-skills-span-classbankhead33-of-12000-have-some-proficiencyspan/ef10018e-6224-4b0f-bffe-ab6d67f6ba15
96. Paul Vitello et Kirk Semple, "Muslims Say FBI Tactics Sow Anger and Fear", *The New York Times*, 17 décembre 2009, https://www.nytimes.com/2009/12/18/us/18muslims.html
    — 9/11 Report, p. 77.
    — Dana Millbank, "FBI Budget Squeezed After 9/11", *The Washington Post*, 22 mars 2004, https://www.washingtonpost.com/archive/politics/2004/03/22/fbi-budget-squeezed-after-911/169ac386-cab7-4c93bcda-9801b5d5969d
    — "Preventing and Combating Terrorism Including Counterterrorism and Intelligence: +227,3 million in Counterterrorism and Intelligence enhancementments", Department of Justice, Budget Fact Sheet, FY 2008, https://www.justice.gov/archive/jmd/2008factsheets/pdf/0801_ct_intel.pdf

97. *Janet Reitman "I Helped Destroy People", The New York Times Magazine*, 1er septembre 2021, https://www.nytimes.com/2021/09/01/magazine/fbi-terrorism-terry-albury.html
    — Paul Vitello and Kirk Semple, "Muslims Say FBI Tactics Sow Anger and Fear", *The New York Times*, 17 décembre 2009, https://www.nytimes.com/2009/12/18/us/18muslims.html
98. Audit of the Department of Justice's Use of Immigration Sponsorship Programs, Office of the Inspector General, juin 2019, p. 7, https://oig.justice.gov/reports/2019/a1932.pdf
    — Agents spéciaux du FBI, entretiens.
99. Agents spéciaux du FBI, entretiens.

Chapitre 7 – Homme à tout faire

100. Université d'Oakland, relevé des notes du 8 mai 2012.
    — Terry et Bill Reilly, entretiens.
    — Catie Cherri, entretiens.
101. Reilly, disque dur, nom du dossier : *bstatement.pdf*, lettre de motivation pour un master d'informatique.
102. Terry et Bill Reilly, entretiens.
103. Terry et Bill Reilly, entretiens.
104. Terry et Bill Reilly, entretiens.
    — David Kotal-Terry Reilly, messages.
105. Agents spéciaux du FBI, entretiens.
    — "Sensitive Site Exploitation Guide", U.S. Department of Defense, https://media.defense.gov/2021/mar/11/2002598879/-1/-1/1/sensitive%20site%20exploitation%20guide.pdf
    — Adam Goldman and Julie Tate, "Inside the FBI's secret relationship with the military's special operations", *The Washington Post*, 10 avril 2014, https://www.washingtonpost.com/world/national-security/inside-the-fbis-secretrelationship-with-the-militarys-special-operations/2014/04/10/dcca3460-be84-11e3-b195-dd0c1174052c_story.html
106. Janet Reitman, "I Helped Destroy People", *The New York Times Magazine*, 1er septembre 2021, https://www.nytimes.com/2021/09/01/magazine/fbi-terrorism-terry-albury.html
    — Mike German, *Rethinking Intelligence: Interview with John Mueller and Mark G. Stewart*, Brennan Center for Justice, 31 mars 2016, https://www.brennancenter.org/our-work/

research-reports/rethinking-intelligenceinterview-john-mueller-and-mark-g-stewart
107. Lawrence Wright, *The Looming Tower: Al-Qaeda and the Road to 9/11*, Knopf, 2006, p. 395-396.
— "FBI Was Warned About Flight Schools", 15 mai 2002, https://www.cbsnews.com/news/fbi-was-warned-aboutflight-schools
108. Janet Reitman "I Helped Destroy People", *The New York Times Magazine*, 1er septembre 2021, https://www.nytimes.com/2021/09/01/magazine/fbi-terrorism-terry-albury.html
109. Agents spéciaux du FBI, entretiens.
— McCabe, *The Threat*, p. 67.
110. McCabe, *The Threat*, p. 70.
111. Agents spéciaux du FBI, entretiens.
112. Terry et Bill Reilly, entretiens.
113. Terry et Bill Reilly, entretiens.
114. Terry et Bill Reilly, entretiens.
115. Talal Ansari et Siraj Datoo, "Welcome to America – Now Spy On Your Friends", *BuzzFeed News*, 28 janvier 2016, https://www.buzzfeednews.com/article/talalansari/welcome-to-america-now-spy-on-yourfriends#.ni9wgoxnL
— Trevor Aaronson, "When Informants Are No Longer Useful, the FBI Can Help Deport Them", *The Intercept*, 31 janvier 2017, https://theintercept.com/2017/01/31/when-informants-are-no-longer-useful-the-fbi-can-help-deport-them
— Agents spéciaux du FBI, entretiens.
116. Terry et Bill Reilly, entretiens.
— Catie Cherri, entretiens.
117. "CHS Assessing", FBI Anchorage, Program Aids, CHS Recruiting Series, Derived from: FBI NSISCG, Record: 800A-AN-14809, 6 octobre 2011, p. 8, https://archive.org/stream/ConfidentialHumanSourceAssessmentAid/Confidential%20Human%20Source%20Assess ment%20Aid_djvu.txt
118. Terry et Bill Reilly, entretiens.
119. Wayne M. Murphy, Assistant Director, Directorate of Intelligence, FBI, Statement Before the House Judiciary Committee, Subcommittee on Constitution, Civil Rights and Civil Liberties and on Crime, Terrorism and Homeland Security, 19 juillet 2007, https://archives.fbi.gov/archives/news/testimony/improving-our-confidential-human-sourceprogram

120. Confidential Human Source Policy Guide, 21 septembre 2015, p. 105.
121. Confidential Human Source Policy Guide, Federal Bureau of Investigation, Directorate of Intelligence 0836 PG, 21 septembre 2015, p. 153-154.
122. Agents spéciaux du FBI, entretiens.
123. Trevor Aaronson, "The Informants", *Mother Jones*, septembre/octobre 2011, https://www.motherjones.com/politics/2011/07/fbi-terrorist-informants
    — Agents spéciaux du FBI, entretiens.
    — Arena, entretiens.
124. Confidential Human Source Policy Guide, 21 septembre 2015, p. 12.
125. Divers fichiers sur le disque dur des Reilly.
    — Messages Billy Reilly-Tim Reintjes.
126. Billy Reilly-Tim Reintjes, messages.
    — Terry et Bill Reilly, entretiens.
    — Agents spéciaux du FBI, entretiens.
127. CHS-Assessing-Aid.pdf ; Anchorage, p. 7

Chapitre 8 – Le Faucon

128. Freeh, *My FBI*, p. 50.
    — Weiner, *Enemies*, p. 103.
129. Weiner, *Enemies*, p. 134, 137-138.
130. 9/11 Commission Report, p. 89
131. 9/11 Commission Report, p. 91.
    — Weiner, *Enemies*, p. 226, 343, 360.
132. *Confidential Human Source Policy Guide*, 21 septembre 2015.
133. Agents spéciaux du FBI, entretiens.
    — Officiers de la CIA, entretiens.
134. Officiers de la CIA, entretiens.
135. Agents spéciaux du FBI, entretiens.
136. Don Robinson, entretiens.
    — DF. Martell, "FBI's Expanding Role in International Terrorism Investigations", FBI Law Enforcement Bulletin, Vol 56, n°11, octobre 1987, https://www.ojp.gov/pdffiles1/Digitization/107706NCJRS.pdf
    — Memorandum, "Authority of the Federal Bureau of Investigation to Override International Law in Extraterritorial Law Enforcement

Activities", 21 juillet 1989, Federation of American Scientists, Intelligence Resource Program, https://irp.fas.org/agency/doj/fbi/olc_override.pdf
137. Lawrence Wright, *The Looming Tower: Al-Qaeda and the Road to 9/11*, Knopf, 2006. p. 352.
— 9/11 Commission Report, p. 266.
— "A Review of the FBI's Handling of Intelligence Information Prior to the September 11 Attacks", U.S. Department of Justice, Office of the Inspector General, Special Report, novembre 2004, https://oig.justice.gov/sites/default/files/archive/special/0506/chapter5.htm
138. 9/11 Commission Report, chapitre 13.
139. "CIA Director George Tenet Resigns", PBS NewsHour, 3 juin 2004, https://www.pbs.org/newshour/politics/politics-jan-june04-tenet_06-03
140. 9/11 Commission Report, p. 411.
141. "A Review of the FBI's Involvement in and Observations of Detainee Interrogations in Guantanamo Bay, Afghanistan, and Iraq", U.S. Department of Justice, Office of the Inspector General, Oversight and Review Division, octobre 2009, p. 22, https://www.oversight.gov/sites/default/files/oig-reports/s0910.pdf
142. 9/11 Commission Report, p. 365 et, plus largement, tout le chapitre 12.
143. Robert S. Mueller, III, témoignage devant la House Appropriations Committee, 3 juin 2004, https://archives.fbi.gov/archives/news/testimony/creating-an-intelligence-service-within-the-fbi-1
— "Intelligence", FBI.gov, https://www.fbi.gov/about/leadership-and-structure/intelligence-branch
144. Officiers de la CIA, entretiens.
145. "Model Partnership: New York Joint Terrorism Task Force Celebrates 35 Years", FBI.gov, 8 décembre 2015, https://www.fbi.gov/news/stories/new-york-jttf-celebrates-35-years
— 9/11 Commission Report, p. 402.
146. Robinson, entretiens.
147. Agents spéciaux du FBI, entretiens.
148. Robinson, entretiens.
— Agents spéciaux du FBI, entretiens.
149. https://oig.justice.gov/sites/default/files/archive/special/0506/chapter5.htm

— "Report to the National Commission on Terrorist Attacks upon the United States: The FBI's Counterterrorism Program Since September 2001", Department of Justice, 14 avril 2004, p. 44, https://www.ojp.gov/ncjrs/virtual-library/abstracts/report-national-commission-terrorist-attacks-upon-united-states

150. Jeff Stein, "The Biggest Little CIA Shop You've Never Heard Of", *Newsweek*, 14 novembre 2013, https://www.newsweek.com/2013/11/15/biggest-little-cia-shop-youve-never-heard-243964.html

— Dana Priest, "CIA IS Expanding Domestic Operations", *The Washington Post*, 23 octobre 2002, https://www.washingtonpost.com/archive/politics/2002/10/23/cia-is-expanding-domestic-operations/7e62ab9b-8c1c-4202-b7bd-44b3fb6931c0

151. Agents spéciaux du FBI, entretiens.

152. Agents spéciaux du FBI, entretiens.

— Robinson, entretiens.

153. Agents spéciaux du FBI, entretiens.

154. Zachary Laub, "Syria's Civil War: The Descent into Horror", Council on Foreign Relations, 17 mars 2021, https://www.cfr.org/article/syrias-civil-war

155. Dossiers sur le disque dur des Reilly.

156. Billy Reilly-Tim Reintjes, messages.

157. Dossiers sur le disque dur des Reilly.

158. Rockhurst High School, Kansas City, Mo., https://www.rockhursths.edu/#

— Larry Freeman, Rockhurst High School, responsable des anciens élèves, entretien avec l'auteur, 2019.

— Tim Reintjes, *Quarry*, p. 196, https://www.classmates.com/yearbooks/rockhurst-highschool/4182844225?page=200

— Secrétariat, université de Villanova.

159. Terry et Bill Reilly, entretiens.

— Catie Cherri, entretiens.

— Billy Reilly-Tim Reintjes, messages.

160. Terry et Bill Reilly, entretiens.

161. Terry et Bill Reilly, entretiens.

162. Terry et Bill Reilly, entretiens.

— FBI, fiches de suivi.

Chapitre 9 – Opérationnel

163. Zillow, property assessment, 29712 Warren Rd, Westland, MI 48185, https://www.zillow.com/homedetails/29712-Warren-Rd-Westland-MI-48185/88308836_zpid
164. Michigan Department of Corrections, Aws Naser, informations biographiques, https://mdocweb.state.mi.us/OTIS2/otis2profile.aspx?mdocNumber=895010
165. Site de la mosquée Dar al Salam, https://www.daicwestland.org
166. Aws Naser, entretiens avec l'auteur, 2018.
167. Naser, entretiens.
168. Porte-parole de L3, entretien avec l'auteur, 2018.
169. Naser, entretiens.
170. Naser, entretiens.
171. *Enemies*, p. 428, 432.
172. *Unleashed and Unaccountable: The FBI's Unchecked Abuse of Authority*, Aclu, septembre 2013, https://www.aclu.org/sites/default/files/assets/unleashed-and-unaccountable-fbi-report.pdf, p. 37.
    — "Radicalization: From Conversion to Jihad", FBI intelligence report, 2006.
173. "The 9/11 Commission Report", National Commission on Terrorist Attacks upon the United States, 2004, p. 423.
174. Naser, entretiens.
175. Trevor Aaronson, *American Isis* podcast, *The Intercept*, 2021, https://theintercept.com/2021/07/15/americanisis-podcast
176. Naser, entretiens.
177. *American Isis*, podcast.
178. Naser, entretiens.
179. "Becoming an Agent: An Inside Look at What It Takes", Part One : The First Week, FBI.gov, 18 juillet 2017, https://www.fbi.gov/news/stories/becoming-an-agent-part-1
    — "Becoming an Agent: An Inside Look at What It Takes", Part Three: Preparing for the Field, FBI.gov, 3 août 2017, https://www.fbi.gov/news/stories/becoming-an-agent-part-3
    — Basic Field Training Course, FBI, https://www.fbijobs.gov/sites/default/files/fbi-guide-bftc.pdf
180. Anciens agents spéciaux du FBI, entretiens.
181. Naser, entretiens.
182. State of Michigan v. Aws W. Naser, cour d'appel de l'État du Michigan, LC No. 2013-244672-FC, 13 octobre 2015.

183. State of Michigan v. Aws W. Naser, cour d'appel de l'État du Michigan, LC No. 2013-244672-FC, 13 octobre 2015.
— Naser, entretiens.
184. Naser, entretiens.
— Gil McRipley, entretiens avec l'auteur, 2018.
185. McRipley, entretiens.
— Terry et Bill Reilly, entretiens.
186. Terry et Bill Reilly, entretiens.
187. Terry et Bill Reilly, entretiens.

Chapitre 10 – Le secret

188. Catie Cherri, entretiens.
189. Nargis Rahman, "Tracked and Traced: How thousands of American Muslims ended up on the terrorist watch list", WDET, 19 janvier 2022, https://wdet.org/2022/01/19/tracked-and-traced-how-thousands-of-american-muslims-ended-up-on-the-terroristwatch-list
— Janet Reitman, "I Helped Destroy People", *The New York Times*, 9 septembre 2021, https://www.nytimes.com/2021/09/01/magazine/fbi-terrorism-terry-albury.html
— "Federal Civil Rights Engagement with Arab and Muslim American Communities Post 9/11", U.S. Commission on Civil Rights, septembre 2014, https://www.usccr.gov/files/pubs/docs/ARAB_MUSLIM_9-30-14.pdf
190. Catie Cherri, entretiens.
191. FBI Humint Initiative at Logan Airport, 13 août 2012, https://www.documentcloud.org/documents/3123376-HUMINT-Initiaive-at-Logan-Airport.html.
192. Transportation Security Administration, No-Fly List, https://www.tsa.gov/travel/passenger-support/travelredress-program.
— Terrorist Screening Center, FBI.gov, https://www.fbi.gov/investigate/terrorism/tsc.
193. Charlie Savage, "FBI Casts Wide Net Under Relaxed Rules for Terror Inquires, Data Show", *The New York Times*, 26 mars 2011, https://www.nytimes.com/2011/03/27/us/27fbi.html
— FBI Domestic Investigations and Operations Guide, décembre 2008, https://vault.fbi.gov/FBI%20Domestic%20Investigations%20and%20Operations%20Guide%20(DIOG)

— Janet Reitman, "I Helped Destroy People", *The New York Times*, 9 septembre 2021, https://www.nytimes.com/2021/09/01/magazine/fbi-terrorism-terry-albury.html
194. Agents spéciaux du FBI, entretiens.
195. Mohammed Cherri, entretiens.
196. Abdulrahman Cherri, Wissam Charafeddine, Ali Suleman Ali and Kheireddine Bouzid v. Robert S. Mueller III, et al., US District Court Eastern District of Michigan, 2:12-cv-11656-AC-LJM, enregistré 04/13/12.
197. Terry et Bill Reilly, entretiens.
— Catie Cherri, entretiens.
198. Mohammed Cherri, entretiens.
— Catie Cherri, entretiens.
199. Catie Cherri, entretiens.
200. Mohammed Cherri, entretiens.
201. Oakland Community College, relevé de notes, 16 juillet 2014.
202. Walsh College, Formulaire d'ajout et de suppression, 1er décembre 2014.
203. Montana Technological University, références pour les 3e cycles, 31 mars 2014.
204. Billy Reilly, bstatement.pdf, lettre de motivation pour le master en informatique, 1er août 2013.
205. Catie Cherri, entretiens.
206. Alan Cullison, Paul Sonne, Jennifer Levitz, "Life in America Unraveled for Brothers", *The Wall Street Journal*, 20 avril 2013, https://www.wsj.com/articles/SB10001424127887323809304578432501435232278
207. Greg Miller, "Anti-terror task force was warned of Tamerlan Tsarnaev's long trip to Russia", *The Washington Post*, 26 avril 2013, https://www.washingtonpost.com/world/national-security/anti-terror-task-forcewas-warned-of-tamerlan-Tsarnaevs-long-trip-to-russia/2013/04/25/0ed426de-addb-11e2-8bf6e70cb6ae066e_story.html
— Timothy Heritage, "Boston suspect was under FBI surveillance, mothersays",Reuters,20avril2013,https://www.reuters.com/article/us-usa-explosions-boston-mother-idUKBRE93J0AE20130420
208. Josh Dawsey, Evan Perez, Devlin Barrett et Jennifer Lefitz, "Manhunt Ends With Capture of Boston Bombing Suspect", *The Wall Street Journal*, 8 mai 2013. htttp://online.wsj.com/article/SB1000142412

7887324493704578432030609754740.html?reflink=desktopweb-share_ permalink
— Ann O'Neill, "Tsarnaïev trial: Timeline of the bombings, man-hunt and aftermath", CNN, 15 mai 2015, https://www.cnn.com/2015/03/04/us/Tsarnaïev-trial-timeline/index.html
209. Robinson, entretiens.
— 9/11 Commission Report, p. 76.
210. Robinson, entretiens.
211. Dmitri Trenin, "The Forgotten War: Chechnya and Russia's Future", The Carnegie Endowment for International Peace, novembre 2003, https://carnegieendowment.org/files/Policybrief28.pdf
— Department of State Diplomatic Security, "Chechen Female Suicide Bombers: The New Face of Terrorism in Moscow", https://www.hsdl.org/?view&did=14112
— "Into Harm's Way : Forced Return of Displaced People to Chechnya", Human Rights Watch, janvier 2003, https://www.hrw.org/reports/2003/russia0103
212. Terry et Bill Reilly, entretiens.
213. McCabe, *The Threat*, p. 84.
214. Disque dur des Reilly, dossier : calirussianbros.docx
215. McCabe, *The Threat*, p. 89
216. Jim O'Kray, entretiens.
217. Terry et Bill Reilly, entretiens.
218. Arena, entretiens.
219. Robinson, entretiens.
— Arena, entretiens.
— Agents spéciaux du FBI, entretiens.
220. Agents spéciaux du FBI, entretiens.
221. Disque dur des Reilly, dossier : Reillycoverletter: Re: Intelligence Analyst, GS 7/9 (External), non datée.

Chapitre 11 – Origines

222. Serhii Plokhy, *The Gates of Europe: A History of Ukraine* (New York : Basic Books, 2017).
— Nestor the Chronicler, *The Primary Chronicle*, Laurentian text, trans. Samuel Hazzard Cross et Olgerd P. Sherbowitz-Wetzor (The Medieval Academy of America, 1953). Nestor, *Chronique de Nestor (Récit des temps passés) : Naissance de la Rus' de Kiev*, trad. J.-P. Arrignon, Anacharsis, 2022.

— "Scandinavia and Russia: where did the Russian land come from?", Arzamas, https://arzamas.academy/materials/716
— "People of the North", *Diletant*, https://diletant.media/articles/35026059
— John Haywood, *North Men: The Viking Saga, AD 793-1241*, Thomas Dunne Books, 2016.
— Vilhelm Thomsen, *The Relations between Ancient Russia and Scandinavia, and the Origin of the Russian State*, Taylor Institute, Oxford University, 1877.

223. Par Hansson, sous la dir. de, *The Rural Viking in Russia and Sweden*, conférence, 1996, http://gnezdovo.com/wpcontent/uploads/2020/05/100_Ingmar-Jansson.pdf
— Serhii Plokhy, *The Gates of Europe: A History of Ukraine* (New York : Basic Books, 2017).

224. Ishaan Tharoor, Gene Thorp, "How Ukraine Became Ukraine in 7 Maps", *The Washington Post*, 9 mars 2015, https://www.washingtonpost.com/news/worldviews/wp/2015/03/09/maps-how-ukraine-became-ukraine
— "Vikings at the Court of Yaroslav the Wise", *Diletant*, https://diletant.media/articles/45272160/
— A.V. Nazarenko, *Ancient Russia on international routes: Interdisciplinary Essays cultural, trade, political ties XII centuries*.

225. Brett Forrest, "Russia-Ukraine Conflict Lies in the Bones of an 11th-Century Prince", *The Wall Street Journal*, 2022, https://www.wsj.com/articles/russia-ukraine-conflict-lies-in-the-bones-of-an-11th-century-prince11641052801

226. Ekaterina Gudkova, "How Did They Arise and What is the Historical Meaning of 'Rus', 'Russian', 'Russia'?", ministère russe de la Culture, https://www.culture.ru/s/vopros/rossiya
— Alexander Pipersky, "Russian, Russian", *Arzamas*, https://arzamas.academy/micro/etnonim/11

227. Alexander V. Maiorov, "The Mongolian Capture of Kiev: The Two Dates", *The Slavonic and East European Review*, octobre 2016, https://www.jstor.org/stable/10.5699/slaveasteurorev2.94.4.0702
— Charles Halperin, *The Tatar Yoke: The Image of the Mongols in Medieval Russia*, Slavica, 2009

228. Charles Halperin, *The Tatar Yoke: The Image of the Mongols in Medieval Russia*, Slavica, 2009.
— Orlando Figes, *The Story of Russia*, Metropolitan Books, 2022.

229. Serhii Plokhy, *The Gates of Europe: A History of Ukraine* (New York : Basic Books, 2017).
    — "Ukraine, Name", Encyclopedia of the History of Ukraine, Institute of History of Ukraine, National Academy of Sciences of Ukraine, http://resource.history.org.ua/cgi-bin/eiu/history.exe&I21DBN=EIU&P21DBN=EIU&S21STN=1&S21REF=10&S21FMT=eiu_all&C21COM=S& S21CNR=20&S21P01=0&S21P02=0&S21P03=TRN=&S21COLORTERMS=0&S21STR=1.%201
    — Orest Subtelny, *Ukraine: A History*, University of Toronto Press, 2009.
    — "To the Independence Day of Ukraine: History of Ukraine and state formation", Mykolaiv City Council, 2015, https://mkrada.gov.ua/content/do-dnya-nezalezhnosti-ukrainiistoriya-ukraini-ta-derzhavotvorennya.htm
230. Ian Talley et Alan Cullison, "Ukraine Corruption Concerns Stall IMF Bailout", *The Wall Street Journal*, 31 octobre 2019, https://www.wsj.com/articles/ukraine-corruption-concerns-stall-imf-bailout-11572535061
    — Lilia Shevtsova, "The Maidan and Beyond: The Russia Factor", *Journal of Democracy*, juillet 2014, https://www.journalofdemocracy.org/articles/the-maidan-and-beyond-the-russia-factor
    — Vladimir Poutine, "Vladimir Poutine's article 'On the historical unity of Russians and Ukrainians'", site du Kremlin, 12 juillet 2021, http://kremlin.ru/events/president/news/66181
231. Boris Shramko, "Antiquity of the Seversky Donets", université d'État de Kharkiv, 1962, http://dalizovut.narod.ru/hramko/hramko.htm
232. Mark Galeotti, *Armies of Russia's War in Ukraine*, Osprey Publishing; Illustrated edition (18 juin 2019).
    — "Ukraine crisis: Timeline", BBC, 13 novembre 2014, https://www.bbc.com/news/world-middle-east-26248275
233. Billy Reilly-Tim Reintjes, messages.
234. Jon Ostrower, Alexander Kolyandr, Margaret Coker, Paul Sonne, "Map of a Tragedy: How MH17 Came Apart Over Ukraine", *The Wall Street Journal*, http://graphics.wsj.com/mh17-crash-map
    — "MH17 Incident", gouvernement des Pays-Bas, https://www.government.nl/topics/mh17-incident

235. Disque dur des Reilly, fichier : ukrplane.docx
"#BBCtrending : How it trended – the MH17 blame game", BBC, 18 juillet 2014, https://www.bbc.com/news/blogstrending-28371461
236. Mark Galeotti, *Armies of Russia's War in Ukraine*, Osprey Publishing ; Illustrated edition (18 juin 2019).
— "Where are they now?" *Meduza*, 31 mai 2019, https://meduza.io/en/feature/2019/06/01/where-are-they-now
237. "Video: Rebel Shoot-Down of Ukrainian Military Plane", *The Wall Street Journal*, 18 juillet 2014, https://www.wsj.com/video/video-rebel-shoot-down-of-ukrainian-military-plane/CD20477D-B677-4212A3AD-43C620CFED11.html
— "Ukraine crisis: Military plane shot down in Luhansk", BBC, 14 juin 2014, https://www.bbc.com/news/worldeurope-27845313
238. Nick Shchetko, "Ukraine Forces Repel Two Fresh Assaults on Donetsk's Airport", *The Wall Street Journal*, 30 septembre 2014, https://www.wsj.com/articles/ukraine-forces-repel-two-fresh-assaults-on-donetsks-airport-1412081687
239. "Marvin Paul O'Kray", Lewis E. Wint and Son Funeral Home, https://www.wintfuneralhome.com/obituary/4846041
240. Catie Cherri, entretiens.
241. Terry et Bill Reilly, entretiens.
— Catie Cherri, entretiens.
242. Disque dur des Reilly, vidéos et photos de l'enterrement.

Chapitre 12 – Confusion

243. Officiers de la CIA, entretiens avec l'auteur, 2018-2019.
244. Paul Harris, "The ex-FBI Informant with a change of heart: 'There is no real hunt. It's fixed'", *The Guardian*, 20 mars 2012, https://www.theguardian.com/world/2012/mar/20/fbi-informant
— Leila Rafei, "How the FBI Spied on Orange County Muslims and Attempted to Get Away With It", aclu.org, 8 novembre 2021, https://www.aclu.org/news/national-security/how-the-fbi-spied-on-orange-county-muslims-andattempted-to-get-away-with-it
245. Tresa Baldas, "FBI Translator in Detroit secretly married ISIS leader", *Detroit Free Press*, 2 mai 2017.
246. Jason Burke, "'Gangsta Jihadi' Denis Cuspert killed fighting in Syria", *The Guardian*, 19 janvier 2018, https://www.theguardian.com/world/2018/jan/19/gangsta-jihadi-denis-cuspert-killed-fighting-in-syria

— Scott Glover, "The FBI Translator who went rogue and married an Isis terrorist", CNN Investigates, 1er mai 2017, https://www.cnn.com/2017/05/01/politics/investigates-fbi-syria-greene/index.html
— Haroon Siddique, "FBI Translator Married Isis Recruiter She was Meant to be Investigating", *The Guardian*, 2 mai 2017, https://www.theguardian.com/us-news/2017/may/02/fbi-translator-syria-rapper-isis-islamic-state
247. Paul Abbate, biographie, FBI.gov, https://www.fbi.gov/about/leadership-and-structure/fbi-executives/abbate
248. Billy Reilly-Tim Reintjes, messages.
249. Disques durs des Reilly, photos.
250. Billy Reilly-Amera Lomangcolob, messages.
— Ministère des Affaires étrangères, République des Philippines, "Population of Overseas Filipinos in the Middle East and North Africa", https://dfa.gov.ph/dfa-news/dfa-releasesupdate/25776-population-of-overseas-filipinos-in-the-middle-east-and-north-africa
251. Disque dur de Billy Reilly, photos.
252. Billy Reilly-Lomangcolob, messages.
253. Billy Reilly-Tim Reintjes, messages.
— Disque dur des Reilly, itinéraire.
254. Billy Reilly-Tim Reintjes, messages.
255. Capture d'écran sur Twitter, @bolansang (AMZ Lycn), disque dur de Billy Reilly, fichier : IMG_0494.PNG, 28 décembre 2014.
256. Disque dur des Reilly, fichiers, reçu de versement, « ML Kwarta Palada ».
— Billy Reilly-Amera Lomangcolob, correspondance.
257. Uny Suratni, entretiens avec l'auteur, 2018.
258. Disque dur des Reilly, images.
259. 77 photos, disque dur de Billy Reilly, 2-12 février 2015.
— James Hookway, "Abu Sayyaf Muslim Rebels Roil Waters of Southern Philippines", *The Wall Street Journal*, 7 septembre 2000, https://www.wsj.com/articles/SB96826689188973238
— "Abu Sayyaf leader behind execution of foreigners is killed, Philippines says", Reuters, 12 avril 2017, https://www.reuters.com/article/us-philippines-militants/abu-sayyaf-leader-behind-execution-of-foreigners-is-killedphilippines-says-idUSKBN17E0J5

Chapitre 13 – Faucon vole

260. Terry et Bill Reilly, entretiens.
261. Terry et Bill Reilly, entretiens.
262. Billy Reilly-Tim Reintjes, messages.
263. Acte d'accusation du grand jury, United States District Court, District of Massachusetts. United States of America v Djokhar Tsarnaïev, 27 juin 2013, https://www.justice.gov/iso/opa/resources/632013627162038513370.pdf
264. Disque dur des Reilly, fichier, Inspire_Issue_13_HQ.pdf, Al-Malahem Media, n° de décembre 2014, p. 1, 68-111.
265. Billy Reilly-Tim Reintjes, messages.
    — Disques durs des Reilly, fichier.
    — "Al-Qaeda In The Arabian Peninsula (Aqap) Releases Issue 13 Of Its English-Language Magazine 'Inspire'", The Middle East Media Research Institute, 24 décembre 2014, https:/ /www.memri.org/reports/al-qaeda-arabian-peninsulaaqap-releases-issue-13-its-english-language-magazine-inspire
266. Terry et Bill Reilly, entretiens.
267. Terry et Bill Reilly, entretiens.
268. Terry et Bill Reilly, entretiens.
    — Mohammed Cherri, entretiens.
269. Catie Cherri, entretiens.
270. Gregory L. White, "Russia Sends Aid Convoy to Eastern Ukraine", *The Wall Street Journal*, https://www.wsj.com/articles/russian-aid-convoy-leaves-for-ukraine-1407824191
271. Catie Cherri, entretiens.
272. Terry et Bill Reilly, entretiens.
273. Catie Cherri, entretiens.
274. Jim O'Kray, entretiens.
275. Terry et Bill Reilly, entretiens.
276. Disque dur des Reilly, fichier, amz.odt, 11 mai 2015.
277. Catie Cherri, entretiens.

Chapitre 14 – La base

278. Groupe WhatsApp de la famille Reilly.
279. Elena Gorbatcheva-Mikhaïl Polinkov, messages sur Vkontakte.
    — Gorbatcheva, entretiens.
280. Famille Reilly, groupe WhatsApp.

281. Famille Reilly, groupe WhatsApp.
282. Paul Rekoff, "A Look at the Pro-Russian Separatists", *The Wall Street Journal*, 18 juillet 2014, https://www.wsj.com/articles/BL-DISPATCHB-4075
   — Tatyana Voltskaya, Daisy Sindelar, "Volunteer Now! Russia Makes It Easy To Fight In Ukraine", Radio Free Europe Radio Liberty, 3 février 2015, https://www.rferl.org/a/russia-ukraine-volunteers-kremlin-easy-to-fight-/26828559.html
283. Mark Galeotti, *Armies of Russia's War in Ukraine*, Osprey Publishing ; Illustrated edition (18 juin 2019).
284. Mark Galeotti, *Armies of Russia's War in Ukraine*, Osprey Publishing ; Illustrated edition (18 juin 2019).
   — Mikhaïl Polinkov, *Une vérité de soldat*, https://polynkov.livejournal.com/2114689.html
285. Bronya Kalmyk, (Bronia le Kalmouk), Facebook, https://www.facebook.com/profile.php?id=100011734369611
   — Sanal Viktorov, Odnoklassniki, https://ok.ru/profile/540593988467
   — Viktorov Sanal Viktorovich, Myrotvorets, https://myrotvorets.center/criminal/viktorov-sanal-vladimirovich/
286. Polinkov, *Une vérité de soldat*.
   — Mikhailovskaya, entretiens.

Chapitre 15 – Le long de la Volga

287. Billy et Terry Reilly, messages.
288. Janet M. Hartley, *The Volga: A History of Russia's Greatest River*, Yale University Press, 2021.
   — "Russia's Troubled Waters Flow With The Mighty Volga", NPR, 1er novembre 2010, https://www.npr.org/templates/story/story.php?storyId=130837658
289. "Saratov plant completely liquidated", SaratovBusinessConsulting, 13 août 2012, https://news.sarbc.ru/main/2012/08/13/125622.html
290. Ulyanovs' Town Mansion, "V.I. Lenin's House-Museum", Lenin Centre, http://leninmemorial.ru/en/muzeynyy-kompleks/dom-muzey-v-i-lenina.html
   — Billy et Terry Reilly, messages.
291. Bill et Terry Reilly, messages.
292. Mémorial de la guerre du kourgane Mamaïev « Aux héros de la bataille de Stalingrad », convention du patrimoine mondial de l'Unesco, https://whc.unesco.org/en/tentativelists/5936

293. Bill et Terry Reilly, messages.
294. « Ho Chi Minh Monument in Moscow: A symbol of Vietnam – Russia friendship », télévision vietnamienne, 18 mai 2020, https://english.vtv.vn/news/ho-chi-minh-monument-in-moscow-a-symbol-of-vietnam-russia-friendship-20200531234958032.htm
295. Billy et Terry Reilly, messages.
296. Disque dur des Reilly, dossiers, reçu de transfert de fonds, « ML Kwarta Palada ».
   — Reilly-Lomangcolob, correspondance.
297. Terry et Bill Reilly, entretiens.
298. Billy et Terry Reilly, messages.
   — 29 juin 2015, billet d'avion Moscou-Doha-Bangkok. 30 juin-4 juillet, réservation hôtel Ibis Bangkok Riverside.
299. Billy et Terry Reilly, messages.
300. Alexandr Rublev, commentaires sur les réseaux sociaux.
   — Mark Galeotti, *Armies of Russia's War in Ukraine*, Osprey Publishing ; Illustrated edition (18 juin 2019).
301. Billy et Terry Reilly, messages.

Chapitre 16 – Sang

302. Billy et Terry Reilly, messages.
303. OSCE Special Monitoring Mission to Ukraine (Mission spéciale d'observation en Ukraine), https://www.osce.org/special-monitoring-mission-to-ukraine
304. Billy et Terry Reilly, messages.
305. Billy et Terry Reilly, messages.
   — Terry et Bill Reilly, entretiens.

Chapitre 17 – L'ordinateur

306. Catie Cherri, entretiens.
307. Catie Cherri, entretiens.

Mohammed Cherri, entretiens.

308. Mohammed Cherri, entretiens.
309. Mohammed Cherri, entretiens.
310. Catie Cherri, entretiens.

Chapitre 18 – Nouveaux agents

311. Terry et Bill Reilly, entretiens.

312. Terry et Bill Reilly, entretiens.
313. Billy Reilly et Tim Reintjes, messages.

Chapitre 19 – 300

314. Terry et Billy Reilly, entretiens.
315. Billy Reilly et Tim Reintjes, messages.
316. Mikhaïl Polinkov, *Une vérité de soldat*, LiveJournal.
317. Alexandre Soljenitsyne, *L'Archipel du Goulag*, Fayard, 1974, préface, p. 10.
318. David J. Nordlander, *Origins of a Gulag Capital: Magadan and Stalinist Control in the Early 1930s*, Cambridge University Press, 27 janvier 2017.
    — James O. Jackson, "Soviet Union Gateway to the Gulag", 20 avril 1987, https://content.time.com/time/subscriber/article/0,33009,964077,00.html
319. Polinkov, LiveJournal.
    — David E. Hoffman, "The Oligarchs: Wealth And Power In The New Russia", *Public Affairs*, 2001.
    — Glenn E. Curtis, sous la dir. de, *Russia: A Country Study*. Washington : GPO for the Library of Congress, 1996, http://countrystudies.us/russia/57.htm
320. Polinkov, *Une vérité de soldat.*
321. Polinkov, *Une vérité de soldat.*
322. Maxim Boycko, Andrei Shleifer, Robert W. Vishny, *Privatizing Russia*, Brookings Papers on Economic Activity, 1993, https://scholar.harvard.edu/files/shleifer/files/privatizing_russia.pdf
    — *The Russian Financial Crisis of 1998: An Analysis of Trends, Causes, and Implications*, Congressional Research Service, 1999, https://www.everycrsreport.com/files/19990218_98578_353c595b-8980dfeaab66aa782deab2898c3b6889.pdf
323. Polinkov, *Une vérité de soldat.*
324. Masha Gessen, *The Man Without a Face: The Unlikely Rise of Vladimir Poutine*, Penguin, 2012.
    — Catherine Belton, *Poutine's People: How the KGB Took Back Russia and Then Took On the West*, Farrar, Straus and Giroux, 2020.
325. Vladimir Poutine, "Speech and the Following Discussion at the Munich Conference on Security Policy", site du Kremlin, 10 février 2007, http://en.kremlin.ru/events/president/transcripts/copy/24034

326. "Text of Poutine's speech at Nato Summit (Bucarest, April 2, 2008)", Agence ukrainienne d'information indépendante sur les nouvelles, 18 avril 2008, https://www.unian.info/world/111033-text-of-putin-s-speech-at-nato-summitbucharest-april-2-2008.html
— "President Vladimir Poutine addressed a meeting of the Russia-Nato Council", site du Kremlin, 4 avril 2008, http://en.kremlin.ru/events/president/news/44078
327. Marc Champion, Andrew Osborn, John D. McKinnon, "Russia Widens Attacks on Georgia", 11 août 2008, https://www.wsj.com/articles/SB121834170757727521
328. "Text of Poutine's speech at Nato Summit (Bucharest, April 2, 2008)", Agence ukrainienne d'information indépendante sur les nouvelles, 18 avril 2008, https://www.unian.info/world/111033-text-of-putin-s-speech-at-nato-summitbucharest-april-2-2008.html
329. Anciens hauts fonctionnaires du département d'État, entretiens avec l'auteur.
330. Polinkov, *Une vérité de soldat.*
331. Adrian A. Basora and Aleksandr Fisher, "Poutine's 'Greater Novorossiya' – The Dismemberment of Ukraine", Foreign Policy Research Institute, 2 mai 2014, https://www.fpri.org/article/2014/05/putins-greater-novorossiyathe-dismemberment-of-ukraine/
332. Polinkov, *Une vérité de soldat*, 15 mai 2015.
333. Terry et Bill Reilly, entretiens.
— Polinkov, *Une vérité de soldat.*
334. Bill Reilly et Mikhaïl Polinkov, messages sur réseaux sociaux, 11 captures d'écran fournies par la famille Reilly, 5/08-23/11 2015.
335. Billy Reilly, facture téléphonique.
336. "Ukraine crisis: Russian 'Cargo 200' crossed border – OSCE", BBC.com, 13 novembre 2014, https://www.bbc.com/news/world-europe-30039004
— Diana Magnay, "Ukraine invasion: Why the phrase 'Cargo 200' ignites terror among the mothers of Russian soldiers", Sky.com, 1er mars 2022, https://news.sky.com/story/ukraine-invasion-how-hearing-the-phrase-cargo-200leaves-relatives-of-russian-soldiers-fighting-in-ukraine-distraught-12554715
337. Terry et Bill Reilly, entretiens.
— Interprète, entretien avec l'auteur, 2018.

338. Mark Galeotti, *Armies of Russia's War in Ukraine*, Osprey Publishing ; Illustrated edition, 18 juin 2019.
339. Bill Reilly et Mikhaïl Polinkov, messages.

Chapitre 20 – Beowulf

340. Dmitri Tourine, entretiens avec l'auteur, 2018-2022.
341. Graeme Smith, "In the stolen-data trade, Moscow is the Wild East", *The Globe and Mail*, 2 juillet 2005, https://www.theglobeandmail.com/news/world/in-the-stolen-data-trade-moscow-is-the-wild-east/article18240345/
    — Charles Clover, *Financial Times*, "Goldmine of black market in Russian data", 24 novembre 2009, https://www.ft.com/content/07dedd34-d921-11de-b2d5-00144feabdc0
342. Tourine, entretiens.
343. Office of the Historian, US State Department, "U-2 Overflights and the Capture of Francis Gary Powers, 1960", https:history.state.gov/milestones/1953-1960/u2 -incident

Michael Beschloss, *Mayday: Eisenhower, Khrushchev, and the U-2 Affair* (New York : Harper and Row, 1988).

344. Dmitri Tourine, rapport d'enquête remis à la famille Reilly, 2015-16.
345. Mark Galeotti, *Armies of Russia's War in Ukraine*, Osprey Publishing ; Illustrated edition, 18 juin 2019, p. 36.

Henry Foy, "Vladislav Surkov: 'An overdose of freedom is lethal to a state'", *Financial Times*, 18 juin 2021, https://www.ft.com/content/1324acbb-f475-47ab-a914-4a96a9d14bac

Amy Mackinnon et Reid Standish, "Putin Fires His Puppet Master", *Foreign Policy*, 21 février 2020, https://foreignpolicy.com/2020/02/21/putin-fires-vladislav-surkov-puppet-master-russia-ukraine-rebels

346. Correspondance, Dmitri Tourine et Bill Reilly, 2015-2022.
347. Terry et Bill Reilly, entretiens.
348. Terry et Bill Reilly, entretiens.

Chapitre 21 – RPD

349. Loi fédérale du 28.12.2010 N 403-FZ (éd. du 01.04.2022) « Sur le comité d'enquête de la Fédération de Russie », ministère de la Fédération de Russie pour la presse, la télévision, la diffusion radiophonique et la communication, http://www.consultant.ru/document/cons_doc_LAW_108565/019eea665257980aca04050c9f33da30f551c857

350. Tourine, entretiens.
— Tourine, rapports.
351. Tourine, entretiens.
— Tourine, rapports.
352. Simon Ostrovsky, "The Only American Fighting for Ukraine Dies in Battle", *Vice*, 20 août 2014, https://www.vice.com/en/article/j544vy/the-only-american-fighting-for-ukraine-dies-in-battle
— "American OSCE Monitor Killed in Ukraine Identified as Joseph Stone", Voice of America, 24 avril 2017, https://www.voanews.com/a/joseph-stone-american-osce-monitor-killed-ukraine/3823304.html
353. Ministère de la Sécurité de l'État de la République populaire de Donetsk, http://mgbdnr.ru/
354. Aleksandar Vasovic, "Ex-electrician backed by Poutine helps unite Ukraine rebels", Reuters, 10 février 2015, https://www.reuters.com/article/uk-ukraine-crisis-zakharchenko/ex-electrician-backed-by-putin-helps-unite-ukrainerebels-idUKKBN0LE1DZ20150210
— Marc Bennetts, "Rebel leader Alexander Zakharchenko killed in explosion in Ukraine", *The Guardian*, 31 août 2018, https://www.theguardian.com/world/2018/aug/31/rebel-leader-alexander-zakharchenko-killed-in-explosionin-ukraine
355. "Chronology of Prisoner Exchanges: 2014-2020", Justice for Peace in Donbas, https://jfp.org.ua/blog/blog/blog_articles/58?locale=en
— Stanislav Aseyev et Andreas Umland, "Prisoners as Political Commodities in the Occupied Areas of the Donbas", The Swedish Institute of International Affairs, https://www.ui.se/forskning/centrum-for-osteuropastudier/sceeusreport/no-2-prisoners-as-political-commodities-in-the-occupied-areas-of-the-donbas/
356. Tourine, entretiens.
— Tourine, rapports.
— Tourine-Reilly, correspondance.
357. Terry et Bill Reilly, entretiens.
— Équipe de : sénatrice Stabenow, sénateur Peters, représentant Bishop, entretiens avec l'auteur, 2018-2019.
358. Tourine-Reilly, correspondance.
359. Tourine, entretiens.
— Tourine, rapports.

360. Tourine, entretiens.
    — Tourine, rapports.

Chapitre 22 – La liste

361. Freeh, *My FBI*, p. 183-184, 282.
    — Weiner, *Enemies*, p. 389
362. James O. Finckenauer et Elin J. Waring, *Russian Mafia in America: Immigration, Culture, and Crime*, Northeastern University Press, 1998.
    — Robert I. Friedman, *Red Mafiya: How the Russian Mob has Invaded America*, Little, Brown and Company, 2000, p. 119-139.
    — Robert Mueller, remarks to Citizens Crime Commission of New York, 27 janvier 2011, https://archives.fbi.gov/archives/news/speeches/the-evolving-organized-crime-threat
    — Agents spéciaux du FBI, entretiens.
363. "Russian Pilot Sentenced in Manhattan Federal Court to 20 years in prison", United States Attorney Southern District of New York, 7 septembre 2011, https://www.justice.gov/archive/usao/nys/pressreleases/September11/yaroshenkokonstantinsentencingpr.pdf
    — Aleksey Tarasov, avocat de Iarochenko, entretiens avec l'auteur, 2019-2022.
364. "Russia prepares documents for extradition of Bout, Yaroshenko – Lavrov", Tass, 8 septembre 2012, https://tass.com/archive/681604
365. "Russian Pilot Sentenced in Manhattan Federal Court to 20 years in prison", United States Attorney Southern District of New York, 7 Septembre 2011.
    — Lee Ferran and Patrick Reevell, "The twisted tale of the alleged Russian smuggler floated as a potential prisoner swap", ABC News, 17 janvier 2019, https://abcnews.go.com/International/twisted-tale-alleged-russian-smugglerfloated-potential-prisoner/story?id=60420220
366. Arshad Mohammed, "U.S. blames fax for diplomatic gaffe over Russian", Reuters, 22 juillet 2010, https://www.reuters.com/article/us-russia-usa-apology/u-s-blames-fax-for-diplomatic-gaffe-over-russianidUSTRE66L5ZA20100722
367. James Hookway, "Thailand Sends Russian to U.S. for Terror Trial", *The Wall Street Journal*, 16 novembre 2010, https://www.wsj.com/articles/SB10001424052748703326204575617622684681424

— Chad Bray, "Suspected Russian Arms Dealer Sentenced to 25 Years", *The Wall Street Journal*, 5 avril 2012, https://www.wsj.com/articles/SB1000142405270230330250457732618370542 0436

368. Owen Matthews, "Viktor Bout's Secrets Frighten the Kremlin", *Newsweek*, 2 septembre 2010, https://www.newsweek.com/viktor-bouts-secrets-frighten-kremlin-72249
369. Samuel Rubenfeld, "Magnitsky Act Compliance is Straightforward, Experts Say", *The Wall Street Journal*, 22 décembre 2017, https://www.wsj.com/articles/magnitsky-act-compliance-is-straightforward-experts-say-1513941016
    — William Browder, *Red Notice: A True Story of High Finance, Murder, and One Man's Fight for Justice*, Simon and Schuster, 2015.
370. U.S. Department of the Treasury, Specially Designated Nationals List Update, 12 avril 2012, https://home.treasury.gov/policy-issues/financial-sanctions/recent-actions/20130412
    — "Sergei Magnitsky Rule of Law Accountability Act of 2012", Public Law 112-208 – 14 décembre 2012. https://www.govinfo.gov/content/pkg/PLAW-112publ208/pdf/PLAW-112publ208.pdf
371. Don Robinson, entretiens avec l'auteur, 2022.
372. Don Robinson, entretiens.

Chapitre 23 – Incitations

373. Tourine-Reilly, correspondance.
374. Disque dur des Reilly, fichier : FSB.jpg, 27 octobre 2015.
    — Terry et Bill Reilly, entretiens.
375. Tourine, entretiens.
376. Jeff Stein, "In Russian Hacks of Democrats, a Ghost of the Soviet Past", *Newsweek*, 9 octobre 2016, https://www.newsweek.com/russian-hacks-democrats-ghost-soviet-past-508094
    — Davis Lauter, "Now KGB Has Cause to Fear", *The Los Angeles Times*, 23 août 1991, https://www.latimes.com/archives/la-xpm-1991-08-23-mn-974-story.html
    — "The History of the Special Services Since 1917", site du FSB, https://fsb.dossier.center/history/
377. "History of the monument to Dzerzhinsky", *Kommersant*, 17 février 2021, https://www.kommersant.ru/doc/4694171

— "Monument to Dzerzhinsky in Moscow. Dossier", TASS, 24 juin 2015, https://tass.ru/info/2067571?utm_source=google.com&utm_medium=organic&utm_campaign=google.com&utm_re ferrer=google.com

378. Ralph Boulton, "Witness – The 'naughty schoolboys' who plotted 1991 Soviet coup", Reuters, 17 août 2011, https://www.reuters.com/article/idINIndia-58827320110817
    — Claire Bigg, "Could The KGB Founder Again Find A Place In Central Moscow?", Radio Free Europe Radio Liberty, 14 octobre 2013, https://www.rferl.org/a/statue-dzerzhinsky-moscow/25136577.html
379. Tourine, entretiens.
380. Tourine, rapports.
    — Tourine-Reilly correspondance.
381. Tourine, rapports.

Tourine-Reilly correspondance.

Tourine, entretiens.

Terry et Bill Reilly, entretiens.

382. Meier, Barry, *Missing Man: The American Spy Who Vanished in Iran*, Farrar, Straus and Giroux, 2016.
383. McCabe, *The Threat*, p. 131-132.
384. "Disappearance of Robert A. Levinson (Kish Island, Iran March 9, 2007)", Department of State Rewards Justice Program, https://rewardsforjustice.net/rewards/disappearance-of-robert-a-levinson/
    — "FBI Washington Field Office Statement on Robert A. Levinson and the Department of State Rewards for Justice Announcement", FBI Washington Public Affairs, 4 novembre 2019, https://www.fbi.gov/contact-us/fieldoffices/washingtondc/news/press-releases/fbi-washington-field-office-statement-on-robert-a-levinson-and-thedepartment-of-state-rewards-for-justice-announcement
385. Andrew Higgins, "Our Man in Tblisi", *The Wall Street Journal*, 18 octobre 2008, https://www.wsj.com/articles/SB122428609504746507
    — Michael Pullara, *The Spy Who Was Left Behind: Russia, the United States, and the True Story of the Betrayal and Assassination of a CIA Agent* (New York : Scribner, 2018).
386. "Hostage Recovery Fusion Cell Marks Third Anniversary", FBI.gov, 29 juin 2018, https://www.fbi.gov/news/stories/hostage-recovery-fusion-cell-062918

387. Brian Michael Jenkins, “Does the U.S. No-Concessions Policy Deter Kidnappings of Americans?” Rand Corporation, 2018, https://www.rand.org/content/dam/rand/pubs/perspectives/PE200/PE277/RAND_PE277.pdf
388. Kevin Cirilli, “Jackson Returns with Freed Prisoners”, *Politico*, 20 septembre 2012, https://www.politico.com/story/2012/09/jackson-returns-with-released-prisoners-081475
— Carla Anne Robbins, Betsy Mckay and Stephen J. Glain, “U.S. Soldiers Freed to Jackson As Nato Vows to Press On”, *The Wall Street Journal*, 3 mai 1999, https://www.wsj.com/articles/SB925622788976195854
389. “Hostage Recovery Fusion Cell Marks Third Anniversary”, FBI.gov, 29 juin 2018, https://www.fbi.gov/news/stories/hostage-recovery-fusion-cell-062918
390. Responsable de la Hostage Recovery Fusion official, entretien avec l'auteur, 2018.
391. Terry et Bill Reilly, entretiens.

Chapitre 24 – « M. Trump ! »

392. Terry et Bill Reilly, entretiens.
393. Kathleen Gray, “Donald Trump speaks to crowd in Novi”, Détroit Free Press, 30 septembre 2016, https://www.freep.com/story/news/politics/2016/09/30/donald-trump-opponents-rev-up-before-novi-rally/91314042
— “Full Event: Donald Trump MASSIVE Rally in Novi, MI 9/30/16”, Right Side Broadcasting Network, YouTube, https://www.youtube.com/watch?v=uBIj1x-OZb0
394. Photos des T-shirts fournies par Terry et Billy Reilly.
395. Terry et Bill Reilly, entretiens.
396. Tom McCarthy, “Inside Trump Tower, where the transition plays out in plain sight”, *The Guardian*, 7 décembre 2016, https://www.theguardian.com/us-news/2016/dec/07/trump-tower-new-york-city-president-house
397. “Assessing Russian Activities and Intentions in Recent US Elections”, Intelligence Community Assessment, Office of the Director of National Intelligence, 6 janvier 2017, https://www.dni.gov/files/documents/ICA_2017_01.pdf
— Ken Bensinger, Miriam Elder, Mark Schoofs, “These Reports Allege Trump Has Deep Ties to Russia”, *Buzzfeed*, 10 janvier

2017, https://www.buzzfeednews.com/article/kenbensinger/these-reports-allege-trump-has-deep-ties-to-russia
— Anna Nemtsova, “Amid Hacking Blowback and “Golden Showers”, Moscow Fears Losing Trump”, *The Daily Beast*, 11 janvier 2017, https://www.thedailybeast.com/amid-hacking-blowback-and-golden-showers-moscowfears-losing-trump

398. Paul Sonne et Michael C. Bender, “Donald Trump Offers Michael Flynn Role as National Security Adviser”, *The Wall Street Journal*, 18 novembre 2016, https://www.wsj.com/articles/michael-flynn-offered-role-as-donaldtrumps-national-security-adviser-1479442042
399. Anthony Scaramucci, entretiens avec l’auteur, 2018.
400. “Bob Foresman”, EastWest Institute, https://www.eastwest.ngo/profile/bob-foresman
— Securities and Exchange Commission, Twelve Seas Investment Company II filing, Nov. 18, 2021, https://www.sec.gov/Archives/edgar/data/1819498/000121390021061964/ea151356-8k_twelve-seas2.htm
401. Ted Man et James Grimaldi, “Trump Didn’t Know of Flynn’s Work for Turkey Before Security-Post Nomination”, *The Wall Street Journal*, 10 mars 2017, https://www.wsj.com/articles/trump-didnt-know-of-flynnswork-for-turkey-before-security-post-nomination-1489187449
— Dion Nissenbaum, “Mike Flynn’s Pro-Turkey Work: An Unfinished Documentary to Boost Country’s Image”, *The Wall Street Journal*, 30 mai 2017, https://www.wsj.com/articles/mike-flynns-pro-turkey-work-an-unfinished-documentary-to-boost-countrys-image-1496183276
402. Ivan Grek, Interview with Alexander Voloshin, SMU Dedman College of Humanities & Sciences, Center for Presidential History, https://www.smu.edu/Dedman/Research/Institutes-and-Centers/Center-for-PresidentialHistory/CMP/US-Russian-Relations-under-Bush-and-Poutine/Alexander-Voloshin
403. Bob Foresman, entretiens avec l’auteur, 2017-2021.
404. Del Quentin Wilber et Aruna Viswanatha, “Former FBI Director Rober Mueller Named Special Counsel for Russia Probe”, *The Wall Street Journal*, 17 mai 2017, https://www.wsj.com/articles/former-fbi-director-robertmueller-named-special-counsel-for-russia-probe-1495058494

405. Rebecca Ballhaus, Michael C. Bender et Del Quentin Wilber, "Before James Comey's Dismissal, a Growing Frustration at White House", *The Wall Street Journal*, May 9, 2017, https://www.wsj.com/articles/beforecomeys-dismissal-a-growing-frustration-at-white-house-1494385212
James Comey, *A Higher Loyalty: Truth, Lies, and Leadership*, Flatiron Books, 2018
406. "Appointment of Special Counsel", site du département de la justice, 17 mai 2017, https://www.justice.gov/opa/pr/appointment-special-counsel
407. Maegan Vazquez, "Trump slams DOJ and FBI in weekend tweetstorm", CNN.com, 4 décembre 2017, https://www.cnn.com/2017/12/03/politics/trump-flynn-twitter-rant
— Adam Serwer, "Trump Escalates His Attacks Against FBI Officials", *The Atlantic*, 23 décembre 2017, https://www.theatlantic.com/politics/archive/2017/12/trump-escalates-his-attacks-against-fbi-officials/549164/
408. Terry et Bill Reilly, entretiens.
409. "Factbox – The 11 candidates being considered for FBI director", Reuters, 12 mai 2017, https://www.reuters.com/article/uk-usa-trump-fbi-candidates-factbox-idAFKBN1882YN
410. McCabe, *The Threat*, p. 227, 257-258.
411. "Paul Abbate, Deputy Director", FBI.gov, https://www.fbi.gov/about/leadership-and-structure/fbiexecutives/abbate
412. Terry et Bill Reilly, itinéraire de voyage.

Chapitre 25 – Dans ses pas

413. Sonia Smith, "War of Words: Meet the Texan Trolling for Poutine", *Texas Monthly*, avril 2018, https://www.texasmonthly.com/articles/son-wealthy-businessman-foot-soldier-vladimir-putin-russia-hacking
— Tim Dickinson, "The Bizarre Story of How a Hardcore Texas Leftist Became a Frontline Poutine Propagandist", *Rolling Stone*, 3 mars 2022, https://www.rollingstone.com/politics/politics-features/russell-texas-bentley-putinpropaganda-ukraine-interview-1315433/
414. Terry et Bill Reilly, entretiens.
— Russell Bentley, Terry et Bill Reilly, correspondance, 2018-2019.
415. Terry et Bill Reilly, entretiens.

416. "Rostov Arena: All you need to know", Fifa.com, 9 février 2018, https://www.fifa.com/tournaments/mens/worldcup/2018russia/news/rostov-arena-all-you-need-to-know-2929294
417. Terry et Bill Reilly, entretiens.
— Rostov-sur-le-Don, comité d'enquête, dossier d'enquête sur William Reilly.
418. Terry et Bill Reilly, entretiens.
— Billy et Terry Reilly, messages.

Chapitre 26 – Contact

419. "Reporter Daniel Pearl Is Dead, Killed by His Captors in Pakistan", *The Wall Street Journal*, 24 février 2002, https://www.wsj.com/public/resources/documents/pearl-022102.htm
420. Terry et Bill Reilly, entretiens.
421. Catie Cherri, entretiens.
422. Terry et Bill Reilly, entretiens.

Chapitre 27 – Réticence

423. Stefan A. Pluta, agent spécial du FBI, "Affidavit in Support of Criminal Complaint, Arrest Warrant and Search Warrants", février 2001, https://www.fbi.gov/file-repository/hanssen-affidavit.pdf/view
424. "Aldrich Ames", FBI.gov, https://www.fbi.gov/history/famous-cases/aldrich-ames
— "Robert Hanssen", FBI.gov, https://www.fbi.gov/history/famous-cases/robert-hanssen
— Tim Weiner, *Betrayal: The Story of Aldrich Ames, an American Spy*, Randon House, 1995.
— "Secrets, Lies, and Atomic Spies", *Nova*, PBS, janvier 2002, https://www.pbs.org/wgbh/nova/venona/dece_ames.html
— Victor Tcherkachine et Gregory Feifer, *Spy Handler: Memoir of a KGB Officer – The True Story of the Man Who Recruited Robert Hanssen and Aldrich Ames* (New York : Basic Books, 2005).
— Viktor Tcherkachine, entretiens avec l'auteur, 2002.
425. Andrei Soldatov et Irina Borogan, *The New Nobility: The Restoration of Russia's Security State and the Enduring Legacy of the KGB, Public Affairs*, 2011.

— Katie Cella, "Famous KGB Spies: Where Are They Now?", *Foreign Policy*, 18 juin 2012, https://foreignpolicy.com/2012/06/18/famous-kgb-spies-where-are-they-now

426. Vladimir Poutine, Biographie, site du Kremlin, http://putin.kremlin.ru/bio/page-4

427. Gregory L. White et Jeanne Whalen, "Arrest of Yukos Chairman Imperils Russia".

s Revival", *The Wall Street Journal*, 27 octobre 2003, https://www.wsj.com/articles/SB106708186126770800

— Paul Sonne, Anton Troianovski, Bertrand Benoit, "Russia Frees Mikhaïl Khodorkovsky", *The Wall Street Journal*, 20 décembre 2013, https://www.wsj.com/articles/SB10001424052702304773104579269582372351584

428. Andrei Soldatov et Irina Borogan, *The New Nobility: The Restoration of Russia's Security State and the Enduring Legacy of the KGB.*

s Security State and the Enduring Legacy of the KGB, *PublicAffairs*, 2011.

— Andrei Illiarionov, "Reading Russia: The Siloviki in Charge", *Journal of Democracy*, avril 2009, https://www.journalofdemocracy.org/articles/reading-russia-the-siloviki-in-charge

429. Tcherkachine, entretiens.

430. Brett Forrest, "The Sleazy Life and Nasty Death of Russia's Spam King", *Wired*, août 2006, https://www.wired.com/2006/08/spamking

431. Amit Kachhia-Patel, agent spécial du FBI, plainte sous scellés, "United States of America v. Anna Chapman and Mikhaïl Semenko", 27 juin 2010, https://www.justice.gov/sites/default/files/opa/legacy/2010/06/28/062810complaint1.pdf

— Maria L. Ricci, agent spécial du FBI, plainte sous scellés, "United States of America v. Defendants 1-8, Vicky Pelaez", 25 juin 2010, https://www.justice.gov/sites/default/files/opa/legacy/2010/06/28/062810complaint2.pdf

— "Ten Alleged Secret Agents Arrested in the United States", communiqué du département de la Justice, 28 juin 2010, https://www.justice.gov/opa/pr/ten-alleged-secret-agents-arrested-united-states

432. "Russian spies receive top honours", *The Guardian*, 19 octobre 2010, https://www.theguardian.com/world/2010/oct/19/russian-spies-receive-top-honours

— Gregory L. White, "Where Spies Go Undercovered", *The Wall Street Journal*, 2 juillet 2010, https://www.wsj.com/articles/SB10001424052748704178004575351033461486698
433. Brett Forrest, "The big Russian life of Anna Chapman, ex-spy", *Politico*, 4 janvier 2012, https://www.politico.com/states/new-york/albany/story/2012/01/the-big-russian-life-of-anna-chapman-ex-spy-069297
434. Evan Perez, Michael Rothfeld, Chad Bray, Gregory L. White, "U.S., Russia to Swap Agents", *The Wall Street Journal*, 8 juillet 2010, https://www.wsj.com/articles/SB10001424052748704111704575355486358191849
— Gus Russo et Eric Dezenhall, *Best of Enemies: The Last Great Spy Story of the Cold War*, Grand Central Publishing, 2018.
— Adam LeBor, "Two Spies, Two Opposing Sides, One Fast Friendship", *The New York Times*, 16 novembre 2018.
— Guennadi Vassilenko, entretiens avec l'auteur, 2018.
435. Shaun Assael, Brett Forrest, "The FBI vs. Fifa », *ESPN The Magazine*, 16 février 2016, https://www.espn.com/espn/feature/story/_/id/14767250/the-exclusive-story-how-feds-took-fifa
436. Brett Forrest, "How the world's biggest bookie was snared at last year's WSOP – and walked a free man", ESPN.com, 12 novembre 2015, https://www.espn.com/chalk/story/_/id/14095257/how-world-biggest-bookie-paul-phuawas-snared-fbi-last-year-world-series-poker-walked-away-free-man
437. Dareh Gregorian, "Who is Robert Mueller, the man behind the report on Trump?", NBC News, 23 mars 2019, https://www.nbcnews.com/politics/justice-department/who-robert-mueller-man-behind-report-trumpn974296
— Cullen Couch, "Robert S. Mueller III '73 On the Front Lines Again", UVA Lawyer, automne 2002, https://www.law.virginia.edu/static/uvalawyer/html/alumni/uvalawyer/f02/mueller.htm
438. Del Quentin Wilber, Aruna Viswanatha, "Former FBI Director Robert Mueller Named Special Counsel for Russia Probe", *The Wall Street Journal*, 17 mai 2017, https://www.wsj.com/articles/former-fbi-director-robertmueller-named-special-counsel-for-russia-probe-1495058494
— Brett Forrest, "Q&A with Former FBI Director", *Alumni Horae*, Vol. 95, n° 3, printemps 2015, http://mediafiles01.myschoolcdn.com/ftpimages/36/misc/misc_118096.pdf

439. Tim Weiner, *Enemies: A History of the FBI* (New York : Random House, 2012), p. 418.
440. Robert Mueller, entretien avec l'auteur, 2015.

Chapitre 29 – Pigeon

441. Billy et Terry Reilly, messages.
442. Relevé bancaire Chase, activité du compte 20-24 mai 2015 ; activité du compte en ligne Chase, 6-14 juin 2015.
— Relevé bancaire Citibank, activité du compte 16 mai-11 juin 2015 ; relevé en ligne Citibank, 14 juin 2015.
443. "Demchuk Andrej Vladimirovich", Myrotvorets, https://myrotvorets.center/criminal/demchuk-andrejvladimirovich
— "Andrej Sheremetov", Myrotvorets, https://myrotvorets.center/criminal/sheremetev-andrej
— Andrey Demchuk, profil Odnoklassniki, https://ok.ru/profile/119556600256
444. Luke Harding, "Ukraine extends lease for Russia's Black Sea Fleet", *The Guardian*, 21 avril 2010, https://www.theguardian.com/world/2010/apr/21/ukraine-black-sea-fleet-russia
— Spencer Kimball, "Bound by Treaty: Russia, Ukraine and Crimea", *Deutsche Welle*, 11 mars 2014, https://www.dw.com/en/bound-by-treaty-russia-ukraine-and-crimea/a-17487632
— "Ukraine announced Russia's obligation to pay rent for the Black Sea Fleet", 23 juin 2020, https://www.rbc.ru/politics/23/06/2020/5ef209e39a7947555dc02f31
445. Stephen Fidler, "In Crimea, a Long History of Russian Power Struggles", *The Wall Street Journal*, 27 février 2014, https://www.wsj.com/articles/SB10001424052702303801304579408322329678800
— Mark Kramer, "Why Did Russia Give Away Crimea Sixty Years Ago?", Wilson Center, https://www.wilsoncenter.org/publication/why-did-russia-give-away-crimea-sixty-years-ago
446. Neil Kent, *Crimea: A History*, Hurst, 2016.
447. Léon Tolstoï, *Les Récits de Sébastopol,* 1855.
— "Crimean War", National Army Museum, Londres, https://www.nam.ac.uk/explore/crimean-war
448. Andreï Demtchouk et Mikhaïl Polinkov, messages Vkontakte.
— "Demchuk Andrej Vladimirovich", Myrotvorets, https://myrotvorets.center/criminal/demchuk-andrejvladimirovich

— "Andrej Sheremetov", Myrotvorets, https://myrotvorets.center/criminal/sheremetev-andrej
— Andrey Demchuk, profil Odnoklassniki, https://ok.ru/profile/119556600256

449. Andreï Demtchouk et Mikhaïl Polinkov, messages Vkontakte.
450. Andreï Kiselev, compte Vkontakte, https://vk.com/id8052246
— Andreï Kiselev, compte Vkontakte, photo avec Billy Reilly, https://vk.com/id8052246?z=photo8052246_367517890%2Fphotos8052246
451. Andrey Demtchouk et Mikhaïl Polinkov, messages Vkontakte.
— Bill et Terry Reilly, messages.
452. Anastasia Mikhaïlovskaïa, entretiens avec l'auteur, 2018-2022.
453. Dmitry Tikhonov, "Minister of Defense of the Donetsk People's Republic Igor Strelkov resigned", *Kommersant*, 14 août 2014, https://www.kommersant.ru/doc/2544960
454. Bronia le Kalmouk-Mikhaïl Polinkov, messages Vkontakte, 2015.
455. Billy Reilly-Mikhaïl Polinkov, messages Vkontakte, 2015.
456. Relevé bancaire Chase, activité du compte 20-24 mai 2015 ; activité du compte en ligne Chase, 6-14 juin 2015.
— Relevé bancaire Citibank, activité du compte 16 mai-11 juin 2015 ; relevé en ligne Citibank, 14 juin 2015.
457. Billy Reilly, relevés de cartes bancaires.

Chapitre 30 – Conspiration

458. Billy Reilly-Tim Reintjes, messages.
459. "Biographical Information", Michigan Department of Corrections (Administration pénitentiaire), https://mdocweb.state.mi.us/OTIS2/otis2profile.aspx?mdocNumber=895010
460. Aws Naser, entretiens avec l'auteur, 2018.
461. "U.S. Policy in Ukraine: Countering Russia and Driving Reform", audition du Sénat 114-77, commission des affaires étrangères, 10 mars 2015, https://www.govinfo.gov/content/pkg/CHRG-114shrg96831/html/CHRG114shrg96831.htm
— Mark Galeotti, "Russian intelligence is at (political) war", Nato Review, 12 mai 2017, https://www.nato.int/docu/review/articles/2017/05/12/russian-intelligence-is-at-political-war/index.html
462. David George-Cosh et Alistair MacDonald, "Driver Who Killed Canadian Soldier Had Been Questioned on Terrorist Links", *The*

Wall Street Journal, 21 octobre 2014, https://www.wsj.com/articles/canadian-soldier-dies-inhit-and-run-1413892193
463. "22 octobre 2014: House of Commons Incident Response Summary", Chambre des communes du Canada, 3 juin 2015, https://www.ourcommons.ca/Content/Newsroom/Articles/2015-06-03-Summary-e.pdf
464. Disque dur des Reilly, Анкета Добровольца, 16 janvier 2015.
465. Billy Reilly-Mikhaïl Polinkov, messages Vkontakte.
466. Disque dur des Reilly, fichier TR_EVisa_214368569032.
467. Dossiers sur le disque dur des Reilly.
468. Tim Reintjes, conversation téléphonique avec l'auteur, 2018.

Chapitre 31 – Une épreuve dangereuse

469. Billy et Terry Reilly, messages.
470. Source, entretien avec l'auteur, 2018.

Chapitre 32 – Moscou

471. "December Armed Uprising in Moscow (1905)", RIA Novosti, 22 décembre 2015, https://ria.ru/20151222/1346331334.html
    — Will Englund, "Moscow police raid new protest site", *The Washington Post*, 16 mai 2012, https://www.washingtonpost.com/world/europe/moscow-police-clear-occupiedpark/2012/05/16/gIQADpAHTU_story.html
472. Terry et Billy Reilly, entretiens.
473. Tourine, entretiens.
474. Gregory L. White, Guy Chazan, "American Editor Of Forbes Russia Is Shot and Killed", *The Wall Street Journal*, 12 juillet 2004, https://www.wsj.com/articles/SB108940332526259954
    — Guy Chazan, "Russians Mourn Slain Journalist; Poutine Ends Silence", *The Wall Street Journal*, 11 octobre 2006, https://www.wsj.com/articles/SB116052753110088814
475. "A Glance at Russian Journalists Attacked or Killed", Associated Press, 30 mai 2018, https:apnews.com/article/cfbe9fb70d4943e1881be5157b221cca

"Journalists in Russia, 1993 to 2009 – Deaths and Disappearances", International Federation of Journalists, https:web.archive.org/web/20090709092723 /http:www.journalists-in-russia.org

Chapitre 33 – Place Rouge

476. David Owen et David O. Robinson, "Russia Rebounds", Fonds monétaire international, 9 septembre 2003, https://www.imf.org/external/pubs/nft/2003/russia/index.htm
477. "President Poutine Visit", Maison-Blanche, président George W. Bush, 14 novembre 2001, https://georgewbushwhitehouse.archives.gov/president/putin-visit/04.html
    — Jeanne Cummings, "Bush, Poutine Make Progress on Some Goals But Summit Ends Without Major Accords", *The Wall Street Journal*, 16 novembre 2001, https://www.wsj.com/articles/SB1005868207330521200
478. Marc Champion, Andrew Osborn, John D. McKinnon, "Russia Widens Attacks on Georgia", *The Wall Street Journal*, 11 août 2008, https://www.wsj.com/articles/SB121834170757727521
    — "2008 Georgia Russia Conflict Fast Facts", CNN, 5 avril 2022, https://www.cnn.com/2014/03/13/world/europe/2008-georgia-russia-conflict/index.html
479. Paul Sonne, "Russia Says 2018 World Cup Preparations On Track", *The Wall Street Journal*, 3 juin 2015, https://www.wsj.com/articles/russia-says-2018-world-cup-preparations-on-track-1433356004

Chapitre 35 – Une réaction

480. Polinkov, *Une vérité de soldat.*
481. Viktorov Sanal Vladimirovich, Myrotvorets Center, https://myrotvorets.center/criminal/viktorov-sanalvladimirovich
482. Elena Gorbatcheva, entretiens avec l'auteur, 2018.
483. Tourine, entretiens.

Chapitre 36 – Avec eux

484. Brett Forrest, "Midnight in Moscow", *Vanity Fair*, juillet 2006, https://www.vanityfair.com/news/2006/07/moscow-society-nightlife
485. Anastasia Mikhailovskaïa, entretiens avec l'auteur, 2018-2022.

Chapitre 37 – Trou noir

486. “Ukraine Sends Force to Stem Unrest in East”, *The New York Times*, 15 avril 2014, https://www.nytimes.com/2014/04/16/world/europe/ukraine-russia.html
- Daniel Sandford, “Ukraine says Donetsk ‘anti-terror operation’ under way”, BBC, 15 avril 2014, https://www.bbc.com/news/av/world-europe-27031318

487. “Leonid Derkach Appointed Head of SBU”, *Den*, https://m.day.kyiv.ua/en/article/day-after-day/leonidderkach-appointed-head-sbu
- “Former head of the SBU Leonid Derkach has died”, Interfax-Ukraine, 14 janvier 2022, https://interfax.com.ua/news/general/791684.html
- Ekaterina Malyuga, “Former head of the SBU Leonid Derkach has died”, Unian News Agency, 14 janvier 2022, https://www.unian.net/politics/umer-leonid-derkach-eks-glava-sluzhby-bezopasnosti-ukrainy-novosti-ukraina-11672131.html

488. Simon Shuster, “How an Accused Russian Agent Worked With Rudy Giuliani in a Plot Against the 2020 Election”, *Time*, 3 juin 2021, https://time.com/6052302/andriy-derkach-profile
- “Treasury Sanctions Russia-Linked Election Interference Actors”, site du département du Trésor, 10 septembre 2020, https://home.treasury.gov/news/press-releases/sm1118

489. Andrii Derkatch, entretiens avec l’auteur, 2018.

490. Andrew Roth, “Who is Viktor Medvedchuk and why does his arrest matter to the Kremlin?” *The Guardian*, 13 avril 2022, https://www.theguardian.com/world/2022/apr/13/viktor-medvedchuk-arrest-matter-to-kremlin
- Oleg Babanine, entretien avec l’auteur, 2018.

491. *Les Frères Karamazov*, Turner Classic Movies, https://prod-www.tcm.com/tcmdb/title/640/the-brotherskaramazov#overview

492. “Two Russian Organized Crime Figures Charged in Plot to Murder Businessmen”, site du département de la Justice, 24 mars 2006, https://www.justice.gov/archive/usao/nye/pr/2006/2006mar24.html

493. Slava Konstantinovsky, entretien avec l’auteur, 2018.

Chapitre 38 – Cosaques

494. Evgeny, historien/guide Rostov-sur-le-Don, entretien avec l'auteur, 2018.
    — Chalkhushyan G. H., *History of the city of Rostov-on-Don*, 1998. n° 7, p. 111-113, http://donvrem.dspl.ru/Files/article/m1/22/art.aspx?art_id=67
495. "Cossacks – who are they?", *Meduza*, 30 août 2019, https://meduza.io/feature/2019/08/30/kazaki-etovoobsche-kto-takie-i-pochemu-oni-hodyat-v-forme-i-byut-nagaykami-https://eupress.ru/uploads/files/H133_pages.pdfprotestuyuschih
    — Evgraf Saveliev, "History of Cossacks from Ancient Times to the End of the XVIII Century", http://passiondon.org/history-1/chapter-2.html
496. Serhii Plokhy, "The Ghosts of Pereyaslav: Russo-Ukrainian Historical Debates in the Post-Soviet Era", Europe-Asia Studies, mai 2001, https://www.jstor.org/stable/826545
    — Serhii Plokhy, *The Cossack Myth: History and Nationhood in the Age of Empires*, Cambridge University Press, 2012.
    — Philip Longworth, *The Cossacks*, Holt, Rinehart and Winston, 1970.
497. Brian Boeck, *Stalin's Scribe: Literature, Ambition, and Survival: The Life of Mikhaïl Sholokhov*, Pegasus Books, 2019.
    — "Sholokhov, Biographical", Nobel Prize, https://www.nobelprize.org/prizes/literature/1965/sholokhov/biographical
498. Christina Winkler, "The Holocaust on Soviet Territory – Forgotten Story? Individual and Official Memorialization of the Holocaust in Rostov-on-Don", Cambridge University Press, 6 octobre 2020, https://www.cambridge.org/core/books/abs/beyond-the-pale/holocaust-on-soviet-territoryforgotten-story-individualand-official-memorialization-of-the-holocaust-in-rostovon-don/8EA05E46699852ACD98FC7D5D11F4950
    — Samuel J. Newland, *Cossacks in the German Army 1941-1945*, Routledge, 1991.
499. "Tank T-34: eight facts from the history of the legend", Rostec, 17 décembre 2021, https://rostec.ru/news/tank-t-34vosem-faktov-iz-istorii-legendy/
    — "Miracle of the XX Century", Museum and Historical Complex, https://museum-t-34.ru/чудо-хх-века/

— Timothy Snyder, *Bloodlands: Europe Between Hitler and Stalin*, Basic Books, 2010.

500. Nikolai Tolstoy, *Stalin's Vengeance: The Final Truth About the Forced Return of Cossacks After World War II*, Academia Press, 2021.
501. Mark Galeotti, *Armies of Russia's War in Ukraine*, Osprey Publishing ; Illustrated edition (18 juin 2019).
502. Petrovsky Prichal, https://hotel-petrovsky-prichal-luxury-hotel-spa-rostov-on-don.booked.net
503. Byron Tau, "Maria Butina Pleads Guilty to Conspiracy to Influence U.S. Politics", *The Wall Street Journal*, 13 décembre 2018, https://www.wsj.com/articles/maria-butina-pleads-guilty-to-conspiracy-to-influence-u-s-politics-11544719313
504. Alec Luhn, "Ukraine: murdered council member Vladimir Rybak buried", *The Guardian*, 24 avril 2014, https://www.theguardian.com/world/2014/apr/24/ukraine-murdered-council-member-vladimir-rybak-buried
    — Halya Coynash, "Horrifically tortured and murdered, or imprisoned in Crimea and Donbas for the Ukrainian Flag", Kharkiv Human Rights Protection Group, 4 août 2017, https://khpg.org/en/1503486891
    — "Families of murdered hostages demand proper investigation", Kharkiv Human Rights Protection Group, 22 août 2014, https://khpg.org/en/1408542900
505. "Rostov Arena: All you need to know", Fifa.com, 9 février 2018, https://www.fifa.com/tournaments/mens/worldcup/2018russia/news/rostov-arena-all-you-need-to-know-2929294
506. Mikhailovskaïa, interviews.
507. Mark Galeotti, *Armies of Russia's War in Ukraine*, Osprey Publishing ; Illustrated edition (18 juin 2019), p. 24, 38.
508. "Russia's brutal mercenaries probably won't matter much in Ukraine", *The Economist*, 9 avril 2022, https://www.economist.com/international/2022/04/09/russias-brutal-mercenaries-probably-wont-matter-much-inukraine
    — "Russian Mercenaries in Syria", Warsaw Institute, 22 avril 2017, https://warsawinstitute.org/russian-mercenariesin-syria
    — Vitaly Shevchenko, "'Little Green Men' or 'Russian invaders'?", BBC, 11 mars 2014, https://www.bbc.com/news/world-europe-26532154

509. "Syria war: Who are Russia's shadowy Wagner mercenaries?" BBC, 23 février 2018, https://www.bbc.com/news/world-europe-43167697
— "Russian Mercenaries in Syria", Warsaw Institute, 22 avril 2017, https://warsawinstitute.org/russian-mercenariesin-syria
510. Terry et Bill Reilly, entretiens.
511. Mikhaïlovskaïa, entretiens.

Chapitre 39 – Un pays différent

512. Sergueï Chvetsov, entretiens avec l'auteur, 2018.
513. Alexander Ganus, entretien avec l'auteur, 2018.
514. Terry et Bill Reilly, entretiens.
515. Comité d'enquête de Rostov-sur-le-Don, dossier d'instruction William Reilly.
516. "Donetsk airport: Ukraine's coveted prize", BBC.com, 22 janvier 2015, https://www.bbc.com/news/world-europe-30931105
517. Vyatcheslav Korchounov, interrogatoire, comité d'enquête de Rostov-sur-le-Don, "Explication", Krasny Souline, oblast de Rostov, 28 octobre 2017.

Chapitre 40 – Sur la route

518. "Sholokhov, Biographical", Nobel Prize, https://www.nobelprize.org/prizes/literature/1965/sholokhov/biographical
519. Wendy Sloane, "Report Says Solzhenitsyn Target of 1971 KGB Poisoning Attempt", Associated Press, 20 avril 1992, https://apnews.com/article/8a513d7f1f54bfe06759caa8df9f12b7
— David Remnick, "KGB Plot to Assassinate Solzhenitsyn Reported", 21 avril 1992, *The Washington Post*, https://www.washingtonpost.com/archive/lifestyle/1992/04/21/kgb-plot-to-assassinate-solzhenitsynreported/aa5de1cd-efa2-4953-ba6a-2a42f93e33b1
520. Sanal Viktorov, entretien avec l'auteur, 2018.

Chapitre 41 – Washington

521. United States House of Representatives, History, Art & Archives, "Behind-the-Scenes", https://history.house.gov/Education/Capitol-Tour/Behind-the-Scenes-Tour
— Edward Kachinske, House Press Gallery, entretien avec l'auteur, 2021.

522. “Bishop, Michael Dean, 1967-” Biographical Directory of the United States Congress, https://bioguide.congress.gov/search/bio/B001293
— Member Spotlight: Rep. Mike Bishop, Press Release, House of Representatives Judiciary Committee, 2 février 2015, https://republicans-judiciary.house.gov/press-release/member-spotlight-rep-mike-bishop
523. Char Adams, “Hippo Kills Michigan Grandmother During African Safari: She Was an ‘Absolute Treasure’”, *People*, 11 août 2017, https://people.com/human-interest/grandmother-dies-hippo-attack-africa
524. Mike Bishop, entretiens avec l’auteur, 2018.
— Équipe de Mike Bishop, entretien avec l’auteur, 2018.
525. Arena, entretiens.
526. Agents spéciaux du FBI, entretiens avec l’auteur.
527. Ancien officier de la CIA, entretiens avec l’auteur, 2018
528. FBI Confidential Human Source Policy Guide, 2015, p. 151.
529. Reilly-Reintjes, messages.
530. Catie Cherri, entretiens.
531. FBI Confidential Human Source Policy Guide, 2015, p. 151.
532. Organisation publique interrégionale, « Centre d’assistance à l’État pour contrer les activités extrémistes », https://www.csgped.ru/
533. Valery Prikhodko, entretiens avec l’auteur, 2018-2022.
534. Michigan State Police, entretiens avec l’auteur, 2018.
535. Michigan fingerprint file, file name : NA11001605P, “Impressions Taken by Reeves”, “Agency Submitting Card MI3300600”, “Date Printed 06 28 2011”.
536. Robinson, entretiens.
537. John Beyrle, entretien avec l’auteur, 2018.
— Jon Huntsman, entretien avec l’auteur, 2019.
538. John Tefft, e-mails échangés avec l’auteur, 2018.
539. Responsable de la Hostage Recovery Fusion Cell, entretiens avec l’auteur, 2018.
540. “History of FBI Headquarters”, site du FBI, https://www.fbi.gov/history/history-of-fbi-headquarters
541. Brian Hale, e-mail à l’auteur, 10 juillet 2019.

Chapitre 42 – Impact

542. Terry et Bill Reilly, entretiens.
543. McCabe, *The Threat*.

544. "Timothy Waters Named Special Agent in Charge of the Detroit Field Office", FBI National Press Office, 11 décembre 2020, https://www.fbi.gov/news/press-releases/press-releases/timothy-waters-named-special-agent-incharge-of-the-detroit-field-office
— Kim Kozlowski, "Detroit's FBI Special Agent in Charge Retires", *The Detroit News*, 31 décembre 2021, https://www.detroitnews.com/story/news/local/detroit-city/2021/12/31/detroits-fbi-special-agent-chargeretires/9062415002
545. Terry et Bill Reilly, entretiens.
546. Terry et Bill Reilly, entretiens.
547. Philip Mason, "Transportation in Michigan History", 1987, https://web.archive.org/web/20220422210759/https://www.michigan.gov/documents/mdot/RR668ADMIN_8_539527_7.pdf
548. U.S. General Services Administration, Patrick V. McNamara Federal Building, https://www.gsa.gov/aboutus/regions/welcome-to-the-great-lakes-region-5/buildings-and-facilities/michigan/patrick-v-mcnamara-federalbuilding
549. Terry et Bill Reilly, entretiens.
550. Terry et Bill Reilly, entretiens.
551. Terry et Bill Reilly, entretiens.
552. Department of Justice, "National Security Division Names New Chief of Counterterrorism Section", 17 avril 2007, https://www.justice.gov/archive/opa/pr/2007/April/07_nsd_257.html
"Lexpat Welcomes Former DOJ Counterterrorism Chief Mike Mullaney", Lexpat Global Services, 27 juillet 2020, https://www.lexpatglobal.com/2020/07/lexpat-welcomes-former-doj-counterterrorism-chief-mike-mullaney
553. "The Pearl Project. The Truth Left Behind, Inside the Kidnapping and Murder of Daniel Pearl", Consortium international des journalistes d'investigation, The Center for Public Integrity, 2011, https://cloudfront-files-1.publicintegrity.org/documents/pdfs/The_Pearl_Project.pdf
— Asif Shahzad, "Pakistan court orders release from prison of mastermind in Daniel Pearl case", Reuters, 2 février 2021, https://www.reuters.com/article/pakistan-usa-danielpearl-int/pakistan-court-orders-release-from-prison-ofmastermind-in-daniel-pearl-case-idUSKBN2A20TI
554. Paul Abbate, entretien avec l'auteur, 2018.

555. Paul Abbate, biographie FBI, https://www.fbi.gov/about/leadership-and-structure/fbi-executives/abbate

Chapitre 44 – Trouvé

556. Valery Prikhodko, entretiens avec l'auteur, 2018-2022.
557. Дактокарта, 10 juillet 2015.
558. Ron Smith and Associates, Inc., https://www.ronsmithandassociates.com
559. Jon S. Byrd, "Latent Print Examination Report", Ron Smith and Associates, Inc., 29 novembre 2018
560. Jon S. Byrd, entretiens avec l'auteur, 2018.
561. Rapport d'autopsie : acte d'examen médico-légal du cadavre n° 221. Examen début le 11 juillet 2015 entre 10 heures et 11 h 20. Examen achevé le 18 août 2015.
562. Terry et Bill Reilly, entretiens.

Chapitre 45 – Onze jours

563. Biographie, Jeffrey Mitchell Jentzen, école de médecine de l'université du Michigan, https://www.uofmhealth.org/profile/1216/jeffrey-mitchell-jentzen-md-phd
    — Jentzen J, Palermo G, Johnson LT, Ho KC, Stormo KA, Teggatz J., "Destructive hostility: the Jeffrey Dahmer case. A psychiatric and forensic study of a serial killer", (4):283-94. PMID : 7879770, *American Journal of Forensic Medicine and Pathology*, 15 décembre 1994, https://pubmed.ncbi.nlm.nih.gov/7879770
564. Jeffrey Jentzen, entretien avec l'auteur, 2018.
565. Arena, entretiens.
566. Catie Cherri, entretiens.
    — Mohammed Cherri, entretiens.
567. Acte de décès : certificat médical de décès n° 240, 11 juillet 2015.
    — Olga Iermichkina, messages avec l'auteur, 2021.
568. Terry et Bill Reilly, entretiens.
569. Prikhodko, entretiens.

Chapitre 46 – Les derniers kilomètres

570. Terry et Bill Reilly, entretiens.
571. Terry et Bill Reilly, entretiens.

572. Bike Hotel, http://bike-hotel.ru
— Hotel Museum, "Légendes de l'URSS", http://sssr-hotel.ru
— Park Hotel Patriot, http://www.park-hotel-patriot.ru
573. Prikhodko, entretiens.
574. Viatcheslav Korchounov, entretien avec l'auteur, 2019.
575. "Europe's largest Rostov cemetery 'captured' more than 170 hectares of land", RIA Novosti, 21 juin 2013, https://ria.ru/20130621/944926058.html
576. Vladimir, thanatopracteur, entretien avec l'auteur, 2019.
577. Bar, Facebook, https://www.facebook.com/profile.php?id=100080057755292
578. Catie Cherri, entretiens.
579. Modetz Funeral Homes, Lake Orion, https://www.modetzfuneral-homes.com/contact/orion

Épilogue

580. Rapport d'analyse ADN, Universal Forensics Corporation, signé par Zach Gaskin, directeur scientifique, 29 août 2019.
581. Brett Forrest, "The FBI Lost Our Son", *The Wall Street Journal*, 11 octobre 2019, https://www.wsj.com/articles/the-fbi-lost-our-son-11570806358
582. Polinkov, *Une vérité de soldat*, 14 octobre 2019, https://polynkov.livejournal.com/2114689.html
583. Cyber Alliance ukrainienne, https:www.facebook.com/UkrainianCyberAlliance
584. Membre du RUH8, entretiens avec l'auteur, 2020-2022.
585. "Odessa police searched activists of the Ukrainian Cyber Alliance group", 25 février 2020, *Biznes Tsenzor*, https://biz.censor.net/news/3177755/odesskaya_politsiya_prishla_s_obyskami_k_aktivis-tam_gruppy_ukrai nskiyi_kiberalyans
— "'Ukrainian Cyber Alliance' is being searched", UA.news, https://ua.news/ru/ukraine/v-ukrainskom-kiberalyanseprohodyat-obyski
— @UkrainianCyberAlliance, Facebook, 25 février 2020, https://www.facebook.com/UkrainianCyberAlliance/posts/2418252768486438
— Dossier criminel Odessa.
— Membre du RUH8, entretiens.

586. Yaroslav Trofimov, Alan Cullison, Brett Forrest, Ann Simmons, “Russia Begins Military Operation in Ukraine”, *The Wall Street Journal*, 24 février 2022, https://www.wsj.com/articles/ukraine-shifts-to-war-footing-tellscitizens-to-leave-russia-11645616181
587. Brett Forrest,“In Ukraine, New Reports of War Crimes Emerge as Russians Retreat From Kyiv Area”, *The Wall Street Journal*, 3 avril 2022, https://www.wsj.com/articles/ukrainians-count-dead-dig-mass-graves-clear-landmines-after-russian-pullback-11648970003
588. Indira Sultanovna Sapozhnikova, “Prevention of extremism and the ideology of terrorism in educational organizations of the city of Rostov-on-Don”, Обзор.НЦПТИ, 68, décembre 2016, https:ncpti.su/obzor/katalog-zhurnalsor
589. Holy Sepulchre Cemetery, Catholic Funeral & Cemetery Services, https://www.cfcsdetroit.org/location/holysepulchre

AU SUJET DE L'AUTEUR

BRETT FORREST est journaliste au *Wall Street Journal*, spécialiste des questions de sécurité nationale. Son travail d'investigation se concentre sur l'ex-Union soviétique. Lors de la guerre russo-ukrainienne, Brett Forrest est le premier reporter qui entre dans Boutcha, où il documente les atrocités qui y ont été commises. Auteur de *Big Fix*, un best-seller international, et de *Long Bomb*, Forrest a reçu un National Magazine Award avec ESPN pour qui il a codirigé le documentaire *Pin King*, nommé également aux Emmy. Ses enquêtes sur la politique internationale ont paru dans le *New York Times Magazine, Vanity Fair, The Atlantic* et *National Geographic*. Il a notamment vécu et travaillé en Russie, en Ukraine et au Brésil.

Pour l'édition originale

Publié pour la première fois sous le titre *Lost Son* en mai 2023 par Little, Brown and Company
Hachette Book Group –1290 Avenue of the Americas, New York, NY 10104
littlebrown.com

Pour l'édition française

Imprint, Dark Side
58, rue Jean-Bleuzen – 92178 Vanves Cedex
www.hachette-pratique.com

Direction Hachette Pratique : Catherine Saunier-Talec
Direction éditoriale : Stéphane Rosa
Responsable de projet : Mélanie Jean
Suivi éditorial : Camille Lenglet
Responsable artistique : Cécilia Rehbinder
Conception graphique de la couverture : Carla Dalvy
Illustration de couverture : © Istock/CSA-Printstock
Cartes : Florin Safner
Traduction : Guillaume Marlière
Préparation de copie : Étienne Paulin
Mise en pages : Nord Compo
Relecture : Hélène Meurice
Fabrication : Grégory Morin
Responsable partenariats : Dana Lichiardopol (dlichiardopol@hachette-livre.fr)

Responsable communication : Johanna Rodrigue-Faitot

Achevé d'imprimer en mars 2024 par Grafica Veneta en Italie.
Dépôt légal : avril 2024

68-6525-9/01
ISBN : 978-2-01-723456-2

PAPIER À BASE DE FIBRES CERTIFIÉES

hachette s'engage pour l'environnement en réduisant l'empreinte carbone de ses livres. Celle de cet exemplaire est de : 1,2 kg éq. CO_2
Rendez-vous sur www.hachette-durable.fr

L'éditeur utilise des papiers composés de fibres naturelles, renouvelables, recyclables et fabriquées à partir de bois issus de forêts qui adoptent un système d'aménagement durable. L'éditeur attend également de ses fournisseurs de papier qu'ils s'inscrivent dans une démarche de certification environnementale reconnue.